·国家社科基金青年项目《豫皖两省境内沿淮方言语音的比较研究》(项目批准号:13CYY019)结题成果

·本书出版受到湖南省应用特色学科建设项目"中国语言文学"学科资助

豫皖两省境内沿淮方言语音研究

贡贵训 著

Research on the Dialect Phonetic of
the Area along the Huai River in He'nan
and Anhui Provinces

中国社会科学出版社

图书在版编目（CIP）数据

豫皖两省境内沿淮方言语音研究/贡贵训著.—北京：
中国社会科学出版社，2019.10
ISBN 978-7-5203-5238-3

Ⅰ.①豫…　Ⅱ.①贡…　Ⅲ.①北方方言—方言研究—河南②江淮方言—方言研究—安徽　Ⅳ.①H172

中国版本图书馆CIP数据核字（2019）第216517号

出 版 人	赵剑英
责任编辑	宋燕鹏
责任校对	冯英爽
责任印制	李寡寡

出　　版	中国社会科学出版社
社　　址	北京鼓楼西大街甲158号
邮　　编	100720
网　　址	http://www.csspw.cn
发 行 部	010-84083685
门 市 部	010-84029450
经　　销	新华书店及其他书店
印　　刷	北京明恒达印务有限公司
装　　订	廊坊市广阳区广增装订厂
版　　次	2019年10月第1版
印　　次	2019年10月第1次印刷
开　　本	710×1000　1/16
印　　张	19.5
字　　数	327千字
定　　价	98.00元

凡购买中国社会科学出版社图书，如有质量问题请与本社营销中心联系调换
电话：010-84083683
版权所有　侵权必究

豫皖两省境内沿淮方言分区示意图[①]

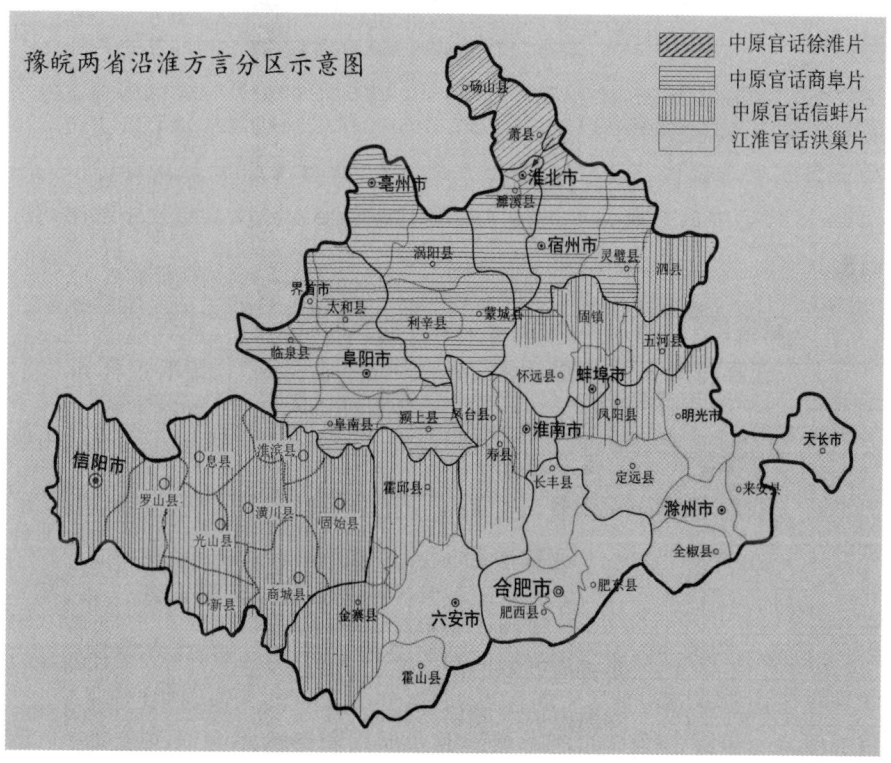

① 本图根据已有研究成果和本书的修正绘制而成,部分方言点的归属与原有认识不同,具体见书内论述。

目　　录

第一章　绪论 …………………………………………………………（1）
　　第一节　豫皖两省境内淮河流域自然地理及历史沿革 ………（1）
　　第二节　豫皖两省境内淮河流域方言概况 ……………………（5）
　　第三节　豫皖两省境内淮河流域方言研究概况 ………………（8）
　　第四节　研究思路、方法及材料来源 …………………………（11）
第二章　豫皖两省沿淮方言代表点音系 …………………………（17）
第三章　豫皖两省沿淮方言声母特征的地理分布及演变 ………（70）
　　第一节　知庄章组声母读音类型的地理分布及演变 …………（70）
　　第二节　精组、见系二等字声母读音类型 ……………………（85）
　　第三节　疑影母洪音字读音类型的地理分布及演变 …………（92）
　　第四节　非组、晓匣母的读音类型及演变 ……………………（99）
　　第五节　泥来母的分混类型及演变 ……………………………（101）
第四章　豫皖两省沿淮方言韵母特征的地理分布及演变 ………（105）
　　第一节　深臻曾梗舒声韵尾分混的类型及演变 ………………（105）
　　第二节　蟹、止、山、臻四摄合口韵的读音类型及演变 ……（111）
　　第三节　"搬—班/官—关"的读音类型 ………………………（115）
　　第四节　前高元音韵母擦化的类型及演变 ……………………（116）
　　第五节　中古入声字的韵母类型及演变 ………………………（121）
第五章　豫皖两省沿淮方言声调的类型及地理分布 ……………（151）
　　第一节　声调类型 ………………………………………………（151）

第二节　古入声字中原官话区的声调分派 …………………（153）

第六章　沿淮方言微观演变的个案考察 ………………………（160）
　　第一节　淮南方言的语音变异 …………………………………（160）
　　第二节　怀远方言的内部差异及入声演变 ……………………（170）
　　第三节　六十年来息县方言的演变 ……………………………（177）

第七章　自然、人文因素对淮河流域方言格局的影响 ………（185）
　　第一节　淮河对本区域方言格局形成的影响 …………………（185）
　　第二节　移民对本区域方言形成的影响 ………………………（195）
　　第三节　试论中原官话信蚌片的来源 …………………………（212）

第八章　基础字音对照表 …………………………………………（216）

参考文献 ………………………………………………………………（296）

后　记 …………………………………………………………………（306）

第一章　绪论

高山、大河是影响方言格局形成的重要因素之一。自然地理一般是通过对政区、交通等人文条件间接影响方言格局的形成，因为历史行政区划往往依照自然地理来划分。当自然地理和历史行政地理重合时，这种双重的因素就会对方言格局产生巨大的影响。作为"四渎"之一的淮河，因其在自然和人文地理上的南北分界作用，在我国古代疆域的划分上，其重要性甚至不亚于黄河和长江。《晏子春秋》中晏婴说"婴闻之，橘生淮南，则为橘；生于淮北，则为枳。叶徒相似，其实味不同。所以然者何？水土异也。"[①] 表明远在春秋时期，人们对淮河南北水土、风俗的差异已经有了深刻的认识。既然在自然和人文地理上的地位如此重要，淮河是否会对豫皖两省沿淮地区方言格局的形成与变迁产生影响呢？影响的表现是什么？这是本书要回答的问题。

本书以河南、安徽两省境内沿淮分布的方言作为研究对象，描写该区域方言的语音特征及地理分布特点，并对方言历时音变的过程与制约机制进行探讨；结合淮河对本区域历史行政区划、商业交通、人口迁徙等方面的影响，阐述淮河对本区域方言语音历时演变以及方言格局形成产生的影响。

第一节　豫皖两省境内淮河流域自然地理及历史沿革

一　自然地理

淮河是中国东部的主要河流之一，是中国第六大河。位于长江和黄河

[①] 卢守助：《晏子春秋译注》，上海古籍出版社2012年版，第156页。

之间，古称淮水，与长江、黄河和济水并称"四渎"。一般认为淮河的源头在河南省桐柏县境内的桐柏山的老鸦叉，自西向东流经河南南部、湖北北部、安徽省北部和江苏省北部，到江苏省扬州市江都区三江营注入长江，全长约 1000 千米。淮河可以分为上游、中游、下游三段，从源头到河南省淮滨县洪河口是上游，长约 382 千米，这一段淮河穿行于山地和丘陵之间，具有山溪性河流的特点；洪河口以下，众多支流逐渐汇集，水量迅速增加，在安徽寿县正阳关与颍河相会，骤然变为一条宽阔的主干流，形成了"七十二水归正阳"的奇观，形成了大河的面貌。此后蜿蜒在安徽北部，直至注入苏皖交界的洪泽湖，这一段（从洪河口至洪泽湖出口中渡）为中游，长 490 千米；中渡以下至江苏省江都县三江营为下游入江水道，长 150 千米。淮河主要在河南、安徽两省境内，江苏省内只有一小段，地理位置及大致走向见图 1-1：

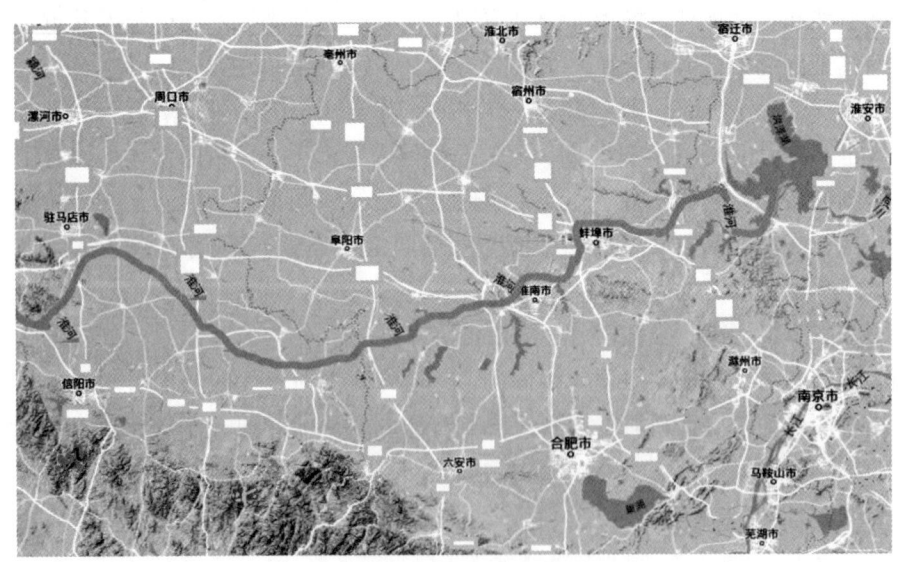

图 1-1　淮河地理方位图

淮河流域位于东经 111°55′—120°45′，北纬 31°—36°。东临黄海，西、南及东北部分别为伏牛山、桐柏山、大别山和沂蒙山等环绕，山海之间为广阔的平原。山丘区面积约占流域面积的 1/3，平原面积约占 2/3。淮河流域东西长约 700 千米，南北平均宽约 400 千米，西北部高，东南部低，总面积约 27 万平方千米。淮河流域上游两岸山丘起伏，水系发达，支流众多；中游地势平缓，多湖泊洼地；下游地势低洼，大小湖泊星罗棋布，水网交错，渠道纵横。淮河流域地处中国南北气候过渡地带，自古以来，淮河与秦岭、白龙江的连线就作为中国南方与北方的"地理分界线"。以淮河为界，南北差异明显：饮食上"南人食米，北人食麦"，交通上"北人骑马、南人乘船"，口音上"南腔北调"，自然地理上"橘逾淮为枳"。（胡焕庸1951）

二 历史沿革

本书讨论的是河南、安徽两省沿淮河分布的方言。从行政区划看（按地级市），涉及的区域主要是河南南部的信阳市和安徽省境内的六安市、合肥市、淮南市、蚌埠市、滁州市、阜阳市、亳州市、宿州市、淮北市。

淮河流域为中华民族的发祥地之一，早在原始社会末期，江淮地区、淮北一带就是淮夷方国及南下部落所建方国的领地，江南地区为越族等蛮夷部落的领地。尤其是舜、禹时代，掌管刑罚大权的东方部落首领皋陶的后裔被分封于英、六，是东方偃姓部落所建立方国及封国的始祖。因此，江淮大地在夏、商、周三代时期就古国纷起、城邑林立。

春秋战国时期，众多的方国、封国被北方大国和南方的吴、越、楚等兼并。春秋时期江淮大地被灭的古国有徐、英、蓼、六、皖、宗、巢、桐、群舒、胡、焦、钟离、州来、向、宿等。战国后期主要属于楚国，楚国先后在淮河流域设立郡县，城父县就是楚国在安徽设立的最早的县。

秦灭六国，推行郡县制，淮河以南属九江郡，信阳地区属之；淮河以北属泗水郡、陈郡。

两汉时淮河以南属于六安国、扬州刺史部之九江郡，以北属于豫州刺史部之汝南郡、沛国；三国时期魏国占据了淮北及江淮地区，魏文帝时分汝南郡置弋阳郡，治所设于弋阳县（今潢川县），今信阳地区属之；怀远、寿县、淮南、定远、合肥属于淮南郡，霍邱属安丰郡，阜阳、界首属汝南郡，利辛、萧县、淮北、灵璧属谯郡。

两晋南北朝时期，仍实行东汉以来的州、郡、县三级管理体制。西晋时本地区分属扬、豫、徐三州。安丰郡、弋阳郡、汝南郡所辖县如旧，皆隶属于豫州；扬州之淮南郡略过淮河，北部为豫州。东晋时期，淮北地区先后被"五胡十六国"的刘汉、后赵、前燕、前秦等国先后占领，仍守旧制。东晋时由于侨置、滥设等原因，本地区成为行政区划史上最混乱时期中的最混乱地区。

隋朝，淮河以北分属汝阴郡、谯郡、彭城郡、下邳郡，淮河以南属光阳郡、义阳郡、淮南郡、钟离郡、江都郡。

唐贞观元年，实行道、州（郡）、县三级管理，其中本区域属于河南道所辖的蔡州、颍州、亳州、徐州、泗州以及淮南道所辖的光州、申州、濠州、寿州、庐州，淮南道与河南道大致以淮河为界。

北宋立国，实行路、府（州）、县（军、监）三级制，淮河流域分属于京西北路所辖之蔡州、信阳军、颍州，淮南东路所辖之亳、宿、泗州，淮南西路所辖之光州、濠州、寿州、庐州和六安军及寿春府。南宋，淮河以北为金国地，以南则是宋之疆域，行政区划名称与北宋大体一致。

元朝实行省、路（府、直隶州）、散州（军）、县四级制，行政区划繁复，隶属关系混乱多变。信阳一带先后属于淮西宣慰司，至元十四年改信阳军为府，辖信阳、罗山；安徽境内淮河流域属归德府（辖徐、宿、亳3州）、汝宁府（辖蔡州、光州、颍州）、安丰路（辖濠州）、淮安路（辖泗州）。

明朝改革元的地方行政管理体制，一级行政区划为行省、二级为府和直隶州、三级为散州和县。淮河流域的广大区域均属于南直隶西部地区的凤阳府（信阳、凤阳、五河、怀远、定远、泗县）、光州（光山、固始、息县、商城）、寿州（寿县、霍邱、蒙城）、泗州（天长）、宿州（灵璧）、颍州（颍上、太和）、庐州（合肥）、六安州（霍山）、徐州（萧县、砀山）、直隶滁州（全椒、来安）。

清代，本地区分别属于庐州府、凤阳府、颍州府、滁州府、泗州直隶州，萧县、砀山属江苏省。光州改为直隶河南行省，信阳州仍然隶属于汝宁府。

中华民国实行省、道、县三级制。合肥属安庆道，沿淮及淮北各县市属淮泗道，今砀山县、萧县属江苏省徐海道；信阳属汝阳道。

新中国建立后，本地区政区屡经调整。本文讨论的淮河流域方言区依据2008年的行政区划，分属于信阳、合肥、六安、滁州、淮南、蚌埠、阜阳、亳州、宿州、淮北10个地级市的47个市县。具体是（冒号前为地级市，冒号后指市区，市区内分为几个区的也按一个计）：

信阳市：信阳市（市区，下同）、罗山县、光山县、新县、潢川县、固始县、商城县、息县、淮滨县

4

合肥市：合肥市、长丰县、肥东县；
六安市：六安市、霍山、金寨、霍邱；
滁州市：滁州市、明光、全椒、定远、凤阳、来安、天长；
淮南市：淮南市、凤台、寿县；
蚌埠市：蚌埠市、怀远、固镇、五河；
阜阳市：阜阳市、界首、临泉、颍上、阜南、太和；
亳州市：亳州市、利辛、涡阳、蒙城；
宿州市：宿州市、泗县、灵璧、砀山、萧县；
淮北市：淮北市、濉溪。

第二节 豫皖两省境内淮河流域方言概况

一 豫皖两省淮河流域方言的分区

按照《中国语言地图集》B3"官话之三"划分，本区域的方言分为中原官话和江淮官话两种。其中，中原官话分为以下4片：

①郑曹片：亳县（今改为亳州市）、界首、临泉、太和、阜阳、阜南、涡阳、蒙城、利辛、濉溪、淮北、宿州、灵璧。

②蔡鲁片：颍上。

③洛徐片：砀山、萧县。

④信蚌片：信阳、罗山、光山、新县、潢川、固始、商城、息县、淮滨、桐柏（以上河南省），霍丘、金寨、寿县、凤台、固镇、蚌埠、凤阳、泗县、五河（以上安徽省）。

江淮官话是洪巢片的合肥、肥东、长丰、六安、霍山、怀远、淮南、滁州、嘉山（今改为明光）、定远、全椒、天长、来安。

贺巍（2005）的《中原官话的分区（稿）》、刘祥柏（2007）的《江淮官话的分区（稿）》分别对本区域内的中原官话、江淮官话做了重新调整。贺巍将河南、山东、皖北、苏北的中原官话从四片调整为八片，本区域中原官话各点归入以下三片：

①徐淮片：淮北、萧县、砀山。

②商阜片：阜阳、亳县、濉溪、宿州、涡阳、蒙城、利辛、灵璧、界首、临泉、太和、阜南。

③信蚌片：信阳、罗山、光山、新县、潢川、固始、商城、息县、淮滨、桐柏（以上河南）、金寨、霍丘、颍上、寿县、凤台、凤阳、蚌埠、怀远、固镇、五河、泗县。

贺文前后两次的变更为：把原郑曹片的淮北与原洛徐片合并，更名为徐淮片；原郑曹片剔除淮北更名为商阜片；原蔡鲁片的颍上、原江淮官话洪巢片的怀远均划入信蚌片。

刘祥柏将合肥、肥东、肥西、霍山、六安、怀远（南部部分乡镇）、淮南、长丰、滁州、明光、定远、全椒、巢湖、天长、来安等市县方言划入江淮官话洪巢片。

根据前人的研究可见，豫皖两省淮河流域各县市方言大部分属于中原官话郑曹片（新称商阜片）、洛徐片（新称徐淮片）、信蚌片，少部分属于江淮官话洪巢片。但据贡贵训（2004）、叶祖贵（2010）、张安生、贡贵训（2010）、贡贵训（2011），信阳地区的固始、商城（北部）、光山、新县、商城（南部）和安徽境内的怀远、淮南等地的方言归属与传统观点不同，具体论述详后。

二　豫皖两省淮河流域方言的语音特点

淮河是中原官话和江淮官话的分界线，淮河流域也是两大官话接触和碰撞的前沿地带，在长期的接触和碰撞中，两大官话不可避免地将各自的特征传递给对方，同时也吸收对方的特点。由于长时间的接触，两大官话在保持自身特点的同时，有些特征也日渐趋同。下面分别叙述：

（一）一致性

（1）中古全浊声母清化，清化的规律大体是平声送气，仄声不送气。但也有少部分字白读不符合此规律，如"族"、"造"的声母为[tsʰ]。

（2）中古全浊上声字归去声。如"稻、盗、到"都读[tau⁼]。

（3）古知庄章三组声母在中原官话信蚌片的大部分地区、沿淮的江淮官话大部分方言点中合为一组，读[ts、tsʰ、s]。

（3）大部分方言点有唇齿浊擦音[v]。

（3）普通话开口呼零声母字读舌根浊擦音[ɣ]。

（4）部分古邪母平声字，普通话读擦音声母，本地区大部分地方读清塞擦音送气声母，如"祥"音[₋tɕʰiɑŋ]。

（5）大部分地区不分尖团。如"钱=钳"都读[ˌtɕʰian]，"秋=丘"都读[ˌtɕʰiəu]。

（6）蟹摄合口一等、止摄合口三等端系声母字、臻摄合口一等端组、精组声母字大多读开口呼。如"堆对推腿退队罪碎最村存孙寸"等在大多数地方都读开口呼。

（7）古深臻两摄跟曾梗两摄今读开口、齐齿两呼的字韵母相同。如"身=生"，韵母为[ən]；"今=经"，韵母为[in]。

（8）方言中儿化现象较少，很多地方没有儿化。

（二）差异性

（1）入声的有无：大体上，根据入声的有无，可以把本区域的方言分成江淮官话和中原官话两部分，江淮官话有入声，中原官话无入声。但是，原来划归中原官话信蚌片的新县、商城部分乡镇有入声；古入声在中原官话中分派入其他声调，但具体分派规律在各地也有差异，大体是：河南省的息县、淮滨、安徽省的阜阳、亳州、界首、宿州、濉溪等地的入声清声母和次浊声母字归阴平、全浊声母字归阳平；安徽省的五河、凤阳、明光北部等地入声全归去声；河南省的商城吴河以北的商城城区、固始、潢川、安徽省的凤台、颍上、淮南等地清声母和次浊声母入声字散归阴平和阳平，古全浊声母一般读阳平。

（2）泥来的分混：属于中原官话信蚌片的河南省潢川、固始、商城、淮滨和江淮官话的安徽定远、全椒、合肥等地泥来母混淆；河南的信阳、罗山、光山、新县洪音混细音分；其他地方可分。

（3）非组、晓匣组合口的分混：河南省的信阳、罗山、光山、新县、潢川、淮滨、息县和安徽的淮南、凤台、寿县等地非组与合口晓匣母混同；其他方言不混。

（4）是否分尖团：安徽北部的涡阳、界首、宿州等地老派部分字分尖团；其他不分。

（5）按照知庄章三组声母的读音，本区域方言可以分为三种类型：合流为[ts]组型、合流为[tʂ]组型、[ts、tʂ]二分型。

（6）古深臻、曾梗摄分合：河南省的息县、安徽省的阜阳、界首深臻摄今读[-n]尾韵或鼻化韵，曾梗摄今读[-ŋ]尾韵或鼻化韵；河南信阳地区除息县以外、安徽省的怀远、淮南合流为[-n]尾或其鼻化形式，安徽

7

省的五河、河南的淮滨则合流为后鼻尾[-ŋ]。

(7) 舌面元音[i、y]是否强擦化为[ɿ、ʮ、ʮ]：在江淮官话的合肥、六安、定远，中原官话的光山、新县等地，有前高元音擦化音变的现象，如合肥话"低＝鸡＝资"读为[ₒtsɿ]、光山话"举"读为[ˊtʂʮ]。其他地方没有此类现象。

第三节　豫皖两省境内淮河流域方言研究概况

一　豫皖两省沿淮方言研究概述

根据不同时期研究的目的和关注点，学界对本区域方言的研究大致可以分为三个阶段：第一阶段是从20世纪50年代到80年代，第二阶段是从20世纪80年代到1999年，第三阶段是从2000年到现在。

为了消除交际中方言的隔阂，国务院于1956年发出《关于推广普通话的指示》，从而拉开了全国推广普通话的大幕。为配合推广普通话、提高普通话推广的效率，国家开展了大规模的方言调查，这段时间的调查成果后来有部分正式出版，如《河南方音概况》（张启焕、陈天福、程仪1982）、《淮北方音》（刘特如1959）、《安徽方音辨正》（孟庆惠1961）、《安徽方言概况》（合肥师范学院方言调查工作组1962）等都属此类。《河南方音概况》归纳了所调查的23个方言调查点的声韵调系统，根据语音特点将河南方言分为5片，通过与中古音、普通话的纵横比较，得出各片方言的语音特点。《安徽方言概况》总结了皖北地区方言概况，词汇、语法部分也有涉及，但还是以语音为主；《安徽方音辨正》描写了安徽七十五个县市方言的语音面貌，用表格展示、对比各点的语音特征，并将其与普通话进行比较，找到二者的对应关系，从而教会人们如何快速掌握普通话。虽然是为推广普通话服务，但客观上也对当时的方言语音状况做了较为详细的记录。在这个阶段，也有少部分学者专门讨论某一类语音现象，如周景绍《合肥舌尖前元音i韵母特征》（1959）探讨了合肥话舌尖前元音i的特征，引起了人们的注意，并不断有人对此加以讨论。

由于众所周知的原因，此后近20年时间科学研究陷入停滞状态。直到20世纪80年代，方言调查与研究工作才又重新起步。这一时期研究成果突出。随着方言调查的深入，人们对各地方言的了解也越来越深入，在方言分区、特殊的语音现象、词汇、语法等各个方面都取得了较大的成绩。关于方言分区的如《河南山东皖北苏北的官话（稿）》（贺巍 1985）、《皖南方言的分区（稿）》（郑张尚芳 1986）等。语音研究持续进行，一些从前未被调查的方言语音面貌逐步被展示出来，如《固始声、韵、调系统及其与普通话对应规律》（1982 王国启）、《新县方言的语音系统及其与普通话的对应规律》（龚佩琚 1982）、《信阳方言的声韵调系统及其特点》（许仰民 1994）等。随着调查研究的精细化，一些特殊的语音现象得到了更加深入的分析，如《阜阳方言中古入声字的分派规律》（苏锡育 1986）、《安徽桐城方言入声的特点》（杨自翔 1989）、《古合口韵在今光山方言中的变异》（刘冬冰 1994）、《合肥方言的连读变调》（李金陵 1994）、《合肥话"-i"、"-y"音节声韵母前化探讨》（伍巍 1995）、《固始话的阴阳平异读》（安华林 1997）等。方言语法研究也逐步展开，对一些特殊的语法现象有了初步的描写和分析，如《阜阳地区方言"子尾词"的初步考察》（乐玲华 1984）、《霍邱方言中的一种动词重叠句》（赵怀印 1995）、《六安丁集话的反复问句》（刘祥柏 1997）等。李金陵《合肥话音档》（1997）是关于合肥方言的一个比较详细的调查报告，涉及语音、词汇、语法等各方面，对安徽方言的分区也有所论述。

进入新世纪之后，本区域的方言研究取得长足进步，出现了一大批高质量的论著。对某些方言点进行了深入挖掘，如周元琳的《安徽庐江方言的虚词"之"》（2000）和《江淮官话庐江方言中的"得 V"结构》（2006）、吴波《合肥话"-i""-y"音节声韵母前化再探》《江淮方言的边音韵尾》（2007）、《合肥话泥来母今读[z]声母现象的探讨》（孙宜志 2007）。

由于方言调查研究的深入，人们对某些部分方言的归属做了重新调整，如《安庆三县市江淮官话的归属》（孙宜志 2006）认为桐城、枞阳、安庆三地方言应划入江淮官话黄孝片，而非洪巢片；《河南商城南司方言音系》（杨永龙 2008）认为商城话在语音上接近中原官话，但更具有西南官话和江淮官话的特点；《安徽怀远方言的入声演变及归属》（张安生、贡贵训 2010）认为怀远话根据入声有无可分南北两片，北片属中原官话郑曹片，南片属江淮官话洪巢片，而非传统的笼统归为江淮官话。《安徽淮南方言的语音及归属》（贡贵训 2011）认为淮南话主体部分已无入声，入声只是在临近怀远县的上窑镇一带存在，其他乡镇古入声调的分派规律与凤台等地基本一致，淮南话已经不再是江淮官话，而应划归中原官话信蚌片。根据上述研究成果，学者对本区域内的方言区划做了重新调整，集中体现在《中原官话的分区（稿）》（贺巍 2005）、《江淮官话的分区（稿）》（刘祥柏 2007）、《安徽省的汉语方言》（赵日新 2008）三篇文章中。

除了上述成果以外，还出现了一大批涉及本区域方言的硕博士学位论文。如《六安话语音研究》（何自胜 2005）、《安徽定远朱湾方言语音研究》（宋艾乔 2013）、《河南淮滨方言研究》（葛丽 2013）、《安徽太和方言专题研究》（王婷婷 2014）、《息县方言语音比较研究》（冯秋丽 2014）、《光山方言语音研究》（吕梅 2014）、《安徽肥东古城方言共时音变研究》（邹冠丽 2015）等都是对某一个方言点的专门调查研究。

当人们掌握的材料足够多之后，研究也进一步深化，出现了一些综合性研究的论著，如《河南方言语音的演变与层次》（刘雪霞 2006）对河南方言音韵结构内部的演变形式、演变条件、方向与层次做了解释；吴波（2007）的博士论文《江淮官话语音研究》对江淮方言语音进行了全面的研究，讨论了江淮方言的形成历史、内部分区及语音特征。孙宜志（2006）的《安徽江淮官话研究》主要讨论安徽省境内的江淮官话，在描写的基础上，归纳出了一些语音演变的规律；同时能结合历史文献资料，对安徽境内江淮官话的形成过程作了推测。石绍浪（2007）《江淮官话入声研究》则对主要关注入声在江淮方言中的现状、演变方向，从而总结出入声舒华的规律。叶祖贵（2010）的博士论文《信阳地区方言语音研究》描写了信阳地区 15 个方言点的语音系统，全方位展示了信阳地区方言的语音情况，在详实的材料的基础上，调整了信阳地区某些方言点的归属。

尤其值得一提的是，随着信息技术的发展，一些新的技术手段得到运用。特别是中国语言资源保护工程启动以来，河南省、安徽省境内淮河流域各县市方言点被纳入调查保护范围，学者将运用现代化的技术手段，收集记录这些方言，并进行科学的整理和加工，建成大规模、可持续增长的多媒体语言资源库，进而开展相应的研究工作，使得本区域的方言研究再上新台阶。

二 研究的不足

虽然本区域方言的调查研究取得了令人瞩目的成就，但尚存在一些薄弱环节，主要体现在以下四个方面：

1. 有关淮河沿岸豫皖两省欠发达地区中原官话的语音调查研究相对薄弱。从目前可见材料来看，江淮官话的研究水平较高，但本区域中原官话研究不够。虽然有一些硕士论文对某些县区方言的语音做了系统的描写，但还是有些地方没有涉及到，边缘地区的方言描写比较粗疏，高质量的论文也不多。

2. 共时平面的描写较多，综合分析和历时比较的少。语音现状的描写是基础，是进一步综合研究的前提。但如果仅仅满足于"描写清楚"，则难以将语音演变的规律解释清楚。豫皖两省沿淮各县的方言分别有着不同的方言系属，不同的方言在接触和交流的过程中难免会发生相互的影响。因此，各方言的语音演变既有方言自身语音的内部变化，也有由外来因素影响造成的音变。所以，综合性的研究非常必要。

3. 江淮官话与中原官话的关系比较研究欠缺。豫皖两省淮河一带集中了江淮官话洪巢片、黄孝片和中原官话信蚌片、郑曹片，如此复杂的方言格局使得本区域内各方言之间的相互影响无法避免。因此，孤立地局限在某一方言内部可能无法解释复杂的音变现象。要想对区域内方言语音的变化有个科学合理的解释，将各方言放在一起比较、尤其是江淮官话与中原官话之间的比较必不可少。

4. 淮河在豫皖两省方言格局形成及方言变化过程中的作用没有得到足够的重视。如前文所述，淮河既是自然地理的南北分界线，也是历代行政区划的分界线，因此，她对本区域方言格局的形成过程中的作用不可忽视，同时，淮河两岸交通的状况对方言语音变化也会产生影响，但这种重要作用却鲜有人提及。

第四节　研究思路、方法及材料来源

一　研究思路

本文选取沿淮河分布分属河南、安徽两省的 47 个方言点作为研究对象。选点考虑以下因素：一是地理位置，兼顾淮河两岸和上下游各个区域都有分布，如从淮河上游的新县、息县、光山、商城、潢川、固始、淮滨、阜南、阜阳、霍邱到下游的固镇、五河、明光，基本对称分布；二是考虑方言种类，将江淮官话、中原官话的信蚌片、商阜片、徐淮片各个小片都纳入观察。

首先是描写本区域方言语音面貌。在语音描写的基础上，通过比较提取出 12 项语音特征，分别是：（1）知庄章三组声母的读音类型；（2）精组声母的读音；（3）疑影母洪音字的今读；（4）非组与晓匣母合口二等字的分混；（5）泥来母的分混；（6）深臻曾梗四摄舒声韵尾的分混；（7）合口介音的有无；（8）见系二等字 i 介音的增生；（9）前高元音的擦化现象；（10）入声韵的今读；（11）入声调值和入声的分派；（12）调类和调值的类型。考察这 12 条语音特征在豫皖两省沿淮方言中的表现，将其与中原官话和江淮官话核心区方言的比较，发现这些语音特征变化的方向和规律，从而展示原本处于淮河北岸的中原官话如何一步步向南推进，蚕食江淮官话地盘的过程。

离析淮河流域方言中不同来源的音变现象。原发性音变表现为连续音变的特征，对此主要通过对比不同地点以及同一地点不同时期的语音状况来探索探讨；接触性音变较多地表现为异质结构在同源系统内的叠加，对此采用与相邻方言语音特征的对比来解释。入声的有无问题是判断某地方言归属的重要标准之一，如果入声消失，原本属于江淮官话的方言就变成了中原官话。这种变化的过程如何实现？我们将通过三个个案来说明方言在接触过程中发生的重大语音特征的变化，以及由此导致的方言归属的变化。

淮河在历代行政区划中都起着非常重要的作用，在或通或阻的情况下，淮河必然对本区的方言产生影响。在充分调查方言事实的基础上，结合文献材料、自然地理和人文背景，剖析淮河对本区域方言格局形成的影响，以及淮河如何通过行政区划、交通、移民等因素影响方言的变化。

二 研究方法

（一）田野调查

我们对豫皖两省沿淮的方言点进行调查，大部分点运用《汉语方言调查字表》进行全部音系调查，部分点使用我们自己设计的专题调查表格。

（二）描写与比较相结合的方法

在对本区域方言语音特征进行清晰描写的基础上，在共时和历时两个层面进行比较。共时比较分三个层面进行：中原官话、江淮官话内部各方言点的比较；中原官话和江淮官话之间的比较；本区域的中原官话、江淮官话和核心地带的中原、江淮官话代表点的比较。历时比较主要是用历史文献材料与现代语音进行比较，梳理某些重点音变现象，理清语音演变的线索。

（三）时间与空间相结合的方法

语言发展是不平衡的，方言的形成本身就是语言发展变化的不平衡性在空间上的一种表现。而这种地域上的差异，也是语言在时间上发展变化的投影。空间的差异显示时间的先后。因此，我们将空间与时间相结合，从地理上的差异观察音变的时间顺序。

（四）语言与文化相结合的方法

语言是一种特殊的社会现象，语言的变化不仅与内部因素有关，与外部因素关系也非常密切。因此，在探求方言语音的变化规律，还需要结合本地区的历史文化背景。

三 材料来源

本书所使用的语料，大部分是笔者的实地调查所得，发音人情况见表1-1。由于近年来方言调查的深入，新的调查成果逐渐发表，部分方言点最新语音面貌得以呈现。我们也参考了这些材料，具体见参考文献，此处不赘。

表1-1　　　　　　　　　主要发音合作人情况

方言点	发音人姓名	出生年	性别	文化程度	职业	乡镇
阜南	丁大检	1943年	男	高小	农民	段郢乡
涡阳	相国春	1949年	女	中专	小学教师	闸北镇
界首	赫国康	1954年	女	大专	干部	田营镇
蒙城	代子荣	1953年	女	初中	农民	漆园镇

续表

方言点	发音人姓名	出生年	性别	文化程度	职业	乡镇
利辛	莫兰亭	1939 年	男	高中	小学教师	江集镇
太和	江鹤停	1948 年	男	大专	中学教师	旧县镇
颖上	范平锋	1955 年	男	中专	干部	慎城镇
霍邱	胡玉珍	1942 年	女	初中	工人	县城
寿县	赵维学	1938 年	男	小学	农民	八公山乡
凤台	孙驰	1955 年	女	高中	教师	县城
淮南1	苗海荣	1954 年	男	大专	中心教师	田家庵
淮南2	路传家	1952 年	男	小学	农民	八公山镇
淮南3	周传莱	1968 年	男	初中	工人	窑河镇
长丰	胡成长	1948 年	男	初中	工人	水湖镇
全椒	武巧云	1951 年	女	初中	工人	襄河镇
定远	王新齐	1953 年	男	大专	教师	定城镇
明光	杨登都	1955 年	男	高中	小学教师	司巷乡
怀远1	黄杰	1946 年	女	初中	农民	孝义乡
怀远2	崔怀成	1921 年	男	高中	教师	双桥镇
怀远3	胡元阳	1939 年	男	初中	农民	淝河乡
怀远4	陈立贵	1945 年	男	小学	农民	荆芡乡
信阳1	李志辉	1955 年	男	大专	教师	老城区
信阳2	陶松华	1951 年	男	初中	农民	五里镇
罗山	朱州甫	1949 年	男	初中	工人	城关镇
光山	陈家礼	1961 年	男	大专	教师	槐店乡
新县	陈世强	1965 年	男	大专	教师	新集镇
固始	刘国中	1958 年	男	初中	农民	沙河铺乡
商城	李绍文	1954 年	男	初中	农民	金刚台镇
淮滨	吕炳安	1956 年	男	大专	教师	城关镇
息县	姚海涛	1963 年	男	大学	教师	城关镇
凤阳	赵海涛	1953 年	男	初中	农民	城关镇
蚌埠	朱江	1964 年	男	中专	工人	市区

续表

方言点	发音人姓名	出生年	性别	文化程度	职业	乡镇
五河1	张道忠	1942年	男	初中	小学教师	城关镇
五河2	张崇勋	1944年	男	高中	工人	城关镇
固镇	陈文祥	1944年	男	初中	农民	董庙
泗县	王家耀	1953年	男	中专	工人	县城
灵璧	李世高	1959年	男	小学	农民	灵城镇
萧县	纵春雷	1951年	男	高中	工人	龙城镇
濉溪	徐 斌	1954年	男	大专	工人	县城

四 使用的符号

本书用国际音标记录声母、韵母，使用到的国际音标符号如下：

（一）辅音

本书所用的辅音符号如下表1-2：

表1-2　　　　　　　　　　辅音表

			双唇	唇齿	舌尖前	舌尖中	舌尖后	舌面	舌叶音	舌根	喉音
塞音	清	不送气	p			t				k	
		送气	p^h			t^h				k^h	
	浊		b			d				g	
塞擦音	清	不送气			ts		tʂ	tɕ	tʃ		
		送气			ts^h		$tʂ^h$	$tɕ^h$	$tʃ^h$		
	浊				dz		dʐ	dʑ	dʒ		
鼻音			m			n		ȵ		ŋ	
边音						l					
擦音	清		ɸ	f	s		ʂ	ɕ	ʃ	x	h
	浊		β	v	z		ʐ	ʑ	ʒ	ɣ	ɦ

零声母用∅表示。

（二）元音

本书所用到的元音符号如下表1-3：

15

表 1-3　　　　　　　　　　　　元音表

	舌面元音					舌尖元音	
	前		央	后		前	后
	不圆唇	圆唇		不圆唇	圆唇		
高	i	y			u	ɿ ɥ	ʅ ʮ
半高	e			ɤ	o		
中			ə				
半低	ɛ æ	œ			ɔ		
低	a		A		ɑ		

（三）声调

声调采用"五度标记法"标记调值，数字"1、2、3、4、5"分别代表"低、半低、中、半高、高"，字调标在音标后面。基础字音对照表以及正文中的部分地方使用发圈法标注。

第二章　豫皖两省沿淮方言代表点音系

本部分主要描写豫皖两省沿淮河分布的江淮、中原两大官话43个代表点的音系。其中江淮官话的10个点，分别是合肥、肥东、长丰、六安、滁州、全椒、天长、定远、明光（明光镇）、怀远（南片）；属于中原官话的33个点，分属河南、安徽两省，其中河南省境内的有信阳、罗山、潢川、固始、淮滨、光山、新县、商城、息县；安徽省境内的有阜阳、阜南、界首、涡阳、太和、蒙城、颍上、利辛、宿州、泗县、萧县、淮北、濉溪、灵璧、蚌埠、五河、固镇、凤阳、明光（司巷）、淮南、寿县、凤台、霍邱、金寨。

一　合肥[①]

（一）声母

p 巴玻步	pʰ 怕婆叛	m 门模免	f 法丰佛	
t 德店代	tʰ 拖条特			l 纳年来
ts 资鸡争	tsʰ 雌欺撑		s 私希生	
tʂ 知正窄	tʂʰ 尺产窗		ʂ 诗扇声	ʐ 日安
tɕ 尖九近	tɕʰ 秋敲强		ɕ 心休谢	
k 歌该共	kʰ 科看狂		x 喝呼寒	
∅ 二有万月				

（二）韵母

ɿ 资鸡衣礼　　i 姐谢野　　　u 布土胡乌　　y 女区雨

[①] 合肥话音系录自《汉语方音字汇》（第二版），文字改革出版社1989年版。

ɿ 支志世是
a 巴打叉阿   ia 家虾崖   ua 瓜抓蛙
ɛ 太赛哀   iɛ 街鞋也   uɛ 怪衰歪
e 杯对写   ue 桂追威   ye 茄
ɯ 斗仇猴   iɯ 牛秋油
ɔ 包毛照绕   iɔ 表条交要
ʊ 多过某
ã 邦房党昂   iã 良将巷样   uã 光双王
æ̃ 班三甘安   uæ̃ 关拴弯
                 ĩĩ 边间尖眼   ỹĩ 卷全圆
ũ 满团碗
ən 根吞寸耕   in 金民斤丁   uən 春滚文   yn 军孕永
əŋ 朋中红翁   iŋ 穷荣用
ɐʔ 八杂百额   iɐʔ 甲瞎接   uɐʔ 袜滑国握   yɐʔ 脚学月
əʔ 直尺不佛   iəʔ 急滴一   uəʔ 谷独速   yəʔ 律曲域

（三）声调

调类	调值	例字
阴平	212	高天昏幽
阳平	55	唐前寒文
上声	24	胆好五很
去声	53	快送厚用
入声	4	急木特别

（四）音系说明

（1）声母[tɕ、tɕʰ、ɕ]发音部位靠前。

（2）声母[l]有变体[n]，开合韵前多为[l]，齐撮韵前多为[n]。

（3）零声母开口呼非[ɿ]韵母音节以元音起头，[ɿ]韵母和齐合撮口呼音节开题带有较重的唇齿同部位摩擦。

（4）入声韵尾[-ʔ]的闭塞性不强，是一个轻微的紧喉动作。

二 肥东

（一）声母

p 布步巴波	pʰ 怕盘婆叛	m 门米模免	f 飞富房发
t 端道店德	tʰ 土糖梯特		l 驴蓝年纳
ts 资争杂鸡	tsʰ 粗刺衬欺	s 丝三生洗	z 衣姨鱼女
tʂ 知爪周真	tʂʰ 茶常陈虫	ʂ 山少神杀	ʐ 柔绕藕爱褥
tɕ 九借教江	tɕʰ 秋桥枪亲	ɕ 香鞋小心	
k 怪高滚国	kʰ 快靠困扩	x 坏好魂活	
∅ 二哑歪远			

（二）韵母

ɿ 资四皮喜			
ʅ 枝只池世	i 姐邪你爷	u 补父粗苦	y 鱼举取虚
a 霸怕沙儿	ia 家虾压牙	ua 爪夸花娃	
ɛ 败派来海	iɛ 街界鞋也	uɛ 拽帅乖坏	
əi 杯梅堆写蛇		uəi 追吹睡惠	
ɯ 偷走丑肉	iɯ 丢柳酒油		
ɔ 包刀老高	iɔ 表庙笑料		
ɵ 波躲坐梳饿			
æ̃ 班满胆闪	iĩ 边棉天先	uæ̃ 闩关玩晚	yĩ 卷泉劝院
ɑ̃ 帮房狼张	iɑ̃ 亮讲枪羊	uɑ̃ 庄双黄忘	
õ 搬盘团官碗			
ən 本吞成更	in 拼金听星	uən 准滚混文	yn 军群巡云
əŋ 朋动龙空	iŋ 兄雄荣永		
ɐʔ 百发答渴	iaʔ 憋灭甲瞎	uaʔ 夺桌说国	yɐʔ 虐雀血月
ɤʔ 木直石黑	iɤʔ 笔笛吃七	uɤʔ 毒六足哭	yɤʔ 局曲畜狱

（三）声调

调类	调值	例字
阴平	212	高猪开抽
阳平	55	穷糖寒麻

上声	24	古丑好暖
去声	53	近父变病帽
入声	5	竹秃黑尺麦食

三　长丰（水湖镇）

（一）声母

p 布步班拔　　pʰ 怕盘派胖　　m 门满猛忙　　v 文温新望新
t 到道东夺　　tʰ 太同摊土　　n 年女怒难　　　　　　　　l 连吕路兰
ts 糟祖招争　　tsʰ 草醋超巢　　s 散丝山师　　　　　　　　z 认闰热日
k 贵跪官共　　kʰ 葵开看苦　　x 灰红飞冯　　ɣ 爱矮暗恶
tɕ 精经结节　　tɕʰ 秋丘枪桥　　ɕ 修休线虚
ø 二夜碗远

（二）韵母

ɿ 知支四字　　i 皮骑低梯　　u 姑布夫炉　　y 女举取雨
a 怕疤打傻　　ia 家价蟹牙　　ua 寡夸瓦爪
ə 棵河车惹　　　　　　　　　　uə 波摸多果
E 盖戴害矮　　iE 姐谢爷夜　　uE 怪块淮帅　　yE 茄瘸靴
ɔ 报帽糟绕　　iɔ 苗鸟条笑
əi 妹腿贼岁　　uəi 贵灰水锤
ɯ 豆狗走馊　　iɯ 丢九休油
an 办胆烂山　　ian 棉电钱烟　　uan 端管酸万　　yan 卷权选冤
ən 盆根灯声　　in 民今名京　　uən 滚春准闰　　yn 军顷训云
ɑŋ 帮汤狼桑　　iɑŋ 枪香亮羊　　uɑŋ 光狂筐黄
əŋ 朋风猛翁　　uŋ 东农红容　　　　　　　　　　yŋ 胸用兄
əʔ 木直日恶　　iəʔ 笔敌吃吸　　uəʔ 毒秃骨缩　　yəʔ 菊局曲狱
ɐʔ 百磕宅色　　iɐʔ 鳖铁烈叶　　uɐʔ 夺落国桌　　yɐʔ 虐脚削药

（三）声调

调类	调值	例字
阴平	212	高猪开飞
阳平	55	穷唐寒娘

上声	24	古草好女
去声	53	柱报盖病怒
入声	5	突黑尺舌

（四）音系说明

（1）非组声母与合口洪音的晓匣母混同，二者为自由变体，韵母的开合由声母决定：声母读[f]则韵母开口，读[x]则为合口。如："风"读[₋fəŋ]或[₋xuŋ]，"房"读[₋faŋ]或[₋xuɑŋ]。

（2）唇齿浊擦音[v]声母音值不定，有时读为双唇元音。

（3）[ɐ]为前中不圆唇元音，介于[e]与[ɛ]之间。

四　六安

（一）声母

p 巴玻彼	pʰ 怕婆盘	m 门模免	f 法丰佛	
t 德店代	tʰ 拖条特			l 纳年
ts 资撕争	tsʰ 茨欺撑		s 私希生	
tʂ 知正炸	tʂʰ 尺产窗		ʂ 山诗声	ʐ 软日热
k 歌该共	kʰ 科开狂		x 喝河灰	
tɕ 尖九近	tɕʰ 秋全权		ɕ 休修线	
∅ 元言闻缘午				

（二）韵母

ɿ 资第地野	ʅ 知支	ʮ 赌除粗书	ɥ 虚举女雨
	i 姐减检言		y 全权圆冤
a 耳而爬	ia 架牙假	ua 瓜花话	
ɷ 河过初锄			
ei 写扯妹蛇		ui 吹水追鬼	
ɛ 开太盖	iɛ 介街姐写	uɛ 怪帅坏外	
ɔ 糟招烧	iɔ 条桥笑叫		
əɯ 丑收斗	iəɯ mei 流秋修休		
ən 增争硬认庚		un 魂温滚	
	ĩ 林邻灵星		ỹ 群勋云

ã 仓昌党　　　iã 枪讲良　　　uã 床光庄
ɛ̃ 三胆竿含

　　　　　　　　　　　　　　　uə̃ 酸官关短船晚

əŋ 东中冯红　　iəŋ 琼穷胸
ɐʔ 色合割百辣　iɐʔ 铁结节　　uɐʔ 落国活　　yɐʔ 确缺月
əʔ 直木　　　　iəʔ 踢力　　　uəʔ 绿鹿六出　yəʔ 局橘

（三）声调

调类	调值	例字
阴平	313	高开婚
阳平	35	穷寒鹅
上声	24	古口好五
去声	53	近厚盖汉岸
高入	5	急竹七福笔
低入	23	桌黑割缺月白

五　滁州市

（一）声母

p 步布别班　　pʰ 怕盘爬抛　　m 忙门米木　　f 飞冯费符　　v 文危挖万
t 到道夺地　　tʰ 太同贪他　　　　　　　　　　　　　　　　l 女年兰路
ts 祖坐剪　　　tsʰ 仓曹钱　　　　　　　　　　s 苏三生
tʂ 招赵　　　　tʂʰ 吵柴　　　　　　　　　　　ʂ 书邵　　　ʐ 人绕
k 高盖柜　　　kʰ 开葵看　　　　　　　　　　　x 灰好红
tɕ 精经近　　　tɕʰ 秋穷轻　　　　　　　　　　ɕ 箱形县
ø 爱岸要雨云

（二）韵母

ɿ 资瓷丝
ʅ 知迟诗　　　i 批鸡衣　　　u 布土古　　　y 雨举靴
a 马茶沙　　　ia 加霞亚　　　ua 花瓜化
o 婆多哥
ɛ 开才山　　　　　　　　　　uɛ 乖关坏
au

ᴇ 儿耳二	iᴇ 阶界戒		
ɪ 前天先	iɪ 坚燕野		
ø 搬短泉			yø 卷权元
ɔ 包道告	iɔ 表小叫		
əi 杯雷岁		uəi 追蘷水	
əu 头手口	iəu 流九右		
aŋ 帮党章	iaŋ 匠良乡	uaŋ 光床汪	
əŋ 根庚梦	iŋ 丁金英	uŋ 东中翁	yŋ 军雄用
ʅʔ 直日尺	iʔ 敌席一	uʔ 竹骨屋	yʔ 橘曲欲
aʔ 八达杀	iaʔ 甲瞎压	uaʔ 刮刷滑	
	ieʔ 灭铁药		yeʔ 绝缺月
əʔ 伯窄黑		uəʔ 桌郭弱	

（三）声调

调类	调值	例字
阴平	21	高天山
阳平	24	桃毛红
上声	11	古早买
去声	44	坐豆太
入声	5	急哭直

六　全椒（襄河镇）

（一）声母

p 布步别帮	pʰ 怕盘偏普	m 门忙满妹	f 飞费福发	
t 到道夺豆	tʰ 太同条天	n 怒路南蓝		
ts 资尖糟剪	tsʰ 刺千醋钱		s 思先散鲜	z 艺疫姨
tʂ 知周争桌	tʂʰ 尺吃愁成		ʂ 诗书手声	ʐ 如软肉日
tɕ 基九金江	tɕʰ 欺求琴枪		ɕ 希朽香雄	
k 古官贵关	kʰ 苦开看哭		x 虎会红胡	
ø 问伟外王				

（二）韵母

ɿ 资四欺希　　ʅ 知指诗治

y 雨巨虚许	i 姐也写且	u 布租粗数	
a 妈怕大拉	ia 架家下哑	ua 花瓜抓娃	
o 波多科初			
ɛ 盖开孩爱		uɛ 怪坏快帅	
	ie 姐也写且		ye 靴瘸
ei 杯堆车儿		uei 鬼醉会碎	
ɔ 宝高好熬	iɔ 腰条小叫		
ɯ 豆守丑欧	iɯ 修求油酒		
æ̃ 胆三含干		uæ̃ 闩关环湾	
	ĩ 田检烟紧灵		ỹ 权选远捐云训
õ 官欢完团			
ã 仓昌党桑	iã 枪良向江	uã 光黄狂网	
ə̃ 门本争正	uə̃ 魂滚春准		
		uŋ 东松虫红	yŋ 穷熊雄兄
ʅʔ 直尺日失	iʔ 敌席一吃	uʔ 竹骨足哭	ɥʔ 桔曲育屈
əʔ 伯窄黑各	ieʔ 铁灭贴药	ueʔ 桌郭弱阔	yeʔ 嚼绝缺月
aʔ 八达杀白	iaʔ 压甲恰瞎	uaʔ 刮刷滑袜	

（三）声调

调类	调值	例字
阴平	21	高专边三飞
阳平	35	时穷床人龙
上声	33	古展走女老
去声	53	盖正对父岸
入声	5	失尺急局学

七　天长

（一）声母

p 步布别巴	pʰ 普怕盘抛	m 门木米免	f 飞灰冯风	
t 到道夺地	tʰ 太同天他	n 难泥女年		l 栏路吕连
ts 左姐找抓	tsʰ 醋超才船		s 寺士神水	z 人如软扔

k 盖贵跪街　　kʰ 开葵看苦　　　　　　　x 火海回华
tɕ 精静加近　　tɕʰ 秋钱穷群　　　　　　ɕ 修小心训
ø 耳摇五远

（二）韵母

ɿ 紫资纸治	i 野艺希以	u 故粗武苦	y 雨女娶徐
a 他爬拿沙	ia 架牙丫加	ua 花瓜话蛙	
ɪ 姐例杯非		iu 灰桂规水	
ɛ 盖开太街	iɛ 界介届	uɛ 怪歪快拐	
ɔ 保招高	iɔ 交妙刁晓		
ɵ 哥走抽收	iɵ 秋丢纠幼		
ɤ 多左某剖			
ᴇ 山贪三站		uᴇ 关弯环闩	
ũ 闪扇干般		uũ 短川官欢	
	iĩ 偏连言闲		yĩ 元喧圆渊
ən 根庚深等	iə̃ 林邻金灵	uən 村春魂横	
	in 林邻金京		yn 军群允运
aŋ 旁房党胖	iaŋ 枪讲江腔	uaŋ 光窗双床	
oŋ 崩猛梦风	ioŋ 兄荣穷窘		
iʔ 立憋七律			yʔ 橘
æʔ 答炸辣发	iæʔ 掐夹压甲	uæʔ 滑挖袜刷	
ɐʔ 博焯剥朴	iɐʔ 药确脚略	uɐʔ 括桌扩郭	
əʔ 合摄汁则	ieʔ 劫接列歇	ueʔ 活说霍核	yeʔ 绝越缺血
oʔ 北国突哭	ioʔ 菊曲域屈		

（三）声调

调类	调值	例字
阴平	21	高开婚天
阳平	24	穷寒床唐
上声	42	古短五丑
去声	55	坐父醉汉害
入声	5	竹国割铁育俗

（四）音系说明

（1）[ts、tsʰ、s]的发音部位比普通话的舌位稍后。
（2）[tɕ、tɕʰ、ɕ]发音部位稍前，有舌叶音[tʃ、tʃʰ、ʃ]的色彩。
（3）韵母[i]、[ɿ]的摩擦较强。
（4）[u]韵母唇形略扁。

八　定远

（一）声母

p 步布别班	pʰ 怕盘爬抛	m 忙门米木	f 飞冯费符
t 到道夺地	tʰ 太同贪他	n 难怒女年	l 兰路吕连
ts 糟增争第	tsʰ 醋仓吵齐		s 苏丝师喜
tʂ 招赵肘煮	tʂʰ 丑绸吵鼠		ʂ 书手晒寿　ʐ 热绕软肉
k 盖贵跪敢	kʰ 开葵看苦		x 海灰红胡　ɣ 爱熬恩沤
tɕ 酒贱家杰	tɕʰ 秋钱穷群		ɕ 修小心训
∅ 耳摇五远			

（二）韵母

ɿ 资地齐以			
ʅ 知支诗纸	i 系医希	u 故粗武苦	y 雨女吕虚
a 耳爬大沙	ia 家下哑假	ua 花瓜话蛙	
o 过河初波			
ə 蛇车倍妹飞嘴		uə 桂水追伟	
	iɛ 爷夜鞋借姐谢		yɛ 瘸茄写
ɛ 盖开太菜	iɛ 界街鞋	uɛ 怪帅外坏	
ɔ 高照烧绕	iɔ 条苗桥笑		
ɯ 收丑斗走	iɯ 秋修流求		
æ 三胆竿含		uæ 端酸官船	
	iĩ 减检紧连		yĩ 全权圆远
ã 党张桑昌	iã 枪讲良两	uã 光窗网床	
ə̃ 根庚硬门	iə̃ 林邻金灵	uə̃ 魂横温昏	yə̃ 军群允旬
		uŋ 东翁红虫	yŋ 穷琼胸窘

əʔ 直日尺十	iʔ 笔急踢一	uʔ 木出鹿绿	yʔ 欲局曲
eʔ 色割百辣各	ieʔ 铁接瞎业	ueʔ 国郭落活	yeʔ 确缺月

（三）声调

调类	调值	例字
阴平	42	高开安婚
阳平	55	穷床唐难
上声	21	古短丑暖
去声	53	坐父醉大帽
入声	4	竹秃割铁月杂舌

（四）音系说明

（1）非知系声母与[ɿ]韵母拼合时，声韵之间有浊擦音[z]，但新派读法韵母渐近[i]。

（2）元音[u]、[y]的唇形不如普通话的圆且摩擦较强，[y]的实际音值接近[ʮ]。

（3）[o]的唇形略小，严式应为[ʊ]。

（4）入声韵[əʔ]的主要元音舌尖参与作用，实际音值应为[ɿˤʔ]。

（5）阳平调值为略微高升，应为45，记为55。

九 明光（明光镇）

（一）声母

p 布步比帮	pʰ 怕盘皮普	m 亩米忙满	f 飞富方法
t 短豆低堆	tʰ 土糖梯特	n 怒泥蓝辣	
ts 早字猪张	tsʰ 粗层迟床	s 苏伞师沙	z 让人日肉
tɕ 酒鸡家见	tɕʰ 亲全勤琴	ɕ 心吸协休	
k 古缸高感	kʰ 苦考看康	x 胡好汗海	ɣ 袄昂按爱
∅ 阿牙五雨			

（二）韵母

ɿ 资刺迟事	i 鸡气戏衣	u 苦胡赌土	y 区女余虚
a 大爸查沙	ia 家假下哑	ua 花瓜话挖	

ɛ 盖开来矮   uɛ 怪块坏歪
                ie 解鞋野邪   ye 茄靴
ə 儿耳蛇车   eu 桂葵回尾
ɔ 包跑烧搞   iɔ 叫笑庙腰
o 婆波磨母   uo 课可多窝
əu 口收丑厚   iəu 酒牛油柳
æ 半淡山看   iæ 变骗年烟   uæ 官关换晚   yæ 卷泉选院
ɑŋ 刚房糖张   iɑŋ 江枪香亮   uɑŋ 光筐双王
əŋ 门跟生争   iŋ 林心听宁   uəŋ 温滚困翁
oŋ 东公春顺   ioŋ 军训兄荣
aʔ 达辣热白   iaʔ 甲恰夹鸭   uaʔ 割角桌刷
əʔ 客窄色木   iəʔ 跌铁切瞎   uəʔ 国出落屋   yəʔ 菊学月药
                iʔ 笔吸急踢   yʔ 玉育曲局

（三）声调

调类	调值	例字
阴平	21	高猪开抽
阳平	35	穷糖寒麻
上声	213	古丑好暖
去声	53	近父变病帽
入声	5	竹秃黑尺麦食

（四）音系说明

（1）[n]、[l]为自由变体。

（2）[ts]组声母和[tʂ]组合流，但在老派口中尚有少部分[tʂ]组残迹，但不起区别意义作用。

（3）入声的喉塞尾不明显，但入声字较短促。

（4）在韵母[o]和[uo]中，[o]的唇形略展，严式应该记为[o̜]。

（5）山摄合口一等、二等字新派合流，关＝官[˳kuæ]，老派不同。

十　怀远（孝义）

（一）声母

p 布拜部被   pʰ 怕片盘皮   m 梅毛磨敏   f 反纷奉符   v 微武文物

t 到帝道夺	tʰ 太推同谈	n 难年怒女	l 蓝连罗吕
ts 宗造知蒸	tsʰ 村从抽昌	s 孙随刷书	z 认然绕日
tɕ 精集舅结	tɕʰ 秋齐欠桥	ɕ 修徐孝现	
k 贵瓜共跪	kʰ 开苦葵狂	x 灰红胡化	
∅ 儿弯言远			

（二）韵母

ɿ 资词师世	i 披迷第衣	u 铺卢朱暮	y 居区许玉
a 巴打茶儿	ia 家掐夏牙	ua 抓瓜夸话	
ə 遮蛇歌鹅	ie 爹借且鞋	uə 波多罗棵	ye 瘸靴茄哕
ɛ 排台来盖		uɛ 乖淮衰外	
ei 杯催雷对		uei 追水贵锐	
ɔ 保烧猫袄	iɔ 标条教要		
əu 抖楼周愁	iəu 牛秋休右		
an 班丹善染	ian 棉间线廉	uan 关拴环万	yan 权捐宣冤
ən 奔生孙顿	in 宾心平清	uən 困春顺魂	yn 均群寻云
aŋ 帮当浪旺	iaŋ 凉江枪央	uaŋ 庄窗光黄	
		uŋ 朋东猛亩	yŋ 兄穷容庸
əʔ 八德十合	ieʔ 鳖熄铁压	uəʔ 夺落骨刷	yeʔ 雪菊确药

（三）声调

调类	调值	例字
阴平	21	刚知尊开昏安低
阳平	35	穷陈才神扶鹅农
上声	212	古展走口丑有老
去声	53	近社盖唱阵谢帽
入声	2	急曲黑割合月木

（四）音系说明

（1）[i]或以[i]作韵头的零声母音节，实际发音时音首有轻微摩擦，实际为半元音[j]。

（2）古日母字除去"儿二"等止摄开口三等字读成零声母[a]外，其他字声母为[z]

(3) 入声的发音短促，有喉塞尾[ʔ]，调值为2。

(4) [a]的舌位略高，实际为[a̝]；圆唇元音唇形稍扁，如[u]的实际读音应该是[u̜]。

(5) 入声韵[yɤʔ]是老派读法，在年轻人口中逐渐消失，并入[yeʔ]韵母。

(6) 阴平调值为21，实际音程稍长，为211。

十一　信阳（老城区）

（一）声母

p 八不步别　　pʰ 盘怕皮旁　　m 门面毛埋　　f 飞罚互风
t 夺到道担　　tʰ 同太土叹　　　　　　　　　l 兰难怒路
ts 糟争招重　　tsʰ 从吵畅船　　　　　　　　s 森帅是生　　z 仁日拥容
tɕ 剑焦猪倦　　tɕʰ 腔秋春居　　ȵ 年娘牛泥　　ɕ 勋小顺旋
k 甘古干贵　　kʰ 开葵哭扛　　ŋ 硬袄昂岸　　x 河海很杭
Ø 玩延约雨

（二）韵母

ɚ 而二儿耳
ɿ 资吃支师　　　i 第几踢衣　　　u 布母胡故　　y 鱼吕虚出
a 马挖发花　　　ia 家下架压　　　ua 瓜夸抓挎
o 波破摸活　　　　　　　　　　　uo 多桌科禾　　yo 略岳确药
ɛ 蛇车或黑　　　iɛ 姐铁别夜　　　uɛ 国　　　　　yɛ 靴缺说月
ɤ 歌可河贺
ai 帅盖来爱　　　iai 界街械　　　uai 怪快乖块
ei 妹堆退最　　　　　　　　　　　uei 归亏桂葵
au 饱桃靠好　　　iau 挑票交腰
ou 丑读鹿醋　　　iou 丢球刘优
an 胆酸竿换　　　ian 面间连言　　uan 关宽管款　　yan 权宣船软
ən 根庚孙硬　　　in 林心星灵　　　uən 滚捆困棍　　yn 军云顺唇
aŋ 党床黄康　　　iaŋ 江枪娘央　　uaŋ 光广筐矿
oŋ 东用农聋　　　　　　　　　　　　　　　　　yoŋ 胸雄熊兄

ŋ̍ 你嗯　　　　ɣ 屋吴五雾

（三）声调

调类	调值	例字
阴平	213	衣昏知天惜八药桌
阳平	34	时婆服田白截昨毒
上声	35	每马老火九主晚水
去声	53	付注稻旱见到电汗

（四）音系说明

（1）[ȵ]的发音部位略微靠后，接近舌面中音[ɲ]。

（2）[ŋ]声母的有些字逐渐变为[ɣ]声母，如"袄"等。

（3）合口呼零声母的[u]有唇齿化倾向，也可记为[v]声母。

（4）[i]、[y]韵母出现在零声母之后带有摩擦色彩，老派尤其突出。

（5）[a]、[au]、[aŋ]等韵母中的[a]的实际音值是[A]。

（6）[o、ou、iou]的主要元音靠前。

（7）[ɛ、iɛ、uɛ]中的主要元音舌位略高。

十二　罗山（城关镇）

（一）声母

p 八不步别　　pʰ 盘怕皮旁　　m 门面毛埋　　f 飞罚互风

t 夺到道担　　tʰ 同太土叹　　　　　　　　　　l 难兰怒路

ts 糟罩蒸章　　tsʰ 草超愁垂　　　　　　　　　s 散稍拴水　　z 日然让用

tɕ 焦级主专　　tɕʰ 全权除串　　ȵ 年泥仪严　　ɕ 希修树说

k 甘苦改刚　　kʰ 开葵课肯　　ŋ 恩袄欧岸　　x 河货含很

ø 望阳鱼云

（二）韵母

ɚ 而二儿耳

ɿ 资知师枝　　i 第喜里艺　　u 部服库胡　　y 鱼举树出

a 马挖塔花　　ia 加押夏掐　　ua 瓜夸抓挎

o 波活我桌　　　　　　　　　　　　　　　　yo 略脚确约

e 北车窄黑　　　ie 接铁节夜　　　ue 国　　　　　　ye 靴雪瘸月
ai 拜带来淮　　　iai 介界街解　　　uai 拐怪快筷
ei 梅睡最挥　　　　　　　　　　　uei 归桂亏葵
au 饱捞道好　　　iau 挑飘消咬
əu 丑鹿苏读　　　iəu 丢流休友
an 搬闩碗换　　　ian 棉间连演　　uan 关宽管款　　yan 权倦穿转
ən 盆根孙灯　　　in 林心英灵　　　uən 滚捆困棍　　yn 军裙春准
aŋ 党双旺黄　　　iaŋ 讲乡亮阳　　 uaŋ 光广筐矿
oŋ 东用农翁　　　ioŋ 胸雄熊兄
n̩ 你嗯　　　　　 ɣ 乌五雾屋

（三）声调

调类	调值	例字
阴平	54	初昏高天德出末阔
阳平	45	时题田毒石直席
上声	35	老好比很九体晚梦
去声	411	弟舅盖注见到近棒

（四）音系说明

（1）[ŋ̟]的发音部位略微靠后，接近舌面中音[ɲ]。

（2）[ai]韵母的主要元音动程较长。

（3）[ən]、[uən]中[ə]的舌位较前，接近[e]。

（4）撮口呼韵母的唇形不圆，介于[i]、[y]之间。

十三　潢川

（一）声母

p 八步办崩　　　pʰ 普皮品旁　　　m 米麻木忙
t 弟督队订　　　tʰ 体态探唐　　　　　　　　　　　l 里路南宁
ts 糟庄站招　　　tsʰ 草产抄唱　　　s 洒少刷胜　　　z 日认然荣
tɕ 记九金讲　　　tɕʰ 其求勤强　　　ɕ 喜休现星
k 古桂感更　　　kʰ 开亏肯康　　　x 河很服丰　　　ɣ 袄偶恩硬
ø 文袜压云

（二）韵母

ɿ 资吃知世	i 李地记衣	u 扶布路读	y 鱼虚句取
ɚ 而二贰耳			
a 麻大八啊	ia 家夏掐牙	ua 夸挂花袜	
o 波婆破磨		uo 多桌哥火	yo 岳约确学
ɛ 车买色带	iɛ 姐黑街介	uɛ 国或拐快	yɛ 瘸缺雪月
ei 类碎醉水		uei 贵亏非归	
au 毛跑饶早	iau 表小交腰		
ou 丑走头购	iou 丢揪修又		
an 竿砍产占	ian 牵减县颜	uan 酸短关饭	yan 卷拳宣元
ən 痕孙藤蒸	in 近信兵因	uən 滚捆昏魂	yn 军云群句
aŋ 忙杭商浪	iaŋ 腔乡江羊	uaŋ 光矿晃房	
əŋ 朋冬农木		uəŋ 翁嗡瓮	
		uŋ 红中虫空	yŋ 凶琼兄雄
n̩ 你嗯	ɣ 乌舞务物		

（三）声调

调类	调值	例字
阴平	213	初昏高天宿摘黑律
阳平	34	时题人田罚夺结辖
上声	24	女老好比九体晚委
去声	53	弟舅盖件见到市厚

（四）音系说明

（1）[k、kʰ、x]组声母在与细音相拼时，实际音值为[c、cʰ、ç]。

（2）元音[a]舌位偏后，实际音值近[ɑ]。

（3）[uo]韵母中的介音[u]不明显，在与[k、kʰ、x]声母相拼时的实际音值为[ᵘo]，个别字没有介音，为[o]。

（4）韵母[yn]的实际音值为[yin]。

（5）阳平也可记为33。

十四　固始（沙河铺乡）

（一）声母

p 八不步别	pʰ 盘怕皮旁	m 门面毛埋	f 冯符分风
t 夺到道担	tʰ 同太土叹		l 兰难怒路
ts 糟招祖主	tsʰ 昌仓从处	s 散扇苏书	z 软用拥永
tɕ 尖巨精经	tɕʰ 全权去钱	ɕ 修休续向	
k 甘古干贵	kʰ 开葵哭扛	x 胡灰户红	ɣ 硬袄耳岸
∅ 危延约鱼			

（二）韵母

ɿ 资吃支师	i 第地踢衣	u 出故胡赌	y 雨虚去鱼
a 马打爬啊	ia 家下架夹	ua 夸化花挖	
o 波剥破摸		uo 过落郭窝	yo 岳乐确药
ɤ 河割合鹅			
	iɛ 姐隔黑克		yɛ 决缺雪月
ai 色呆舌社		uai 帅怪国外	
ei 妹堆退最		uei 归亏贵桂	
au 桃饱保烧	iau 挑票交腰		
ou 丑绿鲁鹿	iou 丢球刘流		
an 竿含三胆	ian 间减检连	uan 酸短船弯	yan 权拳鲜远
ən 根庚孙恩	in 林心星灵	uən 滚捆温魂	yn 军群勋云
aŋ 党桑行常	iaŋ 江枪良央	uaŋ 光床晃王	
əŋ 东木农聋		uəŋ 翁嗡瓮	
		uŋ 共红中松	yŋ 胸穷兄雄
n̩ 你嗯	v̩ 乌舞务物		

（三）声调

调类	调值	例字
阴平	213	初昏高天百麦药热
阳平	33	时题逆田质石物默
上声	24	女老好比九体晚委

| 去声 | 53 | 弟是士注见到近厚 |

(四) 音系说明

(1) [k、kʰ、x]在与细音相拼时,实际音值为[c、cʰ、ç]。
(2) 以[a]为主要元音的韵母,其实际音值近[æ]。
(3) [o]的舌位略高,实际为[ɷ]。
(4) 阳声韵有鼻化色彩。

十五 淮滨（城关镇）

(一) 声母

p 布八爸被	pʰ 怕盘皮篇	m 门麦毛面	f 飞灰冯红
t 大道夺担	tʰ 太同土腿	l 难路女泥	
ʦ 紫遮宰桌	ʦʰ 痴初粗尺	s 四水生十	z 认用若日
tɕ 九姐教江	tɕʰ 枪去秋亲	ɕ 说细新信	
k 贵干高歌	kʰ 看课坑科	x 很河海好	
∅ 远文硬王			

(二) 韵母

ɿ 资刺诗师	i 李地几衣	u 母古鲁布	y 鱼去句许
ɚ 而二贰耳			
a 马踏辣啊	ia 家掐架霞	ua 夸跨挂刮	
o 波坡博摸		uo 脱罗果桌	yo 岳脚嚼药
ɛ 车蛇盖带	iɛ 姐黑铁街	uɛ 国快拐怪	yɛ 靴绝说月
ei 妹类背费		uei 葵亏柜桂	
au 桃劳少保	iau 掉交消腰		
ou 丑楼豆沟	iou 丢修刘油		
an 办含懒饭	ian 店线检年	uan 酸短转关	yan 捐栓转全
ən 痕孙藤蒸	in 近信兵因	uən 滚捆昏魂	yn 军云群旬
aŋ 党桑帮当	iaŋ 江香娘央	uaŋ 光广床双	
əŋ 等更魂尊	iŋ 京青金品	uəŋ 翁嗡瓮	
		uŋ 共宗送东	yŋ 胸琼群云
n̩ 你嗯	ɣ 乌舞务物		

（三）声调

调类	调值	例字
阴平	213	初昏高天德出末阔
阳平	34	时题人田毒石直席
上声	24	女老好比九体晚委
去声	53	弟舅盖件见到市厚

（四）音系说明

(1) 古泥、来母在大多数人的口中不分，一般说来，泥、来母在与鼻音韵母相拼时为[l]声母，与非鼻音韵母相拼时为[n]声母，也有的人完全不分。因为没有音位区别的意义，统一记为[l]。

(2) 古非敷奉母字与古晓匣组合口一二等字在老派口中混为[x]声母，没有[f]。但在新派口中逐渐可分。

(3) 古深臻摄与曾梗摄合流，读为[əŋ]。

十六　光山（槐店乡）

（一）声母

p 八不本邦	pʰ 皮普品胖	m 米民慢门	f 飞欢挥风
t 多读袋定	tʰ 拖叹同听		l 临辣怒南
ts 糟字追争	tsʰ 仓产巢初		s 散森山床
tʂ 招蒸句决	tʂʰ 昌潮拳纯		ʂ 书扇勋悬　ʐ 认肉用荣
tɕ 几基近间	tɕʰ 求去勤墙	ȵ 年泥娘验	ɕ 希续信想
k 盖古甘岗	kʰ 库开看扛	ŋ 袄偶岸硬	x 河还痕杭
ø 瓦押月鱼			

（二）韵母

ɚ 而二日耳			
ɿ 资词思师	i 第几比衣	u 古苦夫胡	y 鱼虚区吕
ʅ 直示耻施			
a 马爬发话	ia 家揩架牙	ua 夸跨刮瓜	ya □呕吐
o 波罗河桌	io 岳略脚药		

e 扯百哲车	ie 姐切铁雪		ɥe 热决说月
ai 败栽卖柴	iai 界戒街械	uai 怪乖快筷	ɥai 甩揣
ei 笔推吹岁		uei 归亏柜国	
au 桃招高跑	iau 表秒辽巧		
əu 周后土粗	iəu 丢九友秀		
an 竿单端算	ian 边泉宣言	uan 关宽管款	ɥan 转船玄软
en 本魂吞整	in 宾音零顶	uen 滚捆困棍	ɥen 春顺晕永
aŋ 忙让装闯	iaŋ 江娘象央	uaŋ 光广逛筐	
oŋ 懂功朋翁	ioŋ 胸雄熊兄		
n̩ 你嗯	γ̍ 乌五雾屋		

（三）声调

调类	调值	例字
阴平	54	初昏高天惜笛药国
阳平	45	时题肥田白截活昨
上声	324	女老好比九体晚委
去声	311	弟是士注见到近厚

（四）音系说明

（1）[a、ia、ua、au、iau、aŋ、iaŋ、uaŋ]中[a]的实际音值近[ɑ]。

（2）[o、oŋ]中[o]舌位略微靠前，开口度较小，唇形略展，在与[k]组声母相拼时音色接近[ə]。

十七 新县（新集镇）

（一）声母

p 罢播败冰	pʰ 怕婆派瓶	m 马摸卖美	f 飞非辉怀
t 大堆刀肚	tʰ 他推涛图	l 路来奶内	
ts 资灾则炸	tsʰ 词菜册茶		s 思洒事色
tʂ 知遮照周	tʂʰ 池车巢丑		ʂ 试烧收商	ʐ 绕肉扔壤
tɕ 鸡家姐轿	tɕʰ 奇卡怯巧	ȵ 泥鸟牛年	ɕ 西夏泄笑
k 该给高街	kʰ 开靠口看	ŋ 爱安昂硬	x 号厚很鞋
∅ 耳燕远云			

（二）韵母

ɿ 字死丝史	ʅ 枝纸诗实		
ɚ 儿耳二日	i 衣米洗敌	u 布古虎哭	y 鱼女住树
a 巴大眨法	ia 家霞牙瞎	ua 娃画挂滑	
o 簸破摸剥	io 药角脚弱	uo 我坐错落	yo 雀确却
ɛ 车遮客白	iɛ 夜姐斜铁	uɛ 国或	yɛ 月决瘸说
ɤ 鹅饿恶角牛角			
ai 柴埋晒届	iai 介芥界届	uai 乖歪快怪	
ei 杯梅肥水		uei 鬼贵亏尾	
au 宝跑早搞	iau 腰掉教敲		
ou 藕走组路	iou 优扭球秀		
an 安满伞展	ian 扁烟天钱	uan 砖穿官宽	yan 远拳院玄
en 盆层村争	in 拼亲病星	uen 温春棍困	yn 运菌旬顺
aŋ 房糖床航	iaŋ 江香养娘	uaŋ 网忘光筐	
ɤŋ 空朋东聪	iŋ 穷兄熊窘	uŋ 翁嗡瓮	

（三）声调

调类	调值	例字
阴平	43	高开英中心胸风
阳平	34	时题强怀天停直
上声	213	女老好比雨寡口
去声	31	弟舅壮大快断秀

（四）音系说明

（1）[tʂ、tʂʰ、ʂ]发音时舌位比普通话略微靠前。
（2）韵母[a]发音舌位靠后，略圆唇，实际音值接近[ɒ]。
（3）韵母[ɤ]舌位略高。

十八　商城（金刚台镇）

（一）声母

p 八背补本　　pʰ 皮铺盆旁　　m 米卖猫梦　　f 冯费粉风

t 夺督对担	tʰ 图特态停		l 兰连南怒
ts 糟招蒸主	tsʰ 查产唱处	s 散扇身书	z 软用拥容
tɕ 加金几精	tɕʰ 齐去亲墙	ɕ 喜休信向	
k 甘桂干瓜	kʰ 克开哭扛	x 胡淮会红	ɣ 硬袄耳岸
∅ 旺音语云			

（二）韵母

ɿ 资吃直师	i 第几比衣	u 湖故库布	y 句虚去玉
ɚ 而二贰耳			
a 麻辣爬啊	ia 家下夹架	ua 挂化花抓	
o 波泼破磨		uo 火落脱多	yo 岳削确约
ɣ 河割合鹅			
ɛ 色车呆舌	iɛ 姐隔黑克	uɛ 帅快国坏	yɛ 决缺说月
ei 梅堆睡最		uei 归亏贵桂	
au 桃好扫烧	iau 挑消交咬		
ou 丑读祝族	iou 究球修流		
an 竿胆三难	ian 间边检年	uan 酸欢关宽	yan 捐全宣远
ən 根庚孙藤	in 民心灵景	uən 滚捆棍魂	yn 菌群迅运
aŋ 邦张杭忙	iaŋ 香枪姜央	uaŋ 光床黄筐	
əŋ 洞木农笼		uəŋ 翁嗡瓮	
		uŋ 孔红虫松	yŋ 胸穷兄龙
n̩ 早你嗯	v̩ 乌舞务物		

（三）声调

调类	调值	例字
阴平	214	初昏高天德出末阔
阳平	33	时题人田毒石直席
上声	34	女老好比九体晚委
去声	53	弟舅盖件见到市厚

（四）音系说明

（1）[k、kʰ、x]组声母在与细音相拼时，实际音值为[c、cʰ、ç]。

（2）前鼻尾韵[-n]发音时舌尖没有完全接触齿龈。

十九 息县（城关镇）

（一）声母

p 八不别办	pʰ 怕铺破盘	m 门木马忙	f 飞费回换	
t 到夺担定	tʰ 他太拖谈	n 男怒那挪		l 拉篮里路
ts 早组找争	tsʰ 草粗出充		s 苏散时书	z 日然人荣
tɕ 精记姐间	tɕʰ 秋去勤墙		ɕ 系修旋想	
k 贵干高更	kʰ 卡开逵看		x 河很汉饭	ɣ 硬牛岸熬
∅ 问王艳闰				

（二）韵母

ɿ 字知吃死	i 比米皮急	u 夫不路组	y 语句去虚
ɚ 而二日耳			
a 妈大把发	ia 家下掐亚	ua 挂夸话瓦	
ɛ 白拍卖来	iɛ 接切写黑	uɛ 拐坏快国	yɛ 绝缺穴月
o 破博馍佛		uo 多罗拖错	yo 学药却岳
ɤ 哥可和饿			
ei 被陪没飞		uei 贵亏会为	
au 报跑毛找	iau 表票秒聊		
ou 楼头都收	iou 丢就求修		
an 班盘干看	ian 遍骗面前	uan 转船算管	yan 倦全选远
ən 本喷很顿	in 进京清新	uən 滚困混问	yn 君群寻晕
aŋ 帮胖放上	iaŋ 将强想样	uaŋ 光狂黄网	
əŋ 崩朋梦等		uɛŋ 翁瓮	
		uŋ 红共空充	yŋ 兄迥穷胸

n̩ 你
l̩ 儿

（三）声调

调类	调值	例字
阴平	312	高开婚尊粗三边天缺曲黑割
阳平	44	穷陈床寒徐鹅娘麻急局白服

| 上声 | 24 | 古纸口好五女暖有走死短比 |
| 去声 | 53 | 近厚坐父正抗汉放共害饭岸 |

（四）音系说明

(1) [f]和[x]声母自由变读，不具有辨别意义的功能。
(2) 合口零声母字发音时声母有[ʋ]的色彩。
(3) [n]声母在齐齿、撮口呼前面实际音值为[ɲ]。
(4) 老派疑、影母开口呼字声母为[ɣ]，新派基本消失。
(5) [k、kʰ、x]声母和[iɛ]韵母相拼的时候，实际音值为[c、cʰ、ç]。

二十　阜阳

（一）声母

p 布步	pʰ 坡婆	m 摸米	f 飞熟
t 到道	tʰ 太桃	n 年脑	l 老连
ts 早字	tsʰ 草瓷	s 扫丝	z 日热
tɕ 鸡轿	tɕʰ 齐桥	ɕ 喜笑	
k 歌共	kʰ 科葵	x 河海	ɣ 哀安
∅ 二衣云瓦			

（二）韵母

ɿ 思资丝	ʅ 诗师知		
ɚ 耳而	i 皮衣	u 骨乌	y 雨具
a 麻八	ia 下压	ua 花袜	
ɛ 败北	iɛ 灭野	uɛ 快国	yɛ 靴绝
ə 杯梨		uə 追归	
ɣ 车可		uɣ 婆火	yɣ 脚药
ɔ 保好	iɔ 小巧		
ɣo 欧洲	iɣo 优秋		
ã 淡蛋	iã 天甜	uã 关专	yã 权元
ə̃ 深身	iə̃ 金银	uə̃ 文温	yə̃ 均匀
ɑ̃ 帮忙	iɑ̃ 姜讲	uɑ̃ 光窗	
ɣŋ 梦灯	iŋ 平京		

oŋ 东红　　　　 ioŋ 穷兄

（三）声调

调类	调值	例字
阴平	213	天高七麦
阳平	55	田平拔集
上声	35	早改买雨
去声	53	去大稻菜

二十一　阜南（段郢乡）

（一）声母

p 布步别败　　　 pʰ 怕盘片抛　　　 m 门忙米民
t 到道夺段　　　 tʰ 贪甜土塔　　　 n 难怒女年　　　　　　　　 l 兰路吕连
tɕ 酒句具聚　　　 tɕʰ 全取丘球　　　　　　　　　　 ɕ 选袖香学
ts 走紫知眨　　　 tsʰ 草刺池愁　　　 s 扫撕山舌　　　 z 热日绕认
k 贵跪怪狗　　　 kʰ 块开口葵　　　 x 滑汉飞符　　　 ɣ 袄案爱恩
Ø 二腰王远

（二）韵母

ɿ 资知试事

ɚ 耳二而儿　　　 i 梯骑七踢　　　 u 粗树骨哭　　　 y 蛆雨局足
a 麻沙腊辣　　　 ia 家哑瞎鸭　　　 ua 花瓦瓜刷
ɤ 河蛇割鹤　　　　　　　　　　　 uɤ 婆左课勺　　　 yɤ 雀确脚药
　　　　　　　　 ie 姐街铁黑　　　　　　　　　　　 ye 靴绝雪月
ɛ 盖晒墨责　　　　　　　　　　　 uɛ 怪快国或
ɔ 宝靠吵赵　　　 iɔ 校桥条叫
ɤo 楼狗丑周　　　 iɤo 柳九秋幼
ei 美鲤腿睡　　　　　　　　　　　 uei 碎_文读_灰税痱
ã 贪闪难盘　　　 iã 咸尖眼变　　　 uã 帆栓团反　　　 yã 院劝犬悬
ə̃ 针根陈笨　　　 iĩ 音林新勤　　　 uə̃ 婚分遵准　　　 yĩ 唇群闻云
ɑ̃ 糖脏张胖　　　 iɑ̃ 娘痒讲酱　　　 uɑ̃ 霜光房窗
əŋ 等争声杏　　　 iŋ 冰鹰病星　　　 uŋ 东横勇梦　　　 yŋ 胸粽倾穷

（三）声调

调类	调值	例字
阴平	212	高边伤说月
阳平	55	穷寒娘急局
上声	24	古展好有
去声	53	抱汉阵望

（四）音系说明

（1）[uŋ]韵母零声母是读成[uəŋ]。

二十二　界首（市内）

（一）声母

p 布步别帮	pʰ 怕盘排铺	m 门满麻木	f 飞冯书树
t 到道大夺	tʰ 太同逃梯	n 怒女年南	l 来路狼冷
ts 走糟杂栽	tsʰ 草仓从粗 _{文读}		s 散僧丝蛇
tʂ 主招战支	tʂʰ 巢柴虫初		ʂ 扇师烧是　ʐ 人然软日
tɕ 焦举机家	tɕʰ 桥穷醋寸		ɕ 选修虚蒜
k 贵跪哥高	kʰ 开葵看哭		x 灰红话换　ɣ 安硬熬藕
∅ 燕缘二晚			

（二）韵母

ɿ 资刺四厕	ʅ 支齿师质		
ɚ 儿二耳而	i 地棋细笔 _{文读}	u 肚故绿木	y 举虚雨宿
a 马爬大辣	ia 家架夏瞎	ua 瓜夸花滑	
ɤ 河蛇哥车		uɤ 多初匀雪	yɤ 靴脚药嚼
	ie 姐写夜铁		ye 绝月学确
ɛ 盖开派海		uɛ 怪快坏摔	
ɔ 高刀老烧	iɔ 叫笑桥摇		
ei 妹水麦笔 _{白读}		uei 桂亏或国	
əu 斗丑手肉	iəu 酒秋修油		
ã 胆三含拴	iã 见前天咸	uã 官宽短软	yã 犬宣酸远

ə̃ 根门坟顺	iĩ 民心亲金	uə̃ 滚困混温	yĩ 军闻训村
aŋ 帮唐方双	iaŋ 江香娘墙	uaŋ 光筐撞窗	
əŋ 庚坑灯丰	iŋ 精清平星	uŋ 东横工用	yŋ 穷兄窘葱

（三）声调

调类	调值	例字
阴平	213	高边天飞出黑月
阳平	45	穷寒鹅龙急白
上声	24	古草好暖
去声	53	坐父醉树六

（四）音系说明

(1) 韵母[ə]的主要元音有时候为[e]。

二十三　涡阳（闸北镇）

（一）声母

p 布步别帮	pʰ 盘怕皮胖	m 门马卖木	f 符冯飞法	v 围晚问武
t 道到短夺	tʰ 太同天秃	n 女年难捏		l 兰路吕绿
ts 糟精老派杂嚼	tsʰ 仓清老派醋雀		s 散苏丝雪	
tʂ 张招主泽	tʂʰ 巢初虫册		ʂ 扇生师涩白读	ʐ 认绕用肉
tɕ 精举姐铸	tɕʰ 秋齐枪钱		ɕ 休线虚宿	
k 贵官古国	kʰ 开葵看渴		x 话红好活	ɣ 安恩鹅袄
ø 耳衣远云				

（二）韵母

ɿ 资刺四厕	ʅ 支齿师质			
ɚ 儿二耳而	i 地棋细笔文读	u 肚故绿木	y 举虚雨宿
a 马爬大辣	ia 家架夏瞎	ua 瓜夸花滑	
ɣ 河蛇哥车		uɣ 多锄勺雪	yɣ 靴脚药乐
	ie 姐写夜铁		
ɛ 盖开派海		uɛ 怪快坏摔	
ə 妹对水麦		uə 贵亏回国	

44

ɔ 高刀老烧	iɔ 叫笑桥摇		
ɤo 斗丑手肉	iɤo 酒秋修油		
æ̃ 胆三含竿	iæ̃ 见前天咸	uæ̃ 官宽酸软	yæ̃ 犬宣远卷
ə̃ 根门坟陈	iĩ 民心亲金	uə̃ 村滚混温	yĩ 军闰训运
ɑŋ 帮唐方张	iɑŋ 江香娘墙	uɑŋ 光筐双窗	
əŋ 庚坑灯丰	iŋ 精清平星	oŋ 东横工用	yŋ 穷兄窘胸

（三）声调

调类	调值	例字
阴平	212	高天三笔黑
阳平	55	穷唐寒云急白局
上声	24	古草好女暖
去声	53	坐父醉菜病汉帽

（四）音系说明

（1）分尖团的现象在老派口中比较明显，但处于急剧衰亡的状态，年轻人口中已基本合流。

（2）[oŋ]在零声母时双唇作用明显，实际音值是[uŋ]。

（3）阳声韵有鼻化现象，但前鼻音的鼻化程度比后鼻音明显。

二十四　太和（城关镇）

（一）声母

p 布步怕帮	pʰ 坡婆盘皮	m 米门马木	f 符冯飞熟	
t 道到短夺	tʰ 太同天踢	n 女年难捏		l 兰路吕绿
ts 早字全杂	tsʰ 仓翠醋雀		s 散苏丝雪	
tʂ 张丈窄泽	tʂʰ 池楚虫册		ʂ 师色射少	ʐ 如认热用
tɕ 叫鸡轿隔	tɕʰ 敲齐桥秋		ɕ 校喜秀黑	
k 哥共官国	kʰ 科葵看渴		x 河海话红	ɣ 安恩鹅袄
∅ 耳衣远云				

（二）韵母

ɿ 资刺四刺　　ʅ 支直止治

45

ɚ 儿二耳而	i 第皮米衣	u 木故吴出	y 律女虚雨
a 巴拔把罢	ia 家夏夹瞎	ua 抓挂花挖	
ɛ 摆盖海百	iɛ 姐客铁憋	uɛ 快坏歪国	
ɣ 河歌个舌		uɣ 波多窝梳	yɣ 脚角虐药
ɔ 包刀老烧	iɔ 漂笑桥庙		
ei 杯陪推对		uei 贵回亏位	
ɤu 斗头丑豆	iɤu 丢留修油		
ã 胆三盘竿	iã 见田脸面	uã 欢短官全	yã 冤宣远卷
ẽ 盆门坟奔	ĩ 音林心亲	uẽ 温村昏问	yẽ 军群训运
ɑŋ 帮旁桑钢	iɑŋ 江香娘养	uɑŋ 光筐双床	
ɤŋ 朋崩风增	iŋ 清定零影	uŋ 东红永翁	yŋ 穷兄窘倾

（三）声调

调类	调值	例字
阴平	212	高天丰笔
阳平	55	穷唐寒集
上声	24	古草女暖
去声	53	坐父醉菜病

（四）音系说明

（1）[n]在齐、撮二呼前的实际音值是[ȵ]。

（2）韵母[yɣ]是老派读音，新派一般读为[yɛ]。

（3）韵母[ei]的实际动程较短，介于[e]、[ei]之间。

（4）卷舌韵母在老派口中读为[ɿ]，但这种读法日渐减少，新派一般读为[ɚ]，此处记的是新派读音。

二十五　蒙城（城关）

（一）声母

p 步布别抱	pʰ 怕盘抛片	m 门麻民忙	f 飞符书顺
t 到端点淡	tʰ 太同毯谈	n 奶难怒年	l 兰路连立
k 贵盖怪柜	kʰ 葵扣款阔	x 红花虎会	ɣ 碍矮袄暗
tɕ 经姐家钻	tɕʰ 秋亲浅错	ɕ 线仙信算	

ts 祖最集俊　tsʰ 柴草全齐　　　　　s 晒素削细
tʂ 猪初煮择　tʂʰ 车沉吹缩　　　　ʂ 社诗少色　ʐ 绕儒忍勇
Ø 艺哑五挖

（二）韵母

ɿ 资刺私司　ʅ 支师翅事
ɚ 耳儿二而　i 第梨机七　u 铺鼠妇缩　y 驴锯育玉
a 大查蛇刷　ia 牙下鸭瞎　ua 花夸瓦袜
ɛ 盖海卖筛　　　　　　　uɛ 怪海卖筛
　　　　　　ie 茄姐戒跌　　　　　ye 靴月确药
ə 哥讹磕割　　　　　　　uə 破罗课雀　yə 虐疟
ɔ 饱桃烧闹　iɔ 巧笑标叫
əu 豆走愁周　iəu 修柳忧纠
ei 痱水队格麦　　　　　uei 贵罪或国 白读
an 胆闪产慢　ian 减险颜天　uan 团船幻惯　yan 钻酸选原
aŋ 帮张房双　iaŋ 两香腔巷　uaŋ 光狂窗撞
en 真婶根省　in 金林亲民　uen 吞困轮俊　yn 军群熏云
əŋ 等胜冷更　iəŋ 冰杏京听
oŋ 红葱横勇　ioŋ 穷兄胸窘

（三）声调

调类	调值	例字
阴平	212	高安粗飞急秃说
阳平	44	穷唐寒娘局白俗
上声	24	古草好暖
去声	53	盖汉病帽

（四）音系说明

（1）普通话[ʂ]声母字，少部分混同于非母，读[f]。

（2）舌根浊擦音[ɣ]在老年人口中较明显，但在年轻人的口中已若有若无。

（3）韵母[oŋ]在与双唇.唇齿声母相拼时，实际音值为[uŋ]。

二十六　颍上（慎城镇）

（一）声母

p 布八波不	pʰ 怕趴泼盘	m 抹摸门灭		
t 到都刀道	tʰ 太同踏秃	n 难纳怒弄		l 兰路轮连
ts 糟招蒸争	tsʰ 仓巢潮锄		s 丝扇书师	z 日热然软
tɕ 剪精剑杰	tɕʰ 齐浅奸七		ɕ 西虚夏瞎	
k 贵哥姑歌	kʰ 葵棵苦夸		x 化好符费	ɣ 安恩二阿
∅ 温云硬鱼缘				

（二）韵母

ɿ 资支知	i 第地以踢	u 故路鹿木	y 雨虚欲
e 儿耳蛇而	ie 姐野接铁		ye 靴缺月
a 爬怕沙辣	ia 架夏牙夹	ua 花瓜发刮	
ə 河歌舌割		uə 过落国活	yə 确药确脚
ɛ 盖北海百		uɛ 怪帅坏快	
ei 倍妹睡特		uei 贵桂亏肥	
ɔ 饱保桃刀	iɔ 条雕舀敲		
əu 斗丑收走	iəu 流油酒秋		
ã 胆三竿含	iã 减连间衔	uã 短酸官关	yã 权圈圆卷
ə̃ 根门很村	ĩ 林邻心新	uə̃ 魂温困分	yĩ 云群勋俊
ɑŋ 党桑张缸	iɑŋ 良亮讲巷	uɑŋ 光床黄房	
əŋ 庚更横棚	iŋ 灵星迎名	uŋ 东翁中空	yŋ 胸穷窘用

（三）声调

调类	调值	例字
阴平	213	高猪三月秃
阳平	55	穷神龙急白
上声	35	古口好暖鸟
去声	52	坐父对害帽

（四）音系说明

(1) 非组声母混入[xu-]，但部分字有双唇清擦音[ɸ]色彩，如肺废读如[ɸuei˨]。

（2）元音[ə]发音位置靠后。

（3）韵母[uən]的主要元音接近[e]。

（4）[a̅]的元音是前低不圆唇，[ɑ̃]的元音为后低不圆唇。

二十七 利辛（江集镇）

（一）声母

p 步布波抱	pʰ 破爬抛片	m 魔麻民忙	f 夫父书顺
t 戴端点淡	tʰ 拖毯谈太	n 奶难怒年	l 兰路连立
k 瓜盖怪柜	kʰ 扣款葵阔	x 贺花虎会	ɣ 碍矮袄暗
tɕ 左姐家街	tɕʰ 村亲浅欺	ɕ 孙仙信悬	
ts 祖最周债	tsʰ 柴全白读财草	s 晒素丝三	
tʂ 炸猪初煮	tʂʰ 车沉吹插	ʂ 社诗少烧	ʐ 绕儒忍勇
ø 艺哑五挖			

（二）韵母

ɿ 紫私司丑	ʅ 支师翅事		
ɚ 耳儿二而	i 第梨机七	u 铺鼠妇缩	y 驴锯育玉
a 大查蛇刷	ia 牙下鸭瞎	ua 花夸瓦袜	
ə 哥讹磕割		uə 破罗课国 文读	yə 靴坐确药
	ie 茄姐戒跌		
ɛ 海卖筛衰		uɛ 外怪快坏	
ei 痱腿睡麦		uei 贵罪岁国 白读	yei 脆虽随穗
ɔ 道闹赵茂	iɔ 巧笑标叫		
əu 豆走愁周	iəu 修柳忧纠		
an 胆闪产慢	ian 减险颜天	uan 团船幻惯	yan 钻酸拳原
aŋ 帮张房双	iaŋ 两香腔巷	uaŋ 光狂窗撞	
en 真婶根粉	in 金林亲民	uen 吞困轮文	yn 村遵俊群
əŋ 等胜冷更	iŋ 冰杏京听	uŋ 猛孔横永	yŋ 穷胸葱宋

（三）声调

调类	调值	例字

阴平	21	高开飞急月
阳平	35	陈唐难局舌
上声	213	古草好买
去声	52	坐菜病帽

（四）音系说明

（1）知系声母舌尖前后分派规律特别，不是按声母，而是与后接韵母有关。

（2）精组声母腭化规律与普通话有异，同时韵母在合口与撮口之间转换。

（3）[u]韵母发音时唇部有擦化倾向。

（4）韵母[ən、uən]的主要元音是[e]。

（5）阳平调的调型为高升调，但升的幅度不大，实际调值为34或45，记为35。

二十八　宿州（朱仙庄镇）

（一）声母

p 步布包办　　pʰ 怕盘坡铺　　m 门麻民猫　　f 飞符分肥
t 到端点淡　　tʰ 太同他谈　　n 奶难怒年　　　　　　　l 兰路连立
ts 祖最家_白读_江　tsʰ 柴草枪七　　　　　　　　s 晒素瞎虚
tʂ 猪初煮择　tʂʰ 车沉戳册　　　　　　　　ʂ 诗生少双　ʐ 绕儒忍勇
tɕ 经姐基脚　tɕʰ 秋亲浅缺　　　　　　　　ɕ 线仙信悬
k 贵盖锅柜　kʰ 葵扣款阔　　　　　　　　x 红花虎会　ɣ 碍矮袄暗
ø 艺哑五挖

（二）韵母

ɿ 资刺私司　　ʅ 知师翅日
ɚ 耳儿二而　　i 第梨肥_白读_七　　u 铺鼠苏哭　　y 驴居育玉
a 大查拿插　　ia 牙下鸭瞎　　　ua 花夸瓦袜
ɛ 盖海卖筛　　iɛ 茄姐戒跌　　　uɛ 怪海卖拽
ɣ 哥讹磕割　　　　　　　　　　uɣ 锅罗科雀
o 波破薄佛　　　　　　　　　　　　　　　　yo 靴月确药

ɔ 饱桃烧闹　　　iɔ 敲挑笑标
uɣ 豆走愁肉　　　iɣu 丢柳秋九
ei 痱杯格麦　　　　　　　　　　uei 贵罪或国_{白读}
an 胆闪产慢　　　ian 连险千天　　uan 团船幻惯　　yan 钻酸选原
aŋ 帮张房双　　　iaŋ 两香腔娘　　uaŋ 光狂窗撞
en 真婶根省　　　in 金林亲民　　 uen 吞困轮俊　　yn 军群熏云
əŋ 等胜冷更　　　iŋ 冰杏京听
oŋ 红葱横勇　　　ioŋ 穷兄胸窘

（三）声调

调类	调值	例字
阴平	212	高天三飞七桌
阳平	55	穷唐寒云集白
上声	24	古纸草好暖
去声	53	醉怕病汉帽

（四）音系说明

（1）韵[ei]的动程不明显，有单韵母化的倾向。

（2）阳声韵有鼻化倾向，前鼻尾韵尤其明显，如[an]严式也可记为[ã]、[in]可记为[iĩ]。

（3）韵母[oŋ]在零声母时为[uŋ]。

（4）韵母[yo]的主要元音有前化倾向，在年轻人的口中有相当一部分字读为[ye]。

二十九　泗县

（一）声母

p 布步别帮　　　pʰ 怕铺盘胖　　m 马门忙木　　f 冯飞符反
t 到道夺党　　　tʰ 太同天秃　　n 难怒女牛　　　　　　　　l 兰路连绿
ts 资糟祖支　　　tsʰ 仓曹虫初　　　　　　　　　s 散苏丝师
tʂ 主招中桌　　　tʂʰ 巢春锄处　　　　　　　　　ʂ 扇声书税　　ʐ 认绕软日
tɕ 精家江脚　　　tɕʰ 秋抢齐掐　　　　　　　　　ɕ 线仙信喊
k 贵跪过角　　　kʰ 开葵口哭　　　　　　　　　　x 话虎黄吓

∅ 暗挨五远

（二）韵母

ɿ 资刺思师			
ʅ 知翅诗直	i 地梯肥急	u 肚兔木绿	y 需聚去玉
a 爬麻蛇_{白读}辣	ia 家下牙夹	ua 抓夸瓜刮	
ɛ 盖开耳秸_{白读}百_{文读}		uɛ 怪坏歪卖	
ɤ 河蛇角舌		uɤ 果哥饿国	yɤ 缺靴脚药
	ie 姐鞋爷切		
ə 倍妹麦色_{白读}		eu 贵会睡伟	
ɤo 豆厚愁漏	iɤo 秋流酒袖		
ɔ 饱跑刀赵	iɔ 飘桥条叫		
æ 南感胆寒	iæ 甜见年喊_{白读}	uæ 酸暖关砖	yæ 卷泉圆选
ə̃ 针跟尊孙	ĩ 林亲金音	uə̃ 混温顺准	yĩ 俊群熏云
ɑŋ 张桑党胖	iɑŋ 讲想枪养	uɑŋ 光方窗狂	
əŋ 争绳灯生	iŋ 冰姓景影	uŋ 钟虫送公	yŋ 窘穷兄勇

（三）声调

调类	调值	例字
阴平	21	高安天飞七尺月
阳平	55	穷床寒娘笔白服
上声	24	古草手暖
去声	53	病树帽望六

（四）音系说明

（1）[ts]组和[tʂ]组声母混同，有时是自由变体，如"自"可以读[tsɿ⁵³]，也可以读[tʂʅ⁵³]。

（2）[tʂ]组声母的发音舌尖部位比普通话靠前。

（3）"药"类字韵母新派读[ye]。

（4）合口呼零声母字有唇齿擦音倾向，如"瓦"读为[va]。

三十　萧县（龙城镇）

（一）声母

p 巴包别布	pʰ 怕派盘片	m 麻门民木	f 发飞冯符	v 微晚问忘
t 到道点敌	tʰ 他导谈特	n 奶难怒年		l 来路旅立
ts 糟争资浊	tsʰ 曹撑从辞		s 桑生诗苏	
tʂ 知蒸张主	tʂʰ 车绍吹池		ʂ 扇少书石	ʐ 绕软忍日
tɕ 精机家街	tɕʰ 秋歼浅唇		ɕ 线仙休悬	
k 哥盖怪柜	kʰ 葵扣渴哭		x 红花虎会	ɣ 爱安袄暗
ø 艺武药闰				

（二）韵母

ɿ 资刺纸诗	ʅ 汁迟识食		
l̩ 耳儿二而	i 梨机备七	u 绿肚佛做	y 举俗吕玉
a 大马拉答	ia 家下鸭瞎	ua 花夸瓦袜	
ə 哥鹅车哥	iə 姐写爹猎	uə 破科锅课	yə 脚月确药
ɜ 盖海卖筛	iɛ 街解蟹矮	ɜu 怪揣帅淮	
ɚ 雷美格麦			
ɔ 饱桃烧闹	iɔ 巧笑标妖		
ɣu 豆走愁周	iɣu 丢柳秋有		
ã 班闪产慢	iã 棉险颜天	uã 关酸欢弯	yã 卷权选元
ə̃ 门林妹根	iẽ 金信音民	uẽ 轮春混温	yẽ 军群熏云
aŋ 帮党刚房	iaŋ 江枪娘央	uaŋ 装光窗网	
əŋ 碰灯冷声	iŋ 平冰名星		
oŋ 冬中空横	ioŋ 穷倾胸拥	uoŋ 翁嗡瓮	

（三）声调

调类	调值	例字
阴平	212	天边低安德出
阳平	55	穷床徐麻白石
上声	24	古短粉暖眨朴
去声	53	醉菜大帽玉内

（四）音系说明

(1) [tʂ]组声母的发音部位与普通话相比略靠前。

(2) [l̩]自成音节。

(3) [uɤ]韵母与唇音声母相拼时动程不明显，接近[o]。

(4) [ɑŋ]有鼻化倾向，[ŋ]尾弱化。

三十一　淮北（相山区）

（一）声母

p 背悲不别	pʰ 破皮拍爬	m 门米眉木	f 飞服罚烦	v 闻为歪味
t 到短搭敌	tʰ 它抬陶童	n 奶难怒年		l 龙力卢淋
ts 再最坐宗	tsʰ 错灿从催		s 撒三宋撕	
tʂ 追状站专	tʂʰ 垂辰仇厂		ʂ 设甩手熟	ʐ 然染如忍
tɕ 精家教姐	tɕʰ 前强瞧琴		ɕ 想下鞋悬	
k 哥个改锅	kʰ 可楷空哭		x 和还号汗	
∅ 页武药闰				

（二）韵母

ɿ 字刺四思	i 比疲利题	u 捂步涂陆	y 区鱼具虚
ʅ 汁迟识食			
ɚ 二儿尔饵			
a 大马拉答	ia 假洽虾甲	ua 花瓜抓耍	
ə 和克扯这		uə 波破朵脱	yə 药雪嚼雀
ɛ 海苔呆拜	iɛ 叶帖蝶血	ɜu 甩拐拽侩	
ei 白麦肺给		uei 追垂水蕊	
ɔ 掏暴刀挠	iɔ 咬乔肖了		
əu 斗投授楼	iəu 丢柳秋有		
æn 班闪产慢	iæn 棉险颜天	uæn 关酸欢弯	yæn 卷权选元
ən 奔辰趁闷	in 金信音民	uən 困荤嫩囤	yn 寻俊逡韵
aŋ 糖郎尚邦	iaŋ 阳酿相凉	uaŋ 爽皇光床	
ioŋ 兄涌穹永	uoŋ 疼彭能翁		

（三）声调

调类	调值	例字
阴平	213	药缺多托
阳平	44	齐凉云泉
上声	24	眼少你米
去声	52	去剁诺硕

（四）音系说明

(1)"儿耳二"等日母止开三字老派有声母[ɭ]，新派逐渐消失。
(2)[tʂ、tʂʰ、ʂ、ʐ]一组声母的发音部位比普通话略微靠前。
(3)韵母[ə]在与舌根音[k、kʰ、x]相拼时实际音值为[ɤ]。
(4)阳声韵略有鼻化倾向。

三十二　濉溪

（一）声母

p 步布别八	pʰ 怕盘铺平	m 麻民晚_{白读}麦	f 方肥粉富
t 到道胆灯	tʰ 土同汤疼	n 南暖年宁	l 篮狼龙嫩
ts 栽最姐俊	tsʰ 菜草粗全		s 四酸素雪
tʂ 猪张直煮	tʂʰ 穿城窗虫	ʂ 水烧师色	ʐ 绕酿忍日
tɕ 姐酒经家	tɕʰ 齐秋浅欺	ɕ 小香线仙	
k 哥古贵公	kʰ 快开葵渴	x 花好黄火	
∅ 衣五挖安			

（二）韵母

ɿ 资字刺思	ʅ 知迟师吃		
ɚ 儿耳二而	i 弟米骑急	u 古书妇出	y 虚举鱼绿
a 大他爬辣	ia 架下哑瞎	ua 瓜花抓刷	
ɤ 车哥蛇割		uɤ 过多初国	yɤ 脚药雀嚼
	ie 姐写介		ye 血月越
ɛ 盖来卖核		au 怪歪帅淮	
ɔ 饱桃烧刀	iɔ 巧笑标妖		

əi 美推队白革　　　　　　　　uəi 追味获国
ɤ 豆走愁周　iɤ 丢柳秋留
ã 安闪产慢　iã 棉天喊晚　　uã 软算砖乱　yã 全远卷
ẽ 门林每根　iĩ 金信音民　　uẽ 轮春混嫩　yĩ 军群熏云
ɑŋ 帮党刚酿　iɑŋ 江枪娘虹　uɑŋ 装光窗网
əŋ 碰灯冷弄　iŋ 英星冰名　uŋ 公东空翁　yŋ 穷兄倾拥

（三）声调

调类	调值	例字
阴平	212	天高东黑桌
阳平	45	穷寒人麻急局白
上声	24	古草好女暖
去声	53	怕放树帽六

三十三　灵璧（灵城镇）

（一）声母

p 步布别抱　　pʰ 怕盘抛片　　m 门麻民忙　　f 飞符冯费　　v 微晚问忘
t 到道点大　　tʰ 太同谈特　　n 奶难怒年　　　　　　　　　l 吕路连立
ts 祖最遭脏　　tsʰ 柴草醋擦　　　　　　　　　s 苏酸晒素
tʂ 猪初煮招　　tʂʰ 车沉吹巢　　　　　　　　　ʂ 社诗少师　　ʐ 绕儒忍日
tɕ 经姐家街　　tɕʰ 秋亲浅欺　　　　　　　　　ɕ 线仙信悬
k 哥盖怪柜　　kʰ 葵扣渴阔　　　　　　　　　　x 红花虎会　　ɣ 碍矮袄暗
ø 艺哑五挖

（二）韵母

ɿ 资刺私司　　ʅ 支师翅事
ɚ 耳儿二而　　i 第梨机七　　u 铺鼠妇缩　　y 驴锯育玉
a 大查蛇白读刷　ia 牙下鸭瞎　ua 花夸瓦袜
ɣ 哥鹅车蛇文读　iɣ 姐爷戒跌　uɣ 多锅课说　yɣ 靴月确药
ɜ 盖海卖筛　　　　　　　　　uɜ 怪帅快坏
ə 痱水队格麦　e　　　uə 贵罪或国白读
ɔ 饱桃烧闹　　iɔ 巧笑标叫

əu 豆走愁周	iəu 修柳忧纠		
an 胆闪产慢	ian 减险颜天	uan 团船幻惯	yan 钻酸选原
ən 真婶根省	in 金林亲民	uən 吞因轮俊	yn 军群熏云
aŋ 帮张房双	iaŋ 两香腔巷	uaŋ 光狂窗撞	
əŋ 等胜冷更	ieŋ 冰杏京听		
oŋ 红葱横勇	ioŋ 穷兄胸窘		

(三) 声调

调类	调值	例字
阴平	212	高安天婚割月
阳平	55	穷平寒难白
上声	35	古好短女有
去声	53	盖怕汉树漏

(四) 音系说明

(1) [tʂ]组声母的成阻部位比普通话略靠后。

(2) 韵母[ɤ]在双唇音声母后面的实际音值是[o]。

(3) 韵母[oŋ]在零声母情况下实际应该是[uŋ]。

三十四　蚌埠市

(一) 声母

p 布步逼拔	pʰ 怕盘胖抛	m 门梅毛麦	f 飞烦父法	v 围王物文
t 到道大答	tʰ 太天听他	n 女怒拿牛		l 连路老楞
k 贵跪瓜各	kʰ 开葵夸课		x 花话灰湖	ɣ 安熬欧肮
tɕ 精经节结	tɕʰ 秋丘齐旗		ɕ 修休线虚	
ts 祖糟主争	tsʰ 醋从初锄		s 苏丝书师	z 日热认肉
∅ 二我言远				

(二) 韵母

ɿ 资词事尺	i 弟气米立	u 姑护路哭	y 驴虚居律
a 爬大拉砸	ia 架下牙瞎	ua 瓜花抓刮	
ɛ 盖来猜海	iɛ 姐鞋爹铁	uɛ 怪快帅坏	

ə 河蛇割热

uo 波破错落　　　yo 脚雀药削

ei 非美腿黑　　　　　　　uei 会贵最锐

ɔ 保草毫烧　　　iɔ 标交校要

ou 豆丑沟漏　　　iou 秋秀留救

æ̃ 含满玩兰　　　iæ̃ 间脸棉钱　　uæ̃ 酸穿短软　　yæ̃ 院权选捐

ə̃ 根奔坑灯　　　ĩ 民心精星　　　uə̃ 棍困准昏　　ỹ 军群迅云

ɑŋ 帮桑唐党　　　iɑŋ 江香娘杨　　uɑŋ 闯状狂黄

oŋ 东红翁龙　　　ioŋ 穷兄琼窘

（三）声调

调类	调值	例字
阴平	212	高边开三出铁
阳平	55	穷唐寒云白特
上声	24	古口女买
去声	53	帐怕树望盖

（四）音系说明

（1）[ts tsʰ s]声母的发音部位比普通话略微靠后。

（2）普通话开口呼零声母字在本方言老派话中声母为舌根浊擦音[ɣ]，齐齿呼前有[j]，但在年轻人的口中已逐渐消失。

（3）普通话[o]韵母在本地方言中有明显动程，发成[uo]。

（4）阳声韵鼻化，但后鼻音韵母的鼻化程度不如前鼻音韵母明显。

三十五　五河（城关镇）

（一）声母

p 波补步边　　　pʰ 怕片叛盘　　m 妹帽门忙　　f 飞泛房缝　　v 瓦外围碗

t 多雕豆定　　　tʰ 拖挑头停　　n 拿奶暖宁　　　　　　　　l 来累乱岭

k 瓜告管跪　　　kʰ 夸块宽狂　　　　　　　　x 花海回恨　　ɣ 哀矮熬案

tɕ 加举姐具　　　tɕʰ 趣区齐球　　　　　　　　ɕ 西洗休喜

ts 资自阻争　　　tsʰ 此册初雏　　　　　　　　s 丝寺梳生

tʂ 猪住止找　　　tʂʰ 耻除吹抄　　　　　　　　ʂ 衫山烧收　　ʐ 让弱软日

ø 袄腰印远

（二）韵母

ɿ 紫私师柿

ʅ 迟诗治时　　i 泥起机地　　u 苦柱富苦　　y 虑巨须鱼
a 马耳拉塔　　ia 虾价鸭瞎　　ua 夸话刮刷
ɤ 哥蛇热黑　　　　　　　　　uɤ 河坐割说
　　　　　　　　ie 姐夜跌七　　　　　　　　ye 茄靴月药
ɛ 耐菜街_{白读}债　　　　　　　　uɛ 坏怪块歪
ei 贝腿碎尾　　　　　　　　　uei 灰桂追吹
au 草高闹赵　　iau 巧小桥料
əu 偷狗周臭　　iəu 酒九球朽
æ̃ 胆帆难战　　iæ̃ 咸店眼天　　uæ̃ 酸乱穿万　　yæ̃ 权远原犬
ɑ̃ 帮床网胖　　iɑ̃ 抢香讲项　　uɑ̃ 光闯狂双
əŋ 针根疼更　　iŋ 心斤冰杏星　　uŋ 春顺横孔松　　yŋ 菌群穷胸

（三）声调

调类	调值	例字
阴平	31	高开三北
阳平	44	穷陈云贼
上声	213	古手女买
去声	53	父树黑说麦

（四）音系说明

（1）泥来不混，但有个别字混同，如客读泥母。

（2）普通话零声母开口字在五河话中有喉浊擦音[ɣ]，但少部分字已经变成零声母。

（3）深臻曾梗四摄合流为[əŋ]、[iŋ]、[uŋ]、[yŋ]，极少部分深臻摄字文读为前鼻音。

（4）韵母[ie]的主要元音开口度略大，介于[e]与[ɛ]之间。

（5）入声韵舒化，但部分入声字保持独立韵母，发音似短促，但与去声调型相似，或可看做入声并入去声之尾声。

（6）知系入声字中对应于普通话[ʅ]韵母的字，韵母实际为[ʅɤ]，记为[ɤ]。

(7) [ɤ]韵母与帮组声母相拼时音值为[o]。

三十六　固镇（董庙乡）

（一）声母

p 布步别败	pʰ 怕片盘跑	m 门卖面母	f 飞冯符烦	v 闻乌外碗
t 到胆道淡	tʰ 太谈同甜	n 难怒女年		l 兰路吕连
tɕ 姐贱金俭	tɕʰ 妻潜欠秋		ɕ 西修休旋	
ts 祖糟主争	tsʰ 仓粗昌初		s 散苏师山	z 如绕肉热
k 贵敢跪柜	kʰ 开考刻葵		x 黑寒红灰	ɣ 岸矮爱碍
ø 腰印我远				

（二）韵母

ɿ 资支死尺	i 弟地骑急	u 姑鼠骨哭	y 女举律局
a 麻爬法杂	ia 家哑瞎鸭	ua 瓜花刮刷	
ɤ 耳河色割		uɤ 过坐初国	yɤ 靴月脚药雀
	ie 姐鞋业铁		
ɛ 菜柴海买		uɛ 怪快坏帅	
ɘ 杯腿美醉		uɘ 灰税追柜	
ɔ 毛高闹赵	iɔ 教腰跳笑		
əu 偷后丑楼	iəu 酒柳丢秋		
an 南站寒碗	ian 减剑苋骗	uan 暖乱关穿	yan 全院怨悬
ɑŋ 帮浪章王	iɑŋ 娘样香讲	uɑŋ 床狂光双	
ən 很衬村孙	in 心亲勤新	uən 滚准春捆	yn 菌群训云
əŋ 能坑蒸生	iŋ 冰星杏饼	uŋ 孟棚荣红	yŋ 兄永熊穷

（三）声调

调类	调值	例字
阴平	212	高天飞急黑
阳平	55	穷床寒鹅白舌
上声	24	古草好网买
去声	53	坐父醉送病帽

（四）音系说明

（1）ʦ组声母的发音部位比普通话稍微靠后，并略带舌叶作用。
（2）唇齿浊擦音[v]和舌根浊擦音[ɣ]摩擦较弱。
（3）阳声韵有鼻化倾向。
（4）[yɣ]韵母在年轻人的口中有读[ye]e的趋势。

三十七　凤阳（城关镇）

（一）声母

p 布步别班	pʰ 怕盘旁爬	m 门忙马木	f 飞冯符风	v 围危闻挖
t 到道端定	tʰ 太同梯糖	n 难女怒年		l 兰路吕连
ʦ 糟祖坐争	ʦʰ 草仓从初		s 苏嫂生诗	
ʈʂ 招赵丈周	ʈʂʰ 潮巢虫丑		ʂ 声扇书说	ʐ 日认肉软
ʨ 精经焦举	ʨʰ 秋求穷桥		ɕ 修休袖线	
k 高跪贵官	kʰ 开葵口看		x 海话化会	ɣ 案岸矮爱
∅ 而夜雾云				

（二）韵母

ɿ 丝资刺师				
ʅ 知池指是	i 地鸡气席	u 路猪书国	y 吕取举欲	
a 怕二茶辣	ia 家夹哑瞎	ua 花话瓜刮		
ɛ 盖菜来腮		uɛ 怪坏帅快		
ɜ 蛇车百割				
o 播婆坡摸		uo 多果课可	yo 略雀学乐	
	ie 姐介也灭		ye 缺靴月雪	
ə 倍美对围		uə 贵桂灰水		
ɔ 高袄曹烧	iɔ 焦桥笑摇			
əo 收斗丑够	iəo 秋流修有			
ã 班山难兰	iã 减险颜甜	uã 团船幻官	yã 钻元全选	
ə̃ 根门庚坑	iĩ 金心英星	uə̃ 滚困婚顺	yĩ 云军群勋	
ɑ̃ 帮忙上张	iɑ̃ 江枪香阳	uɑ̃ 光狂黄床		
õ 公空红东	iõ 窘穷兄勇			

61

（三）声调

调类	调值	例字
阴平	212	高边看婚
阳平	55	穷床寒麻
上声	24	古草手暖
去声	53	父盖放大毒铁热

（四）音系说明

（1）韵母[əo]舌位变化不明显，严式国际音标可记为[ɵ]，[iəo]也可记为[iɵ]。

（2）鼻化韵母[iĩ]、[yĩ]的主元音[ɪ]是介于[i]和[e]之间的松元音。

三十八　明光（司巷镇）

（一）声母

p 布步别帮	pʰ 怕盘盆抛	m 门民亩帽	f 飞冯符风	v 围危闻挖
t 到道夺东	tʰ 太同甜毯	n 怒难女牛		l 路兰吕留
ts 走醉杂皱	tsʰ 翠菜凑愁		s 碎穗嫂师	
tʂ 肘赵纸煮	tʂʰ 丑绸吵鼠		ʂ 书手晒寿	ʐ 热绕软肉
k 盖贵跪敢	kʰ 开葵看苦		x 海灰红胡	ɣ 爱熬恩沤
tɕ 酒贱家杰	tɕʰ 秋钱穷群		ɕ 修小心训	
∅ 耳摇五远				

（二）韵母

ɿ 资刺师事
ʅ 知支耻诗　　i 地第你旗　　u 故猪五绿　　y 婿雨居菊
a 二爬蛙辣　　ia 家夏瞎鸭　　ua 瓜花刷滑
　　　　　　　ie 姐野街铁　　　　　　　　　ye 茄月绝雪
ə 河蛇舌割
ɛ 盖柴解白读害　　　　　　　uɛ 块怪帅摔
ɔ 高保饱照　　iɔ 巧轿苗叫

o 波婆魔磨	uo 多初课活	yo 靴略学药
ə 倍脆美嘴	uə 灰税鬼水	
əo 偷走周斗	iəo 朽酒丢流	
ā 胆产反晚	iā 尖念见眼	uā 官欢栓砖	yā 卷选全远
ã 忙党上桑	iã 讲良枪香	uã 光黄双床	
əŋ 根更朋横	iŋ 音心英星	uŋ 红东中松	yŋ 穷胸窘用

（三）声调

调类	调值	例字
阴平	21	高猪天婚
阳平	35	穷陈寒娘
上声	213	古丑好女
去声	53	近盖共急局

（四）音系说明

（1）uŋ 韵母在零声母时读［uəŋ］。

（2）深臻曾梗四摄合流为［əŋ］［iŋ］［uŋ］［yŋ］，但合口和撮口韵母的深臻摄字后鼻音明显，而开口、齐齿韵母音值不定，介于［n］与［ŋ］之间，因无辨义功能，统一记为后鼻音。

（3）入声派入去声。

三十九　淮南（田家庵）

（一）声母

p 布步别	pʰ 怕盘	m 门眉抹	f 飞_{文读}妇帆_{文读}徽	v 闻围碗王
t 到道夺	tʰ 太同	n 难怒女年		l 兰路吕连
ts 糟招祖争	tsʰ 仓曹潮初		s 税散丝师	z 认绕闰日
k 贵跪怪	kʰ 开葵磕		x 飞_{白读}灰阜泛废	ɣ 硬袄恩埯
tɕ 精经结举	tɕʰ 秋丘齐旗		ɕ 休修线虚	
∅ 而豌远言				

（二）韵母

ɿ 资知支直　　i 地你急立　　u 故赌母鹿绿白读　y 雨虚欲绿文读

a 耳茶爬辣　　　ia 架哑甲跨白读　　ua 花瓜刮刷
ə 河格舌色　　　ie 野介接铁鞋　　　　　　　　　　ye 靴确缺月药
o 婆魄波摸　　　　　　　　　　　　uo 果饿落活
ɛ 盖海奶晒　　　　　　　　　　　　uɛ 怪坏帅
ɔ 保饱桃烧　　　iɔ 苗条叫晓
əu 透厚丑收　　　iəu 流酒救纠
ei 倍罪岁碑北　　　　　　　　　　uei 贵桂肺灰
ã 胆三竿含　　　iã 间减检连　　　uã 短酸官关　　yã 权圈
ə̃ 根垦庚坑　　　iə̃ 紧林心新星　　uə̃ 滚昏温　　　yə̃ 云群勋
aŋ 党桑张纲　　　iaŋ 香江良讲　　uaŋ 房网床黄
　　　　　　　　　　　　　　　　uŋ 翁东红风
　　　　　　　　yŋ 胸穷琼永

（三）声调

调类	调值	例字
阴平	212	高边伤说月
阳平	55	穷寒娘急局
上声	24	古展好有
去声	53	抱汉阵望

（四）音系说明

（1）非组与合口晓匣母老派混同，读为[x]，新派有读[f]的情况。

（2）[ã]的主要元音是前低不圆唇元音，[ɑ̃]是后低不圆唇元音。

（3）阳平实际调值是45，记为55。

（4）古入声字舒化，无入声韵也无入声调，全浊入派入阳平，次浊入派入阴平，清入部分归阴平、部分归阳平。

四十　寿县（八公山乡）

（一）声母

p 步布波抱　　　pʰ 怕盘爬片　　　m 门麻民忙
t 到道点淡　　　tʰ 太同拖谈　　　n 年怒奶难　　　　　　　l 兰路连力
ts 祖猪最周　　　tsʰ 财草车插　　　　　　　　　　s 丝三师烧　　z 人热肉绕

tɕ 精经家街　　tɕʰ 轻清潜欺　　　　　　ɕ 休修信仙
k 瓜高怪柜　　kʰ 开阔款葵　　　　　　x 痱凤花会　　ɣ 爱矮袄岸
Ø 二艺五云

（二）韵母

ɿ 资知私师
ə 耳车白色　　i 泥起鸡力　　u 苦步柱富　　y 虑巨须局
a 爬二马拉　　ia 虾家鸭瞎　　ua 花夸刮刷
ɛ 盖菜牌海　　　　　　　　　uɛ 怪帅坏快
　　　　　　　ie 姐夜跌铁　　　　　　　ye 茄靴月确
o 菠婆破薄　　　　　　　　　uo 过科割国　　yo 学药雀脚
ɔ 饱保桃好　　iɔ 条标小桥
ie 倍妹腿醉　　　　　　　　　uəi 桂追飞围
əu 豆头手狗　　iəu 九柳秋油
ã 胆看难战　　iã 咸店眼天　　uã 酸乱穿万　　yã 权远原犬
ə̃ 门吞等硬　　ĩi 民新钉英　　uə̃ 准村分温　　yĩ 菌群寻云
ã 帮床网胖　　iã 抢香讲项　　uã 光闯双房
oŋ 东红空钟　　ioŋ 穷胸葱宋　　uoŋ 翁瓮

（三）声调

调类	调值	例字
阴平	212	高边伤说月
阳平	55	穷寒娘急局
上声	24	古展好有
去声	53	抱汉阵望

（四）音系说明

（1）古非敷奉母与部分晓、匣母混同，如：夫 = 呼 [ˍxu]；费 = 会 [xuɛˍ]；坟 = 魂 [ˍxuə̃]。

（2）古知、庄、章与精组洪音字合流，读 [ts tsʰ s]。

（3）古端、精组蟹摄合口字、止摄合口字、臻摄部分合口字今读开口，与普通话不同。如：对 [tɛˍ] 腿 [ˍtʰɛ] 最 [tsɛˍ] 碎 [sɛˍ] 脆 [tsʰɛˍ] 醉 [tsɛˍ] 顿 [tə̃ˍ] 孙 [ˍsə̃]。

(4) 深、臻、曾（帮系开一字除外）梗摄开口（除二等）舒声字，韵尾合流为前鼻尾韵，并鼻化。如：沉＝成＝承＝橙[˛tsə̃]；宾＝冰＝兵[˛piĩ]。

(5) 果摄见系部分字读合口，如"棵科"音[˛kʰuo]；"和禾"音[˛xuo]。

四十一　凤台县（城关镇）

（一）声母

p 布步帮别　　pʰ 怕捧盘胖　　m 门买米木
t 到打道夺　　tʰ 太汤坛同　　n 难怒女年　　　　　l 兰路吕连
ts 早糟找招　　tsʰ 仓曹昌潮　　　　　　　　s 扫散沙山　　z 人绕肉热
tɕ 精经家街　　tɕʰ 轻清潜欺　　　　　　　　ɕ 休修信仙
k 贵古跪沟　　kʰ 开阔款葵　　　　　　　　x 痱肥花会
∅ 爱夜雾云

（二）韵母

ɿ 资知诗尺　　i 比地梯一　　u 布故肚木　　y 女蛆雨虚
a 马二爬辣　　ia 家架下鸭　　ua 花瓜瓦刷
ɛ 排盖来海　　　　　　　　　uɛ 怪帅坏外
ə 蛇车儿白　　ie 爷姐铁灭　　　　　　　　ye 绝茄月雪
o 波破磨抹　　　　　　　　　uo 多数哥国　　yo 略学药雀
ɔ 饱保早好　　iɔ 表条叫咬
əi 杯妹对水　　　　　　　　　uəi 追归危贵
əu 斗丑走后　　iəu 丢酒有修
ã 班胆难暗　　iã 变减甜钱　　uã 短团酸船　　yã 权捐远选
ə̃ 根肯庚坑　　iĩ 心贫星平　　uə̃ 春困文顺　　yĩ 均群训云
ɑ̃ 帮党糖杭　　iɑ̃ 讲良羊香　　uɑ̃ 光床双王
oŋ 东虫风松　　ioŋ 穷琼胸用

（三）声调

调类	调值	例字
阴平	21	高开天飞

阳平	55	穷寒娘夺笛
上声	24	短丑好五
去声	53	坐父盖树帽

（四）音系说明

（1）ts 组声母成阻部位比普通话[ts]组声母略微靠后。
（2）非组声母在本地方言中为[x]，实际音值具有[ɸ]的色彩。
（3）韵母[oŋ]在与双唇．唇齿声母相拼时，实际音值为[uŋ]。
（4）阴平调音程稍长，实际调值为211。

四十二　霍邱（城关镇）

（一）声母

p 布步别抱	pʰ 怕披盘旁	m 摸门抹灭	f 回会毁	
t 到都道夺	tʰ 太同踏秃	n 难纳怒弄		l 兰路轮嫩
ts 糟招蒸争	tsʰ 仓巢潮锄		s 丝扇书师	z 日热然软
tɕ 剪精剑杰	tɕʰ 齐浅奸七		ɕ 西虚夏瞎	
k 贵哥姑歌	kʰ 葵棵苦夸		x 化话飞犯	ɣ 硬恩二耳
∅ 温云鱼缘				

（二）韵母

ɿ 资支知	i 第地劈踢	u 故路鹿绿出	y 雨虚取欲
a 爬沙辣杂	ia 家哑甲鸭	ua 花瓜刷罚	
o 波磨泼博		uo 多河科锄割阔	yo 雀脚药学
ɤ 车耳麦革百			
	ie 爷街孽截		ye 茄靴缺月
ɛ 盖卖害蔡		uɛ 牌晒块歪	
ɔ 宝遭照烧	iɔ 孝表浇叫		
ei 杯悲灰脆醉		uei 跪位岁吹	
əu 偷藕周肉	iəu 秋救朽幼		
an 胆染懒	ian 喊减欠奸片	uan 凡酸惯饭	yan 拳愿旋犬
ɑŋ 帮钢胖帐	iɑŋ 娘向江腔	uɑŋ 黄方狂撞	
ən 痕村轮登耿	in 敏勤兵轻	uən 婚棍春坟	yn 闰俊群孕

oŋ 横猛空忠　　　ioŋ 荣穷胸容

(三) 声调

调类	调值	例字
阴平	22	高初婚黑说
阳平	35	唐文竹月白
上声	213	短手女老
去声	52	淡贱饭漏

(四) 音系说明

(1) [f]与[xu-]是自由变体，但[f]不是严格的唇齿音，双唇擦音色彩浓厚，实际应该是[ɸ]，可看做发[x]时同时有合口动作，是向[f]的过渡形态。

(2) [n]、[l]基本不混，但有个别泥来母字的声母混同。

(3) 对应于普通话开口呼的疑影母字大部分有[ɣ]声母，少部分为零声母。

(4) [o]发音唇形略展。

(5) 阳声韵有轻微鼻化。

(6) 阳平实际调值为45，记为35。

四十三　金寨（老城）

(一) 声母

p 爸步别抱　　pʰ 爬坡盘旁　　m 麻馍抹灭　　f 发飞回
t 低都道夺　　tʰ 他同踏秃　　　　　　　　　　　　　　　l 兰路难怒
ts 子走助争　　tsʰ 仓巢初楚　　　　　　　　　　s 丝素瘦省
tʂ 周占寨炸　　tʂʰ 岔车超出　　ʂ 书筛烧舌　　ʐ 输沙热绕
tɕ 剪姐叫杰　　tɕʰ 且齐桥七　　　　　　　　　　ɕ 西虚雪瞎
k 盖姑歌够　　kʰ 葵棵开苦　　　　　　　　　　x 化欢返黄
ø 恩云鱼缘

(二) 韵母

ɿ 子慈思四

ɿ 知诗时日	i 笔皮妻敌	u 布故路醋出	y 驴举区玉
a 马大沙辣	ia 家价亚瞎	ua 花瓜刷袜	
o 波磨哥贺	io 略脚学岳	uo 多错窝棵初	
ɛ 车革黑色特	iɛ 爹夜撒灭	uɛ 说国	yɛ 茄靴缺月
ɣ 蛾阿			
ô 儿二耳			
ai 牌菜斋开		uai 拽怪摔歪	
ei 杯梅虽最		uei 追吹睡会	
au 包早烧好	iau 表刁料笑		
ou 豆偷臭厚	iou 丢柳秋幼		
an 班范三懒	ian 变片田先	uan 专船官碗	yan 捐拳旋远
ən 本粉等村胜	in 新林兵景	uən 准春棍温	yn 军群勋运
ɑŋ 帮胖创康	iɑŋ 亮江枪样	uɑŋ 装窗双狂	
əŋ 蹦朋风空	ieŋ 嗡瓮		
uŋ 中虫宠勇	yŋ 穷兄雄庸		

(三) 声调

调类	调值	例字
阴平	213	高初婚黑说
阳平	55	唐文竹月白
上声	24	短手女老
去声	52	淡贱饭漏

(四) 音系说明

(1) 古晓匣母字今有读[f]声母的情况。

(2) [n]、[l]基本不混，但有个别泥来母字的声母混同。

(3) 阳平实际调值为45，记为55。

第三章 豫皖两省沿淮方言声母特征的地理分布及演变

在本章，我们主要观察知庄章三组声母的读音、精组声母的读音、见系二等字声母的文白异读、疑影母洪音字的读音、非组与晓组声母的分混、泥来的分混的类型及其在地理上的分布，然后结合历史文献材料探讨这些声母读音类型的历时演变情况。

第一节 知庄章组声母读音类型的地理分布及演变

一 读音类型的地理分布

知庄章三组声母在汉语方言中的读音及其历史演变情况复杂，一直以来倍受重视，其中熊正辉（1990）《官话区方言分 ts、tʂ的类型》对官话方言中知庄章三组声母的读音做了宏观的梳理；黎新第（1991）《近代以来的北方方言中古庄章知组声母的历时变化》以共时分布的差异看历时演变的轨迹，试图找到读音类型的演变规律；蒋希文（1983）《从现代方言论中古知庄章三组声母〈中原音韵〉里的读音》一文将现代方言知庄章三组声母的读音与《中原音韵》联系起来考察；桑宇红（2008）《中古知庄章三组声母在现代北方方言中的读音类型》、《知庄章组声母在现代南方方言的读音类型》两篇文章则综合新的方言调查成果，将知庄章三组声母在北方方言、南方方言中的读音类型做了全面的归纳和梳理。

熊正辉先生（1990）指出，某地方言"ts、tʂ分法上的差别是历史演变的结果。我们只有利用古音系统，用历史演变的观点来分析，而且要抓住知庄章三组声母的演变，才有可能归纳出分 ts tʂ 的类型。"他根据知庄章三组声母的读音分合，将官话方言归纳为济南、昌徐、南京三种基本类型。其中济南型的特点是三组字今全读 tʂ 组声母，没有例外；昌徐型今读开口呼的字，知组二等读 ts 组、三等读 tʂ 组，庄组全部读 ts 组，章组止摄开口三等读 ts 组、其他读 tʂ 组；今读合口呼的字，有的方言全读 tʂ 组，有的全读 ts 组；南京型庄组三等字除了止摄合口和宕摄读 tʂ 组，其他全部读 ts 组；其他的知庄章组字除了梗摄二等读 ts 组，其他全部读 tʂ 组。

知组三等字总是与章组一起变化，为知三章组；知组二等有字的是假、蟹、效、咸、山、江、梗七摄，其中假、蟹、效、咸、山、梗六摄的变化与庄组一致，为知二庄组。根据读音分合类型不同，本区域方言分为混合型和二分型两种情况：

（一）混合型方言的读音及分布

混合型是指知庄章三组声母读为一类，根据具体的音值，分为 ts 组和 tʂ 组两种类型：

1. ts 组型

知庄章三组声母合一，读为 ts、tsʰ、s，并与精组洪音声母混并，这一类型在淮河流域的中原官话和江淮官话都有分布。具体是：河南省境内的信阳市老城区、平桥区、罗山、光山（白雀园）、潢川、固始、商城、息县（小茴店）、淮滨和安徽省境内的蚌埠、固镇、淮南、寿县、凤台、霍丘、颍上、阜南（以上为中原官话区）；安徽境内的江淮官话：天长、长丰、怀远。

2. tʂ 组型

知庄章三组声母合流，读为 tʂ 组声母（tʂ、tʂʰ、ʂ）及后续音变形式（如 ʂ 合口呼在某些方言中进一步演变为 f 声母）。这种类型以安徽境内的阜阳话、宿州话为代表，分布在皖北中原官话商阜片的阜阳、太和、亳州、界首、临泉、涡阳、利辛、蒙城、宿州、灵璧以及徐淮片的濉溪、淮北等地，河南信阳一带方言没有见到此类情况。tʂ 组型内部还可以分出两种小类型，其中一种以宿州话为代表，来源于生书禅的擦音声母 ʂ 有开口呼和合口呼；而另一种则以阜阳话为代表，读 ʂ 声母的只有开口呼，合口呼字的声母已演变成 f，韵母也从合口呼相应地变成开口呼。来源于生书禅的合口呼字声母读 f 的方言主要分布在阜阳、阜南、利辛、以及相邻的临泉、亳州、界首等地，例字见表 3-1：

表 3-1　　　　　　　　　　　生、书、禅母读音

	书书	竖禅	税书	衰生	水书	刷生	说书	双生	山生	色生	睡禅
阜阳	₋fu	fuᵓ	fɤᵓ	₋ʂɤ	ᶜfe	₋fa	₋fo/₋ʂuo	₋fã	₋ʂæ̃	₋ʂɤ	ʂeᵓ
利辛	₋fu	fuᵓ	feiᵓ	₋fai	ᶜfei	₋fa	₋fo	₋fã	₋ʂan	₋sei	ʂeiᵓ/feiᵓ
涡阳	₋fu	fuᵓ	fɤᵓ	₋fɤ	ᶜfɤ/ᶜʂuɤ	₋fa	₋fuɣ/₋ʂuɣ	₋fã/₋ʂuã	₋ʂã	₋ɕɤ	ʂuɤᵓ
临泉	₋fu	fuᵓ	fɤᵓ	₋fɤ	ᶜfɤ	₋fa	₋fo	₋fã	₋ʂã	₋ʂɤ	ʂuɤᵓ

下面将几处混合型方言知庄章三组声母的读音举例如下：

表 3-2　　　　知庄章三组声母在混合型方言中的今读

音韵地位		知组字				庄组字			章组字			
		开二	开三	合三	合三	开二	开三	合三	开三	开三	合三	合三	合三
类型代表		茶	抽	追	猪	生	师	初	真	周	钟	水	书
ts组型	蚌埠	₋tsʰa	₋tsʰɣu	₋tsuei	₋tsu	₋sə̃	₋sɿ	₋tsʰuo	₋tsə̃	₋tsɣu	₋tsoŋ	ᵓsuei	₋su
	寿县	₋tsʰa	₋tsʰəu	₋tsuəi	₋tsu	₋sẽ	₋sɿ	₋tsʰuo	₋tsẽ	₋tsəu	₋tsoŋ	ᵓsəi	₋su
	霍邱	₋tsʰa	₋tsʰəu	₋tsuei	₋tsu	₋sən	₋sɿ	₋tsʰuo	₋tsən	₋tsəu	₋tsoŋ	ᵓsei	₋su
	颍上	₋tsʰa	₋tsʰəu	₋tsuei	₋tsu	₋səŋ	₋sɿ	₋tsʰuə	₋tsən	₋tsəu	₋tsuŋ	ᵓsei	₋su
	信阳老城区	₋tsʰa	₋tsʰou	₋tsei	₋tɕy	₋sən	₋sɿ	₋tsʰou	₋tsən	₋tsou	₋tsoŋ	ᵓsei	₋ɕy
	光山	₋tsʰa	₋tsʰəu	₋tsei	₋tʂʅ	₋sen	₋sɿ	₋tsʰəu	₋tsən	₋tsəu	₋tsoŋ	ᵓsei	₋sʅ
	商城	₋tsʰa	₋tsʰou	₋tsuei	₋tsu	₋sən	₋sɿ	₋tsʰuo	₋tsən	₋tsou	₋tsuŋ	ᵓsei	₋su
	固始	₋tsʰa	₋tsʰou	₋tsuei	₋tsu	₋sən	₋sɿ	₋tsʰuo	₋tsən	₋tsou	₋tsuŋ	ᵓsei	₋su
	淮滨	₋tsʰa	₋tsʰou	₋tsuei	₋tsu	₋səŋ	₋sɿ	₋tsʰuo	₋tsəŋ	₋tsou	₋tsuŋ	ᵓsei	₋su
	长丰	₋tsʰa	₋tsʰɯɛ	₋tsuəi	₋tsu	₋sɿ	₋sɿ	₋tsʰu	₋tsən	₋tsɯɛ	₋tsuŋ	ᵓsuəi	₋su
	怀远	₋tsʰa	₋tsʰəu	₋tsuei	₋tsu	₋sən	₋sɿ	₋tsʰuə	₋tsən	₋tsən	₋tsuŋ	ᵓsuei	₋su
tʂ组型	阜阳	₋tʂʰa	₋tʂʰou	₋tʂue	₋tʂu	₋ʂəŋ	₋ʂʅ	₋tʂʰuo	₋tʂẽ	₋tʂou	₋tʂuŋ	ᵓfei	₋ʂu/₋fu
	界首	₋tʂʰa	₋tʂʰəu	₋tʂuei	₋tʂu	₋ʂəŋ	₋ʂʅ	₋tʂʰuɣ	₋tʂə̃	₋tʂəu	₋tʂuŋ	ᵓfei	₋fu
	宿州	₋tʂʰa	₋tʂʰɣu	₋tʂuei	₋tʂu	₋ʂəŋ	₋ʂʅ	₋tʂʰuo	₋tʂẽ	₋tsɣu	₋tʂuŋ	ᵓsuei	₋su

需要指出的是，我们所说的读为某一种类型，是指绝大多数字读为某一类，至于个别字可能会有例外，尤其是处于过渡地带的方言。如上例中光山

72

方言一县之内不同的乡镇"猪"的声母读音不同,既有[ts],也有[tʂ];部分字声母甚至发生腭化,如信阳老城区遇摄合口三等字"煮"读[˚tɕy]。

(二) 二分型方言的读音及分布

二分型是指知庄章三组分读为 ts、tʂ 两组声母。根据具体的分合情况,还可以再分为两个小类型,我们分别用两个代表点命名:第一种叫凤阳型,第二种叫萧县型。凤阳型与熊正辉先生说的南京型很接近,庄组三等的字,只有止摄合口和宕摄读 tʂ 组,其他全部读 ts 组;其他知庄章组字只有梗摄二等读 ts 组,其他全部读 tʂ 组。凤阳型主要分布在江淮官话洪巢片的合肥、肥东、六安、全椒、定远、滁州、来安以及皖北的明光;中原官话信蚌片的凤阳、五河也属此类。萧县型的分合特点与昌徐型徐州话一致,三组声母读 ts 组还是 tʂ 组,与今读韵母的开合口关系密切:今读开口呼的字,知组二等、庄组、章组止开三以外字今读 ts 组,与精组洪音合流;知组开口三等字、知庄章三组声母今读合口呼的字,全部读 tʂ 组。萧县型分布在中原官话徐淮片的萧县、砀山,还有信蚌片的信阳市浉河区、新县以及光山县的北向店一带。

知庄章三组声母在二分型方言中的读音举例如下:

表3-3 知庄章三组声母在二分型方言中的今读

		知组字				庄组字			章组字			
		开二	开三	合三	开三	合三	开三	开二	开二	开三	合三	开三
		茶	抽	猪	愁	初	师	生	山	窗	周	诗
凤阳型	合肥	₋tʂʰa	₋tʂɯ	₋tʂu	₋tsʰɯ	₋tʂʊ	₋ʂʅ	₋sən	₋ʂæ̃	₋tʂuã	₋tʂɯ	₋tʂuən	₋ʂʅ
	肥东	₋tʂa	₋tʂɯ	₋tʂu	₋tsʰɯ	₋tʂʊ	₋ʂʅ	₋sən	₋ʂæ̃	₋tʂʰuã	₋tʂɯ	₋tʂʰun	₋ʂʅ
	六安	₋tʂʰa	₋tʂʰəɯ	₋tʂu	₋tsʰəɯ	₋tʂʰʊ	₋ʂʅ	₋sən	₋ʂɛ̃	₋tʂʰuã	₋tʂəɯ	₋tʂʰun	₋ʂʅ
	滁州	₋tʂʰa	₋tʂʰo	₋tʂu	₋tsʰo	₋tʂʰʊ	₋ʂʅ	₋səŋ	₋ʂɛ̃	₋tʂuã	₋tʂo	₋tʂʰuəŋ	₋ʂʅ
萧县型	萧县	₋tsʰa	₋tʂʰʅu	₋tʂu	₋tsʰʅu	₋tʂʰuə	₋ʂʅ	₋ʂəŋ	₋sã	₋tʂʰuaŋ	₋tʂʅu	₋tʂʰuɛ	₋ʂʅ
	信阳浉河区	₋tsʰa	₋tʂʰou	₋tʂʅ	₋tsʰou	₋tsou	₋ʂʅ	₋sen	₋san	₋tsʰaŋ	₋tsou	₋tʂʰuen	₋ʂʅ
	光山	₋tsʰa	₋tsʰou	₋tʂʅ	₋tsʰəu	₋tsəu	₋ʂʅ	₋sen	₋san	₋tsʰaŋ	₋tʂou	₋tʂʰuen	₋ʂʅ

知庄章三组声母读音分合的类型与具体音值差异集中体现在庄组字

上，我们以凤阳话、肥东话作为凤阳型二分型的代表、萧县作为萧县型的代表，穷尽性罗列庄组声母的读音。具体如下：

1. 凤阳话庄组字的声母读音

混入精组洪音读 ts 组声母的韵类有：

遇合三；止开三；流开三；深开三；臻开三；曾开三；梗开二；通合三。

例字：初锄梳蔬楚础所助数；师狮士柿事；愁馊搜皱；簪森渗参人-涩；衬虱；侧测色；窄撑拆生甥省争睁摘；崇缩。

混入知三章读 tʂ 组声母的韵类有：

假二；蟹开二；止合三；效开二；咸开二；山二；宕开三；江开二；

例字：渣苴沙榨岔；柴债晒；帅衰；抓抄巢找炒吵；斩蘸眨插闸衫；山盏铲产铡闩刷；庄疮床霜闯爽状创；窗双捉。

2. 萧县话庄组字的声母读音

庄组字混入精组读 ts 组声母的韵类有：

假开二；蟹开二；止开三；效开二；流开三；咸开二；山开二；臻开三；曾开三；梗开二。

例字：查沙；柴钗债斋筛；狮师事使士柿驶；抄钞炒巢稍捎；愁皱搜瘦馊；插衫闸；杀产山；瑟衬；测册侧色；生甥省争睁摘。

庄组字读 tʂ 声母的韵类有：

遇合三；蟹合二；止合三；山合三；宕开三。

例字：阻梳雏楚础；拽；衰摔揣；闩栓涮撰；庄状装窗床霜爽双。

例外字：通合三 崇缩（读 tʂ 组声母）

3. 肥东话庄组字的声母读音

混入精组洪音读 ts 组声母的音类有：

遇合三：初锄梳阻楚础所雏数；止开三：师士柿使史驶事；流开三：邹皱绉搊愁瘦搜飕馊瞍；深开三：森参涩；臻开三：衬；梗开二：生省等争索责泽册；

混入知三章读 tʂ 组声母的音类有：

假开二：楂渣叉差查沙纱炸岔榨；假合二：傻；蟹开二：斋豺钗差柴筛债寨晒；止合三：衰帅摔；效开二：抓爪吵炒抄梢；咸开二：搀馋杉衫闸；山开二：盏察山产删察杀；山合二：闩拴涮刷；宕开三：庄装床霜爽

闯壮创；江开二：窗双捉；

由上述可知，知庄章三组声母在豫皖两省淮河流域方言中的读音，混合型的一种读 ts 组，一种读 tʂ 组；二分型的凤阳型与南京型类似，萧县型属于昌徐型。以庄组字为例，将混合后读 tʂ 组的阜阳话、读 ts 组的蚌埠话、二分型的萧县话、凤阳话与熊正辉先生（1990）的济南型、昌徐型、南京型简化后列表比较如下：

表 3-4　　　　　　　　庄组声母的读音类型比较

音韵地位 类型	开口呼		合口呼	
	二等	三等	二等	三等
济南	tʂ			
蚌埠	ts			
阜阳	tʂ		tʂ（合口擦音为 f）	
南京	tʂ（除梗摄）	ts（庄组除宕摄）	tʂ（除梗摄）	ts（庄组除止摄、宕摄）
凤阳	tʂ（除梗摄）	ts（除宕摄）	tʂ（除梗摄）	ts（除止摄、宕摄）
徐州	ts		tʂ	
萧县	ts		tʂ	

需要指出的是，由于语言的接触与相互影响，部分处于过渡地带的方言具有过渡性特点。利辛、蒙城两县处在阜阳与颍上、怀远两种不同类型的方言中之间，知庄章三组声母的读音具有明显的过渡性特征。以利辛话为例，知庄章三组声母主体属于混合型，读 tʂ 组，但又受到了昌徐型方言和相邻的混合型读 ts 组的怀远话的影响。请看下列例字：

茶 ₋tsʰa 拆 ₋tsʰei 摘 ₋tsei 抽 ₋tsʰɤo 丑 ⸌tsʰɤo｜展 ⸌tsan/⸌tʂan｜猪 ₋tʂu 柱 tʂuˀ 知 ₋tʂʅ 池 ₋tʂʰʅ 追 ₋tʂuei 赵 tʂɤˀ 超 ₋tʂʰɤ 哲 ₋tʂə 彻 ₋tʂʰə 陈 ₋tʂən 镇 tʂənˀ 椿 ₋tʂʰuen 张 ₋tʂaŋ 杖 tʂaŋˀ 撞 tʂuaŋˀ 中 ₋tʂuŋ 虫 ₋tʂʰuŋ

二　历时演变

（一）中古到近代知庄章三组声母的分合

中古知、庄、章三组声母在现代汉语方言中的读音各不相同，三组声母从古至今读音的分合以及控制其变化的机制也是汉语语音史上研究的热点。王力先生（2004）认为三组声母的分合情况是：章昌船书率先并入庄初崇山，然后是知徹澄由破裂音变成破裂摩擦音，然后再并入庄初崇。庄初崇生由原本读 tʃ、tʃʰ、dʒʰ、ʃ，浊音清化，同时舌尖移动至硬腭，变成 tʂ、tʂʰ、ʂ。以知章庄三个声母为例，合流的过程是：

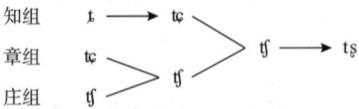

三组声母在不同的韵书中表现不同。《蒙古字韵》中知二和庄组一类，知三和章组一类，在同时有知、庄、章三组声母的韵中，知二、庄组字与知三、章组字形成对立。这种对立是由韵母的差异造成：知三、章组字有介音，知二、庄组没有介音。庚、真、尤等韵中的 ɨ 实际代表主元音，i 和 ɨ̂ 都代表三等介音，ɨ̂ 还用来表示腭化二等介音。例如：

韵目	东		支		庚		鱼		真		尤		侵	
声母	知二庄	知三章	知二庄	知三章	知二庄	知三章	知二庄	知三章	知二庄	知三章	知二庄	知三章	知二庄	知三章
例字	崇	虫	师	诗	争	蒸	疏	书	臻	珍	搜	收	森	深
蒙古字韵	uŋ	iuŋ	i̠	i	iŋ	iŋ	u	iu	in	in	iu	iu	im	im

《中原音韵》基本上也是知₂庄一组，知₃章一组。只是蟹止摄合口的知₃章组字及止开三章组字跟知₂庄一组，同时庄组部分字也与精组字合流。知₂庄和知₃章的关系问题是困扰学界的难题之一。一种意见认为三组声母已经合流为一组，都可以拟为舌叶音或卷舌音；另一种意见认为三组声母可以分为舌叶音和卷舌音两组：知₃章为舌叶音，知₂庄是卷舌音。其实两种观点的重要分歧在于他们对介音在音系中的地位的认识不同：合流派认为，《中原音韵》中知庄章三组字分为两类是由于声母在 i 介音的影响下而产生的两类音位变体，从归纳音位的角度当然要归纳为一组；二分派则更重视字音的对立，强调两组在音值上的差别。

虽然《蒙古字韵》和《中原音韵》的知庄章三组字都是分立的，但实质上二者在三组字的归并上并不相同，且止摄知庄章组字的演变不能衔接，是两个平行的音系，代表两种不同的演变类型（麦耘2004；董建交2007）。

从《切韵》到《中原音韵》，知庄章三组声母演变过程可以修正为如下示意图（引自王洪君2007，本书稍加改动）：

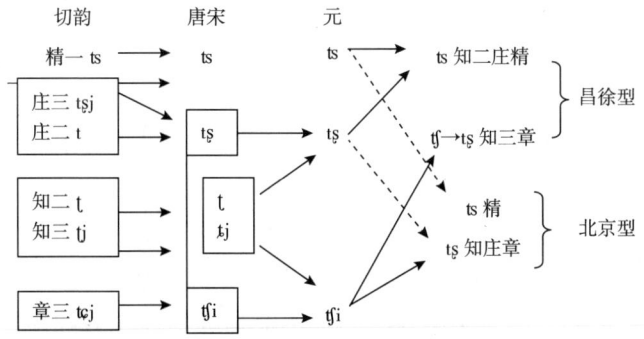

(二) 知庄章三组声母在本区域的演变

音系是一个严密的系统，往往一个细微的变动会影响整个音系的发展，"使方言的声母发音部位发生变化的关键因素是 i 介音"（徐通锵，1997）。在豫皖两省沿淮方言中，知庄章三组声母合流为 tʂ 组型方言恰恰是由于知₂庄组与知₃章组字的 i 介音失落，使得知₂庄组失去了从 tʂ 向 ts 演变的语音条件，所以三组声母都读 tʂ 组。熊正辉（1990）说："择泽宅责窄册策摘拆仄色侧测"这些字就白读音来说，北京话像济南型；就文读音来说，北京话像南京型。结合韵母来看，这类字北京话的文读音可能来自南京话，但也有可能来自昌徐型方言，现在还不能定论。与北京话不同的是，北京话中一些所谓的例外字，在本区域却非常符合规律。如涡阳话：择[₋tʂəʔ]册[₋tʂʰəʔ]涩[₋ʂəʔ]森[₋ʂə̃]所[⁻ʂuɣ]。

知庄章三组声母在萧县方言（昌徐型）的分合与《中原音韵》的格局一脉相承：所有开口和止摄开口庄、章组同音，与知组不同；蟹摄祭韵开口与止摄开口知组同类；其他摄知₂、庄组为一类，知₃、章组为另一类，两类之间形成对立。安徽的萧县和河南的息县（孙庙）属于这一类。昌徐型方言中古止摄开口庄、章组字与知组字对立，这与《中原音韵》、《洪武正韵》、《韵略易通》、《韵略汇通》等一致。清代《五方元音》等也是这样的对立格局。

熊正辉（1990）指出南京话庄组字的演变规律与内外转有关：A 类：遇、止、流、深、臻、（梗）、曾、通八摄在等韵学上属内转，与精组合流读为 ts；B 类：假、蟹、效、咸、山、江、（宕）七摄属于外传，与知₃、章组合流读 tʂ。止摄开口知庄章组字在南京型方言的归并与《蒙古字韵》和《古今韵会举要》一脉相承，知、章组同音，与庄组对立。与《中原音韵》相一致的昌徐型方言则是止摄开口庄、章组同音，与知组对立。在昌徐型官话中不同音的"知、之"、"痴、哆"、"耻、齿"、"智、志"、"世、试"在南京型方言中都同音；而在南京型方言中不同音的"师、诗"、"史、始"、"士、示"等在昌徐型官话中同音。可见近代南北官话的发展呈现出两种不同的演变类型。（董建交 2007）

如果将三组声母分合类型以地名命名的话，合流为 tʂ 组的可以叫阜阳型，合流为 ts 组的可以叫蚌埠型，二分型的可以分为萧县型（济南型）和合肥型（南京型）。各种类型在时间上不能构成发展先后顺序，应该是在不同的语音条件下发展演变的结果。比如阜阳型如果要发展成萧县型或合肥型，必须要有演变的条件，但阜阳型方言的介音 i 已经消失，三组声母字的声母、韵母完全一样，不存在分化的条件。以涡阳、宿州为例：

表3–5　　　　　　　　涡阳、宿州方言知庄章三组声母读音

	知三章		知二庄		知三章		知二庄		知三章		知二庄	
	知	世	支	事	正	声	睁	生	展	扇	盏	山
涡阳	₍tʂʅ	ʂʅ⁼	₍tʂʅ	ʂʅ⁼	₍tʂəŋ	₍ʂəŋ	₍tʂəŋ	₍ʂəŋ	₍tʂæ̃	ʂæ̃⁼	₍tʂæ̃	₍ʂæ̃
宿州	₍tʂʅ	ʂʅ⁼	₍tʂʅ	ʂʅ⁼	₍tʂəŋ	₍ʂəŋ	₍tʂəŋ	₍ʂəŋ	₍tʂan	ʂan⁼	₍tʂan	₍san

同样的道理，萧县型或合肥型方言也不可能变成阜阳型，已经与精组合流为 ts 的那部分庄组字也缺少再分化出来的条件。以萧县话、合肥话和五河话为例：

表3–6　　　　　　萧县型方言（萧县）庄组与精组字读音

	知二庄		精三		知二庄		精一		知二庄		精一	
	支	事	资	丝	睁	生	增	僧	盏	山	簪	三
萧县	₍tsʅ	sʅ⁼	₍tsʅ	₍sʅ	₍tsəŋ	₍səŋ	₍tsəŋ	₍səŋ	₍tsã	₍sã	₍tsã	₍sã

表3–7　　　　　　　　合肥型方言庄组与精组字读音

	庄开三		精三		庄开三		精一		庄开三		精一	
	厕	事	资	丝	睁	生	增	僧	皱	瘦	走	嗽
合肥	sʅ⁼	sʅ⁼	₍tsʅ	₍sʅ	₍tsən	₍sən	₍tsən	₍sən	tsɯ⁼	sɯ⁼	₍tsɯ	sɯ⁼
五河	tsʰʅ⁼	sʅ⁼	₍tsʅ	₍sʅ	₍tsəŋ	₍səŋ	₍tsəŋ	₍səŋ	tsəu⁼	səu⁼	₍tsəu	səu⁼

从理论上说，合流为 ts 组声母的蚌埠型可能是从其他三种的任何一种变化而来。合流为 tʂ 组声母的阜阳型方言如果舌尖前化，就和精组洪音 ts

合流变成蚌埠型；萧县型和合肥型方言中读 tʂ 组的部分字舌尖前化也可以与精组合流为 ts 组。

蚌埠型方言到底从何而来？阜阳话给了我们很好的线索。《安徽省志·方言志》、《普通话基础方言基本词汇集》都记录了阜阳话的语音系统，前者记录的音系舌尖前、舌尖后二分。相应部分摘录如下：

	ts	tsʰ	s	
舌尖前	早字	草瓷	扫丝	
	tʂ	tʂʰ	ʂ	ʐ
舌尖后	张丈	昌池	诗生	日热

但"音值说明"中说"tʂ、tʂʰ、ʂ、ʐ 的部位在新派话里有前化趋势。"王琴（2009）则认为"阜阳方言没有卷舌声母 tʂ、tʂʰ、ʂ，古知、照组字一般读 ts、tsʰ、s，与古精组字混同，如：张 tsã = 脏｜猪 tsu = 租｜成 tsɤ˗ = 层｜吹 tsʰuei = 崔｜升 sɤ˗ = 僧｜商 sã = 桑。"可见最近几十年，阜阳话发生了知庄章声母从卷舌到平舌的变化。另外，还有两条语音特征可以支持这个判断：

①"儿"字读作卷舌韵母。"儿"的读音类型与知系声母密切相关：知系声母读卷舌，则"儿"读卷舌，反之亦然。阜阳话"儿"读卷舌，可以推测知系声母原来也读卷舌；知系最近几十年发生了从卷舌向平舌的变化，但"儿"暂时还未变。

②知系擦音部分字读 f 声母。阜阳话中知系擦音声母读 f 声母的条件是：生｜书 > f/__u（VC）。生、书母在阜阳话中的读音与精组擦音声母不同，前者读 f，后者读 s。如：衰 ₌fɜ｜说 ₌fuɤ｜书 ₌fu｜顺 fɔ̃˗；梭雪 ₌suo｜苏 ₌su｜叙 su˗/ɕy˗｜随 ₌suei｜算蒜 suã˗。变化结果不同是因为二者来源不同。在汉语方言中有知系声母读成唇齿音的现象，主要分布在山西、陕西、甘肃以及与本区域邻近的山东、河南部分地区。在上述变化条件的制约下，知系声母受到介音 u 的影响唇齿化为 pf、pfʰ、f，变化的过程是 tʂu→tʂʰu→tsu→tˢu→pˢu→pfu。阜阳话知系声母只有擦音唇齿化为 f，塞音和塞擦音未发生唇齿化，但依然可以推测擦音原本读 ʂ，相应地擦音和塞擦音也一定是读 tʂ、tʂʰ。

因此，知系声母读 ts 组声母的蚌埠型极有可能是从读 tʂ 组变化而来。

叶祖贵（2010）对信阳地区方言知系声母的合流情况作了梳理，认为信阳市的老城区、平桥区、罗山、光山（白雀园）、潢川、固始、商城等地虽然今天 tʂ、tʂʰ 不分，但历史上应该是二分的，只是在最近才合流，且部分方言点的合流过程正在进行。其演变的过程是：

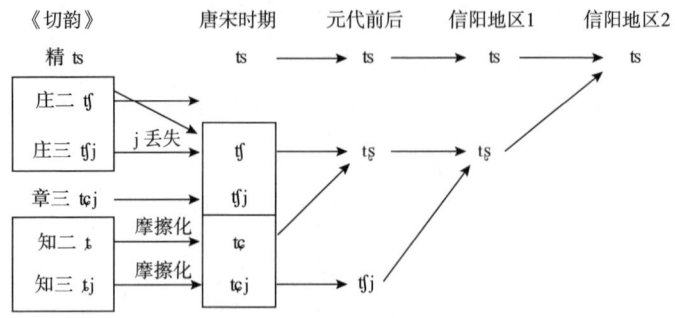

信阳地区方言知系声母的演变过程恰好可以与阜阳话的变化过程相互印证。我们推测，这个变化在蚌埠话中也曾发生过，为蚌埠型方言的来源提供了一个有力的旁证。

（三）庄组字演变的制约因素

在本区域，庄组声母的读音不太符合规律，同一方言点有的庄组字读 ts 组声母，有的读 tʂ 组声母。造成这种不规则现象的原因可能有两个：一是不同方言之间接触造成的相互影响，另一种可能是音系内部的控制因素。如果是后者的话，必然存在控制其音变的条件，但这个条件具体是什么，不同的学者认识不同。

孙宜志（2006）认为"韵母系统中同韵尾的庄组字的主要元音如果有高低之别，当后接韵母的主要元音为高元音时读 ts 组，当后接韵母的主要元音为低元音时读 tʂ 组。"也就是说，庄组声母读 ts 组还是 tʂ 组，受到后接韵母主要元音的制约：如果是高元音，读 ts 组声母；如果是低元音则读 tʂ 组声母。

吴波（2007）在检索了江淮官话中庄组字声母的读音后，认为"元音高低说"在具体的方言中存在大量反例无法解释。他认为控制庄组声母读音的条件是后接韵母主要元音的前后，"因为舌尖前、舌尖后辅音与后接元音的选择关系在发音机制上是前后而非高低。"但他同时也承认"和元音高低说一样，元音前后说也存在一定的反例"。

可见，韵母主要元音的高低或前后是制约庄组声母读音的因素的观点都有一些反例，都不能完全解释其变化的机制。我们认为，庄组声母读 ts 组还是 tʂ 组声母，韵母的主要元音是一个重要的制约因素，同时，介音也在演变中起到了重要的作用。

根据张光宇先生（2008）研究，汉语史上发生了两次鲁奇规律（历史语言学中著名的卷舌化规律）。汉语史上的卷舌化运动由庄组声母领先起跑，然后由章组、知组接棒。卷舌化顺序如表 3-8：

表 3-8　　　　　　　　知庄章三组声母卷舌运动顺序

卷舌化	*tʃ 庄	*tɕ 章	*ʈ 知
第一阶段	tʂ	tɕ	ʈ
第二阶段	tʂ	tʂ	tɕ
第三阶段	tʂ	tʂ	tʂ

由于舌位的不同，知庄章三组声母的变化先后不同：庄组是舌叶音，知三章是舌面音，前者更接近于卷舌状态，所以在卷舌化运动过程中，庄组最先、章组其次、知组最后。平舌化运动也是依此次进行。以止摄字为例，情况如表 3-9：

表 3-9　　　　　　　　止摄知系声母平舌化运动顺序

止摄	精	庄	章	知
北京型	ts	tʂ	tʂ	tʂ
南京型	ts	ts	tʂ	tʂ
昌黎型	ts	ts	ts	tʂ

观察知系声母的卷舌和平舌化运动，可以发现一些规律：

①后高圆唇元音 u 是使知系声母读成卷舌音的触发因素，当卷舌化运动完成后，也是使其保持卷舌状态的重要因素。后高圆唇元音有利于卷舌音的形成与保存，这可以从发音生理上得到解释：卷舌音与后高元音在舌体后半的高度相近，就舌体后半的隆起程度而言，后高元音又高于卷舌。因此，后高元音有利于保存卷舌发音的道理就在于它的舌体隆起较高。

②低元音韵母的功能与 u 的功能相似。从发音生理上看，元音的高低与前后具有相关性：低元音口腔较大，口腔张大必然使得舌位后移。因此，在某种意义可以说低元音的舌体也具有"后"的特征，所以低元音也有利于舌尖后的保持。

下面我们以安徽北部的五河话为观察对象，验证我们的观点是否正确。在五河话中，可以与读 ts 的庄组配合韵母有：uɤ、ɿ、ue、un、əŋ、ɤ、uŋ；与读 tʂ 组配合韵母有：a、ua、u、ɛ、uɛ、au、uan、əŋ、uaŋ、uan、uŋ。

韵母 an 可以和 ts、tṣ 两组声母搭配，但读 ts 组的只有一个字"簪"；主要元音为央元音的 əŋ 也可以同时与两组声母搭配，但读 tṣ 组声母的只有"臻榛"两个字。排除掉这两个韵母中出现的非常用字以外，基本上符合"高元音、舌尖前元音读 ts 组、低元音读 tṣ 组"的规律。合口 u 介音对舌尖前后的选择依然存在，但当 u 作为主要元音时，似乎常有例外，这也许和我们前面说的介音和主要元音的性质不同有关。如昌黎话庄组合口呼字全读 ts 组声母，但 u 韵母前声母为 tṣ 也显得比较特殊。

根据拉波夫（1972）认为：历史记载中曾经起过作用的音变力量和现在起作用的力量是一致的，因而可以用现在的变异研究中已经得到验证的原理去说明过去历史的音变。在汉语方言第二次卷舌化运动中，部分江淮官话精组发生了卷舌。在发生卷舌的方言中，对韵母的条件有要求：合口呼或者主要元音是 ɑ。亦证明了我们结论的可靠性。

萧县话庄组声母的演变属于熊正辉先生所说的昌黎型，与相邻的徐州如出一辙。读舌尖前还是舌尖后完全受介音的开合控制：合口呼字读 tṣ 组，开口呼字读 ts 组。从《徐州十三韵》（成书于清嘉庆时期、反映徐州方音的韵书）所记录的材料来看，庄组二等、三等开口呼字读 ts，庄组合口与知章合流为 tṣ，且宕摄开口庄组三等字已经从开口演变为合口。

合口介音对知庄章声母的影响在陕北晋语的反映也特别明显，据李建校（2006）研究，除宕江摄开口二三等庄组今读 tṣ 组声母外，其他摄都读 ts 组；知庄章三组合口不论二等还是三等，大部分方言点读 tṣ 组声母。

（四）合口生、书、禅母读音的演变

汉语方言中知系合口字读为唇齿塞擦音、擦音声母的现象在北方话中比较常见，陕西、山西、甘肃、青海、新疆、山东、安徽、河南等地都有分布，属于中原官话的占大多数，晋语、兰银官话也有。有些方言的知系声母塞音、塞擦音声母不变，只有擦音唇齿化，如湖北、湖南、江西、广东（客家话）等。

本区域知系塞音、塞擦音不读唇齿擦音声母 pf、pfʰ，只是合口的生、书、禅母读唇齿擦音 f，这一现象只见于安徽北部的中原官话商阜片的部分方言点，包括阜阳、阜南柴集区、利辛、涡阳、亳州南部、界首、临泉等地。在江淮官话区和中原官话信蚌片没有此类现象。我们将利辛话中生、书、禅母读唇齿擦音 f 的字穷尽性罗列如下表 3-10：

表 3-10　　　　　　　　利辛话生、书、禅母读 f 情况

韵摄	读为唇齿擦音 f	例外字
遇合三	疏梳蔬数_{动词}数_{名词}所输树书舒署薯竖	鼠暑殊 tʂu
蟹合三	税水瑞_{白读}	谁 suei 睡 ʂei 瑞_{文读} ʂei
山合三	说	
臻合三	率蟀顺述秫舜	纯 tʂʰuen
宕开三	勺芍	
通合三	叔束熟淑	缩 tʂʰu 蜀 ʂu

根据张世方（2004），本区域知系声母的读音的现状有三种可能：一是回头的音变，原本知系声母也都读成 pf、pfʰ、f，但 pf、pfʰ 发生了"回头演变"，又回到了 tʂ、tʂʰ 声母；二是方言接触的结果，由于只有擦音读 f 声母、擦音、塞擦音不变，同时又缺乏历史文献资料的证明，因此有可能是受到相邻的山东方言接触的结果；三是中断的自然音变，f 是擦音，相对而言比较容易从 ʂu 变过来，但未等 pf、pfʰ 从舌尖塞擦音变成唇齿音，音变的条件发生了变化，因此使得这一变化中断。

先看第一种可能。这种变化有两个阶段，第一阶段是知系声母由 tʂ、tʂʰ、ʂ > pf、pfʰ、f，这个阶段已经完成；第二阶段又从 pf、pfʰ > tʂ、tʂʰ，但 f 没有变 ʂ，因而是一种"回头演变"（何大安 1988）。但按照语音演变的一般规律，擦音比较容易变化，因而如果是第一种可能的话，应该首先发生 ʂu - > f - > ʂu - 的变化，而不是 tʂu - > pf - > tʂu。同时，这种回头演变的内在机制是什么？我们尚未找到令人信服的理由。

第二种可能认为是移民导致的语言接触的结果。张世方（2004）认为"这一现象源于晋南及与其相邻的关中地区，后来被移民带到了其他地区，包括山东和皖北、豫东北等地。"事实是否如此，我们可以梳理历史上本地区移民情况来验证。在奠定本地方言基本面貌的明代，来源不同的移民分布的范围不同：来自江南的移民主要分布在凤阳附近各县，山西移民则主要分布在淮河北岸的宿州、灵璧等地。明朝初年，今固镇县属灵璧管辖，该地有一本《丁氏族谱》，上面记载"洪武六年由曲沃迁灵"，曲沃属于山西南部平阳府。山东移民则主要分布在宿州、怀远以西，利辛县《纪氏族谱》记载纪氏于洪武八年从山东迁入；濉溪县《李氏族谱》记载洪武十三年从山东迁入；寿县清人孙则颜著作《寿县氏族考》所记录的 200 多

个本县及邻县氏族，绝大部分是从山东迁来，1989 年编《寿县志》也记载当地 23 个氏族中有 21 个是洪武初年从山东枣林庄迁来；霍邱县位于淮河南岸，现存族谱或者墓碑记载的家族都是明初由山东迁入。（曹树基 1997）

但卷舌擦音读唇齿音现象的分布范围与上述移民情况多有不合。宿州、灵璧等地是山西移民聚集区，没有此类现象；与灵璧相邻的睢宁县（属江苏省）山西移民在人口构成中所占比例很大，几乎人人都说自己是山西移民后裔，但没有此类现象。濉溪、寿县、霍邱等地山东移民所占人口比例很大，也没发现此类现象。

再看第三种情况。自然音变是一个方言内部的自身音变产生，这种音变可以从音理上找到合理的解释，也有控制音变的具体条件。符合此类条件的都会发生同样的变化，否则不变。本区域知系声母 ʂ>f 的变化有着严格的音变条件：卷舌擦音、合口。因此我们倾向于认为是一种中断的自然音变。下面我们以利辛话为例，考察知系擦音 ʂ>f 的情况。

利辛话知系擦音声母读音的变化呈现出一定的规律：

$$ʂ>f \_\_ u(VC)$$

即：只要知系声母读卷舌擦音，在合口呼前一律变读为 f 声母。但知系声母以下几种情况由于不符合上述规律，因此不会发生相应的变化：

①如果书、生母读为塞擦音，不符合"擦音"的条件，则不会发生 ʂ>f 的变化。如"暑"读为 tʂʰu。

②如果书、生母读为 s，则不符合"卷舌"的条件，也不会发生 ʂ>f 的变化。如"谁"读为[˳suei]。

③如果合口呼变为开口，则不符合"合口"的条件，也不会发生 ʂ>f 的变化。如"睡、瑞文读"[ʂei˧]。

同时我们也注意到，如果原本不符合音变条件的字发生了变化，符合了 ʂ>f __ u（VC）的规则，也会发生相应的变化。如宕摄开口三等字"勺"读[˳fuɤ]，原本是开口，但在利辛话中变成合口，也发生了 ʂ>f 的变化。

根据上述规律，我们可以确定知系字合口卷舌擦音 ʂ>f __ u（VC）发生的时间应该在：宕摄开口三等字变合口以后、"睡、瑞文读"变开口以后、书母字"暑鼠"、禅母字"殊"等字读塞擦音以后、"谁"字声母读 s 以后。

上面是对变化的时间节点做的推测，具体是什么时代呢？上述可知，

知系擦音声母 ʂ>f 的变化是以声母读卷舌、介音为合口作为前提条件，那么我们可以从知系声母的读音和宕摄开口变合口（"勺"的读音）作为参照。《中原音韵》中知系声母分为两套，具体的分法与"昌徐型"大体一致，但后来合流为一套，因此方言中读卷舌声母的时间不应早于《中原音韵》。另外从宕摄开口字转为合口的年代可以与此互相印证。宕开三"勺芍"二字《广韵》拟音为 *zjak，《洪武正韵》中宁忌浮拟"装撞双"等字为开口呼，而《洪武正韵译训》中"霜爽疮床撞"等字有正音和俗音两种：正音为[tʂaŋ]、俗音为[tʂuaŋ]（金基石 2003），兰茂的《韵略易通》、《西儒耳目资》、《韵略汇通》等反应明清官话音系的韵书都认为宕摄开口三等庄组已经变为合口。可以推测合口呼中 ʂ 变 f 的上限不会早于明代。

钱曾怡先生（1987）认为：不是全部存在共同特点而在地理上相隔的方言都可用移民的原因来解释。像北京声母 tʂ、tʂʰ、ʂ 拼合口呼的字，山东泗水、藤县一带口语读 pf、pfʰ、f 声母，这种情况在山西、陕西的一部分地区也都存在，要全部找出这些地方的移民关系是不可能的。因此，在发现新的证据之前，我们宁愿相信卷舌擦音读唇齿音是官话方言中的一种比较普遍的音变现象，只是在晋南、关中一带这种变化比较彻底、而在皖北阜阳一带在变化的过程中有其他语音规律的干扰，是一种中断的变化。

第二节　精组、见系二等字声母读音类型

一　精组声母

精组声母的读音相对简单，根据洪细的不同略有差异。洪音前一般读 ts 组，细音前有的方言点读为 tɕ 组；有的方言点细音依然读 ts 组，与见晓组在细音前读 tɕ 组不同，即所谓的分尖团，如涡阳话：津[₀tsin]≠斤[₀tɕin]。本区域可以分尖团的方言不多，主要分布在安徽省境内的阜阳、涡阳、界首、临泉、亳州等地，而且一般是老派发音人分的比较多，新派逐步不分，出现逐步从分尖团到不分的变化态势。其他方言点不分尖团，精组声母在细音前腭化为 tɕ 组，与细音前的见组声母混并，如：津＝斤[₀tɕin]。本区域方言尖团区分与否的情况见下表 3–11。

表 3-11　　　　　　　　　　精组声母读音类型表

读音类型	洪音	细音	分布区域
分尖团	ts		阜阳(老派)、涡阳(老派)、临泉、界首、亳州、蒙城
不分尖团	ts	tɕ	合肥、肥东、六安、全椒、定远、滁州、来安、明光、怀远、五河、凤阳、淮南、蚌埠、固镇、凤台、寿县、霍邱、利辛、阜南、涡阳(新派)、阜阳(新派)、濉溪、宿县、萧县、淮北、信阳市老城区、平桥区、罗山、光山(白雀园)、潢川、固始、商城、息县(小茴店)、淮滨

需要说明的是，在皖北分尖团的一些方言中，精组部分字由于古今音的读法发生了洪细的转换，腭化与否也随之发生变化，这种这些字以入声字为主。如亳州话"嚼俊绝"、"雀鹊"、"选雪薛穴"声母分别为 ts、tsʰ、s，蒙城话亦然。本文所讨论的河南境内的中原官话没有发现这种情况。精组声母的读音举例如下：

表 3-12　　　　　　　　　　精组声母读音举例

	菜	走	坐	算	桑	俊	雀	嚼	雪	俗
	蟹开一清	流开一精	果合一从	山合一心	宕开一心	臻合三精	宕开三精	宕开三从	山合三心	通合三邪
信阳老城区	tsʰai˧	˧tsou	tsuo˧	san˧	˧sɑŋ	tɕyn˧	˧tɕʰyo	˧tɕyo	˧ɕyɛ	˧ɕy
光山	tsʰai˧	˧tsəu	tso˧	san˧	˧sɑŋ	tɕin˧	˧tɕʰio	˧tɕio	˧ɕiɛ	˧səu
淮滨	tsʰɛ˧	˧tsou	tsuo˧	suan˧	˧sɑŋ	tɕyn˧	˧tɕʰyo	˧tɕyo	˧ɕyɛ	˧ɕy
阜阳老派	tsʰɛ˧	˧tsou	tsuo˧	suẽ˧	˧sã	tsuẽ	˧tsʰuo	˧tsuo	˧suə	˧sᴇ
霍邱	tsʰɛ˧	˧tsəu	tsuo˧	suan˧	˧sɑŋ	tɕyn˧	˧tɕʰye	˧tɕyo	˧ɕye	˧su
利辛	tsʰɛ˧	˧tsəu	tɕyə˧	ɕyan˧	˧sɑŋ	tsuen˧/tɕyn˧	˧tɕyə	˧tɕyə/tsuə	˧ɕyə	˧ɕy
宿县	tsʰɛ˧	˧tsʏu	tsuʏ˧	suan˧	˧sɑŋ	tɕyn˧/tsuen˧	˧tsʰuʏ	˧tɕyo/tsuʏ	˧ɕyə	˧ɕy

二　见系二等字的文白异读

本区域见系二等字的文白异读不成系统，只有少部分字有文白两种读法。按文白异读的具体表现来看，大致可以分为两种情况：

一种是文洪白细，如"喊"文读为[˧xan]，白读为[˧ɕian]，白读形式为方言创新性音变。另一种是文细白洪，如"杏"文读为[ɕiŋ˧]，白读为[xəŋ˧]，白读形式是方言滞后音变。两种不同的类型分布也不相同。第一种类型主要分布中原官话商阜片，如阜阳、阜南、涡阳、利辛等地；第二种类型主要分布在江淮官话洪巢片的，如合肥、长丰、明光、怀远等地。需要指出的是，信蚌片部分方言点的文白异读也属于第二种。颍上、利辛方言具有一定的过渡性特点，可能是处于第一种类型和第二种类型之间的缘故。同时，即使某一方言属于某一类型，但也会有部分字的文白异读属于另一类型，表格中用黑体字标示。各种类型分别举例如下：

表3–13　　　　　　　　　　　见系二等字文白异读类型

类型	方言点	例字
文洪白细型	阜阳	黑₋cxɛ文读/₋cxe文读/₋ɕie白读 客kʰɤ₋c文读/tɕʰie₋c白读 革kɤ₋c文读/₋cɕie白读 隔kɤ₋c文读/tɕie₋c白读 刻kɤ₋c文读/₋cɕie白读 ~私章
	阜南	黑₋cxie文读/₋cɕie白读 客kʰie₋c文读/tɕʰie₋c白读 咳kʰie₋c 革kie₋c文读/₋cɕie白读 喊₋cxan文读/₋cɕian白读
过渡型	颍上	黑₋cxie白读/₋cxɛ文读 客kʰie₋c文读/kʰɛ₋c文读 杏ɕiŋ白读/xəŋ文读 硬ŋəŋ白读/iŋ文读
	利辛	江₋ckaŋ白读/₋ctɕiaŋ文读 喊₋cɕian白读/₋cxan文读
文细白洪型	濉溪	讲₋ctɕiaŋ文读: ~话/₋ckaŋ白读: 瞎 缰₋ctɕiaŋ文读: ~绳/₋ckaŋ白读: 脱~
	凤阳	喊₋cxan文读/₋cɕian白读 角tɕi₋c文读/牛~₋ckə白读
	霍邱	豇₋ckaŋ白读/₋ctɕiaŋ文读
	合肥	角tɕyɤʔ₋c文读/kaʔ₋c白读 吓ɕia₋c文读/xaʔ₋c白读 刚₋ckã/₋ctɕiã白读
	滁州	鞋₋cɕie文读/₋cxɛ白读 解₋ctɕie文读/₋cɕɛ白读
	明光	解₋ctɕie文读/~鞋带kɛ₋c白读 秸₋ctɕie文读/₋ckɛ白读 街₋ctɕie文读/₋ckɛ白读 喊₋cxan文读/₋cɕian白读
	怀远	敲₋ctɕʰi文读/~竹杠kʰɔ₋c白读 蟹ɕie₋c文读/xɛ₋c白读 螃~ɕie白读/₋cxɛ白读 角tɕi₋c文读/牛~₋ckə白读 间₋ctɕian文读/房~kan白读 喊₋cxan文读/₋cɕian白读

三　精组、见组的腭化及演变

精组声母和见组声母原本不同，但在细音前发生腭化后都变成tɕ组。腭化音变在人类语言演变中是一种非常常见的现象，如古印欧语、古阿尔泰语等都发生过腭化，其条件是后接i、e等前高元音。汉语官话方言中精组、见组声母的腭化音变在各地表现各有不同，但也基本依循舌根音和舌尖塞擦音、擦音声母在细音前腭化的规则，一般来说，舌根音先于舌尖音腭化。

（一）精组与见组声母分混情况

在豫皖两省沿淮各方言中，精组声母和见组声母的读音情况复杂，为简明起见，大致可以用阜阳、淮南、合肥、信阳4个方言点分别代表一种类型，具体列表如下：

表 3–14　　　　　　　　精组与见组声母读音分混类型

代表点	声母	洪音	细音
阜阳	精组	ts	ts
	见组	k	tɕ
淮南	精组	ts	tɕ
	见组	k	tɕ
合肥	精组	ts	tɕ/ts
	见组	k	tɕ/ts
信阳	精组	ts	tɕ/tʂ(ts)
	见组	k	tɕ/tʂ(ts)

老派的阜阳话精组声母和见组不混，可以分尖团，属于较早的层次；淮南话的精组和见组洪音不混，细音混淆，是汉语方言中比较普遍的类型；合肥话精组和见组细音字部分腭化为 tɕ，但也有部分读舌尖前音 ts；信阳一带的方言精见组声母在洪音前不混，在细音前混同，有一部分字的声母发生腭化，有部分字读舌尖音声母 tʂ 或 ts，但辖字的范围与合肥话不同。从发展的阶段看，合肥话与信阳话具有相似性，虽然三地精组、见组声母都有在细音前读 ts 的现象，但合肥、信阳两地其实是一种新的音变，而阜阳话是早期形式，属于不同的音变层次，实质上不同。二者的差异可以表示如下：

	阶段Ⅰ	阶段Ⅱ	阶段Ⅲ
阜阳	ts	—	—
合肥	ts	tɕ	ts
信阳	ts	tɕ	tʂ(ts)

合肥话部分精组、见组细音读 ts，是 *ts 在细音前腭化成 *tɕ 以后，由

于元音高化，*tɕ 的成阻部位前移，最终发生了 *ts→*tɕ→ts 的新变化。具体的音变过程和条件如下：

$$\begin{matrix} & \text{I} \longrightarrow \text{II} & & \text{II} \longrightarrow \text{III} \\ ts、ts^h、s & & & ts、ts^h、s/\_\_-i、-y \\ & \searrow tɕ、tɕ^h、ɕ/\_\_细音 & tɕ、tɕ^h、ɕ \swarrow \\ k、k^h、x & & & tɕ、tɕ^h、ɕ/\_\_-iV(C)、-yV(C) \end{matrix}$$

可见，合肥话中的 ts 不仅包括精组细音字，也包括见组细音字。

信阳话精组、见组细音声母从阶段Ⅰ到阶段Ⅱ的变化与合肥话相同，但从阶段Ⅱ到阶段Ⅲ的变化与合肥话不同。信阳话的见系声母读成 tʂ（ts）组的现象主要存在于遇摄合口三等字、山摄合口三等、四等以及臻摄合口三等字中，韵母是 ʮ、ʮan、ʮen、ʮe（如果声母为 tʂ 组，韵母则相应的是 ɿ 类）。因此，信阳话的变化过程和条件可以表示如下：

$$\text{I} \rightarrow \text{II} \qquad\qquad \text{II} \rightarrow \text{III}$$
$$k、k^h、x \rightarrow tɕ、tɕ^h、ɕ/\_\_细音 \quad tɕ、tɕ^h、ɕ \rightarrow tʂ、tʂ^h、ʂ/\_\_-ʮ、-ʮV(C)$$

郭丽（2009）认为江淮官话黄孝片古合口的 ʮ 的高顶出位。信阳与黄孝片方言地域相近，语音相似，见组细音声母的变化原因也相同。不同的是黄孝片的 y 的高顶出位有 y→ʮ 和 y→ɿ 两种演变方向，而信阳地区 y 的高顶出位只有 y→ʮ 一种方向（叶祖贵 2010）。精组声母在细音前也有部分字的声母读 tʂ、tʂʰ、ʂ，但数量不多，只是在浉河区有零星分布，如"俊聚蛆全"等字。

信阳市老城区、罗山等地遇摄合口三等、山摄合口三等、山摄合口四等以及臻摄合口三等的见系字韵母读 y 韵母，叶祖贵（2010）认为这些韵母是经历了 y→ʮ→y 两个阶段的变化，现在读 y 是受权威方言影响的结果。与此相应，声母也经历了从 tɕ→tʂ→tɕ 的变化。是一种"回头音变"。变化具体过程如下：

阶段Ⅰ　　　　　　　　阶段Ⅱ　　　　　　　　阶段Ⅲ
k 组→tɕ 组/__细音　　tɕ 组→tʂ 组/__-ʮ、-ʮV（C）　　tʂ 组 $\xrightarrow{权威方言影响}$ tɕ

（二）见系二三等字的腭化过程

在汉语方言中，见系声母的腭化与否，与韵母的介音以及韵尾都有密切关系。潘悟云（2006）在统计了《方言调查字表》中的见系二等字后认为：见系开口二等字是否腭化显然与韵母有关。带韵尾 -m、-n 与零韵尾的字全部腭化，带后舌位 -u、-ŋ 与 -i 的字部分字发生腭化。发生腭化的见系字都有 i 介音。处于同样音韵地位的字有的腭化，有的则不腭化，主要和二等介音的性质有关。二等字的上古来源是 *Cr-，后来介音 -r- 向 -i- 的方向变化：Cr- > Cɤ- > Cɯ- > Cɨ- > Ci-（郑张尚芳 2002），例如"家"从上古到现代的语音变化过程是 kra > kɤa > kɯa > kɨa > tɕia（潘悟云 2006）。当二等介音变作 -i̯- 后，前面的舌根音就发生腭化，但在某些情况下二等介音并不变成 -i̯-，而是失落了，于是舌根音也就失去了腭化的条件，这部分字就不再腭化。

见系三等与二等大体相似，但有部分例外。高本汉曾指出在三等字上有三处成系统的例外：止蟹摄合口三等字、宕摄合口三等字、通摄合口三等字，这些字声母依然是舌根音，介音是 u。也就是说，如果三等介音的介音如果 -i- 保留则声母腭化，否则就不腭化，依然读舌根音。既然合口三等字介音是 -iu-，那为什么在有的韵摄中 -u- 丢失 -i- 保持，而在有的韵摄中相反呢？这可能与韵尾有关。在二等字中，如果韵尾是 -m、-n 或无韵尾，见系声母的全部腭化；韵尾是 -u、-ŋ、-i 的字，声母部分腭化。三等字的情况与此类似。下面我们具体分析见系合口三等字腭化与否与韵尾之间的关系。的见晓组合口三等有字是果、遇、蟹、止、山、臻、宕、梗、通九摄，根据薛凤生《汉语音韵史十讲》（1999）的拟音，这九摄的韵基情况如下：

	果	遇	蟹	止	山	臻	宕	梗	通
韵基	ɔø	iø	ai	ii	an/it	in/it	ɔŋ/ɔk	aŋ/ac	uŋ/uk
例字	靴	居	慧	龟	卷/掘	军/屈	筐/-	倾/-	共/局

可见宕摄和通摄的韵尾相同，都是[舌体][+后]辅音，因此这种韵尾的特征穿过韵核拉住了介音 -u-，使其无法与介音 -i- 结合成 -y-，因而声母无法完成腭化；反过来，u 因为和声母、韵尾都具有[舌体][+后]的特征，因而非常稳固，把介音 i 挤掉了。把上述宕摄和通摄合口三等字的音变规律可言描写成：

$$R1: i > ø/C\_\_uVE$$
$$E = ŋ、k$$

而果遇山臻梗五摄的合口三等字因为不具有 E = ŋ、k 的条件而发生了如下音变：

$$R2a: iu > y/C\_\_uVE$$
$$E \neq \eta、k$$
$$R2b: C > Cj/\_\_y$$

止蟹摄的韵尾是 i，与三等字的介音相同，在发音时舌体要经历从 i 到 u 再到 i 的过程，舌体这种循环的变化不符合省力原则，因此介音在韵尾的异化作用下脱落。这个变化可以描写成：

$$R3: i > \emptyset/C\_\_uVE$$
$$E = i$$

也就是说在中古音系统中，当韵尾为[舌体][-后]元音 i 时，合口三等见晓组介音 i 脱落。

一种方言的语音层次有本方言原有的，也有异方言借入的，也就是通常所说的同源层次和异源层次（丁邦新 2007）。所谓同源层次是指语音演变过程中，有些音先发生了变化，有些字由于某种原因保持不变，二者在时间上具有先后关系；异源层次则是由于语言（方言）接触造成，某个语音形式来源于其他方言，但由于不同的方言发展的速度不同，方言共时分布的差异可以视为历时演变不同阶段的反映。因此，将包括同源层次和异源层次在内的不同语音形式放在一起排列、比较，可以梳理出某个音类变化的脉络。

在"见系二等字的文白异读"中，我们把江淮官话洪巢片、中原官话信蚌片以及商阜片、徐淮片的不同韵摄的见组二等字的文白异读进行了比较。江淮官话洪巢片和中原官话信蚌片主要表现为"文细白洪"，主要是蟹止摄字；而相同音韵地位的字在中原官话的商阜片已经腭化，见系声母读为细音，但曾梗摄部分字的文白异读表现为"文洪白细"。按照语音演变的序列看，江淮官话洪巢片、中原官话信蚌片的白读音是较老的层次，处于演变链条的上环；文读音为腭化声母，是新变化，处于链条的下环。如怀远话中"敲"在"敲竹杠"一词中读[˳kʰɔ]；匣开二的"蟹"读在"螃蟹"一词中读[˚xɛ]；见开二的"角"在表示"动物的犄角"的意思时读[kəʔ˳]；见开二的"间"在"房间"一词中读[˳kan]；疑开二的"硬"有[ɣənˀ]和[inˀ]两读；晓开一的"喊"口语中很少用，读书音为[˚xan]，在表"哭闹"义时读[˚ɕian]。而这种现象在中原官话商阜片表现不同：商阜曾梗摄见组声母白读为细音，文读为洪音，白读先于文读发生腭化的音变，因此处于音变链条的下环，从文白读在音变序列中的位置来看，与江淮官话、中原官话信蚌片相反。如阜阳话的"黑"有四个读音，分别是[˳xɣ/˳xɛ/˳xe/˳ɕie]，四个形式代表不同的层次。x 是较老的形式，ç是x腭化的结果。溪开二的"客"有[˳kʰɤ]、[˳tɕʰie]两个读音，后者为本地土俗的读法；见开二的"革隔"读文读[˳kɤ]，白读[˳tɕie]；溪开一的"刻"在"刻私章"一词中读[˳tɕʰie]，其他读[˳kɤ]；影开二的"矮"文读[˚ɤ]，白读[˚ie]；匣开二"杏"文读[ɕiŋ˗]，白读[xəŋ˗]；见开二"梗"文读[˚tɕiŋ]，白读[˚keŋ]。在这些字中，除了"矮"为蟹摄字外，其他都是梗曾摄字，中古韵尾收-k或-ŋ。但入声字的塞音尾-k早已脱落，失去了对介音的影响，因此这些字腭化较快，走在普通话的前面；而收-ŋ尾的字由于舌根的牵制，介音-i-脱落，所以白读音仍然保持非腭化的状态，如"杏梗硬"等字。

因此，我们把不同韵摄的见组声母在江淮官话和中原官话中的表现串联起来，可以完整展现其音变的过程：

　　　第一阶段　　　　第二阶段　　　　第三阶段
　　　k、kʰ、x　───→　c、cʰ、ç→　───→　tɕ、tɕʰ、ɕ

江淮官话洪巢片、中原官话信蚌片的蟹止摄字见系声母文读为k组声母，白读为tɕ组声母，是见系声母腭化前后的两种情况。信阳的潢川、固始、商城、息县、淮滨等地的见组声母，洪音字读k组声母，细音字声母如"革格刻客"等虽然也记为[kiɛ、kʰiɛ、xiɛ]，但实际音值是舌面中音[c、cʰ、ç]，是从k组向tɕ组变化的中间一环。

位于河南省中部的襄城，其方言属于中原官话商阜片。前后三十年时间，见组一二等的字完成了从[c、cʰ、ç]到[tɕ、tɕʰ、ɕ]的变化。据古本正（1959）年对襄城方言的[tɕ、tɕʰ、ɕ]发音部位描述时，认为"北京的j大约位于襄城音的z和j之间而距j稍近的地方"，从其描述的部位看，他所说的j应该是c，说明彼时襄城方言见组字的腭化处于[c、cʰ、ç]阶段，而刘颂浩1993年调查记录则为[tɕ、tɕʰ、ɕ]。可见，襄城方言见组声母的腭化已经完成。

第三节　疑影母洪音字读音类型的地理分布及演变

一　读音类型的地理分布

中古影母和疑母是两个独立的声母，影母一般拟为零声母，疑母拟为[ŋ]声母。但在本区域方言中，影、疑二母大体合流，表现出较强的一致性：在齐齿、合口和撮口呼之前大多读零声母，但在开口呼前略有差异。下面分别讨论：

（一）开口呼前疑影母读音

根据具体音值，可分四种类型：

1. 零声母。分布在皖中小片的滁州、来安、天长及皖北小片的明光。

2. ɣ声母。主要分布在河南境内信阳平桥区、潢川、固始、商城、息县、淮滨，安徽境内的利辛、阜南、阜阳、霍邱、淮南、五河、固镇、凤阳、蒙城、凤台、蚌埠_老派_（以上中原官话区），怀远_(南片)_、长丰、明光_(司巷)_、定远及六安（以上为江淮官话区）。

需要说明的是，疑影母是否读ɣ声母还有新老派的差异，老派读，但新派可能读成零声母。同时，虽然我们说以上方言点的疑影母都读ɣ声母，但每个方言点内部哪些字读、哪些不读也不一致，所辖字数不一样。如利辛话、阜南话读ɣ的摄涵盖蟹、效、流、咸、山、臻、宕、梗八摄的几乎所有字，而五河话只有蟹、效、山三摄字，淮南话读ɣ则只有山摄、蟹摄部分字，其他读零声母。

3. ŋ声母。这种类型主要分布在河南省境内的信阳市老城区、狮河、罗山、光山、新县、卡房等地，安徽境内沿淮分布的方言没见到。

4. ʐ声母。分布在安徽境内江淮官话洪巢片的合肥及周边地区，包括合肥_老派_、肥东、肥西等地。

（二）合口呼前疑影母读音

疑影母今合口呼有两种读音类型：一种是零声母，一种是v声母。

1. 零声母。读零声母的情况在本区域内的中原官话和江淮官话都有分布，主要包括河南境内的信阳地区和安徽境内的阜阳、利辛、阜南、霍邱、淮南、寿县、霍邱、五河、固镇、凤阳、蒙城、凤台、蚌埠_老派_、萧县、砀山；江淮官话的合肥、肥东、六安、全椒、天长、长丰、定远、怀远_北片_。

2. v声母。这种类型应该是从零声母变化而来，是合口呼零声母字的u介音发生唇齿化，从u变成v。这种类型主要分布在安徽境内，以蚌埠为中心，包括蚌埠、怀远_南片_（江淮官话）、五河、固镇、淮南（零星存在）和滁州。在这些方言点，疑影母合口呼零声母字介音u大部分唇擦化为v声母，少部分读零声母。

疑影母开合二呼字声母的读音举例如下：

表3–15　　　　　　　　　　疑影母洪音字读音举例

		恩影	饿疑	爱影	熬疑	藕疑	欧影	顽疑	弯影	外疑	碗影	挖影
中原官话	信阳浉河	₋ŋen	oꜛ	ŋaiꜛ	₋ŋau	ꜛŋou	₋ŋeɤ	₋uan	₋uan	uaiꜛ	ꜛuan	₋ua
	罗山	₋ŋen	uoꜛ	ŋaiꜛ	₋ŋau	ꜛŋeɤ	₋ŋeɤ	₋uan	₋uan	uaiꜛ	ꜛuan	₋ua
	固始	₋ɣəŋ	₋oɤ	ŋaiꜛ	₋ɣau	ꜛɣou	₋ɣeɤ	₋uan	₋uan	uaiꜛ	ꜛuan	₋ua
	淮滨	₋ɣəŋ	uoꜛ	ŋɜꜛ	ꜛɣau	ꜛɣou	₋ŋeɤ	₋uan	₋uan	uaiꜛ	ꜛuan	₋ua
	淮南	₋ɣəŋ	uoꜛ	ɜꜛ	ꜛɔ	ꜛne	₋ne	₋uan	₋uan	ɜꜛ	ꜛuan	₋ua
	蚌埠	₋ɣə̃	ɣʌꜛ	ɜʌꜛ	cʌꜛ	neꜛ	₋ne	₋vã	₋vã	vɜꜛ	ꜛvã	₋va
	利辛	₋ɣen	ɣʌꜛ	ɜʌꜛ	cʌꜛ	₋ŋeɤ	₋ŋeɤ	₋uan	₋uan	ɜꜛ	ꜛuan	₋ua
	阜南	₋ɣəŋ	əꜛ	ɣaiꜛ	naɯꜛ	₋ŋeɤ	₋ŋeɤ	₋uan	₋uan	uaiꜛ	ꜛuan	₋ua
江淮官话	合肥老派	₋nz̩ə̃	ʊꜛ	₋zE	cɔꜛ	cz̩ɤꜛ	₋m̩z̩ɯ	₋uẽ	₋uẽ	uEꜛ	ꜛʊ̃	₋ua
	肥东	₋ən	ωꜛ	₋zE	cɔꜛ	cz̩ɤꜛ	₋m̩z̩ɯ	₋uẽ	₋uẽ	uEꜛ	ꜛõ̃	₋ua
	合肥新派	₋ne	ʊꜛ	E	cɔꜛ	cθɤꜛ	θꜛ	₋uẽ	₋uẽ	uEꜛ	ꜛʊ̃	₋ua
	六安	₋ɣəŋ	ɣωꜛ	ɣɜꜛ	cɜꜛ	meɣꜛ	₋ɣeɤ	₋ũə	₋ũə	ɜŋꜛ	ꜛũə	₋ua
	长丰	₋ɣəꜛ	ɣəꜛ	ɣEꜛ	cɜꜛ	cɣɜ	meɣꜛ	₋uan	₋uan	vEꜛ	ꜛuan	₋ua
	滁州	₋ne	ωꜛ	ɜꜛ	oꜛ	oꜛ	ɜŋꜛ	₋ṽɛ	₋ṽɛ	ɜŋꜛ	ꜛṽɛ	₋va
	怀远南片	₋ən	uɜꜛ	ɜꜛ	ɜuꜛ	neꜛ	₋van	₋van	vEꜛ	ꜛvan	₋va

（三）部分影喻母细音字声母的"日化"

所谓日化，是指"一些原先 yung [juŋ] 音字，其声母由腭音 y [j] 变为 r [ɻ]"，"腭近音的日化实际上是一例尚未结束的音变，它发生得相当晚近，至今不到两百年，至今仍在来回的变动之中。"（朱晓农2003）汉语方言中"日化"现象广泛存在于北京、天津、河北、山东、江苏北部、河南、安徽以及四川、云南部分地区。

豫皖两省境内淮河流域方言中也有"日化"现象，主要表现为影母、喻母的梗摄合口三等字、通摄合口三等部分字，声母读成舌尖擦音声母 ʐ 或者 z，与日母相同；其他韵摄读零声母。如"融容庸勇用"、"拥痈"、"荣"等字的声母都读都同日母。从分布范围看，主要分布在安徽北部的阜阳、阜南、利辛、界首、蒙城、颍上以及河南省的信阳地区。其他地区只有少部分字的声母读同日母，如怀远话。下面将几种方言放在一起对比举例，具体情况见下表 3-16：

表 3-16　　　　　　　　　影喻母的"日化"举例

	拥影	用喻	容喻	永喻	融喻	勇喻	荣云	绒日
怀远	₋yŋ	yŋ²	₋yŋ/₋zuŋ	²yŋ	₋zuŋ	²yŋ	₋yŋ/₋zuŋ	₋zuŋ
阜阳	₋z̩uŋ	z̩uŋ²	₋z̩uŋ	²z̩uŋ	₋z̩uŋ	²z̩uŋ	₋z̩uŋ	₋z̩uŋ
阜南	₋zoŋ	zoŋ²	₋zoŋ	²zoŋ	₋zoŋ	²zoŋ	₋zoŋ	₋zoŋ
利辛	₋z̩oŋ	z̩oŋ²/voŋ	₋z̩oŋ	²z̩oŋ	₋z̩oŋ	²z̩oŋ	₋z̩oŋ	₋z̩oŋ
信阳浉河	₋z̩oŋ	z̩oŋ²	₋z̩oŋ	²z̩oŋ	₋z̩oŋ	²z̩oŋ	₋z̩oŋ	₋z̩oŋ
罗山	₋zoŋ	zoŋ²	₋zoŋ	²yn	₋zoŋ	²zoŋ	₋zoŋ	₋zoŋ
固始	₋zuŋ	zuŋ²	₋zuŋ	²zuŋ	₋zuŋ	²zuŋ	₋zuŋ	₋zuŋ
淮滨	₋zuŋ	zuŋ²	₋zuŋ	²zuŋ	₋zuŋ	²zuŋ	₋zuŋ	₋zuŋ

声母的具体音值是 z 还是 z̩ 受当该地方言音系的制约：如果声母系统中有 tʂ 组声母，则上述字声母读为 z̩，否则读 z。

二　历时演变

在《切韵》时代，影母是喉音，疑母是牙音，二者本自不同，各家拟音也有异，如：

	李荣	王力	蒲立本	郑张尚芳	潘悟云
影	ʔ	∅	ʔ	ʔ	ʔ
疑	ŋ	ŋ	ŋ	ŋ	ŋ

《古今韵会举要》中把中古的疑喻二母分为疑、鱼、喻三母，根据董同龢（1968）、杨思（1984）整理如表 3-17：

表 3-17　　　　　　　《古今韵会举要》疑影母读音

疑								云		以
一等		二等		三等		四等	开	合	
开	合	开	合	开	合	开			
疑	疑	喻	鱼	疑	鱼	喻	疑	鱼	喻

竺家宁（1986）认为"在《韵会》时代，有不少疑母字失落了声母，凡是失落声母的开口字就归入喻母，凡是失落声母的合口字就单独成立一母，这就是'鱼'母。正因为'鱼'母容纳了零声母的合口字，所以本来

属'喻'母的合口字也并入了这个新的'鱼'母。"可见《古今韵会举要》中部分疑母字已经不读 ŋ 声母,而是与"鱼"合流了。

在《中原音韵》里,中古音的疑母字大部分跟影云以三母合流了,小部分依然保持独立,还有一些与泥娘二母合并。"疑母字小韵不跟影云以小韵对立的可能保持 ŋ 声母。跟影云以对立的,应该说,肯定会保持 ŋ 声母。"(杨耐思 1981)《蒙古字韵》是用八思巴字译写汉语的工具书,八思巴字是拼音文字,因此通过其与汉语对音了解当时的语音情况非常有利。下面我们将《中原音韵音系》中疑、影、云、以母的读音与八思巴字对音对照表抄录如下表 3-18:

表 3-18　　　《中原音韵》疑母、影母、喻母读音情况

		疑		影 云 以	
		中原音韵	八思巴字对音	中原音韵	八思巴字对音
江阳	平阳	昂卬	ŋ		
	上	仰	ŋ	养痒鞅	○
	去	仰	ŋ		
鱼模	平阳	吾浯铻蜈吴梧娱齬	○		
皆来	平阳	騃皚	ŋ ○		
	去	外瞶	○		
寒山	平阳	颜	○		
	上	眼	○		
桓欢	平阳	丸刓玩絻纨岏	○		
萧豪	平阳	鳌嗷厫敖璈獒螯翱遨聱熬	ŋ		
	上	咬	○		
	去	傲奡鏊	ŋ	奥懊澳	○
	入去	虐疟	ŋ	岳乐药约跃钥	○
歌戈	平阳	哦蛾娥峨鹅俄/讹鈋	ŋ○		
	上	我	ŋ	妸	○
	入去	虐疟	ŋ	岳乐药约跃钥	○
家麻	上	瓦	○		
车遮	入去	业邺额	ŋ	拽噎谒叶烨	○
监咸	平阳	严巌岩	○		

根据上表可知，杨耐思（1981）认为《中原音韵》里疑母大部分已变为零声母，与影云以母合流，如"鱼模"上声：语圄[疑]雨宇羽[云]愈与庾[以]；去声：遇驭[疑]妪[影]裕预誉[以]芋[云]。但有一小部分疑母字自成小韵，并跟影云以的小韵对立，对于这部分字，杨耐思认为一定保留了 ŋ 声母。赵荫棠（1936）认为疑母字在《中原音韵》中"要消灭，然而没有全消灭"，疑母与影喻母合并的，读零声母，与泥娘母合并的，读 n 声母。不消灭的是一二等之字，仍读 ŋ 声母。丁邦新（1998）认为《中原音韵》中疑母字大部分已经与影母、喻母合流，变成了零声母。只有小部分疑母字自成小韵，并且跟"影喻"对立，如"仰昂傲鳌敖噭邀俄我饿哦额业虐疟"。在以后的发展中，这一小部分疑母字也逐渐完成了与影母、喻母的合流。可见疑母字在《中原音韵》的音系中处于由 ŋ 向零声母过渡的阶段并逐步消失。还有些小韵里，在细音前少数疑母字与娘母字混并，如：车遮［入去］捏聂蹑镊[娘]啮臬[疑]、先天［上声］撚辇碾[娘]齴[疑]。杨耐思认为这是从 ŋi→ni 的演变，《中原音韵》时代就已经反映出了这种现代北方话里常见的音变现象。

《洪武正韵》也有中古疑、喻二母相混的现象，刘文锦（1931）系联《洪武正韵》反切上字所得的零声母"以类"包括"等韵喻母及疑母一部分"，所以他认为《洪武正韵》"疑母半转为喻"，作反切上字的疑母字"牛""鱼""虞""牙""宜""研""逆""倪"等都可与喻母系联，其中"牛，于求切""宜，延知切""研，夷然切"直接用喻母字为反切上字。与喻母相混的都是疑母细音，疑母洪音基本上自成一类。虽然在小韵的安排上有大量喻母与疑母细音对立的情况，但这可能是因袭旧韵的结果。《洪武正韵译训》"俗音"很多疑母小韵已经变成喻母，说明二者已经混并。

《西儒耳目资》反映了以南京官音为基础的明末官话系统。据曾晓渝（1995）统计，在《西儒耳目资》"音韵经纬全局"中的"g 额"声母字共有 34 个，其中 15 字为中古疑母，17 字为中古影母，2 字为中古云母。有的 g 声母的字有零声母的又读，如"吾、梧、吴、误、恶"有 gu、u 两音，"硬"有 iṁ、giṁ两音。罗常培先生认为《西儒耳目资》中的 g 不过是舌根的带音摩擦音 ɣ，已经不能保持很清楚的鼻音 ŋ 了。

上述表明，在明清时期的北方方言中，影疑二母已经合流。

根据影疑的分混与读音类型，赵学玲（2007）将现代汉语方言分为北方型和南方型两大类，在北方型方言中，疑影二母在齐齿、合口、撮口韵前读零声母，在开口呼前表现不同，读为 ŋ、n、ɣ、ʐ 等几种读音，据此可将北方方言分为北京、济南、天津、洛阳、合肥五种类型。南方型方言有湘赣型、吴闽客型和粤语型三类。其中，湘赣型影疑二母在开口呼与合口呼前合并，开口呼读 ŋ 声母、合口呼读零声母；但在齐齿呼和撮口呼中二者不混，影母读零声母，疑母读 ȵ 声母。吴闽客型二母分立；粤语型表现复杂，在分合类型和读音上表现都不一致。

安徽境内沿淮河分布的方言属北方型，除天津型外，其他四种类型都有分布。ŋ、ɣ、ʐ 的读音应该是疑影母合流之后又发生的新变化。从发展顺序看，ŋ 是较早的读音形式，主要分布在安徽境内江淮官话的安庆一带；ŋ、ɣ 发音部位相同，当前者鼻音色彩消失后就读为 ɣ，读 ɣ 声母的方言主要分布在中原官话区以及安徽境内江淮官话洪巢片皖北小片；读 ʐ 声母的主要是合肥一带的方言。因此，影疑母的变化过程是：

$$\eta \rightarrow \gamma \begin{array}{c} \nearrow \emptyset \\ \searrow z \end{array}$$

疑影二母在信阳地区的情况与安徽境内有所不同。疑母在信阳地区的方言中读 ŋ 或其后续演变形式 ɣ 或 ȵ，影母读零声母（部分方言点读 ŋ 声母是由于疑母的影响）。因而叶祖贵（2010）认为"信阳地区方言疑母开口字以前一直读 ŋ 声母，影母则读为零声母，二者并没有合理，现在影疑母读音的一致性是后期演变的结果，因而信阳地区影疑母的演变更接近南方方言。"应属于湘赣型。疑母在信阳地区的老城区、狮河区、罗山、光山、新县等地的方言与平桥区、潢川、固始、商城等地处于不同的发展阶段，前者较早，标为"信阳1"，后者是新形式，标为"信阳2"。演变的过程应该是（图参照叶祖贵2010）：

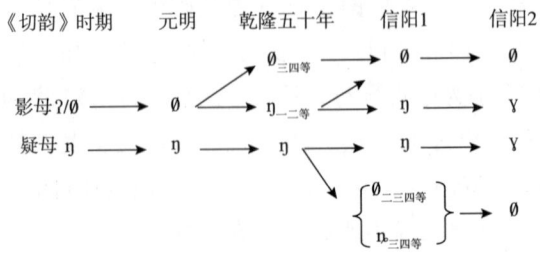

第四节　非组、晓匣母的读音类型及演变

一　读音类型及地理分布

非组（指非敷奉三母，下同）与晓匣母的分混是指中古非敷奉三个声母与晓匣母一二等合口呼在本地区方言中读音是否混同的问题。二者混同的现象广泛分布于湘语、晋语、赣语、客家话及西南官话、江淮官话。何大安（1988）在分析了包括湖北、湖南、四川、云南在内的西南地区方言后，将两组声母混并的情况分为四类：

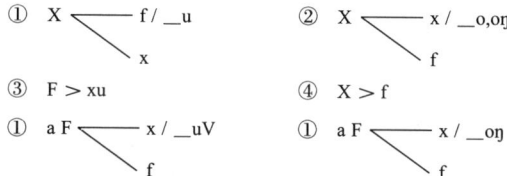

"＞"左边的 X 表示晓匣母一二等合口字，F 表示非敷奉；"＞"的右边是现代方言中的读音。"／"后表示语音变化的条件。其中①a 和②a 是规律①和②的次类。

豫皖两省淮河流域方言中，根据两组声母的分混的具体表现，分为如下几种情况：

（一）不混型

非组读 f，晓匣母一二等合口字读 x。这种情况分布在安徽省境内的大部分地区，中原官话的阜阳、界首、淮北、濉溪、涡阳、利辛、蒙城、五河、固镇、凤阳、蚌埠、信阳地区的固始和商城县的大部分乡镇；江淮官话洪巢片的合肥、肥东、六安、滁州、天长、来安等地。

（二）全部混同

全部混同是指两组声母合二为一，读为同一种声母。但依据具体的混并方向，还可以分为两个小类：

1. 非组与晓匣组混同，读为 x。主要分布在安徽省境内的淮南、凤台、寿县、霍邱、蒙城（部分）、阜南（方集一带）；河南信阳地区的潢川、息县小茔店镇、淮滨、固始的胡族以及商城的鄢岗、南司等乡镇。

2. 非组与晓匣组混同，读为 f。主要分布在信阳市的老城区、平桥区和息县的孙庙乡。

（三）部分混同

这种情况主要分布在河南信阳境内。信阳境内各县区非组与晓匣组的分混情况比较复杂，二者是否混同与韵母有关。依据具体的分混情况，可以分为三小类：

1. 晓匣母在 o 韵母前读 x，与非组不同；在其他声母前读 f，与非组混同。如信阳市的浉河区、罗山县。

2. 晓匣母在 o、oŋ 韵母前读 x，与非组不同；在其他韵母前与非组混同为 f。如光山县的北向店、新县城关及卡房。

3. 晓匣母在 u 韵母前读 f，与非组混同；在其他韵母前读 x，与非组不同。如新县的沙窝和光山的白雀园等乡镇。

各种类型举例如下表 3-19：

表 3-19　　　　　　　　　晓匣母与非组读音分混举例

			饭_{遇非}	富_{流非}	肺_{蟹敷}	灰_{蟹晓}	胡_{遇匣}	毁_{止晓}	活_{山晓}	法_{咸非}	婚_{臻晓}	红_{通匣}
不混		蚌埠	fæ⁼	fu⁼	fei⁼	₅xuei	₅xu	⁼xuei	₅xuo	₅fa	₅xuə̃	₅xoŋ
		五河	fæ⁼	fu⁼	fei⁼	₅xuei	₅xu	⁼xuei	xuɣ	fa⁼	₅xuŋ	₅xuŋ
全混型	混后读 x	淮南	xuã⁼	xu⁼	xuei⁼	₅xuei	₅xu	⁼xuei	₅xuo	₅xua	₅xuə̃	₅xuŋ
		阜南	xuã⁼	xu⁼	xuei⁼	₅xuei	₅xu	⁼xuei	₅xuɣ	₅xua	₅xuə̃	₅xuŋ
		寿县	xuã⁼	xu⁼	xuəi⁼	₅ɪexu	₅xu	⁼xuəi	₅onx	₅xua	₅xuə̃	₅xoŋ
	混后读 f	信阳_{老城区}	fan⁼	fu⁼	fei⁼	₅fei	₅fu	⁼fei	₅fo	₅fa	₅fən	₅foŋ
		信阳_{平桥区}	fan⁼	fu⁼	fei⁼	₅fei	₅fu	⁼fei	₅fo	₅fa	₅fən	₅foŋ
		息县_{孙庙}	fan⁼	fu⁼	fei⁼	₅fei	₅fu	⁼fei	₅fo	₅fa	₅fən	₅foŋ
部分混	(1)	罗山	fan⁼	fu⁼	fei⁼	₅fei	₅fu	⁼fei	₅xo	₅fa	₅fən	₅foŋ
	(2)	光山_{北向店}	fan⁼	fu⁼	fei⁼	₅fei	₅fu	⁼fei	₅xo	₅fa	₅fən	₅xoŋ
	(3)	新县_{沙窝}	fan⁼	fu⁼	fei⁼	₅xuei	₅fu	⁼xuei	₅xo	₅fa	₅xuən	₅xoŋ

二　历时演变

何大安（1988）归纳的 6 条规律中，①、②、④的演变是从 x > f，③、①a、②a 演变是从 f > x。f > x 发生的时间应该在轻唇音非组从帮组分化出来之后，从本地情况看，二母相混可查的文献是乾隆年间编修的《光山县志》，其中有"飞本甫微切而读如辉""胡洪姑切而读如扶"的表述，可见二者已经混淆。

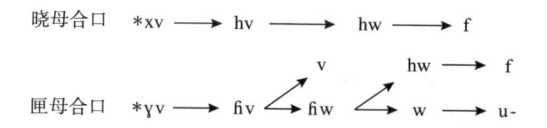

从发音生理上看，f>x的变化有其生理基础。一般来说，属于后高圆唇元音的u在与唇齿音f在发音生理上不协调，因而会发生变化。一些学者对此都有论述，如万波（1998）认为赣方言中晓母唇化是因为"发x（u）或h（u）时，由于u介音的圆唇作用，摩擦部位从舌根或喉前移到双唇，即变成ϕ（u）。"孙宜志（2007）认为江西赣语中晓匣母合口字与非组的合流涉及唇化和舌根化，两种变化都与介音u有关。庄初升（2017）与上述几位的观点不同，他认为"南方方言中的古晓组合口字的唇化的动因，不是一般所理解的合口介音[-u-]，而是唇化成分[v]或[w]。"其具体的演变过程是：

```
晓母合口  *xv ⟶ hv ⟶ hw ⟶ f
                      v    hw ⟶ f
匣母合口  *ɣv ⟶ ɦv ⟵ ɦw ⟵ w ⟶ u-
```

信阳地区的罗山、光山、新县等地的方言，部分字混同，部分字可分，看不出明显的规律，可能是方言接触导致的。

第五节 泥来母的分混类型及演变

在现代汉语各方言中，泥母和来母相混是一个比较普遍的现象，尤其在南方方言中更加常见，即使是泥来二声母区分严格的方言，偶尔也会有极少的字相混。田恒金（2009）检索了大量的汉语方言材料后，发现汉语方言中泥来相混的情况可以分为三个大的类型：①以韵母洪细为条件相混型；②以韵母阴阳为条件相混型；③无条件相混型。其中第①、②两类又依据具体情况分为不同的小类。

一 读音类型及地理分布

在本区域内，泥来母的分混大致分为如下三种类型：

（一）洪混细分型

泥母洪音读混入来母，读l，细音读ȵ，与来不同。主要分布在河南信阳老城区、浉河区、平桥区、罗山、光山以及新县等地。其中浉河区部分来母遇摄合口三等字、臻摄合口三等字混入泥母读 ȵ。如"屡吕"读[ᶜȵʮ]、"律率"读[ȵʮᵓ]。

2. 全混型

泥母不分洪细，一律混入来母读 l。主要分布在安徽境内的江淮官话洪巢片、河南境内信阳地区的潢川、固始、淮滨、商城等地。

在全混型方言中，由于韵母的不同声母也略有差异。例如在合肥话中，在与来源于中古止摄、蟹摄开口三四等、遇摄合口三等的韵母相拼时，泥来母读 [ʐ]。"梨"读[ᶜʐʅ]、"女"读[ᶜʐʮ]。这一类方言分布在以合肥为中心的合肥、肥东、肥西等地。滁州方言泥来母的读音情况与合肥话类似，但在与中古止摄、蟹摄开口三四等、遇摄合口三等的韵母前的读音为 n，可以看作是合肥话的一种变体。主要分布在滁州、全椒、明光、定远、六安等地。

3. 不混型

泥来二母保持独立，泥母读 n、来母读 l。这种类型的方言分布在皖北的中原官话区，包括阜阳、界首、亳州、利辛、蒙城、濉溪、萧县、宿州、蚌埠、五河、等地；其中信阳地区的息县也属此类。江淮官话洪巢片与中原官话紧密相连的一些方言点，如怀远、长丰等地也不混。

三种类型各选几点举例如下表 3-20：

表 3-20 　　　　　　　　　泥来母分混读音举例

		脑	老	怒	路	冷	嫩	你	礼	女	吕
洪混细分型	信阳老城区	ᶜlau	ᶜlau	louᵓ	louᵓ	ᶜlən	lənᵓ	ᶜȵ/ᶜȵi	ᶜli	ᶜȵy	ᶜly
	罗山	ᶜlau	ᶜlau	ləuᵓ	ləuᵓ	ᶜlən	lənᵓ	ᶜȵ/ᶜȵi	ᶜli	ȵy	ᶜly
	光山	ᶜlau	ᶜlau	ləuᵓ	ləuᵓ	ᶜlən	lenᵓ	ᶜȵ/ᶜȵi	ᶜli	ȵʮ	ᶜʮ
全混型	滁州	ᶜlɔ	ᶜlɔ	luᵓ	luᵓ	ᶜləŋ	ləŋᵓ	ᶜli	ᶜŋ	nʮ	nʮ
	六安	ᶜlɔ	ᶜlɔ	lʉ	lʉ	ᶜlən	lənᵓ	ᶜli	ᶜŋ	nʮ	nʮ
	肥东	ᶜlɔ	ᶜlɔ	luᵓ	luᵓ	ᶜlən	lənᵓ	ᶜli	ᶜŋ	zʮ	zʮ
	潢川	ᶜlau	ᶜlau	luᵓ	luᵓ	ᶜlən	lənᵓ	ᶜȵ/ᶜli	ᶜli	ᶜly	ᶜly
	固始	ᶜlau	ᶜlau	louᵓ	louᵓ	ᶜlən	lənᵓ	ᶜȵ/ᶜlin	ᶜli	ᶜly	ᶜly
不混型	阜南	ᶜnɔ	ᶜlɔ	nuŋᵓ	luᵓ	ᶜləŋ	nə̃ᵓ	ᶜni	ᶜli	ᶜny	ᶜlu
	长丰	ᶜnɔ	ᶜlɔ	nuᵓ	luᵓ	ᶜlən	nənᵓ	ᶜni	ᶜli	ᶜny	ᶜly
	怀远	ᶜnɔ	ᶜlɔ	nuᵓ	luᵓ	ᶜlən	nənᵓ	ᶜni	ᶜli	ᶜny	ᶜly

以上所说的分与混是以方言代表点的音系来划分的，实际上在一县之内，不同的乡镇分混的情况也不相同。定远东南部的蒋集、河池等靠近肥东、滁州的乡镇泥来不分，北部靠近淮南、凤阳的部分乡镇可分；明光话泥来不分，但在与凤阳、五河交界处的司巷却可以区分；中原官话的寿县话泥来不混，但在丁岗、余集、正阳等乡镇又不能区分，脑＝老、女＝吕。再如六安话舌面元音韵母前的泥来母字声母常读 l，也可自由变读为 n，但在 ȵ、ɥ 前只读 n，定远、全椒话与此相似。在不混型方言中也有极少部分字不能区分，如寿县"嫩"读[lən˧]；霍邱"讷农囊"声母也为 l。

二　历时演变

在本区域方言中，合肥周边的江淮官话泥来不分，其他靠近中原官话地带的方言点大部分可以区分，但在整体可分的内部，依然有部分词语混淆，如寿县"卵"[ᶜluan]、[ᶜnuan]自由变读，"嫩"[nən˧]、[lən˧]自由变读，霍邱话"嫩"读[lən˧]、"弄"读[loŋ˧]等。依据学界关于历史层次的判别标准，我们有理由相信，在淮河南岸的江淮官话及部分中原官话历史上存在过泥来不分的时期，只是后来在北方官话的冲刷和覆盖下消失了，只留下了零星表现。

泥来不分发生的时间，因各地文献详略不同，因此很难给出确切答案。如袁子让《字学元元》就曾举"以能为伦"讨论蜀地泥来互混。以明代南京官话为基础方言的《西儒耳目资》（书成于 1626 年）分设搦、勒两母，说明泥来不混。乾隆癸未（1763）的《五声反切正韵》（作者吴烺，安徽全椒人）泥来不混。《说音》作者许桂林，江苏海州人（今连云港）书序于嘉庆丁卯（1807），声母系统中无泥母，古泥母字全部归入郎母。《李氏音鉴》中反映实际语音状况的"南音"泥来不分。反映清代末期江淮官话语音系统《古今中外音韵通例》（书成于 1886 年，作者胡垣，江苏浦口人）n、l 不分。清夏仁虎（南京人，光绪二十四年迁居北京）《旧京琐记·语言》记载"然尊长必曰'您'，读如'邻'"[①]。《双声叠钩一贯图》的作者丁显是淮安人，书成于光绪十七年（1891）之前，声母有二十一个，泥、来二母虽分但列字却有相混之处。对于上述材料我们应该区别对待：有的韵书反映了口语实际，有的却可能受到所谓正音的影响而遵循

---

① 《旧京遗事 旧京琐记 燕京杂记》，北京古籍出版社 1986 版，第 43 页.

传统韵书的陈规。因《西儒耳目资》是为传教士学习汉语而作，采用罗马字母记音，体例上摆脱了中国传统韵书的束缚，记音客观准确，是研究明末汉语实际音值的最好材料之一（曾晓渝，1991），我们可以把它当作江淮官话泥来混同的上限，《说音》作为下限。我们猜测《五声反切正韵》作者实际口语可能泥来混同，只是"正韵"思想严重，并没有反映实际语音，是否如此，还有待具体材料的发现。

第四章　豫皖两省沿淮方言韵母特征的地理分布及演变

第一节　深臻曾梗舒声韵尾分混的类型及演变

中古深臻曾梗四摄舒声韵尾混淆的现象在汉语方言中分布的范围广、存在的时间长。据星汉（1999）考察，从分布范围看，现代汉语方言的官话、湘语、赣语、吴语等都有此类现象；从时间看，唐宋及以后文人的诗词作品中深臻摄与曾梗摄舒声字混押的情况比较普遍。

一　分混类型及地理分布

根据深臻与曾梗舒声韵尾分混情况，我们将本区域的方言分为两个大类：

（一）二分型

这一类型的方言深臻与曾梗保持独立，深臻摄舒声韵尾为 –n（ən、in、uən、yn）或相应的鼻化形式；曾梗摄舒声韵尾读为 –ŋ（əŋ、iŋ、uŋ、yŋ）或相应的鼻化韵，"音≠英"、"真≠征"。这一类型的方言主要分布在安徽境内的中原官话商阜片、徐淮片以及河南南部信阳地区的息县、淮滨县的北部地区。

（二）混合型

在这种类型中，根据深臻与曾梗混合后的具体读音，还可以分为两个小类。

第一种曾梗并入深臻，四摄今读 –n 尾韵或相应的鼻化韵。这种类型在本区域方言中分布较广，中原官话信蚌片的蚌埠、霍邱、颍上、寿县、凤台、凤阳、固镇、河南境内的信阳市、罗山、光山、新县、潢川、固始、商城和江淮官话洪巢片的合肥、肥东、六安、定远、全椒、天长、长丰、怀远南片等地都属于此类。

需要注意的是，这种类型虽然大部分混合后读为 -n 尾韵，但部分方言点的曾、梗摄开口一、二等帮系字略有不同，这些字与通摄读音一样，读为 -ŋ 尾韵，与深臻摄不混；如"朋膨彭梦"等字在淮南、霍邱、怀远南部、潢川、固始等地读 uŋ 韵母。除此以外的其他开口呼字与深臻摄混同，读 -n 尾韵。

第二种深臻并入曾梗，今读 -ŋ 尾韵或相应的鼻化韵。这种类型分布范围相对较小，只见于安徽境内的五河、明光市北部的司巷，还有河南境内的淮滨县的张庄、王店、潢川的上油岗等乡镇。

处于两种类型交界地带的方言具有过渡性特点，虽然总体上属于某一类，但也会受到其他类型的影响。比如固镇、泗县两地方言，从总体上看，应该属于二分型，但有具体到某个字，又可能混合。如"镜"在固镇话中读[tɕinᵌ]、"经"在泗县话中读[ˬtɕiĩ]，又呈现出混合型第一种方言的特点。

各种类型方言读音举例如下表 4-1：

表 4-1　　　　　　　深臻曾梗舒声韵尾读音举例

		针深	心深	根臻	蒸曾	等曾	朋曾	耕梗	名梗	轻梗	醒梗	经梗
二分型	阜阳	ˬtʂẽ	ˬsiẽ	ˬkẽ	ˬtʂəŋ	ˬtəŋ	ˬpʰəŋ	ˬkəŋ	ˬmiŋ	ˬtɕʰiŋ	ˬɕiŋ	ˬtɕiŋ
	界首	ˬtʂã	ˬɕiĩ	ˬkã	ˬtʂəŋ	ˬtəŋ	ˬpʰəŋ	ˬkəŋ	ˬmiŋ	ˬtɕʰiŋ	ˬɕiŋ	ˬtɕiŋ
	蒙城	ˬtʂen	ˬɕin	ˬken	ˬtʂəŋ	ˬtəŋ	ˬpʰəŋ	ˬkəŋ	ˬmiŋ	ˬtɕʰiŋ	ˬɕiŋ	ˬtɕiŋ
	宿州	ˬtʂen	ˬɕin	ˬken	ˬtʂəŋ	ˬtəŋ	ˬpʰəŋ	ˬkəŋ	ˬmiŋ	ˬtɕʰiŋ	ˬɕiŋ	ˬtɕiŋ
	萧县	ˬtʂã	ˬɕiẽ	ˬkã	ˬtʂəŋ	ˬtəŋ	ˬpʰəŋ	ˬkəŋ	ˬmiŋ	ˬtɕʰiŋ	ˬɕiŋ	ˬtɕiŋ
	息县	ˬtʂən	ˬɕin	ˬkən	ˬtʂəŋ	ˬtəŋ	ˬpʰəŋ	ˬkəŋ	ˬmiŋ	ˬtɕʰiŋ	ˬɕiŋ	ˬtɕiŋ
混合型 第一种	肥东	ˬtʂən	ˬɕin	ˬkən	ˬtʂən	ˬtən	ˬpʰən	ˬkən	ˬmin	ˬtɕʰin	ˬɕin	ˬtɕin
	霍邱	ˬtsən	ˬɕin	ˬkən	ˬtsən	ˬtən	ˬpʰoŋ	ˬkən	ˬmin	ˬtɕʰin	ˬɕin	ˬtɕin
	淮南	ˬtʂə̃	ˬɕiə̃	ˬkə̃	ˬtsə̃	ˬtə̃	ˬpʰuŋ	ˬkə̃	ˬmiə̃	ˬtɕʰiə̃	ˬɕiə̃	ˬtɕiə̃
	蚌埠	ˬtsə̃	ˬɕiĩ	ˬkə̃	ˬtsə̃	ˬtə̃	ˬpʰə̃	ˬkə̃	ˬmiĩ	ˬtɕʰiĩ	ˬɕiĩ	ˬtɕiĩ
	信阳老城区	ˬtsən	ˬɕin	ˬkən	ˬtsən	ˬtən	ˬpʰən	ˬkən	ˬmin	ˬtɕʰin	ˬɕin	ˬtɕin
	光山	ˬtʂən	ˬɕin	ˬken	ˬtsen	ˬten	ˬpʰen	ˬken	ˬmin	ˬtɕʰin	ˬɕin	ˬtɕin
	罗山	ˬtsən	ˬɕin	ˬkən	ˬtsən	ˬtən	ˬpʰən	ˬkən	ˬmin	ˬtɕʰin	ˬɕin	ˬtɕin
第二种	五河	ˬtʂəŋ	ˬɕiŋ	ˬkəŋ	ˬtsəŋ	ˬtəŋ	ˬpʰuŋ	ˬkəŋ	ˬmiŋ	ˬtɕʰiŋ	ˬɕiŋ	ˬtɕiŋ
	淮滨	ˬtsəŋ	ˬɕiŋ	ˬkəŋ	ˬtsəŋ	ˬtəŋ	ˬpʰəŋ	ˬkəŋ	ˬmiŋ	ˬtɕʰiŋ	ˬɕiŋ	ˬtɕiŋ

二 历时演变

如上文所述,深臻与梗曾四摄在本区域方言中大致可分两种情况:二分型与混合型。其中混合型根据混合后的具体读音,还可以分为两个小类,一类是合并后读为前鼻尾韵,一类是合并后读为后鼻尾韵。

深臻梗曾四摄韵尾混并的情况在唐人诗词作品中已有体现,有的字今读前鼻音 n 的字与后鼻音 ŋ 的字押韵。如杜牧《八六子·洞房深》①:

> 洞房深,画屏灯照,山色凝翠沉沉。听夜雨,冷滴芭蕉,
> 惊断红窗好梦。龙烟细飘绣衾,辞恩久归长信。
> 凤帐萧疏,椒殿闲扃。
> 辇路苔侵,绣帘垂,迟迟漏传丹禁。蕣华偷悴,
> 翠鬟羞整。愁坐望处,金舆渐远,何时彩仗重临。
> 正消魂,梧桐又移翠阴。

焦循《雕菰楼词话》说这首词"上以深、沉、衾、信、扃为韵,下以侵、禁、整、临、阴为韵"。其中"扃、整"为梗摄,今读 –ŋ 尾韵;其他为深臻摄,今读 –n 韵尾。

吕洞宾《西江月·著意黄庭岁久》②:

> 著意黄庭岁久,留心金碧年深。为忧白发鬓相侵,仙诀朝朝讨论。
> 秘要俱皆览过,神仙奥旨重吟。至人亲指水中金,不负平生志性。
> ……

韵脚字分别是"深、侵、论、吟、金、性",除了"性"为梗摄字,其他为深臻摄。

到了宋代,四摄混押的情况更多。如欧阳修《渔家傲·九月霜秋秋已

---

① 上海辞书出版社文学鉴赏辞典编纂中心编:《唐宋词鉴赏辞典》,上海辞书出版社2016年版,第35页。
② (清)彭定求等编:《全唐诗》,中华书局1960年版,第10168页。

尽》①：

　　九月霜秋秋已尽，烘林败叶红相映。惟有东篱黄菊盛。遗金粉，人家帘幕重阳近。

　　晓日阴阴晴未定，授衣时节轻寒嫩。新雁一声风又劲。云欲凝，雁来应有吾乡信。

　　韵脚字分别是"尽、映、盛、粉、近、定、嫩、凝、信"，"映、盛、定、劲、凝"为梗曾摄，其余为臻摄字。

　　据星汉（1999）统计，唐宋词人中，无论是南方的孙光宪、欧阳修、苏轼、秦观、刘过、王沂孙，还是北方的杜牧、吕岩、和凝、晏几道、李清照、辛弃疾、史达祖，甚至是精通音律的大家如周邦彦、姜夔等人，都存在前后鼻音混押的情况。

　　元杂剧中也有前后鼻韵字混押的现象。如费唐臣《贬黄州》第四折的《甜水令》"折末乐府离骚，长篇断韵，陛下待重与细论文。陛下丁宁，非臣不逊，其实难效殷勤。"其中"宁"是后鼻音，其余的为前鼻音。类似现象还出现在《蓝采和》《哭黄天》《乌夜啼》等作品中。

　　但同时星汉（1999）发现，同样的一个作家，词曲前后鼻音混押者，在诗作里却不混。他认为"填词制曲与作诗不同，作诗曾是读书人进身的阶梯，是科举的科目，是文人必修的功课，有必须恪守的官定韵书。而填词制曲则始终是文人们的'雅事'，可为可不为。"但是词曲没有官定韵书，词曲作者"根据本人的实际语音和乐曲的允许范围加以变通，力求易唱美听。由于词、曲作者的声律水平不同，时代和籍贯不同，其用韵也就宽严不一，有时难免带点方言土腔。"

　　也就是说，词曲作者之所以会前后鼻音相混，是由于作者在创作的时候带有"方言土腔"。可见，方言中前后鼻音相混的现象由来已久。

　　一些文献也反映了这一现象。如陆容《菽园杂记》卷四"歙、睦、婺三郡人以兰为郎，以心为星，无寒、侵二字韵。"② 袁子让《字学元元》说"徽东读堂如檀，读郎如兰，读阳如延，读刚如干，盖谬阳韵于寒韵也。"③

---

① （宋）欧阳修：《欧阳修集编年笺注》，巴蜀书社2007年版，第262页。
② （明）陆容撰，李健莉校点．历代笔记小说大观·菽园杂记[M]，上海：上海古籍出版社，2012．
③ （明）袁子让撰．五先堂字学元元10卷[M]，济南：齐鲁书社，1997．

徽东等地应属于明代南方系官话方言分布范围,而"以兰为郎"、"读堂如檀"等则显示-n、-ŋ韵尾的相混已从梗曾臻摄字扩大到宕摄和山摄字。书成于明末的《韵通》,作者萧云从,安徽芜湖人,韵母分四十四韵,排列体例模仿《韵法直图》,但韵中例字完全与《直图》不同,已经表现出-m、-n、-ŋ三尾的混并。这一现象在主要反映明代南方系官话方音的韵书中也有踪迹。沈建民、杨信川(1995)分析了本悟《韵略易通》中的"重韵"现象后认为"真文韵除了与东洪韵相重外,也与七庚晴韵和八侵寻韵相重。除了唇音声母外,与庚晴韵重的小韵大都也同时与侵寻韵重。"通过与现代方言的比较,可以认定这些现象是-n、-ŋ尾相混的表现。

《五声反切正韵均》的作者吴烺出生在安徽全椒,在全椒生活了十多年后随其父吴敬梓移居南京。以后,他主要活动在南京、扬州一带。在该书中,他努力做到"一本天籁"。该书的《定正韵》篇有三十二韵图,其中第十四到第十七图表现出了阳声韵中前鼻音韵尾和后鼻音韵尾不分的现象。该四图包含臻、深、梗、曾四摄。臻深与梗曾的合流情况如表4-2(表据孙华先,2000):

表4-2 《五声反切正韵均》深臻曾梗四摄分混

韵图	韵摄	韵图所列音节代表字
14	臻深	根恩吞奔喷扪森真身分,盆门神坟伦仁,本怎忖损枕沈狠粉忍,艮钝褪嫩笨喷闷寸渗恨忿论认
	梗曾	铿登曾撑称亨,滕能曾成恒,梗肯等逞冷,揩赠正称盛
15	臻深	斤阴心欣,银,谨品敏,印进信
	梗曾	轻丁汀冰俜精青,擎停宁平明情行伶顷影顶艇并井请醒悻领,敬馨定听甯並聘命靓幸令
16	臻	昆坤温尊村孙肫春荤,文存纯魂,衮阃稳笋准蠢瞬浑,棍困问舜混
	梗曾	
17	臻	君熏,群云荀,郡韵逊训
	梗	迥永

第十七图之下附有说明:"已上四图真文元庚青蒸侵韵。在昔,庚青真文之韵辩者如聚讼,以其有轻重清浊之分也。如,北人以程、陈读为二,

南人以为一……"① 可见深臻曾梗已经混同。

许惠，安徽桐城人，其书《等韵学》大量声韵特点与今桐城方言一致，其中"真韵"包含古臻、深、梗、曾四摄阳声韵字。

《李氏音鉴》的"南音"为海州板浦音（杨亦鸣，1992），作者在凡例四中对南音的特点有详细说明：以韵而论，北于陈程、银盈、勤擎、神绳、林灵、贫平、金京、民鸣、亲青、宾兵、奔崩、根庚、真蒸、新星之类，分之甚细，南音或合而为一；盖北以真文元侵四韵音近，以庚青蒸三韵音近，二者迥乎不侔；而南以七韵音皆相类。卷三第二十四问：同母二十二音，以南音辨之，第二似与十六、十七同。即指《字母五声图》第二韵与第十六、十七韵的臻摄、深摄与梗摄、曾摄相混。

赵元任的《南京话音系》（1929）"南京国音韵母分合比较表"之"双行对照看法"部分第8、9条说"南京 eng、ing 在古 -n、-m 韵尾字，国音用 -n，例如真深金心；在古 -ng 尾字，国音用 -ng 尾，例如蒸声京星"。可见，"真深金心"与"蒸声京星"两组字在南京话中合流为 eng、ing 一类。

通过上述材料，我们大致可以得出结论：本区域深臻曾梗四摄舒声韵尾的混并大致发生在明清时期。由于古代韵书只能记录音类的分合而无法对具体的音值进行具体的描写，所以我们无法确定演变的方向，但通过零星材料的描述，我们结合现代方言，大致可以作出判断。陆容所记"歙、睦、婺三郡人以兰为郎，以心为星，无寒、侵二字韵"应该是 an 混入 aŋ、in 混入 iŋ；胡垣所说的"金陵无甘官二韵，读甘韵如冈韵，读官韵如光韵"说明 an 混入 aŋ。这两种属于上述混合型第二种。袁子让所说"读堂如檀，读郎如兰，读阳如延，读刚如干，盖谬阳韵于寒韵也。"则表明 aŋ 混入 an，虽然没有说到深臻曾梗四摄，但是阳声韵的变化方向是一致的，因而我们认为在他所说的地方是后鼻韵尾混入前鼻尾韵。属于上述混合型第一种。

需要注意的是，深臻曾梗四摄主要元音的不同对韵尾的音值有影响。以滁州、全椒话为例：

---

① （清）吴烺：《五声反切正均》，1932 年影印本，第 26 页。

表4-3　　　　　　　深臻曾梗四摄主要元音对韵尾的选择

演变模式	滁州式		全椒式	
主要元音	ə/e	i/ɛ	ə	i
声母	知系	非知系	知系	非知系
韵尾	-ŋ	鼻化韵	-n	鼻化韵
例字	沉	侵	沉	侵
读音	₋tʂəŋ	tɕʰĩ	₋tʂən	tɕʰĩ

可见，滁州话主要元音为后元音和央元音时，前鼻尾韵容易向后鼻尾韵转化；主要元音是前元音时，阳声韵鼻化。如："蒸硬认门温"的韵母为[əŋ]；"魂闰顺"的韵母为[uəŋ]；"林邻灵心新星"的韵母为[ĩ]；"云群运"的韵母为[ỹ]。

第二节　蟹、止、山、臻四摄合口韵的读音类型及演变

开口呼与合口呼是汉语音韵学中的一对区别特征。中古以来，在声母发音部位、主要元音及韵尾等因素的影响下，开、合发生了有规律地变化（张平忠2008）。这种历时的变化也体现在现代汉语方言共时分布的差异中。

张光宇（2006）以蟹止摄合口一三等字作为观察切入点，认为汉语方言中合口介音消失具有极强的规律性，依声母发音部位的不同由前到后依次推进：合口韵的开口化运动起于唇音声母，然后循 n＞l＞t、tʰ＞ts、tsʰ、s 的方向推展。

在本文讨论的豫皖两省沿淮方言中，合口介音向开口转化程度的差异主要表现在来源于中古蟹、止、山、臻四摄端系的合口字中。下面分摄讨论。

一　蟹摄

蟹摄合口一等字变为开口的情况主要发生在端、泥组和精组（帮组开口已经完成、见组尚未开始，故不再讨论，下同）。端组、泥组字"堆对推腿退队雷内累"等在本地区读开口还是合口表现不同：在安徽境内的濉溪、淮北、萧县、砀山、界首、涡阳等地，依然读为合口呼；宿县、蚌埠、固镇、五河、泗县、寿县、凤台、淮南、霍邱、阜南、颍上、河南省境内的信

阳地区（以上为中原官话区）、安徽境内的合肥、肥东、定远、明光、全椒、怀远（以上为江淮官话洪巢片）都读开口呼。但具体到某一个字，也还有新老派的差异。如安徽的凤阳"腿"读合口呼，濉溪有开、合两种读法；河南信阳的光山、新县的老派"腿推累雷"等字读为合口呼。

精组"脆最催崔岁罪碎"等常用字在各方言点的表现与端组基本一致，在安徽境内的濉溪、淮北、萧县、砀山、界首、涡阳，河南信阳的平桥区、息县读合口呼；其他方言点基本都读开口呼。其中阜南话的蟹合一端组字已经变为开口，但精组字依然读合口；有些字在一个方言中同时有开、合口两读，如蒙城、蚌埠的"最"读为[tsei²]、[tsuei²]，固始的"崔催"[ₒtsʰei]、[ₒtsʰuei]，淮南的"碎"读[sei²]、[suei²]。

二 止摄

止摄合口三等泥组、精组的"累嘴"，除信阳的平桥、息县两地读合口以外，其他各地都读开口。

庄组声母的"衰摔帅"、知组的"追锤"和章组的"吹炊睡水"等三组字在本区域读开口还是合口差异较大。"衰摔帅""追锤""吹炊"除了在河南信阳市老城区、浉河区、罗山、光山以及新县等地读开口外，其他方言点读合口；"睡水"二字表现比较复杂，即使是同一方言点，这两个字的变化与其他字也不同步。在安徽境内的界首、宿州、霍邱、凤台、淮南、蚌埠、固镇、五河、凤阳、泗县、濉溪、萧县、怀远、定远、明光、全椒、长丰、肥东、信阳地区的固始、商城、息县、淮滨等地都读合口呼；在阜南、涡阳、利辛、寿县等地，"吹追"读合口，但"睡水"读开口呼；在蒙城、颍上、信阳平桥区等地有开合两种读法。

三 山摄

"短团酸钻蒜"等山摄合口一等端系字，在河南信阳的老城区、浉河区、罗山县、光山县、新县、商城县等地读开口，韵母为[an]类；全椒也读开口呼，韵母为鼻化韵[õ]；其他地方保持合口。部分方言点表现略微复杂，如安徽的利辛县，"酸暖"读撮口韵[yan]，声母也会发生相应的变化；界首也有类似情况。河南信阳的平桥区、潢川两地读开口还是合口与声母相关，平桥区精组读合口，端组有开合两读；潢川端组读开口呼，泥组和精组开合两读。

"拴闩篡刷"等山合二庄组字,在河南信阳市的老城区、浉河区、罗山、光山、新县等地读开口呼,其他地方都读合口呼。但安徽省的利辛县、界首、涡阳、河南省的商城县等地,由于受到声母变化的影响,韵母的开合也发生了相应的变化,读音略显特殊。如:利辛县的"拴闩"读为开口[ˬfan];"刷"也是开口,读为[ˬfa],界首和涡阳开合两读,读为[ˬfa]或[ˬʂua];这些字在商城吴河话中声母为[tɕ、tɕʰ、ɕ],韵母变为撮口呼。

四 臻摄

臻摄合口一等端系非入声常用字如"屯顿论村存孙寸",在界首涡阳、利辛、蒙城、宿州、濉溪、萧县、河南信阳平桥区读合口韵,但凤阳、泗县、淮南、凤台端组读合口,精组读开口;颍上端组读合口,泥、精组读开口。入声字"突卒"除河南信阳的老城区、浉河区、罗山、光山、新县商城等地读开口呼以外,其他读合口呼。

合口三等字"轮伦"在方言中的开合情况与合口一等字类似。精组的"旬俊循"在安徽境内的绝大部分点、河南的淮滨、信阳老城区、平桥区、罗山、潢川、固始、商城、息县读撮口呼,在河南的光山、新县读齐齿呼。但具体到每一个点又有不同,如在利辛、涡阳、宿州等地"俊"有合口和撮口两读,读为[tsuenˀ]、[tɕynˀ];信阳的浉河区则读成[tʂʮenˀ]。

蟹、止、山、臻四摄合口字在各地方言中的读音情况见下表4-4:

表4-4　　　　　蟹、止、山、臻四摄合口字读音举例

	堆	腿	兑	雷	最	催	罪	碎	脆	岁	嘴	翠	穗
	蟹合一端	蟹合一透	蟹合一定	蟹合一来	蟹合一精	蟹合一清	蟹合一从	蟹合一心	蟹合三清	蟹合三心	止合三精	止合三清	止合三邪
萧县	ˬeuə	ˬtʰeuˀ	tueˀ	ˬeɿ / ˬeu	ˬeuə	ˬtsʰeuə	ˬtseuə	seuˀ	tsʰeuˀ	sueˀ	ˬtseu	ˬtsʰeu	sueˀ
蚌埠	ˬtei	ˬtʰei	teiˀ	ˬlei	ˬtsei	ˬtsʰei	ˬtsei	seiˀ	tsʰeiˀ	seiˀ	ˬtsei	ˬtsʰei	seiˀ
涡阳	ˬeɤ	ˬtʰeɤ	tueˀ	ˬeɿ	ˬeuə	ˬtsʰeuə	ˬtseuə	sueˀ	tsʰeuˀ	sueˀ	ˬtseu	ˬtsʰeu	sueˀ
利辛	ˬtei	ˬtʰei	teiˀ	ˬlei	ˬtsuei	ˬtsʰuei	ˬtsuei	sueiˀ	tsʰueiˀ / tɕʰyeiˀ	sueiˀ	ˬtɕyei	ˬtɕʰyei	ɕyeiˀ
阜南	ˬtei	ˬtʰei	teiˀ	ˬlei	ˬtsuei / ˬtsei	ˬtsʰuei / ˬtsʰei	ˬtsuei	sueiˀ / seiˀ	tsʰueiˀ / tsʰeiˀ	sueiˀ	ˬtsuei	ˬtsʰei	seiˀ

续表

	堆	腿	兑	雷	最	催	罪	碎	脆	岁	嘴	翠	穗
	蟹合一端	蟹合一透	蟹合一定	蟹合一来	蟹合一精	蟹合一清	蟹合一从	蟹合一心	蟹合三清	蟹合三心	止合三精	止合三清	止合三邪
淮南	₋tei	tʰei	tei⁼	₋lei	tsei⁼	₋tsʰei	tsei⁼	sei⁼ tsuei⁼ ₋tsʰuei	tsʰuei⁼	suei⁼ sei⁼	₋tsei	tsʰei⁼	sei⁼
霍邱	₋tei	₋tʰei	tei⁼	₋lei	tsei⁼	₋tsʰei	tsei⁼	sei⁼	tsʰuei⁼	suei⁼ tsuei⁼	₋tsei	tsʰei⁼	suei⁼ sei⁼
信阳老	₋tei	₋tʰei	tei⁼	₋lei	tsei⁼	₋tsʰei	tsei⁼	sei⁼	tsʰei⁼	sei⁼	₋tsei	tsʰei⁼	sei⁼
罗山	₋tei	₋tʰi ₋tʰei	tei⁼	₋li ₋lei	tsei⁼	₋tsʰei	tsei⁼	sei⁼	tsʰuei⁼	sei⁼	₋tsei	tsʰei⁼	sei⁼
固始	₋tei	₋tʰei	tei⁼	₋lei	tsei⁼	₋tsʰei ₋tsʰuei	tsei⁼	sei⁼	tsʰei⁼	sei⁼	₋tsei	tsʰei⁼	sei⁼
淮滨	₋tei	₋tʰei	tei⁼	₋lei	tsei⁼	₋tsʰei	tsei⁼	sei⁼	tsʰei⁼	sei⁼	₋tsei	tsʰei⁼	sei⁼

	短	暖	酸	闩	刷	尊	村	存	孙	遵	笋	俊
	山合一端	山合一泥	山合一心	山合二生	山合二生	臻合一精	臻合一清	臻合一从	臻合一心	臻合三精	臻合三心	臻合三精
萧县	₋tuã	⁼nuã	₋suã	₋suã	ṣua	₋tsuə̃	₋tsʰuə̃	₋tsʰuə̃	₋suə̃	₋tsuə̃	₋suə̃	tɕyẽ⁼
蚌埠	₋tuẽ	₋nuẽ	₋suẽ	₋suẽ	₋sua	₋tsə̃	₋tsʰə̃	₋tsʰə̃	₋sə̃	₋tsə̃	₋sə̃	tɕyĩ⁼
涡阳	₋tuẽ	₋nuẽ	₋suẽ	₋suẽ	ṣua ₋fa	₋tsuə̃	₋tsʰuə̃	₋tsʰuə̃	₋suə̃	₋tsuə̃	₋suə̃	tsuə̃⁼ tɕyĩ⁼
利辛	₋tuan	₋nyan	₋ɕyan	₋fan	fa	₋tsen	₋tɕʰyn	₋tɕʰyn	₋sen	₋tsen	₋sen	tsuen⁼ tɕyn⁼
阜南	₋tuã	₋nuã	₋suã	₋suã	₋sua	₋tsə̃	₋tsʰuə̃	₋tsʰyn	₋sə̃	₋tsuə̃	₋sə̃	tɕyĩ⁼
淮南	₋tuã	₋nuã	₋suã	₋suã	₋sua	₋tsə̃ ₋tsuə̃	₋tsʰə̃	₋tsʰə̃	₋sə̃	₋tsə̃	₋sə̃	tɕyə̃⁼
霍邱	₋tuan	₋nuan	₋suan	₋suan	₋sua	₋tsuən	₋tsʰuən	₋tsʰuən	₋sən ₋suən	₋tsuən	₋sən	tɕyn⁼
信阳老	₋ltuan	₋lan	₋san	₋san	₋sa	₋tsən	₋tsʰən	₋tsʰən	₋sən	₋tsən	₋sən	tɕyn⁼
罗山	₋ltan	₋lan	₋san	₋san	₋sa	₋tsən	₋tsʰən	₋tsʰən	₋sən	₋tsən	₋sən	tɕyn⁼
固始	₋ltuan	₋luan ₋laŋ	₋suan	₋suan	₋sua	₋tsən	₋tsʰən	₋tsʰən	₋sən	₋tsən	₋sən	tɕyn⁼
淮滨	₋ltuan	₋luan	₋suan	₋suan	₋sua	₋tsəŋ	₋tsʰəŋ	₋tsʰəŋ	₋səŋ	₋tsəŋ	₋səŋ	tɕyŋ⁼

由于缺乏具体文献的记载，豫皖两省沿淮方言蟹、止、山、臻四摄合口字何时变为开口、具体过程怎样都无法确知。但创作于雍正初年的世情

小说《姑妄言》给我们提供了一点线索，该小说以南京市井生活为背景，为塑造生动的人物形象，书中人物对白常用各自的方言，苏州人就讲苏州话、山东人就讲山东话。李太为南京人，一介武夫、胸无点墨，为人粗鄙不堪。他在跟干生聊天解读《百家姓》时，把梦境中锅灶前长了一棵李树，看作是周、吴二姓的军官被流贼杀死的预言，即"灶前生李"与"赵钱孙李"读音相同。可见在他的方言中，"孙"和"生"同音、"灶"与"赵"同音，可知"孙"当时可能已经变成开口呼了。

吴烺在《五声反切正均》中说"江之南生孙异，淮南则同。相去未百里而读字即迥别者，何也？"① 可见，吴烺已经发现"淮南"的方言中部分字合口介音脱落的现象。

第三节 "搬—班/官—关"的读音类型

"搬—班/官—关"两组字能否区分，反映山摄开口一二等寒山韵、合口一三等桓元与合口二三等山删韵的读音分合状况。根据区分与否，在豫皖两省沿淮各方言可以分为两种类型：一是分立型，主要分布在江淮官话洪巢片部分的合肥、肥东、滁州、全椒、来安、天长等地；二是合流型，分布在江淮官话北部的六安、长丰、怀远，以及安徽境内的中原官话区、河南信阳地区。两种类型例字如下表4-5：

表4-5　　　　　　　　山摄合口一二等字读音类型举例

		班	搬	官	宽	换	碗	关	环	拴	弯
		山开二	山合一	山合一	山合一	山合一	山合一	山合二	山合二	山合二	山合二
二分型	合肥	₋pæ	₋pō	₋kō	₋kʰō	xō⁼	ō⁼l	₋kuē	₋xuē	₋ṣuē	₋uē
	肥东	₋pæ	₋põ	₋kõ	₋kʰõ	xõ⁼	⁼lõ	₋kuē	₋xuē	₋ṣuē	₋uē
	全椒	₋pæ	₋põ	₋kõ/₋kuē	₋kõ	xõ⁼	⁼lõ	₋kuē	₋xuē	₋ṣuē	₋õ
	来安	₋pã	₋põ	₋kõ	₋kõ	xõ⁼	⁼lõ	₋kuã	₋xuã	₋ṣuã	₋uã
	天长	₋pẽ	₋põ	₋kuõ	₋kʰuõ	xuõ⁼	⁼uõ	₋kuẽ	₋xũẽ	₋sũẽ	₋uẽ
	滁州	₋pε	₋pø	₋kø	₋kʰø	xø⁼	⁼ø	₋kuε	₋xuε	₋suε	₋vε

---

① （清）吴烺：《五声反切正均》，第26页。

续表

		班	搬	官	宽	换	碗	关	环	拴	弯
		山开二	山合一	山合一	山合一	山合一	山合一	山合二	山合二	山合二	山合二
合流型	长丰	₋pan	₋pan	₋kuan	₋kʰuan	xuan⁼	⁼uan	₋kuan	₋xuan	₋suan	₋uan
	怀远	₋pan	₋pan	₋kuan	₋kʰuan	xuan⁼	⁼van	₋kuan	₋xuan	₋suan	₋van
	凤台	₋pã	₋pã	₋kuã	₋kʰuã	xuã⁼	⁼uã	₋kuã	₋xuã	₋suã	₋uã
	阜南	₋pã	₋pã	₋kuã	₋kʰuã	xuã⁼	⁼uã	₋kuã	₋xuã	₋suã	₋uã
	罗山	₋pan	₋pan	₋kuan	₋kʰuan	fan⁼	⁼uan	₋kuan	₋fan	₋suan	₋uan

山摄合口一等与二等分立的现象在江淮官话的泰如片也有分布，表现为二者主要元音不同。这种现象在反映明末桐城方言语音特点的《切韵声原》就有表现，该书将山摄合口一等字与山摄合口二等字分别放在图6和图7中，前者收录了"官管灌宽款豌完宛玩欢桓缓涣"等字，后者是"关惯弯顽晚还幻"等字。①

但随着语音的接触与变化，这种分立的现象在逐步减少。在一些原本分立的方言中很多字有文白两读，白读依然分立，文读则合流。

第四节　前高元音韵母擦化的类型及演变

元音高化是元音发展的普遍规律之一。广义的元音高化包括低元音、中元音的高化和高元音的擦化或舌尖化。在汉语方言中，前元音和后元音都会发生高化，并通过推链或拉链的方式使元音系统发生相应的变化。

在豫皖两省沿淮方言中，广义的元音高化现象普遍存在，其中，前高元音 i、y 的擦化尤其引人注意。从其共时分布的情况看，可以分为两种类型：一是合肥型，这种类型的前高元音擦化现象主要发生在 i、y 单独作韵母时，i、y 作韵头时不发生擦化音变，变化表现为从 i、y→ʅ、ɥ；二是信阳型，信阳型主要表现为无论 i 作韵头还是单独作韵母均不发生擦化，而 y 为韵头或单独作韵母时均发生擦化，变化可以表示为 y（VC）→ɥ/ɥ（VC）。下面分别讨论。

---

① 孙宜志：《方以智〈切韵声原〉与桐城方音》，《中国语文》2005 年第 1 期。

一 合肥型

从声母的情况看，前高元音 i、y 擦化音变合肥型主要发生在端组、来源于精组和见组的[tɕ、tɕʰ、ɕ]以及帮组的声母之后。根据发音时声母与韵母在发音部位上能否协调，声母或变或不变。帮组声母与ɿ、ʮ韵母搭配时发音部位没有冲突，因此帮组声母不发生变化；但端组、精组和见组细音在高元音韵母擦化的作用下，声母也会相应地发生改变，分别从[t、tʰ]、[tɕ、tɕʰ、ɕ]变为[ts、tsʰ、s]。

从韵母的中古来源看，i、y 的擦化现象主要集中在止摄开口三等、蟹摄开口三四等和遇摄合口三等韵的舒声字。其他韵虽有分布，但比较少，例如在合肥、肥东等地话中，果摄合口三等字仅有"靴"读[ɕʮ]；假摄开口三等只有"夜"发生变化，在六安话里读为[ʒɿ⁼]、肥东话读[zɿ⁼/Øi⁼]。合肥型在本区域主要分布在江淮官话洪巢片的合肥、肥东、定远、六安、全椒等地区，怀远、滁州等地没有发生这样的变化。例字如下表 4-6，为方便比较，怀远、信阳话一并列举。

表4-6　　　　合肥型前高不圆唇元音韵母擦化字举例

	弟	梯	梨	鸡	际	妻	洗	比	皮	秘	衣
	蟹开四定	蟹开四透	止开三来	蟹开四见	止开三精	蟹开四清	蟹开四心	止开三帮	止开三并	止开三帮	止开三影
合肥	tsɿ⁼	₋tsʰɿ	₋ʮ	₋tsɿ	tsɿ⁼	₋tsʰɿ	⁻sɿ	⁻pɿ	⁻pʰɿ	pɿ⁼	₋Øɿ
肥东	tsɿ⁼	₋tsʰɿ	₋nzɿ	₋tsɿ	tsɿ⁼	₋tsʰɿ	⁻sɿ	⁻pɿ	⁻pʰɿ	mɿ⁼	₋zɿ
六安	tsɿ⁼	₋tsʰɿ	₋ɿ	₋tsɿ	tsɿ⁼	₋tsʰɿ	⁻sɿ	⁻pɿ	⁻pʰɿ	mɿ⁼	₋ʒɿ
定远	tsɿ⁼	₋tsʰɿ	₋ɿ	₋tʃɿ	tʃɿ⁼	₋tʃʰɿ	⁻ʃɿ	⁻pɿ	⁻pʰɿ	mɿ⁼	₋ʒɿ
怀远	ti⁼	₋tʰi	₋li	₋tɕi	tɕi⁼	₋tɕʰi	⁻ɕi	⁻pi	⁻pʰi	mi⁼	₋Øi
信阳	ti⁼	₋tʰi	₋li	₋tɕi	tɕi⁼	₋tɕʰi	⁻ɕi	⁻pi	⁻pʰi	mi⁼	₋Øi

表4-7　　　　合肥型前高圆唇元音韵母擦化字举例

	居	去	许	女	驴	鱼	芋	靴
	遇合三见	遇合三溪	遇合三晓	遇合三泥	遇合三来	遇合三疑	遇合三喻	果合一晓
合肥	₋tsʮ	tsʰʮ⁼	⁻sʮ	⁻zʮ	₋zʮ	₋zʮ	zʮ⁼	₋sʮ
肥东	₋tsʮ	tsʰʮ⁼	⁻sʮ	⁻zʮ	₋zʮ	₋zʮ	zʮ⁼	₋sʮ

续表

	居	去	许	女	驴	鱼	芋	靴
	遇合三见	遇合三溪	遇合三晓	遇合三泥	遇合三来	遇合三疑	遇合三喻	果合一晓
六安	₋tʂʅ	tʂʰʅ˃	₋ʂʅ	₋nʅ	₋nʅ	₋ʐʅ	ʐʅ˃	₋ʂʅ
定远	₋tɕy	tɕʰy˃	₋ɕy	₋ny	₋ly	₋ʐy	ʐy˃	₋ɕyĩ
怀远	₋tɕy	tɕʰy˃	₋ɕy	₋ny	₋ly	₋øy	øy˃	₋ɕye
信阳	₋tɕy	tɕʰy˃	₋ɕy	₋ȵy	₋ly	₋øy	øy˃	₋ɕye

从发音生理看，前高元音 i、y 的舌位已经处于最高点，无法像其他中、低元音一样再继续高化。因此，高元音的演变在汉语方言中表现不一，有的方言会进一步裂化或低化，有的会加入摩擦成分，变成舌尖元音。合肥型的方言属于后者。伍巍（1995）认为合肥话 i、y 韵母的变化经历两个过程：第一阶段是高化，由正常的 i、y 变成带有摩擦的 i、y；第二阶段是前化，由带有摩擦的 i、y 变成舌尖元 ʅ、ʮ。

假摄开口三等字"夜"、果摄合口一等字"靴"看起来似乎不符合"i、y 作韵头时不发生变化"的规则，但只要将合肥及周边方言中元音高化的链条串起来，就会发现"靴""夜"韵母读为舌尖元音的缘由。假摄开口三等字"夜"的韵母最初应该是 ie，在合肥型方言中与部分声母（如章组）拼合时韵头丢失，由 ie 变成 e；由于元音的高化，e 就进一步变成 i，然后就跟随前高元音 i 一起进一步高化、前化为舌尖前元音韵母 ʅ；完整的变化过程应该是 ie＞e＞i＞ʅ。"靴"的变化与此类似，但过程又不完全一样。"靴"的韵母最初应该是 ye，主要元音 e 高化为 i，韵母变成 yi，枞阳话就读为 [₋ɕyi]；y 和 i 舌位一样，唯一的区别只是圆唇与否，由于圆唇是显性区别特征，比较强势，i 处于发音的末尾阶段且特征不明显，于是 yi 就变成 y，如安徽当涂话中读为 [₋ɕy]；变化的最后阶段是 y 发生擦化音变，变成 ʮ，滁州话有 [₋ɕy]、[₋ʂʮ] 两读。因此，完整的音变过程应该是 ye＞yi＞y＞ʮ。

二　信阳型

信阳型方言中前高元音 i 和 y 的表现不同，前高元音 i 单独作韵母或作韵头时，不发生变化；而 y 为韵头或单独作韵母时均发生擦化。从声母的数量看，发生擦化音变的 ʮ（VC）类韵母前的声母要比合肥型要少得多，只有[tʂ、tʂʰ、ʂ、z]一组；从声母的来源看，主要是知组、章组、日母和见系，因此，存在ɥ（VC）类韵母的方言一般"书＝虚ˈʂɥ"、"篆＝卷 tʂɥan⁼"。有的地方，如信阳浉河区ɥ（VC）类韵母还可以出现在精组细音后。从韵母的中古来源看，主要来源于上述声母的遇摄合口三等字、山摄合口三等与四等字、山摄合口四等字、臻摄合口三等字以及通摄合口三等入声字。信阳型的方言主要分布在与江淮官话黄孝片相连的信阳市的浉河区、光山县、新县等地。从声韵的配合关系看，存在ɥ（VC）类韵母的方言一般都有[tʂ、tʂʰ、ʂ、z]一组声母；反之，如果方言中没有[tʂ、tʂʰ、ʂ、z]组声母而只有[ts、tsʰ、s、z]声母，相应的也就没有ɥ（VC）类韵。只有光山县的白雀园镇方言略有例外：白雀园方言中知庄章声母与精组洪音合流为[ts、tsʰ、s、z]，但同时有ɥ、ɥa、ɥe、ɥai、ɥan、ɥen 等六个韵母。但是，为声韵发音部位协调，其他方言中以ɥ作韵母或韵头的情况在此方言中变为以ɥ作韵母或韵头。具体例字请看下表4-8：

表4-8　　信阳型来源于遇摄合口三等的ɥ（VC）类韵举例

	猪	厨	书	树	如	阻	举	具	语	虚	取
	知母	澄母	章母	禅母	日母	庄母	见母	群母	疑母	晓母	清母
信阳浉河区	₋tʂɥ	₋tʂʰɥ	₋ʂɥ	ʂɥ⁼	₋ɥ	₋tsou	ˈtʂɥ	tʂɥ⁼	ˈɥ	₋ʂɥ	₋tsʰɥ
光山	₋tʂɥ	₋tʂʰɥ	₋ʂɥ	ʂɥ⁼	₋ɥ	₋tsəu	ˈtʂɥ	tʂɥ⁼	ˈɥ	₋ʂɥ	₋tɕʰi
新县	₋tʂɥ	₋tʂʰɥ	₋ʂɥ	ʂɥ⁼	₋ɥ	₋tsəu	ˈtʂɥ	tʂɥ⁼	ˈɥ	₋ʂɥ	₋tɕʰi
光山白雀园	₋tsɥ	₋tsʰɥ	₋sɥ	sɥ⁼	₋ɥ	₋tsəu	ˈtsɥ	tsɥ⁼	ˈɥ	₋sɥ	₋tɕʰi

从表4-8可见，在信阳型方言中，遇摄合口三等字的表现在不同声母后的读音不同：在知组、章组、日母、见系后为ɥ（VC）类韵母；在庄组后韵母没有跟随知、章后的韵母一道发生擦化音变，而是从u裂化为ou/əu，变化的路径不同。同时还需要注意遇摄合口三等在精组声母后的读音，如精母字"取""聚"等字在浉河区读ɥ（VC）类韵母，但在光山、新县读为[ˈtɕʰi]、[tɕi⁼]，我们推测原因应该是：在两地方言发生擦化音变之前，这些字失去圆唇动作，韵母由y变成i，失去了发生擦化音变的条件。

再看山摄合口三、四等的情况，例字见表4-9：

表 4-9　　信阳型来源于山摄合口三、四等的 ʯ（VC）类韵举例

	转	砖	船	软	倦	劝	愿	绝	决	穴
	知母	章母	船母	日母	群母	溪母	疑母	从母	见母	匣母
信阳浉河区	ᶜtʂʯan	ᶜtʂʯan	ᶜtʂʰʯan	ᶜøʯan	tʂʯanᶜ	tʂʰʯanᶜ	øʯanᶜ	ᶜtʂʯɛ	ᶜtʂʯɛ	ᶜsʯɛ
光山	ᶜtʂʯan	ᶜtʂʯan	ᶜtʂʰʯan	ᶜøʯan	tʂʯanᶜ	tʂʰʯanᶜ	øʯanᶜ	ᶜtɕie	ᶜtʂʯe	ᶜsʯe
新县	ᶜtʂʯan	ᶜtʂʯan	ᶜtʂʰʯan	ᶜøʯan	tʂʯanᶜ	tʂʰʯanᶜ	øʯanᶜ	ᶜtɕie	ᶜtʂʯe	ᶜsʯe
光山白雀园	ᶜtʂʯan	ᶜtʂʯan	ᶜtʂʰʯan	ᶜøʯan	tʂʯanᶜ	tʂʰʯanᶜ	øʯanᶜ	ᶜtɕie	ᶜtʂʯe	ᶜsʯe

山摄合口三、四等的变化符合我们上面描述的规律，其中精组的变化依然具有特异性，如"绝"在信阳浉河区方言中读 ʯ（VC）类韵，但在光山、新县等地则不发生此类变化，读为齐齿呼，原因同上。

表 4-10　　信阳型来源于臻摄合口三等的 ʯ（VC）类韵举例

	椿	准	出	纯	橘	群	云	俊	迅	律
	彻母	章母	昌母	禅母	见母	群母	云母	精母	心母	来母
信阳浉河区	ᶜtʂʰʯen	ᶜtʂʯen	ᶜtʂʰʯ	ᶜtʂʰʯen	ᶜtʂʯ	ᶜtʂʰʯen	ᶜøʯen	tʂʯenᶜ	ɕynᶜ	ᶜnʯ
光山	ᶜtʂʯen	ᶜtʂʯen	ᶜtʂʰʯ	ᶜtʂʰʯen	ᶜtʂʯ	ᶜtʂʰʯen	ᶜøʯen	tɕinᶜ	ɕinᶜ	ᶜli
新县	ᶜtʂʯen	ᶜtʂʯen	ᶜtʂʰʯ	ᶜtʂʰʯen	ᶜtʂʯ	ᶜtʂʰʯen	ᶜøʯen	tɕinᶜ	ɕinᶜ	ᶜli
光山白雀园	ᶜtʂʯen	ᶜtʂʯen	ᶜtʂʰʯ	ᶜtʂʰʯen	ᶜtʂʯ	ᶜtʂʰʯen	ᶜøʯen	tɕinᶜ	ɕinᶜ	ᶜli

从表 4-10 可见，臻摄合口三等的变化规律与遇摄合口三等基本一致，在知组、章组和见系声母后发生擦化音变，韵母为 ʯ（VC）类韵。同遇摄合口三等一样，臻摄合口三等在精组声母后的读音在各方言中表现也不一致：信阳浉河区中有的字发生擦化音变，如"俊"，但又有些字不变，如"迅"；而这些字在光山、新县等地方言中都不变。是否发生擦化音变，应该是取决于这个字韵母的读音在变化前的韵头是什么，如果是撮口韵就会发生变化，否则就不变。浉河区的"迅"虽然读撮口，但也没变，其原因是"迅"是一个非常用字，读为[ɕyn ᶜ]完全是受普通话影响所致。泥来母字的变化与精组类似。

来源于通摄的字不多，仅限于合口三等入声字，如"局曲玉育欲"等。

ʯ（VC）类韵在汉语方言中比较常见，江淮官话、中原官话、赣语、吴语中都有分布。对其来源，学者也多有讨论。如陈忠敏（2003）认为吴

语的 ɿ 音是受卷舌声母的影响；王军虎（2001）认为陕西关中方言的 ʮ 类韵母来源于合口呼韵母；徐通锵（1994）、朱晓农（2004）等人认为此类韵母来源于韵母的高顶出位。叶祖贵（2010）认为信阳一带的 ʮ（VC）类韵母属于元音 y 的高顶出位，理由是在信阳浉河区、光山、新县等方言中，ʮ（VC）类韵母不仅可以出现在[tʂ、tʂʰ、ʂ]等声母后面，也可以出现在零声母、ȵ 声母后，可见声母并不是导致韵母擦化的动因。同样也不可能来自合口呼，因为有此类韵母的地方，u 韵母只在唇音与舌根音后出现。因此，信阳型方言中 ʮ（VC）类韵母是前高圆唇元音高顶出位的结果，如果在发生擦化音变之前失去圆唇动作，就会变成 i（VC）类韵母，不再符合音变条件。如遇摄合口三等、山摄合口三等、臻摄合口三等字在精组声母后是否发生变化，在浉河区和光山、新县等地表现不同，前者发生擦化、后者不变，原因就是在光山、新县等地方言中这些字已经不再具有圆唇特征。

第五节　中古入声字的韵母类型及演变

一　江淮官话区入声韵的类型及地理分布

中古入声字的今读情况是汉语方言分区的重要标准之一。根据入声的有无，豫皖两省淮河流域方言可以分为两类，一类有入声，属江淮官话洪巢片，分别是安徽省境内的合肥、肥东、长丰、六安、滁州、全椒、定远、明光、怀远（南片）、淮南（上窑、窑河等乡镇）。一类无入声，分别属于中原官话的徐淮片，如安徽省的淮北、萧县、砀山；商阜片，如阜阳、阜南、太和、临泉、濉溪、界首、涡阳、亳州、蒙城、利辛、宿州、灵璧；信蚌片，分别分布在河南、安徽两省境内，如信阳、罗山、潢川、固始、淮滨、光山、商城、息县（以上河南省）；蚌埠、五河、固镇、霍邱、颍上、怀远（北片）、淮南（大部分地区）、寿县、凤台、凤阳、泗县、明光（司巷）（以上安徽省）。

在江淮官话区，入声韵的表现不尽相同；在无入声的中原官话区，入声舒化后韵母的归向也有差异。为清楚展示古入声字在今方言中的具体表现，我们分别讨论。

（一）江淮官话区入声韵的读音类型

江淮官话洪巢片的语音表现与泰如片、黄孝片有同有异：入声不分阴阳、全浊仄声不送气，与泰如片不同；"书虚"、"篆倦"不同音，与黄孝片不同。洪巢片的入声不论声母清浊只读一个入声调、只有一个喉塞尾ʔ，但不同方言点入声的主要元音表现出一定的差异。

按照主要元音的不同，本区域江淮官话的入声韵可以分成四种类型：四组型、三组型、二组型、一组型。四组入声韵的方言主要分布在滁州和全椒两地，其主要元音为高、半高、央元音和低元音；三组入声韵的方言分布在六安、定远、明光等地，主要元音为高元音、央元音、低元音；两组入声韵的方言主要分布在合肥、肥东、长丰、怀远，主要元音为央、低两组，其中怀远方言中的四个入声韵中，开口与合口呼是央元音ə，齐齿和撮口呼是e，呈现互补状态。其实是从两组型向一组型简化的一种过渡状态，为表述方便，我们将其称为一组型。四种类型的入声韵读音情况见下表 4–11：

表 4–11　　　　　　淮河流域江淮官话入声韵的读音类型

方言	韵母类型	韵母数	韵母			
滁州	四组型	11	ʅʔ	iʔ uʔ yʔ	ɐʔ iaʔ uaʔ	ieʔ yeʔ	əʔ ɤʔ
全椒	四组型	11	ʅʔ ʮʔ	iʔ uʔ	ɐʔ iaʔ uaʔ	ieʔ yeʔ	əʔ ɤʔ
明光	三组型	9		iʔ yʔ	ɐʔ iaʔ uaʔ	əʔ iəʔ əʔ yəʔ
六安	三组型	9	ʅʔ		ʌʔ iʌʔ uʌʔ yʌʔ	əʔ iəʔ uəʔ yəʔ
定远	三组型	8		iʔ uʔ yʔ	aʔ uaʔ yəʔ	əʔ
合肥	两组型	8			ɐʔ iaʔ uaʔ	əʔ iəʔ uəʔ yəʔ
肥东	两组型	8			ɐʔ iaʔ uaʔ	əʔ iəʔ uəʔ yəʔ
长丰	两组型	8			ɐʔ iaʔ uaʔ yəʔ	əʔ iəʔ uəʔ yəʔ
怀远	一组型	4			ieʔ yeʔ	əʔ uəʔ

《广韵》的 206 个韵中，入声韵有 34 个，分别分布在咸、深、山、臻、宕、江、曾、梗、通九个韵摄中。在本区域涉及的江淮官话洪巢片中，中古入声韵发生了不同程度的归并。入声韵表现最复杂的是滁州，有四组 11 个，比南京话（五组 13 个）略少；表现最简单的是位于江淮官话与中原官话临界的怀远话，有 4 个入声韵。为看清中古入声韵在三种类型

方言中的归并及读音情况，我们把四组型的滁州话、三组型的定远话、两组型合肥话以及一组型的怀远话的入声韵及其中古来源，列表如4-12：

表4-12　　　　　　　　四组型滁州话古入声韵今读

韵母	摄	开合	等	声母	例字
ʅʔ	深	开	三	知系	十湿
	臻	开	三	知系	侄质日
	曾	开	三	知组	直食
	梗	开	三	知系	赤尺石
iʔ	深	开	三	端系、见系	立习吸急
	臻	开	三	帮组、端系、见系	笔匹密七一
	曾	开	三	端系、见系	力媳极
	梗	开	四	帮组、端系	壁劈踢敌析
uʔ	臻	合	一	全部	突骨忽
			三	章	出
	通	合	一	帮组、端系、见系	木秃鹿屋竹熟谷哭
			三	除见组以外	福目竹叔
yʔ	臻	合	三	泥组、见组	律橘
	通	合	三	见系	菊畜郁曲玉
aʔ	咸	开	一	端系	答拉塔踏腊
			二	庄组	闸插
	山	开	一	端系	达辣擦
			二	帮组、庄组	八抹杀察
		合	三	帮组	发袜
iaʔ	咸	开	二	见系	甲鸭掐压
	山	开	二	晓组	瞎
uaʔ	山	合	二	全部	刷刮滑
ieʔ	咸	开	四	端组、见组	跌帖协
	山	开	三	帮组、见组	别灭列孽
			四	全部	撇铁切结
	江	开	二	见组	确学

123

续表

韵母	摄	开合	等	声母	例字
yeʔ	山	合	三	精组、见组	绝雪月
			四	见组	决缺
	宕	开	三	精组、见组	雀削脚药
əʔ	咸	开	一	见系	鸽喝盒
	山	开	三	知系	彻撤浙舌热
		合	一	帮组、端组	泼夺
	臻	合	三	帮组	佛物
	宕	开	一	帮组、端系、见系	薄落昨各鹤
	江	开	二	帮组	剥朴
	曾	开	一	帮组、端系、见系	北墨特塞黑刻
			三	知系	直侧色识
	梗	开	二	全部	白宅麦策革格
	通	合	一	端组	笃毒
			三	泥组	绿
uəʔ	山	合	一	见系	阔括活
			三	章组	说
	宕	开	三	知系	着绰勺弱
		合	一	见系	郭扩霍
	江	开	二	知组、庄组	桌浊镯捉

从表 4-12 可见古入声韵在滁州方言中的归并呈现出以下特点：

①深、臻、曾、梗四摄开口三等知系字合并为一类，入声韵的主要元音为舌尖后音，读 ʅʔ；知系声母以外的归并为一类，读 iʔ。

②来自古臻摄和通摄的入声字，见系合口三等字读 yʔ，其他韵母的入声韵合流为 uʔ。

③来自古咸摄和山摄的入声字，开口一、二等韵的主要元音读为 ɐ，其中见组和晓组声母字读齐齿呼 iɐi，其他读为 ɐʔ。

④来自江摄开口二等、咸山摄三四等的入声韵合流，今韵母为 ieʔ；山摄合口三四等读为 yeʔ；

⑤古咸、深、山、臻、宕、江、曾、梗、通九个韵摄都有部分字读为央元音 ə，开口呼为 əʔ，合口呼为 uəʔ。

滁州与南京相距不远，滁州话入声韵的归并情况与南京话颇多相似之处。南京话入声归派及读音情况见下表 4 – 13（材料来源：《南京方言词典》刘丹青 1995）：

表 4 – 13　　　　　　　　　南京话古入声韵今读

韵母	摄	开合	等	声母	例字
ʅʔ	深	开	三	知系	执十湿
	臻	开	三	知系	侄质日
	曾	开	三	知组、章组	直织食识
	梗	开	三	知系	掷赤尺石
iʔ	深	开	三	端系、见系	立习吸急
	臻	开	三	帮组、端系、见系	笔密一七乞
	曾	开	三	端系、见系	力媳极
	梗	开	三	帮组、精组	僻脊席
			四	帮组、端系	劈踢敌
uʔ	臻	合	一	全部	不突骨忽
			三	帮组、章组	物出术
	通	合	一	帮组、端系、见系	木读秃鹿屋竹熟谷哭
			三	除见组以外	福服目六绿足竹叔
yʔ	臻	合	三	泥母、见母	律橘
	通	合	三	见系	菊曲
aʔ	咸	开	一	端系	答拉塔踏腊杂
			二	庄组	闸插
		合	三	帮组	法
	山	开	一	端系	达辣擦
			二	帮组、庄组	八抹杀察
		合	三	帮组	发
iaʔ	咸	开	二	见系	甲夹鸭掐压
	山	开	二	晓组	瞎
uaʔ	山	合	二	全部	刷刮滑
			三	帮组	袜

续表

韵母	摄	开合	等	声母	例字
əʔ	山	开	三	知系	撤舌浙热
	曾	开	一	帮组、端系、见系	北墨特肋刻克黑
	梗	开	二	全部	白百拍脉麦窄拆格
ieʔ	咸	开	四	端组、见组	跌帖镊接协
	山	开	三	帮组、见组	别鳖列歇
	山	开	四	全部	撇篾铁捏节切结
ueʔ	山	合	一	见系	阔
	山	合	三	章组	拙
	宕	合	一	见系	郭
	曾	合	一	见系	或
yeʔ	山	合	三	精组、见组	绝雪月
	山	合	四	见组	决缺血
oʔ	咸	开	一	见系	合盒喝磕
	山	合	一	帮组、端系、见系	泼钵末脱割活
	山	合	三	章组	说
	臻	合	一	精组	卒
	宕	开	一	端系、见系	落烙作索阁搁恶
	宕	开	三	精组、知系	雀着勺
	宕	合	一	见系	霍
	江	开	二	帮组、知系	剥驳捉戳桌
	梗	开	二	见系	各
ioʔ	宕	开	三	见系	脚药
	江	开	二	见系	确学

对比两地的入声韵，差异表现在两点：

①江摄开口二等字在滁州方言中与咸山二摄三、四等合流，韵母为ieʔ，但在南京方言中保持独立，韵母为ioʔ；山摄合口三四等入声韵与宕摄开口三等字合流，读为yeʔ，在南京方言中宕摄开口三等入声韵为ioʔ；也就是说，宕摄开口三等与江摄开口二等见系字合流。

②在滁州话中，中古九个入声韵摄都有一些字主要元音为央元音ə，

126

入声韵为 əʔ 和 uəʔ；其中 uəʔ 韵母在南京话中的读为 oʔ，与滁州话不同。

中古入声韵在三组型方言中发生进一步归并，请看定远话的表现：

表 4–14　　　　　　　三组型定远话古入声韵今读

韵母	摄	开合	等	声母	例字
iʔ	深	开	三	泥组、精组、见系	立粒集习急吸
	臻	开	三	帮组、端系、见系	笔毕匹蜜七吉一乙
	曾	开	三	泥精组、见系	力鲫息极
	梗	开	三	帮组、精组	碧僻积惜席
			四	帮组、端系、见组	劈的踢历绩击
uʔ	臻	合	三	帮组	佛物
	宕	开	一	帮组、端系	托落作
	通	合	一	帮组	扑木
			三	帮组	福服复目
yʔ	臻	合	三	泥组、见组	律橘屈
	梗	开	三	见组	剧
	通	合	三	见系	菊曲蓄玉郁
əʔ	咸	开	一	端系、见系	搭答踏杂鸽喝盒
			二	知系	闸炸插
		合	三	非组	乏法
	深	开	三	知组、庄组	蛰涩
	山	开	一	端系、知系、见系	达辣擦割渴
			二	帮组、知系	八拔扎铡杀
			三	知系	折撤舌热
		合	一	帮组	拨泼抹
			三	非组	发罚
	臻	合	一	帮组	不饽没
	宕	开	一	帮组、见系	莫各阁鹤腭
	江	开	二	帮组	剥朴驳
	曾	开	一	帮组、端系、见系	北墨塞德特刻黑
			三	庄组	测啬色
	梗	开	二	帮组、知系、见系	白麦择册宅摘格革客

续表

韵母	摄	开合	等	声母	例字
iɛʔ	咸	开	二	见系	夹甲瞎鸭
			三	端系、见系	镊孽猎接劫页
			四	端组、见系	叠碟贴协
	山	开	二	见系	瞎轧
			三	帮组、泥组、见系	鳖别灭列杰揭
			四	帮组、端系、见系	憋篾跌铁捏结截噎
uəʔ	山	合	一	端系、见系	夺脱撮阔活
			二	庄组、见系	刷刮滑
			三	章组	拙说
	臻	合	一	端系、见系	突骨窟忽
			三	章组	出术秫
	宕	开	三	知系	绰勺弱着
		合	一	见系	郭扩
	江	开	二	知系	桌捉戳
	曾	合	一	见系	国或
yɛʔ	山	合	三	精组、见系	绝掘雪月
			四	见系	决缺穴
	臻	合	三	泥组、见母	律橘
	宕	开	三	精组、见系	雀确嚼略虐削药
	江	开	二	见系	觉学岳角
əʔ	深	开	三	章组	执湿十拾
	臻	开	三	知系	侄质失室日
	曾	开	三	知组、章组	直植织食
	梗	开	三	知系	掷尺赤适石

从表 4-14 可见，中古入声韵在定远话中的归并呈现如下特点：

①深、臻、曾、梗四摄开口三等知系字合流，韵母为 əʔ；深、臻、曾三摄开口三等、梗摄开口三、四等，除知系字以外的其他声母字合流，韵母为 iʔ。

②臻、通两摄入声字，除合口三等见系读 yʔ 外，其他合流为 uʔ。

与滁州话相比，定远话主要元音为高元音的三个入声韵 iʔ、uʔ、yʔ 与滁州话一致，滁州话的 ʅʔ 韵母与定远话 əʔ 韵母的来源相同。定远话入声韵简化主要表现在主要元音为 e、ɐ 及部分 ə 的入声韵合流为一套，滁州话的韵母分别是 ɛʔ、iaʔ、uɛʔ。

到了两组型合肥话中，主要元音变成 ɐ、ə 两个。具体的归并方式见下表 4-15：

表 4-15 二组型合肥话古入声韵今读

韵母	摄	开合	等	声母	例字
ɐʔ	咸	开	一	端系、见系	搭答踏杂鸽喝盒
			二	知系	闸炸插
		合	三	非组	乏法
	深	开	三	庄组	涩
	山	开	一	端系、知系、见系	达辣擦割渴
			二	帮组、知系	八拔扎铡杀
			三	知系	折撤舌热
		合	一	帮组	拨泼抹
			三	非组	发罚
	宕	开	一	帮组、见系	莫各阁鹤腭
	江	开	二	帮组	剥驳
	曾	开	一	帮组、端系、见系	北墨塞德特刻黑
			三	庄组	测啬色
	梗	开	二	帮组、知系、见系	白麦择册宅摘格革客
iɛʔ	咸	开	二	见系	夹甲瞎鸭
			三	端系、见系	孽猎接劫叶
			四	端组	叠碟贴
	山	开	二	见系	辖
			三	帮组、见系	鳖别灭杰揭
			四	端系、见系	跌铁捏结截洁噎

续表

韵母	摄	开合	等	声母	例字
uaʔ	山	合	一	端系、见系	夺脱撮阔活
			二	庄组、见系	刷刮滑
			三	非组	袜发罚
	宕	开	一	端系	托诺落昨 白读索
			三	知系	弱着
		合	一	见系	郭扩
	江	开	二	知系	桌戳说
	曾	合	一	见系	国或
yəʔ	山	合	三	精组、见系	绝掘雪月
			四	见系	决缺穴
	宕	开	三	端系、见系	雀确嚼略虐削药
	江	开	二	见系	觉学岳角
əʔ	深	开	三	知系	执湿十拾
	曾	开	三	章组	植织食
	臻	开	三	知系	侄质失室日
	梗	开	三	章组	尺赤适石
	通	合	一	帮组	扑木
			三	帮组	福服复目
iəʔ	深	开	三	端系、见系	立集级吸急
	臻	开	三	帮组、见系	笔毕密吉七乙
	曾	开	三	端系、见系	极力息抑
	梗	开	三	帮组、精组、见组	璧迹逆席易
			四	帮组、端系	劈觅滴笛踢历寂戚
uəʔ	深	开	三	日	入
	臻	合	一	端组、见系	突骨窟
	通	合	一	端系、见系	独读毒秃鹿速谷哭
			三	泥精组、知系	录陆促缩俗竹嘱触辱绿

续表

韵母	摄	开合	等	声母	例字
yəʔ	臻	合	三	来母、见组	屈律橘
	梗	合	三	影组	疫
	通	合	三	见系	菊曲蓄玉郁

由表 4-15 可见，在两组型的合肥话中入声韵表现出如下特点：

①入声韵的主要元音只有 ɐ 和 ə 两个，滁州、定远话中主要元音为高元音 i、u、y 的入声韵已经分化。

②主要元音为 ɐ、ə 的入声韵四呼俱全，分别是 ɐʔ、iɐʔ、uɐʔ、yɐʔ 和 əʔ、iəʔ、uəʔ、yəʔ。

但与合肥话相比较，古入声韵在怀远方言中的归并更加剧烈，入声韵读音更加简化。具体见下表 4-16：

表 4-16　　　　　　　　一组型怀远话古入声韵今读

韵母	摄	开合	等	声母	例字
əʔ	咸	开	一	全部	答踏腊杂鸽盒
			二	知系	插闸
			三	章组	涉摄褶
		合	三	非组	法乏
	山	开	一	端系、见系	达辣擦割喝
			二	帮组、庄组	八抹杀铡
			三	知系	彻辙舌热
		合	三	帮组	发罚袜
	臻	开	三	知系	侄虱实室
		合	一	帮组	不饽没
	宕	开	一	帮组、见系	薄寞搁恶
	江	开	二	帮组	剥朴
	曾	开	一	全部	北墨得特贼黑
			三	知系	直侧色食
	梗	开	二	帮组、知系、见系	白麦拆摘窄责格客
			三	章组	赤尺石
	通	合	一	帮组	扑木
			三	帮组	福服目穆

续表

韵母	摄	开合	等	声母	例字
ieʔ	咸	开	二	见系	夹甲鸭
			三	泥精组、见组	镊猎接怯业
			四	端组、见组	跌帖碟挟
	深	开	三	泥精组	立粒习集
	山	开	二	晓组	瞎
			三	帮组、泥组、见系	别灭烈杰孽
			四	全部	撇篾铁捏切结噎
	臻	开	三	帮组、端系、见系	笔毕蜜七膝吉一
	曾	开	三	泥精组、见系	力熄极抑
	梗	开	三	帮组、精组、见系	碧积惜席易
			四	全部	壁劈滴敌踢析击
uəʔ	山	合	一	全部	沫脱夺阔活
			二	庄组、见系	刷刮滑
			三	章组	拙说
	臻	合	一	端系、见系	突卒骨核
			三	章组	出术怵
	宕	开	一	端系	托落诺索凿
		合	一	见系	郭扩霍
	江	开	二	知系	桌戳浊捉
	通	合	一	端系、见系	秃独毒鹿速谷哭
			三	端系、知系	六绿足俗竹缩叔
yeʔ	山	合	三	精组、见系	绝雪阅月越
	臻	合	三	泥组、精组、见母	律恤橘
	宕	开	三	精组、见系	雀嚼削脚疟药
	江	开	二	见系	确学
	通	合	三	见系	曲局畜郁浴

由上表 4-16 可见，怀远话入声韵主要特点是：

① 主要元音只有是 e 和 ə 两个。

② 从入声韵的韵头上看，主要元音为 e 和 ə 的入声韵四呼不全：ə 只有开口呼和合口呼，e 只有齐齿呼和撮口呼，呈现互补的状态。如果将 e、 ə 看做条件变体，怀远方言中的入声韵也可认为是一组型。

二 本区域方言入声消变过程

中古入声韵在汉语方言中的消变过程比较复杂，消变的主要通过声调和韵母两个方面的变化体现。从音变的过程看，入声的消变大概是从韵尾的变化开始，当韵尾从 -p、-t、-k 简化为喉塞音 -ʔ 后，入声韵就发生相应的合并；还有一种简化的可能，即韵尾不变，元音的归并、合流。在一些方言中，这两种途径也可能同步进行。当入声韵尾简化、弱化、丢失后，那么入声就只剩下了入声调；如果独立入声调再与其他舒声调趋同、合流，入声就彻底消失。江淮方言处于官话方言和吴方言之间，实质上是吴方言到官话方言的过渡区，兼具两种方言的特点。本区域大部分方言入声韵的形态表现为只有一个喉塞尾 -ʔ，部分方言没有入声韵尾，只有独立入声调，可以看作中古入声消变的最后阶段。

（一）入声韵归并的大概情况

中古入声韵在安徽境内淮河沿线的江淮方言中呈现合流趋势，其中入声尾的合并已经到了最后阶段，只剩下喉塞尾 ʔ，因此入声韵的简化主要体现在主要元音的归并上。为更清楚地展示其简化过程，我们按照入声韵摄的开合、等第排列，以此观察其归并路线和归并方式。

①咸摄与山摄合流。例如：

	喝咸开一	渴山开一	腊山开一	瞎山开二	插咸开二	舌山开三	叶咸开三	捏山开四
滁州	xɤʔ˧	kəʔ˧	laʔ˧	ɕiɔʔ˧	tʂʰɐʔ˧	ʂɤʔ˧	ieʔ˧	lieʔ˧
定远	xɐʔ˧	kʰɐʔ˧	lɐʔ˧	ɕiɐʔ˧	tʂʰɐʔ˧	ʂɐʔ˧	iɐʔ˧	liɐʔ˧
六安	xʌʔ˧	kʰʌʔ˧	lʌʔ˧	ɕiɔʔ˧	tʂʰʌʔ˧	ʂʌʔ˧	iʌʔ˧	liʌʔ˧
合肥	xɐʔ˧	kʰɐʔ˧	lɐʔ˧	ɕiɐʔ˧	tʂʰɐʔ˧	ʂɐʔ˧	iɐʔ˧	liɐʔ˧
长丰	xaʔ˧	kʰaʔ˧	laʔ˧	ɕiɔʔ˧	tsʰaʔ˧	saʔ˧	iɐʔ˧	niɐʔ˧
怀远	xəʔ˧	kʰəʔ˧	ləʔ˧	ɕieʔ˧	tsʰəʔ˧	səʔ˧	ieʔ˧	nieʔ˧

②深臻曾梗四摄开口入声韵合流。例如：

	涩深开三	急深开三	质臻开三	七臻开三	北曾开一	力曾开三	麦梗开二	笛梗开二
滁州	səʔ˧	tɕiʔ˧	tʂəʔ˧	tɕʰiʔ˧	pəʔ˧	liʔ˧	məʔ˧	tiʔ˧
定远	sɐʔ˧	tɕiʔ˧	tʂɐʔ˧	tɕʰiʔ˧	pɐʔ˧	liʔ˧	mɐʔ˧	tiʔ˧

续表

	涩深开三	急深开三	质臻开三	七臻开三	北曾开一	力曾开三	麦梗开二	笛梗开二
六安	sʌʔ˧	tɕiəʔ˧	tʂʅʔ˧	tɕʰiəʔ˧	pʌʔ˧	liəʔ˧	mʌʔ˧	tiəʔ˧
合肥	sæʔ˧	tɕiəʔ˧	tʂəʔ˧	tɕʰiəʔ˧	pæʔ˧	liəʔ˧	mæʔ˧	tiəʔ˧
长丰	sæʔ˧	tɕiəʔ˧	tʂəʔ˧	tɕʰiəʔ˧	pæʔ˧	liəʔ˧	mæʔ˧	tiəʔ˧
怀远	səʔ˧	tɕieʔ˧	tʂəʔ˧	tɕʰieʔ˧	pəʔ˧	lieʔ˧	məʔ˧	tieʔ˧

③宕摄与江摄合流。例如：

	薄宕开一	烙宕开一	剥江开二	桌江开二	学江开二	绰江开三	药江开二
滁州	pɐʔ˧	ləʔ˧	pəʔ˧	tʂenʔ˧	ɕyeʔ˧	tʂʰueʔ˧	yeʔ˧/ieʔ˧白读
定远	˧po	luʔ˧	pɐʔ˧	tʂaɐʔ˧	ɕyɐʔ˧	tʂʰɐʔ˧	yɐʔ˧
六安	pʌʔ˧	luʌʔ˧	pʌʔ˧	tʂuʌʔ˧	ɕyʌʔ˧	tʂʰuʌʔ˧	yʌʔ˧
合肥	pɐʔ˧	luɐʔ˧	pɐʔ˧	tʂaɐʔ˧	ɕyɐʔ˧	tʂʰɐʔ˧	yɐʔ˧
长丰	pɐʔ˧	luɐʔ˧	pɐʔ˧	tʂaɐʔ˧	ɕyɐʔ˧	tʂʰɐʔ˧	yɐʔ˧
怀远	puəʔ˧	luəʔ˧	puəʔ˧	tʂuəʔ˧	ɕyeʔ˧	tʂʰuəʔ˧	yeʔ˧

（二）入声韵从五组到一组的分合关系

安徽境内的江淮官话入声韵最多是四组型，相邻的南京话为五组型。为清楚展示本地区的入声韵如何从比较复杂的四组归并为最简化的一组型，我们将南京话的入声韵作为参照，逐步理清入声韵合流的过程以及各地入声韵的演化关系。从五组型的南京话到三组型的定远话的变化关系见表4-17：

表4-17　　　　　　　　五组型到三组型入声韵的归并

南京（五组型）			滁州（四组型）			定远（三组型）		
韵母	例字	古音条件	韵母	例字	古音条件	韵母	例字	古音条件
ʅʔ	十尺直	深臻曾梗开三知系	ʅʔ	十尺石	深臻梗知系开三	əʔ	十尺直	臻梗知系开三
			əʔ	直	曾开三	ɐʔ	涩	深开三知
iʔ	立敌吸	深臻曾梗帮组、端系、见系	iʔ	立敌吸	深臻曾梗帮组、端系、见系	iʔ	立敌吸	深臻曾梗帮组、端系、见系
uʔ	骨出绿	臻通合口一三	uʔ	骨出	臻通合口一三	uʔ	骨出绿	臻合口一三
			əʔ	毒绿	通合一三端系	ɐʔ	不	
yʔ	橘曲	臻通合三见系	yʔ	橘曲	臻通合三见系	yʔ	橘曲	臻通合三见系

续表

南京（五组型）			滁州（四组型）			定远（三组型）		
韵母	例字	古音条件	韵母	例字	古音条件	韵母	例字	古音条件
aʔ	腊闸	咸山摄开一端开二庄、合三帮	ɐʔ	腊闸	咸山摄开一端、开二庄、合三帮	ɐʔ	腊闸	咸山摄开一端、开二庄、合三帮
iaʔ	鸭瞎	咸山开二见系	iɐʔ	鸭瞎	咸山开二见系	iɐʔ	鸭瞎	咸山开二见系
uaʔ	刮袜	山合二、三帮	uɐʔ	刮袜	山合二、三帮	uɐʔ	刮袜	山合二、三帮
ɿʔ	舌北麦	山开三知、曾开一、梗开二	ɿʔ	舌北麦	山开三知、曾开一、梗开二	əʔ	舌北麦	山开三知、曾开一、梗开二
ieʔ	跌鳖铁	咸山开三四帮、端见组	ieʔ	跌鳖铁	咸山开三四帮、端见组	iəʔ	跌鳖铁	咸山开三四帮、端见组
ueʔ	阔郭或	山宕曾合一见、山合三章	uəʔ	阔郭或	山宕合一见、山合三章	uɐʔ	阔郭或	山宕合一见、山合三章
yeʔ	雪月缺	山合三四精见组	yeʔ	雪月缺	山合三四精见组	yɐʔ	雪月缺	山合三四精见组
oʔ	割落勺桌	咸开一见系、山合一帮组、端系、见系；宕一端见、三精组、知系；江开二帮组、知系	əʔ	鸽夺勺	咸开一、山合一见、宕一端见系	ɐʔ	阁剥	宕开一帮组、见系；江开二帮组
^	^	^	uəʔ	阔说勺	山合一帮组、合三章；宕三知组、合一见系；江开二	uɐʔ	阔说勺	山合一帮组、合三章；宕三知组、合一见系；江开二
ioʔ	脚学	宕开三江开二见系	yeʔ	脚学	宕开三、江开二见系	yɐʔ	脚学	宕开三、江开二见系

从表 4-17 可见，五组型南京话到四组型滁州型再到三组型定远，入声韵发生了归并合流，且主要元音有向央元音靠拢的趋势。主要表现在：

①深臻曾梗四摄开口三等知系字的韵母由 ɿʔ 变为 əʔ，滁州话尚有部分未变，但定远话 ɿʔ 已经完全消失，转而代之的是 əʔ 或者主要元音与央元音接近的 ɐʔ；

②臻通摄合口一三等入声韵在南京话中表现为主元音是后高元音的 uʔ，发展到四组、三组型时，有部分字已经变成主元音为央元音的 əʔ 或者 ɐʔ；

③南京话主元音是后半高元音的 oʔ，在滁州、定远话中发生分化：主要元音变成央元音或接近央元音；另外就是分化出开合两类；

④从主元音的数量看，五组型南京话到四组型滁州话虽然也有减少，但数量不明显；到三组型定远话中，南京话主要元音为 ɿ、u、e、o、

135

ə、a 的入声韵都并入主元音为 ɐ 的韵母中。

表4-18　　　　　　　三组型到一组型入声韵的归并

三组型（定远）			两组型（合肥）			一组型（怀远）		
韵母	例字	古音条件	韵母	例字	古音条件	韵母	例字	古音条件
iʔ	立敌吸	深臻曾梗开三帮组、端系、见系	iəʔ	立敌吸	深臻曾梗开三帮组、端、见系	ieʔ	立敌吸	深臻曾梗开三帮组、端、见系
uʔ	物落福	臻合三、宕开一、通合一三	uəʔ	托落	宕开一帮、端	uəʔ	托落	宕开一帮、端
			əʔ	木福	通合一三帮	əʔ	木福	通合一三帮
yʔ	橘曲	臻通合三见系	yəʔ	橘曲	臻通合三见系	yeʔ	橘曲	臻通合三见系
ɐʔ	腊辣闸北麦阁黑剥白	深开三知、咸山摄开一端、开二庄、合三帮；山开三知、曾开一、梗开二；宕开一帮组、见系；江开一帮组	əʔ	腊辣闸北麦阁黑剥白	深开三知、咸山摄开一端、开二庄、合三帮；山开三知、曾开一、梗开二；宕开一帮组、见系；江开二帮组	əʔ	腊辣闸北麦阁黑剥白	深开三知、咸山摄开一端、开二庄、合三帮；山开三知、曾开一、梗开二；宕开一帮组、见系；江开二帮组
ɐiʔ	瞎孽猎贴鳖铁	咸山摄开口二三四等端系、见系、帮组	iɐiʔ	瞎孽猎贴鳖铁	咸山摄开口二三四等端系、见系、帮组	ieʔ	瞎孽猎贴鳖铁	咸山摄开口二三四等端系、见系、帮组
ɐuʔ	阔滑说骨弱桌	山臻合一二三端见系；曾合一见系；宕开三、江开二知系	uɐuʔ	阔滑说弱桌	山臻合一二三端见系；宕开三、江开二知系	uəʔ	阔滑说骨弱桌	山臻合一二三端见系；曾合一见系；宕开三、江开二知系
			uəʔ	突骨窟	曾合一端见系合三章组			
yɐʔ	脚月缺律	山合三四精见组、宕开三、江开二见系、臻合三见组	yɐʔ	脚月缺	山合三四精见组、宕开三、江开二见系	yeʔ	脚月缺律	山合三四精见组、宕开三、江开二见系、臻合三见组
			yəʔ	律橘	臻合三见组			
ɛʔ	湿食尺	深臻曾梗开三知系	əʔ	湿食尺	深臻曾梗开三知系	əʔ	湿食尺	深臻曾梗开三知系

从上表4-18可见，三组型入声韵合流到一组型，主要元音发生了以下变化：

①高元音消失，转而代之的是低元音或者央元音；

②从三组到两组的发展过程中，主要元音为 ɐ 的入声韵进一步分化，分化的方向是向央元音靠拢，最后主要元音变成 ə；

③主要元音央化的趋势在一组型方言中得到充分体现，以三组型方言的 uɐʔ 为例，到两组型合肥话时，部分变成了 uəʔ，部分不变；到一组型怀远话时，则全部变成了 uəʔ。

通过上面的描述，我们发现本区域东南部与南京接近的地区（包括滁州、全椒、天长等地）入声韵最复杂，越往西（如合肥、肥东）、北（如怀远）越简单。为明了起见，我们把四地入声韵的情况列表如4-19，观察其简化规律：

表4-19　　　　　　　　　　　　四地入声韵的比较

方言点	韵母										
滁州	ʅʔ	uʔ	iʔ	yʔ	ɐʔ	əʔ	iɐʔ	ieʔ	uɐʔ	uəʔ	yeʔ
定远	əʔ	uʔ	iʔ	yʔ	ɐʔ		iɐʔ		uɐʔ		yɐʔ
合肥	əʔ	uɐʔ		əʔ	yəʔ	ɐʔ	iɐʔ		uɐʔ	uəʔ	yɐʔ
怀远	əʔ	uəʔ	ieʔ	yeʔ	əʔ		ieʔ		uəʔ		yeʔ

从滁州话的11个入声韵到怀远话的4个入声韵，入声韵的主要元音无论舌位高低，都具有央化的趋势：滁州话ʅʔ在定远话中变为əʔ、定远话的iʔ在合肥话里变成ieʔ、滁州、定远、合肥话的ɐʔ在怀远话里变成əʔ。

（三）主要元音的简化

入声的消变过程中，主要元音的合流是非常重要的环节。历史比较语言学认为，亲属语言或方言的差异是由于语言发展的不平衡导致，语言或方言在地理分布上的差异性其实是这种语言或方言历时变化过程的反映。因此，通过排列方言的空间差异，可以找到时间发展的线索。

根据石绍浪（2007）的研究，江淮官话入声字的今韵母从七组到两组不等，江淮官话泰如片入声表现复杂，六组、七组型入声韵主要分布在这个区域。洪巢片的入声韵从五组到一组都有分布，表现了在与中原官话接触的前沿地带入声韵急剧合并减少的态势。先比较各地入声韵主要元音的情况（南京话作为参照也列入其中）：

表4-20　　　　　　　　　　　　各组型入声韵主要元音

主要元音	五组型	四组型	三组型	两组型		一组型	
	南京	滁州	全椒	定远	六安	合肥	长丰	怀远
高元音	ʅ i u y	ʅ i u y	ʅ i u y	i u y				
半高元音	e o	e	e					e
央元音		ə	ə	ə	ə	ə	ə	ə
低元音	a	ɐ	ɐ	ɐ	ʌ	ɐ	ɐ	

表注：怀远话的四个入声韵əʔ、ieʔ、uəʔ、yeʔ在分布上处于互补状态，因而我们视e、ə为条件变体。

从主要元音上看,从滁州、定远到合肥长丰、再到怀远,入声韵从南到北渐次合流,主要元音的数量逐渐减少,一直到处于与中原官话接触前沿的怀远,入声韵的主要元音变成了一个央元音ə。入声韵在本区域呈现出从南到北的地理渐变性。由于喉塞尾-ʔ的同化,入声韵主要元音合流简化的最终归宿是央元音。这种变化有其自身的道理:由于入声韵的语音结构为C(V)Vʔ,发音时喉塞尾-ʔ喉头部位成阻,使得舌面较低且松弛,当入声韵的主要元音后紧接喉塞尾时,主元音的发音部位被牵移往后,最终变成央元音。

由于入声韵的主要元音合流归并,入声韵也发生了简化合并而数量骤减。怀远话的入声主要元音归并最为彻底,虽然入声韵的主要元音还有e、ə两个,但这两个元音呈互补分布:e出现在齐齿、撮口二呼之中,而ə只出现在开口、合口二呼中,从音位的角度看完全可以算作一个。参照前面的分析,江淮官话入声字韵母主要元音变化的趋势是:前高元音、后元音→低元音→央元音。最易变化的前高元音(如南京话的i)和后元音(如南京话的o),其次是低元音(如定远话的ɐ)变化的总的去向是央元音。

(四)入声字舒化的特点

从上述可知,本区域入声韵的消变表现为主要元音合流,使得入声韵的简化、合并,入声韵的数量急剧减少。入声韵的消失并不一定是通过某一个入声韵所辖字整体舒化的方式实现,也可以是某一个入声韵内的部分字先舒化,另一部分字后舒化,呈现出离散式音变的特点。在与中原官话交界地带的江淮官话洪巢片皖北小片,就是后一种变化形式。从数量上看,皖中小片的合肥话古入声字舒化不多,所占比很小,且部分字存在舒入两种读法,表明入声正处于舒化的过程中。为比较方便,我们把合肥话舒化的入声字罗列于下:

拉 咸开一入合泥　　ₒla　　　　忆 曾开三入职影　　ɿˀ
划 梗合二入麦匣　　xuaˀ　　　　幕 宕开一入铎明　　mʊˀ
挖 山合二入黠影　　ₒua　　　　窟 臻合一入没溪　　kʰu/kʰuəʔˀ
摸 宕开一入铎明　　ₒmʊ/məʔ　　剧 梗开三入陌群　　tɕyˀ
昨 宕开一入铎从　　ₒtsʊ/tsuəʔ　玉 通合三入烛疑　　yˀ/yəʔˀ
错 宕开一入铎清　　tsʰʊˀ　　　给 深开三入缉见　　ₒke/tɕiəʔ

活 山合一入末匣 ₅ʂau/ux˥ 畠 江开二入觉并 ₅pɔ
跃 宕开三入药以 ₅ʂaɣ/yɤ˥ 饺 江开二入觉见 ₅tɕiɔ
式 曾开三入职书 ʂʅ˥ 肉 通合三入屋日 ₅zu
匹 臻开三入质滂 ₅ʂɿ/pʰɤ/pʰei 熨 臻合三入物影 ₅yn/yɤ
亿 曾开三入职影 ʅ˥

在 21 个古入声字中，只有舒声一读的只有 12 个，舒入两读的 9 个，呈现出一种叠置的局面。

六安地处皖西，其东、南与江淮官话交界，西、北与中原官话接壤，方言具有一定的过渡性特征，中古入声字的舒化情况比合肥话更进一步。何自胜（2010）认为有 91 个，经查，剔除了部分非入声字和非常用字，实际总数为 72 个。按韵摄排列如下：

咸摄：溚拉嗑~瓜子霎腌峡狭哈垃凹霸
山摄：轧掇捋撇扒捌叭尬瘪比拽
深摄：给揖
臻摄：苆唧嫉率~领蟀文屹逸熨
宕摄：膊摸幕踱错昨度
江摄：畠饺朔
曾摄：式试拭臆忆亿贼文翼鲫
梗摄：宅蚱喀栅划剧易射咋液
通摄：玉醭肉蛐欲粟郁褥旭续蜀

从六安话入声舒化字可以看出以下特点：

①入声舒化字中非常用字居多，舒化后的读音与普通话类似或是普通话的方言折合音，常用字比较稳定地保持入声；

②入声的舒化多采用"词扩散"的形式推进，呈现出离散式音变的特点，如入声字出现在口语常用词中读入声，在书面语或新词语中读舒声。

三 古入声韵在中原官话区的归派

中原官话没有入声，中古入声字在中原官话区已经舒化。大部分入声韵合流到相近的阴声韵，或虽然保持独立的韵母，但也变成阴声韵。为了了解古入声韵在中原官话区舒化后的韵母归向，我们选择本区域的信阳、阜阳、萧县、五河四地方言作为观察对象，将古入声字舒化后与阴声韵的合流情况分别罗列。具体情况见表 4-21：

表 4-21　　　　　　　古入声韵在信阳方言中与阴声韵的合流情况

今读韵母	中古入声韵		中古阴声韵		十三辙名
	条件	例字	条件	例字	
a	咸开一端组、开二知系见组 咸合三非组 山开一端系 山开二除见系 山合二庄组见系、合三非组	答塔纳腊杂眨插闸 法乏 达辣撒擦 八抹杀察铡 刷猾滑刮滑发筏罚袜	假开二除见系 果开一端系(部分) 假合二生母	怕麻茶沙 大他那 傻耍	麻沙
ia	咸开二见系 山开二见系	掐狭甲鸭压 瞎辖	假开二见系 蟹开二见系部分	家架牙霞哑 佳涯崖	
ua	山合三微母	袜	假合二庄组见系	耍寡瓦花蛙	
ɤ	咸开一见系 山开一见系 宕开一见系	鸽合盒磕 割葛渴 阁搁胳鹤恶	果开一见系部分 合一见系部分	歌哥蛾鹅个河 课科棵	
o	宕开一帮组、疑影母 江开二帮组	博薄膜鄂恶 剥	果合一帮母	波婆坡磨破	坡梭
uo	江开二帮组知系 山合一帮组、端系、见系 臻合一帮组部分 宕开一端系 宕开三精组知系 宕合一见系	剥驳桌琢戳 拨泼末沫抹夺脱 撮阔活括 勃馞 托落烙昨索 嚼雀鹊削着勺弱 郭廓扩霍	遇合三生母 果开一端系 果合一端系见系	所 多拖罗搓左 骡坐锁锅科棵禾火	
yo	宕开三见系、精组 江开二见晓组	脚却虐药约 雀削 觉确岳学			
iɛ	咸开三除知系 咸开四 山开三除知系 山开四 山合四晓母	镊蹑猎接页叶 跌帖贴叠碟 鳖杰孽歇揭 憋撇篾铁节切洁血	果开三群母 假开三精组 假开三以母 蟹开二见系	茄 姐且写谢 爷野夜 鞋	乜斜
yɛ	山合三精组见系 山合四见组	绝雪说阅掘月越决缺	果合三见系	瘸靴	

续表

今读韵母	中古入声韵		中古阴声韵		十三辙名
	条件	例字	条件	例字	
ɿ	曾开三知章组 深开三章组澄母 臻开三知系 梗开三知章组	织职直式食 执汁湿拾蛰 侄实虱质失日 掷赤尺适释石	止开三知庄章 蟹开三知章组	知池耻治师稚 迟史 誓制世势誓逝	
i	深开三除知系 臻开三除知系 曾开三除知系 梗开三除知系 梗开四 梗合三	立级急及集吸袭 毕必弼密蜜七 逼力鲫极熄忆 壁积惜昔一液 滴笛敌历绩击锡 疫役	止开三帮组泥组 见系 蟹开三除知系 蟹开四	鼻披利奇离 寄戏欺移医衣 毙蔽例祭艺 闭梯米泥计细	衣期
y	深开三日母 臻合三泥精见组 曾合三溪母 通合三端系见系	入 律鹬橘屈 屈 足陆肃俗菊畜曲	遇合三端系见系 知系	女举去鱼遇雨 驻厨住主猪初书 如树	
u	臻合一见组 臻合三非、知章 通合一 通合三帮组	骨窟忽 物出述 木秃 福服目穆	遇合一见组 遇合三非组 流开一帮组部分 流开三非组部分 知系部分	古苦虎互乌 夫父 亩母拇 妇浮富复 帚抽	姑苏
ɛ	深臻开三生母 山开三知章组 曾开一 曾开三庄组 梗开二知系、帮组、见组、影母 山开三来母 山合三来母	涩虱 哲彻辙舌热 北德刻特刻黑勒 测侧色 责策百伯迫拍 魄白宅革择 列裂烈 劣	假开三章组	蛇射惹车社	怀来
uɛ	曾合一见系	国或惑			
ou	臻合一端、精 通合一端组 通合三知系、精组、日母	突卒 读鹿毒 筑轴缩祝叔熟足 肉褥	遇合一端系 遇合三庄组 流开一 流开三知系	堵图路祖醋 阻初锄助 偷头楼漏走狗 厚呕 抽丑绸瘦周收手揉	油求
iou	通合三来母	六	流开三端系见系	刘酒修袖球九朽优	

由上表 4-21 可见：

①古入声字在信阳老城区方言中已经变成阴声韵，绝大部分与其他阴声韵合流，但也有部分来源于古入声韵的字保持独立韵母，如"国惑"等韵母为 uɛ，"脚却虐药约雀"等字的韵母为 yo，与其他阴声韵不同。

②臻摄合口一等、通摄合口一等端组以及合口三等知系精组字，与遇摄合口一等、三等以及流摄开口一等、三等字合流，读 ou 韵母。

③深臻曾梗四摄及部分山摄入声韵读怀来韵，如"北德克百客"的韵母都为 ɛ，"国惑灰吹腿"的韵母都为 uɛ。

表 4-22　　　　　　　　古入声韵在阜阳话中与阴声韵的合流情况

今读韵母	中古入声韵		中古阴声韵		十三辙名
	条件	例字	条件	例字	
a	咸开一端组、开二知系见组 山开一端系 山开二除见系 山合二生母 山合三非组	答杂腊眨插闸煠夹(老) 达辣撒擦 八抹杀察铡 刷 发筏罚袜	假开二除见系 果开一端系(部分) 假开三船母邪母 假合二生母	怕麻茶沙 大他那 蛇斜 傻耍	麻沙
ia	咸开二见系 山开二见系	掐狭甲鸭压 瞎辖	假开二见系 蟹开二见系部分	家架牙霞哑 佳涯崖	
ua	山合二庄组见系 山合三微母	刷猾滑刮 袜	假合二庄组见系	耍寡瓦花蛙	
ɤ	咸开一见系 咸开三章组 深开三澄母 山开一见系 山开三知章日母 宕开一见系	鸽合盒磕 涉摄褶 蜇 割葛渴喝 哲彻舌热 阁搁胳鹤恶	果开一见系部分 合一见系部分 假开三章组 日母	歌哥蛾鹅个河 课科棵 车奢赊社 惹	坡梭
uɤ	山合三精组章组 江开二帮组知系 山合一帮组、端系、见系 臻合一帮组部分 宕开一端系帮组 宕开三精组知系 宕合一见系	雪拙说 剥驳桌琢戳 拨泼末沫抹夺脱 撮阔活括 孛饽 托落烙凿薄泊摸 嚼雀鹊削着勺弱 郭廓扩霍	果合一帮母 遇合三生母 果开一端系 果合一端系见系	波婆坡磨破 梳数所 多拖罗搓左 骡坐锁锅科棵 禾火	
yɤ	宕开三见系 江开二见晓组	脚却虐药约 觉确岳学			

续表

今读韵母	中古入声韵 条件	中古入声韵 例字	中古阴声韵 条件	中古阴声韵 例字	十三辙名
ie	咸开三除知系 咸开四 山开三除知系 山开四 山合四晓母 梗开二见母	镊蹑猎接页叶 跌帖贴叠碟 鳖杰孽 憋撇篾铁节洁 血 革隔	果开三群母 假开三精组 假开三以母 蟹开二见系	茄 姐且写谢 爷野夜 街解鞋矮	乜斜
ye	臻合三群母 山合三从母见系	掘倔 绝阅撅月越	果合三见系	瘸靴	
ɿ	曾开三知章组 深开三章组澄母 臻开三知系 梗开三知章组	织职直式食 执汁湿拾蛰 侄实虱质失日 掷赤尺适释石	止开三知庄章组 蟹开三知章组	知池耻治师稚 迟史 誓制世势誓逝	
i	深开三除知系 臻开三除知系 曾开三除知系 梗开三除知系 梗开四 梗合三	立级急及集戏袭 毕必弼密蜜七 逼力鲫极熄忆 璧积惜昔一液 滴笛敌历绩击锡 疫役	止开三帮组泥组见系 蟹开三除知系 蟹开四 蟹合一来母 止合三来母	鼻披备利奇离 寄戏欺移医衣 毙蔽例祭艺 闭梯米泥计细 累(老) 垒(老)	衣期
y	臻合三泥精见组 曾合三云母 梗开三群母 通合三端系见系	律黢橘屈 域 剧 足陆肃俗菊畜曲	遇合三端系见系 知系少部分	女举去鱼遇雨 除	
u	臻合一 臻合三非、知章 通合一 通合三除见系 深开三日母 江开二滂母	不勃突骨窟忽 物出述 仆木秃读鹿族速 福目服六缩粥肉 入 朴	遇合一 遇合三非组知系 流开一帮组部分 流开三非组部分 知系部分	步图粗姑虎乌 夫猪初书如树 亩母拇 妇浮富复 㕑抽	姑苏
ɛ	深臻开三生母 曾开一 曾开三 梗开二知系部分、 帮组影母 山开三来母 山合三来母	涩虱 北德刻特刻黑勒 测侧色 责策百伯迫拍 魄白宅择 列裂烈 劣	蟹开一端系见系 蟹开二帮泥庄组	胎戴太材赛改 海爱 牌买败奶晒柴矮	怀来
uɛ	曾合一见系	国或惑	止合三庄组 蟹合二见系	衰(新)帅(新) 乖乖快槐	

续表

今读韵母	中古入声韵		中古阴声韵		十三辙名
	条件	例字	条件	例字	
ɤo	通合三日母	肉褥	流开一 流开三知系	偷头楼漏走狗厚呕 抽丑绸瘦周收手揉	油求
iɤo	通合三来母	六	流开三端系见系	刘酒 修袖球九朽优	

上表4-22可见，古入声韵在阜阳话中读音主要呈现出以下特点：

①古入声字在阜阳方言中进一步与阴声韵合流，除 yɤ 韵母是古入声专属的韵母以外，其他都与阴声韵合流

②与信阳话相比，归并到油求韵的入声韵较少，只有通摄合口三等的"肉褥"等字；而信阳话中来源于臻摄合口一等、通摄合口一等端组的入声字都读 ou 韵母。

③深臻曾梗四摄及部分山摄入声韵读怀来韵，如"北德克百客"的韵母都为 ɛ，"国惑灰吹腿"的韵母都为 uɛ。

表4-23　　　　古入声韵在萧县话中与阴声韵的合流情况

今读韵母	中古入声韵		中古阴声韵		十三辙名
	条件	例字	条件	例字	
a	咸开一端系 咸开二知系见组 山开一端系 见母 山开二除见系 山合三非组	答塔腊纳杂 眨插闸煤夹 达辣撒擦 割（老） 八抹杀察锎 发筏罚袜	假开二除见系 果开一端系部分字 假开三船母 假合二生母	怕麻茶沙 大他那 蛇 傻	麻沙
ia	咸开二见系 山开二见系	夹掐甲鸭压 瞎辖	假开二见系 蟹二见系部分	家架牙霞哑 佳涯崖	
ua	山合二庄组见系 山合三微母	刷猾滑刮 袜	假合二庄组见系	耍寡瓦花蛙	

续表

今读韵母	中古入声韵 条件	中古入声韵 例字	中古阴声韵 条件	中古阴声韵 例字	十三辙名
ə	咸开一见系 咸开三章组 深开三澄母 山开一见系 山开三知章日 宕开一见系 梗开二疑母	鸽合盒磕 涉摄褶 蛰 割葛渴喝 哲彻舌热 阁搁胳鹤恶 额	果开一见系部分 假开三章组 日母	歌哥蛾鹅个河 车蛇奢赊社 惹	坡梭乜斜
ei	咸开三除知系 咸开四 山开三除知系 山开四 山合三来母 山合四晓母	镊蹑猎接页叶 跌帖贴叠碟 蟞烈裂杰孽 憋撇篾铁节切 劣 血	果开三群母 假开三精组 假开三以母	茄 姐且写谢 夜	
uə	山合一端系见 山合三章组 宕开一帮组端 宕开三精组部分 知系 宕合一见系 江开二知系	夺脱掇阔活括 拙说 薄泊膜托落烙 嚼 着酌勺若弱 郭廓扩霍 桌琢戳镯	果开一端系 果合一帮组端系 见系 遇合三庄组部分字	多拖罗搓左 波破磨朵骡坐锁 锅科课棵禾火 初梳锄数	
yə	臻合三群母 山合三精、见 宕开三端系 见系 江开二见晓组	掘倔 雪阅掘月越 爵鹊雀 脚却虐药约 觉确岳学	果合三见系	瘸靴	
ɿ	曾开三知章组 深开三章组 臻开三知系 梗开三知章组	织职直值食 执汁十拾 侄秩虱质失日 掷赤尺适释石	止开三知庄章 蟹开三知章组	知池耻治稚迟史 誓制世势誓逝	
i	深开三除知系 臻开三除知系 曾开三除知系 梗开三除知系 梗开四 梗合三	立级急及集戏 毕必弼密蜜七 逼力鲫极媳忆 璧积惜昔一 滴笛敌历绩击 疫役	止开三帮组泥 见系 止合三非组 蟹开三除知系 蟹开四 蟹合一帮组部分 蟹合三非组	鼻披备利奇戏 欺衣 飞肥妃费痱未 毙蔽例祭艺 闭梯米迷泥计 辈背昧 废吠	衣期
y	臻合三泥精见组 曾合三云母 梗合三群母 通合三端 见系	律掾橘屈 域 剧 足陆肃俗菊畜局 郁曲	遇合三端系见系 知系少部分	女吕举去鱼遇雨 除	

续表

今读韵母	中古入声韵 条件	中古入声韵 例字	中古阴声韵 条件	中古阴声韵 例字	十三辙名
u	臻合一 臻合三非、知章 通合一 通合三除见系 深开三日母 江开二滂母	不勃突骨窟忽 物出来述 仆木秃读鹿族 福目服六缩粥 入 朴	遇合一 遇合三非组知系 流开一帮组部分 流开三非组部分 知系部分	步图做粗姑虎乌 夫猪初书如树 亩母拇 妇浮富复 帚抽	姑苏
ɘ	臻开三帮母 曾开一 曾开三庄组 梗开二	笔 北德特塞刻黑 色测侧 百拆窄客格策	蟹开一帮组 蟹合一帮组泥组 止开三帮组部分	贝沛 杯梅妹陪累内 悲眉美	灰堆
uɘ	曾合一见系 梗合二匣母	国惑 获	蟹合一端系 见系部分 蟹合三四除非组 止合三精组章组 见系	堆推腿对罪催 灰回贿会 脆岁税桂慧卫 嘴醉随吹炊睡水 规亏跪毁委龟柜	
uɛ	臻合三生母	率蟀	蟹合二 止合三庄组	拽怪怀快 揣衰帅摔	怀来
ɣu	通合三日母	肉褥	流开一 流开三知系	偷头漏走狗厚呕 抽丑瘦周收手揉	油求
iɣu	通合三来母	六	流开三端系见系	刘酒修袖球九朽	

对比阜阳与萧县两地，可以发现古入声韵母在两地方言中与阴声韵合流情况的异同：

①萧县话山臻合三见系、宕开三端系见系、江开二见晓组合流，读yɘ，与阜阳话情况基本一致。

②萧县话曾梗摄入声韵与蟹止摄阴声韵合流，读灰堆韵，如"北德克百客贝梅美"的韵母都为ɘ，"国惑灰吹腿"的韵母都为uɘ；而阜阳话曾梗摄入声韵（包括部分山摄三等来母字）与蟹止摄合流，读怀来韵，如"北德克百白魄"与"胎戴太来材改海爱买败奶"等字韵母为ɛ、"国或惑"与"乖乖快槐"的韵母都是uɛ。

表 4-24　　　　　　　古入声韵在五河话中与阴声韵的合流情况

今读韵母	中古入声韵 条件	中古入声韵 例字	中古阴声韵 条件	中古阴声韵 例字	十三辙名
a	咸开一端系 咸开二庄组 咸合三非组 山开一端系 山开二帮组庄组 山合二影母 山合三非组	答塔腊纳杂 眨插闸煤 法乏 达辣撒擦 八抹杀察铡 挖 发筏罚袜	果开一端系部分字 假开二除见系 假合二生母见系	大他那 怕麻爸拿苴沙 傻瓦蛙	麻沙
ia	咸开二见系 咸开四见母 山开二见系	夹恰掐甲鸭压 挟 瞎辖	假开二见系 蟹开二见系部分	假家价牙霞哑 佳涯崖	
ua	山合二庄组见系 山合三微母	刷猾滑刮 袜	假合二庄组见系部分	寡瓜瓦花寡蛙	
ɤ	咸开一见系 咸开三章组 深开三知庄组 山开三知系 臻开三知系 曾开一端系见系 曾开三知系 梗开二	鸽合盒磕 涉摄褶 蛰涩 哲彻舌设热 侄质实失虱日 得德勒则刻黑 直侧职识 白麦窄格客革	果开一见系部分 假开三章组 日母	歌哥蛾鹅个河 车蛇奢赊社惹	
uɤ	山开一见系 山合一 臻合一 臻合三章组 宕开三 宕合一见系 江开二帮组知组 曾合一见系 通合一 通合三除见系	割葛渴喝 泼沫脱夺活 勃突卒骨窟忽 出术 薄托落错各鹤 郭廓扩霍 剥驳桌浊捉 国或惑 木秃毒族哭 福服竹缩熟	果开一端、见系部分 果合一 遇合三庄组大部	多拖罗左搓卧河 波磨朵坐果科和 初锄梳所数	坡梭
yɤ	宕开三精组 江开二	雀嚼削脚药 觉角			

续表

今读韵母	中古入声韵 条件	中古入声韵 例字	中古阴声韵 条件	中古阴声韵 例字	十三辙名
ie	咸开三端系 见系 咸开四端组 深开三除知系 山开三除知系 山开四 臻开三除知系 曾开三除知系 梗开三除知系 梗开四	镊蹑猎接妾 蝎叶页劫业 跌帖贴叠碟 立急及集戏 烈裂泄揭歇灭 憋篾铁节切洁 毕必弼密蜜七 逼力鲫极媳忆 璧积惜昔一 滴笛敌历绩	假开三精组 假开三以母	姐借且写谢 爷夜野也	乜斜
ye	山开四心母 山合三精见组 山合四见组 臻合三泥精见组	屑 绝雪月越哕 决缺穴 律鹬橘屈	果开三群母	茄	
y	曾合三云母 梗开三群母 通合三见系	域 剧 菊畜局郁曲	遇合三端系、见组	女吕句雨遇	衣期
əu	通合三日母	肉褥	流开一 流开三知系	偷头楼漏走狗厚 抽丑瘦周收手揉	油求
iəu	通合三来母	六	流开三端系见系	刘酒修袖九朽优	

　　从表 4-24 可见，中古入声韵在五河方言中的归并程度更高、归向也更集中。从与音声韵合流的规律上看，与信阳、阜阳、萧县等地不同，主要表现在：

　　①曾梗摄入声韵在五河方言中今读坡梭韵，与信阳、阜阳、萧县等地读怀来、灰堆不同。如"实直德白鸽涩"与"歌鹅河蛇社惹"的韵母为 ɤ；"骨出秃哭服竹脱割桌国"与"多罗左河波朵坐科和初所数"韵母相同，读 uɤ 韵母。

　　②除知系外，深、臻、曾、梗四摄开口三等以及梗摄开口四等与咸摄开口三等的端系、见系、咸摄开口四等的端组、山摄开口三等、开口四等的入声韵合流，与阴声韵的假摄开口三等韵读音一样，读为乜斜韵，不读衣期韵。如"级急毕必七逼璧力滴笛击"与"姐借写谢爷夜野"韵母都是 ie，不是 i。

根据古入声韵在以上四点方言的中的读音状况，结合周边其他点的情况，我们发现，在豫皖两省沿淮方言中，古入声在各方言点今读的差异主要体现在曾开一、开三庄组、梗开二入声字的今读差异上。根据古入声字的读音类型，可以将本区域的方言分为三种类型：

第一种类型的方言，曾开一、开三庄组、梗开二入声字大部分归入怀来，读 ai 类音（包括 ai、iai、ɛ、iɛ 等）；少部分归入灰堆韵，读 ei 类音。这种类型主要分布在河南省境内信阳的老城区、浉河区、平桥区、潢川、固始、淮滨、商城、息县以及安徽省境内的阜阳、阜南、界首、临泉、颍上等地。

按照最新的方言区划，颍上划归中原官话信蚌片，但由于地理上与阜阳接近、且历史上长期属于一个历史行政区划，因而曾梗摄入声字的归韵模式与阜阳话保持一致，属于典型的阜阳型。

第二种类型的方言曾开一、开三庄组、梗开二入声字归入灰堆，读 ei 类音（包括 ei、ɚ 等）。这种类型的方言主要分布在中原官话徐淮片及郑曹片的部分地区，如淮北、濉溪、萧县、宿州、涡阳、利辛、蒙城等地。河南省境内信蚌片的罗山、光山、新县等地读 e，也可视为这种类型。但新县话曾开三庄组入声字归入怀来韵，读 ɛ，如"侧"读 [˗tsʰɛ]、"色"读 [˗sɛ]。

第三种类型的方言曾开一、开三庄组、梗开二入声字基本归入乜斜、坡梭韵，读 ə 类音（包括 ə、ɤ 等）。主要分布在安徽境内的中原官话信蚌片，如五河、固镇、霍邱、凤阳、淮南、寿县等地，蚌埠话基本属于这一类型，但也有部分字归入灰堆韵，具有第二种类型的特点，如"百"读 [˗pei]。

三种方言曾梗摄入声韵母的今读归纳为表 4-25：

表 4-25　　　　　曾梗摄入声舒化字韵母归向类型比较

今读类型	代表点	曾开一、开三庄组					梗开二					
		北	德	刻	黑	测	白	百	麦	客	摘	宅	泽
怀来	信阳老	ɛ	ɛ	ɛ	ɛ	ɛ	ɛ	ɛ	ɛ	ɛ	ɛ	ɛ	ɛ
	淮滨	ɛ	ɛ	iɛ	ɛ	ɛ	ɛ	ɛ	iɛ	ɛ	ɛ	ɛ	ɛ
	阜阳	ɛ	ɛ	ie	ɛ/ie	ɛ	ɛ	ɛ	ie	ɛ	ɛ	ɛ	ɛ
	颍上	ɛ	ɛ	iɛ	iɛ	ɛ	ɛ	ɛ	iɛ	ɛ	ɛ	ɛ	ɛ

续表

今读类型	代表点	曾开一、开三庄组					梗开二					
		北	德	刻	黑	测	白	百	麦	客	摘	宅	泽
灰堆	新县	e	e	e	ɛ	e	e	e	e	e	e	e	e
	萧县	ə	ə	ə	ə	ə	ə	ə	ə	ə	ə	ə	ə
	宿州	ə	ə	ə	ə	ə	ə	ə	ə	ə	ə	ə	ə
	涡阳	ə	ə	ə	ə	ə	ə	ə	ə	ə	ə	ə	ə
坡梭	凤阳	ə	ə	ə	ə	ə	ə	ə	ə	ə	ə	ə	ə
	五河	ei	ɤ	ɤ	ɤ	ɤ	ɤ	ɤ	ɤ	ɤ	ɤ	ɤ	ɤ
	淮南	ei	ə/ei	ə	ei	ə	ei/ɛ	o	ɛ/uo	ə	ə	ə	ə
	凤台	əi	ə/əi	ə	əi	ə	ɛ	o	ei	ə	ə	ə	ə

上表 4-25 只是一个大致的划分，实际上每一种类型的内部还有差异。同时需要说明的是，当具体到某一个方言时，可能这个方言大体上属于上述的某一种类型，但其内部也不完全一致，也可能会有其他类型的特点。体现出语言接触和相互影响的特征。

第五章 豫皖两省沿淮方言声调的类型及地理分布

第一节 声调类型

本区域方言声调大致可以分为两类,一类是有入声的江淮官话,一类是无入声的中原官话。前者一般是阴平、阳平、上声、去声、入声5个声调,只有六安比较特殊,入声分两类,有6个声调;后者一般是阴平、阳平、上声、去声4个声调。具体调类及调值见下表5-1:

表5-1　　　　　　　　豫皖两省沿淮方言声调

方言点	阴平	阳平	上声	去声	入声	
合肥	212	55	24	53	4	
肥东	212	55	24	53	5	
长丰	212	55	24	53	5	
六安	313	35	24	53	5	23
滁州	42	24	21	55	5	
天长	32	24	21	55	5	
来安	21	35	22	53	5	
全椒	21	35	33	53	5	
定远	42	55	21	53	4	
明光	21	35	213	53	5	
怀远	21	35	212	53	2	

续表

方言点	阴平	阳平	上声	去声	入声
信阳老城区	213	34	35	53	
罗山	54	45	24	411	
潢川	213	34	24	53	
固始	213	33	34	53	
淮滨	213	34	24	53	
光山	54	45	324	311	
新县	33	35	314	53	
商城	213	33	34	53	
息县	312	44	24	53	
阜阳	213	55	35	53	
阜南	212	55	24	53	
界首	213	45	24	53	
涡阳	212	55	24	53	
太和					
蒙城	212	44	24	53	
颍上	213	55	35	52	
利辛	21	35	213	52	
宿州	212	55	24	53	
泗县	21	55	24	53	
萧县	213	44	24	53	
淮北	213	44	24	52	
濉溪	212	45	24	53	
灵璧	212	55	35	53	
蚌埠	212	55	24	53	
五河	31	44	213	53	
固镇	212	55	24	53	
凤阳	212	55	24	53	

续表

方言点	阴平	阳平	上声	去声	入声
淮南	212	55	24	53	
寿县	212	55	24	53	
凤台	21	55	24	53	
霍邱	22	35	213	53	
金寨	213	55	24	52	

从上表可见，豫皖两省沿淮两官话声调表现出以下特点：

①阴平的调型表现为两种类型：一种是低降调，如明光、怀远、来安、凤台、五河等地；一种是曲折调，如合肥、长丰、信阳、固始、淮北、阜阳等地。从发音生理上看，低平调、低降调和曲折调有演化关系：低平调不易维持，在发音的末段会有下降趋势，变成递降调；因为低降调维持一定的时长有难度，略微延长后就可能使得声调的末段抬起，变成曲折调。以低平调22为例，可能经历的演变过程是：22→21→212。

②部分方言中阳平是高升调，如六安、来安、怀远、新县、利辛等地；部分是高平调，如合肥、定远、阜阳、涡阳、固镇、淮北等地。

③上声以中升调居多，少数方言点是曲折调。

④去声绝大部分为高降调。

⑤入声调在绝大部分方言点中是高短调，分布在除怀远以外的其他江淮官话中，怀远话为低短调；六安话比较特殊，分为高、低两类。

第二节　古入声字中原官话区的声调分派

古入声字在官话方言中的分派规律不同，古入声字在中原官话中分派的主要特点是"古清声母和次浊声母字今读阴平，全浊声母字今读阳平"。（侯精一2002）但这种所谓的特点也只是粗线条的，在核心区体现得比较明显，但在两种方言交界地带一致性就没么强。

下面我们将古清入和次浊入作为一类，古全浊入作为一类，分别统计这两类古入声字在豫皖两省沿淮分布的中原官话徐淮片的萧县、商阜片的濉溪、阜阳、涡阳、宿州、蒙城以及信蚌片的信阳、罗山、光山、固始、商城、淮滨、蚌埠、五河、霍邱中的声调分派情况。

一 清声母、次浊声母入声字声调的今分派

清声母字和次浊声母字声调的今归派规律具有较强的一致性，可以归为一类。在统计的过程中，我们发现入声字派入上声的极少，因此将上声和去声一起统计，如有必要则单独说明。由于各点统计的具体数字略有不同，我们把每个点统计到的数字标示在方言点之后，表格中的数字为古入声字派入各声调的百分比，百分比后的数字为入声舒化后分派到各声调的字数。统计的结果如下表5-2：

表5-2　　　　古全清、次清声母入声字的分派比例

今声调＼比例＼方言点	阴平	阳平	去声、上声
萧县 342	85.1%（291）	6.1%（21）	8.8%（30）
濉溪 384	83.1%（319）	4.9%（19）	12%（46）
阜阳 407	81.8%（333）	10.8%（44）	7.4%（30）
涡阳 352	82.4%（290）	10.2%（36）	7.4%（26）
宿州 330	86.1%（284）	6.7%（22）	7.2%（24）
蒙城 462	71.2%（329）	13.6%（63）	15.2%（70）
淮南 301	62.8%（189）	22.3%（67）	14.9%（45）
信阳老 363	68.9%（250）	16.3%（59）	14.8%（54）
罗山 363	89.3%（324）	5.2%（19）	5.5%（20）
光山 363	85.7%（311）	2.2%（8）	12.1%（44）
淮滨 363	58.1%（211）	28.6%（104）	13.3%（48）
固始 363	47.7%（173）	41.6%（151）	12.4%（45）
商城 363	42.4%（154）	47.4%（172）	11.8%（43）
霍邱 359	31.2%（112）	52.6%（189）	16.2%（58）
蚌埠 280	56.8%（159）	22%（62）	21.2%（59）
五河 357	7%（25）	4.8%（17）	88.2%（315）

从上表可见，清声母和次浊声母入声字在中原官话派入其他声调呈现以下特点：

①派入清声母的比例在地理上呈现渐变性特征：北部比例较高，由北向南比例逐渐下降。在最北端的萧县、濉溪两地，派入清声母的比例高达85.1%和83.1%，河南的罗山、光山二地比例也较高；淮滨、固始等地比例大幅下降，不到一半，霍邱只有不到三分之一。

②随着派入阴平比例降低，派入阳平的比例相应提高。萧县、濉溪两地派入阳平的只有5%上下，固始、商城两地派入阴平和阳平的比例基本相当，霍邱话派入阳平的比例超过阴平，达到52.6%。

③五河话比较特殊，入声主要派入去声，比例高达88.2%，读其他三声的合计只有十分之一。

二　全浊声母入声字的分派

古全浊声母入声字今读阳平的比例最高，派入其他声调的比例较低。请看下表5-3：

表5-3　　　　　　　　　古全浊声母入声字的分派

今声调＼比例＼方言点	阴平	阳平	去声、上声
萧县105	6.7%（7）	84.8%（89）	8.5%（9）
濉溪137	6.6%（9）	77.4%（106）	16%（22）
阜阳118	6.8%（8）	88.1%（104）	5.1%（6）
涡阳109	6.4%（7）	85.3%（93）	8.3%（9）
宿州116	6.9%（8）	85.3%（99）	7.8%（9）
蒙城143	9.1%（13）	81.1%（116）	9.8%（14）
淮南88	0	86.4%（76）	13.6%（12）
信阳老113	12.4（14）	77%（87）	10.6%（12）
罗山113	15.9%（18）	77.9%（88）	6.2%（7）
光山113	44.2%（50）	46%（52）	9.8%（11）
淮滨113	5.3%（6）	85.8%（97）	8.9%10
固始113	7.1%（8）	87.6%（99）	5.3%（6）
商城113	4.4%（5）	86.7%（98）	8.9%（10）
霍邱97	0	86.6%（84）	13.4%（13）

续表

今声调 \ 比例 \ 方言点	阴平	阳平	去声、上声
蚌埠86	5.8%（5）	87.2%（75）	7%（6）
五河108	1.9%（2）	24.1%（26）	74.1%（80）

从上表可见，在豫皖两省沿淮中原官话区，大多数方言点的古全浊声母入声派入了阳平，统计的15个方言点中有10个点高达80%以上。但有两个点比较特殊：古全浊声母入声字在光山话中分派入阳平和阴平的比例基本相当，看不出明显差异；古全浊声母入声字在五河话中只有24.1%派入阳平，派入去声的比例高达74.1%。

三 古入声的分派类型

根据上述分析，按照古入声字在豫皖两省沿淮中原官话中的分派规律，大体上可以将其分为三种类型：

（一）阜阳型

古清入、次浊入归阴平，全浊入归阳平。这种类型是典型的中原官话入声分派模式，主要分布于皖北中原官话的徐淮片、商阜片和部分信蚌片方言，如安徽的濉溪、萧县、阜阳、宿州、河南的信阳、罗山、光山、新县等地。

（二）凤台型

古清声母入声字、次浊声母入声字派入阴平和阳平的比例相当，全浊入派入阳平。主要见于安徽境内的淮南、凤台、霍邱以及河南省境内的潢川、息县、淮滨、固始、商城等地。

（三）凤阳型

古入声字不分清浊主要归去声（少量全浊字归阳平，如贼$_{从}$），见于信蚌片的凤阳、五河等地。

处于交界地带的方言，可能同时受到上述三种模式的影响，因而古入声字的归派显得比较杂乱。如蚌埠话大致算是阜阳型，但古清声母入声字的分派又有凤台型的特点。下面从三种不同的入声分派类型中各选择一个代表点，把各类入声调今分派情况列表如下。具体见表5-4、5-5、5-6。

表 5-4 阜阳话古入声今读声调

古声母＼今读声调	阴平	阳平	上声	去声
清声母	八鳖憋钵拨不卜搏博剥驳北百迫伯柏辟撇泼匹扑拍魄劈僻粕霹法发福幅蝠腹复覆答搭跌掇得滴嫡笃督德的（目的）踢揭塌溻塔贴帖獭铁脱托踢剔秃惕哲蛰桌卓琢啄戳竹筑彻撤拆戳接节雀鲫积足绩脊迹作爵即则擦切七漆戚缉黢促锡析撒萨薛雪肃粟速悉膝削塞惜熄息宿扎札捉侧窄责测策册插察涩杀虱缩啬刹煞刷摺褶执汁折浙拙质织职祝嘱烛酌出绰触尺摄湿设说失束识释室适述甲胛夹劫革各阁胳格级隔割葛鸽刮括骨谷郭国脚结厥决诀觉击激角（豆角）菊掬鞠橘磕渴缺泣掐阔恰乞窟廓客哭却扩酷刻曲吃确湿吸瞎歇喝蝎胁豁霍赫忽黑蓄畜（畜牧）迄屋鸭押压噎郁益乙一恶约握扼沃挖	别逼笔毕必佛（仿佛）戳卒甲责察促胛夹劫给格级吉角（牛角）急洁阔恰却扩确瞎胁扼抑	撮眨叔	壁璧碧畜妾猝窃栅式觉怯迄郁轧
次浊声母	抹末沫密蜜灭蔑蔑摸陌麦脉木沐睦目墨穆默觅袜物勿纳聂镊捏捺诺匿溺腊蜡猎辣癞列烈裂劣立粒笠栗律力落洛络骆乐略掠肋勒鹿禄陆绿录入热日若弱辱褥孽月虐狱岳越曰粤域页叶亦悦阅药欲浴	膜寞漠历莫额鄂逸译液疫役		幕牧没六屑不屑 肉逆腋玉易跃翼育
全浊声母	缚寂藉袭涉倔掘极	别拔薄勃渤白帛泊箔舶乏伐罚筏服伏缚沓碟谍蝶达夺突蹶铎特敌笛狄毒独读犊牍侄秩浊直值泽择掷宅逐轴杂捷集截绝贼辑疾籍寂凿昨嚼族夕习席俗铡闸镯舌实术秫赎勺拾十什芍属蜀硕植倔掘极及局杰合盒狭峡匣洽协活滑获穴核或惑学		续 炸炸弹剧倔鹤划

表 5-5　　　　　　　　　　　蚌埠话古入声字今读声调

古声母＼今声调	阴平	阳平	上声	去声
清声母	只吃尺虱湿识劈匹滴踢剔脊漆膝吸息不扑福秃竹粥出缩骨谷哭窟忽橘菊曲黢八巴发法搭耷塌踏塔擦插撒夹掐瞎鸭压押刷刮憋鳖撇瞥跌贴铁帖节切歇蝎噎剥拨泼魄得德窄册色涩割鸽搁隔葛渴刻克喝托拖脱桌捉说索郭扩豁握角脚缺削薛	质执职失室识逼必笔辟的吉即急疾击迹激积媳袭析覆足卒烛祝触促踢轧颊甲恰别节劫伯浙哲摘折革格阁责迮筑掴扼琢卓戳国决却	仆朴卜叔撮	斥赤翅厕释僻乞惜恶速肃束酷据畜蓄妾怯窃切侧测策彻撤客阔霍雀鹊确
次浊声母	日密蜜力栗粒立木没物鹿录绿掠辱入褥袜纳捺腊辣蜡灭蔑篾聂镊孽列劣烈裂猎叶页亦业末脉墨肋勒热落烙洛若弱药约月越悦阅曰	模译液额逸疫		秘逆匿你历厉吏立目沐牧幕陆律玉育郁浴狱陌役肉易
全浊声母	突浊掘袭蛰	直值侄浊十拾食石实鼻敌笛及极疾集席伏服复毒独读犊俗熟殊局白拔乏伐罚达夺杂砸闸狭煠滑猾碟蝶杰捷截协勃薄特泽辙宅择疾习籍舌瞎勺核盒合凿茁活嚼绝倔瘸穴学辖匣	族	鹤剧续洽蹩

表 5-6　　　　　　　　　　　淮南话古入声字今读声调

古声母＼今声调	阴平	阳平	上声	去声
清声母	鳖憋拨不剥北百迫撇泼匹朴魄拍扑醭跌得德滴督塔塌榻踏贴帖铁托踢秃接雀鹊擦速切七漆鲫戚撒薛雪悉削塞熄息惜锡析速桌啄戳拆插捉测窄窝杀刷虱色缩执汁织只粥出尺赤书湿说适鸽割葛揭括刮骨胳脚郭角磕恰掐渴窟缺确刻克吃哭喝吸喝腌蝎歇豁血忽黑鸭押压腌揖噎挖恶约药钥握屋	八笔毕博伯泊劈法发福幅答搭特节卒猝爵积脊绩足促媳滴竹筑闸责察浙拙质职祝烛触室失夹甲胛劫急级结洁决诀吉橘各搁觉感~国革隔激菊屈胁一乙	索眨褶叔谷曲嗦	壁璧妾作错泄肃畜设式怯倔客酷藿霍蓄轧亿忆益

续表

古声母＼今声调	阴平	阳平	上声	去声
次浊声母	抹灭篾末沫密蜜没摸墨默麦脉木目穆袜物纳聂镊蹑捺捏腊蜡拉猎立粒笠辣列烈劣栗律率落烙乐肋勒鹿禄陆绿录热日弱业孽月虐疟额越叶页阅悦育	膜逸	辱	寞幕觅溺力历六肉褥玉狱易译液疫浴
全浊声母		拔薄雹白乏罚筏服伏昝碟蝶叠谍达突特敌笛独读犊毒杂捷集辑截绝凿昨嚼贼族习袭席俗蛰侄浊直值泽择宅逐轴铡镯舌实秩食赎十拾勺石熟杰局狭峡匣合盒协辖活滑猾穴学核	蜀	瀑寂秩术射涉剧鹤或惑获

第六章　沿淮方言微观演变的个案考察

从方言的共时分布格局来看，中原官话分布在淮河以北、江淮官话分布在淮河以南，淮河是两大官话的大致分界线。两种不同的方言在淮河一带接触、互动，相互之间必然产生不同程度的影响。同时，方言自身的演变、诸如人口流动、普通话推广等外部因素的影响，使得各地方言都处于快速的变动之中。因此，截取最近几十年来两个时间段的方言语音状况进行对比，可以观察到方言微观变化的过程。

本章我们将选取处于江淮官话与中原官话接触前沿地带的三个方言点作为观察对象，以20世纪第一次语言普查的成果作为早期材料，以最近几年调查的最新成果作为当下方言语音面貌的代表，两相对照，观测临界地带方言微观变化过程。

第一节　淮南方言的语音变异

淮南是安徽省的一个地级市，位于东经116°21′5″—117°12′30″，北纬31°54′8″—33°00′26″之间，处于淮河中游、安徽省中部偏北。淮南市建市时间较晚，明清时期分属寿州、怀远、凤阳，中华人民共和国成立后成立了淮南煤矿特别行政区，1950年建市。现辖田家庵区、潘集区、谢家集区、八公山区、大通区、寿县、凤台等五区两县，其中寿县原属六安市，2015年划归淮南市。市政府驻地为田家庵区。

学者对淮南方言的归属问题有不同的看法。20世纪50年代，为推广普通话，合肥师范学院（今安徽师范大学）调查组调查了淮南洞山方言，写成《淮南（洞山）方言调查报告》。该报告认为淮南话有5个声调，除了阴平、阳平、上声、去声外，还有一个调值为高短调 55 的入声调。《安徽省志·方言志》沿用此说，认为淮南方言与安庆、池州方言一样，"无辅音韵尾标志，只保存独立的舒声调值。"其后，《江淮官话的分区（稿）》（刘祥柏2007）《安徽省的汉语方言》（赵日新2008）等都沿用此说，将淮南方言归入江淮官话洪巢片。贡贵训（2011）则认为淮南只有与怀远县南部相连的上窑、窑河等乡镇尚有入声，但包括政府驻地田家庵在内的大部分地区都已没有入声，其方言的语音特征与凤台、寿县的方言一致，因此可以归入中原官话信蚌片。

一 淮南方言的新旧音系

为观察淮南方言几十年来的语音变化，我们将20世纪50年代合肥师范学院（今安徽师范大学）调查组写的《淮南（洞山）方言调查报告》作为旧音系的代表，2008年及以后调查的方言语音系统作为新音系代表，二者放在一起比较，观察其变化的过程。

（一）《淮南（洞山）方言调查报告》音系

1. 声母：

p 布步	pʰ 怕爬		m 木美	v 伟文
t 大东	tʰ 太同		n 年奴	l 连炉
k 高共	kʰ 考葵	x 夫呼孩好		ɣ 袄安
tɕ 精见	tɕʰ 秋求	ɕ 想乡		
ts 早赵	tsʰ 草陈	s 三烧		z 人热
ø 耳要雨				

说明：知庄章三组声母与精组洪音合流，读为ts组声母；非组声母与xu-混同，夫=呼，分=昏，房=黄。

2. 韵母

ɿ 资知	i 鸡笔	u 步骨	y 虚菊
a 怕达	ia 亚甲	ua 瓜刮	
	ie 界业		ye 靴月
ɛ 败在		uɛ 怪快	
ɤ 车客摘			
ʌɣ 白儿额			
ao 包超	iao 苗笑		

161

o 破薄　　　　　　　　　　uo 多科　　　　yo 药脚
ɤu 收肉　　　iɤu 流求
ei 杯水　　　　　　　　　　uei 鬼飞
an 班敢　　　ian 边田　　　uan 饭官　　　yan 全元
ẽ 蒸针　　　 iẽ 新星　　　 uẽ 春昏　　　 yn 君云
ɑŋ 帮堂　　　iɑŋ 阳强　　　uɑŋ 窗光
oŋ 萌孟　　　　　　　　　　uəŋ 翁东　　　yŋ 兄荣

3. 声调

调类	阴平	阳平	上声	去声	入声
调值	212	45	24	52	55
例字	天山高	人红唐	古草有	放道树	笔墨白

（二）2008 年淮南方言音系

我们对淮南方言的调查最早是在 2008 年，其后又陆续进行过调查。本部分描写的是淮南市政府所在地的田家庵话。田家庵区下辖 9 个街道、3 个镇、两个乡，街道都在城区之内，其中包括泉山街道。我们调查地点在田东街道，与泉山街道相距不足 10 公里，二地方言无差别。

我们调查的田家庵话总共有 21 个声母（包括一个零声母），33 个韵母，4 个单字调。

1. 声母

p 布步别被　　pʰ 怕盘爬皮　　m 门眉磨抹　　f 飞_文读_妇帆_文读_　　v 闻围碗王
t 到道夺对　　tʰ 太同腿谈　　n 难怒女年　　　　　　　　　　　　l 兰路吕连
ts 糟招祖争　 tsʰ 仓昌曹潮初　　　　　　　　s 税散丝师　　　　z 认绕闰日
k 贵跪怪瓜　　kʰ 开葵狂磕　　　　　　　　　x 飞_白读_灰阜废　　ɣ 硬袄恩埯
tɕ 精经结举　 tɕʰ 秋丘齐旗　　　　　　　　　ɕ 休修线虚
ø 而豌远言

2. 韵母

ɿ 资知支直　　i 地你急立　　u 故赌母鹿绿_白读_　　y 雨虚欲绿_文读_
a 耳茶爬辣　 ia 架哑甲跨_白读_　ua 花瓜刮刷
　　　　　　 ie 野介接铁鞋　　　　　　　　　　　　ye 靴确缺月药

ɛ 盖海奶晒　　　　　　　uɛ 怪坏帅
ɔ 保饱桃烧　　iɔ 苗条叫晓
o 婆魄波摸　　　　　　　uo 果饿落活
əu 透厚丑收　　iəu 流酒救纠
ə 河格舌色
ei 倍罪岁碑北　　　　　　uei 贵桂肺灰
ã 胆三竿含　　iã 间减检连　　uã 短酸官关　　yã 权圈远选
ə̃ 根垦庚坑　　ĩ 紧林心新星　　uə̃ 滚昏温村　　yĩ 云群勋军
ɑ̃ 党桑张纲　　iã 香江良讲　　uã 房网床黄
　　　　　　　　　　　　　uŋ 翁东红风　　yŋ 胸穷琼永

3. 声调

调类	调值	例字
阴平	212	高边伤说月
阳平	55	穷寒娘急局
上声	24	古展好有
去声	53	抱汉阵望

4. 淮南方言声韵调特点

①非组与晓、匣母混同，读为[x]，但部分非组文读为[f]。例如：夫遇合三非[ₒxu]＝呼遇合三晓[ₒxu]，痱止合三敷[xueiꜘ]＝会蟹合一匣[xueiꜘ]，饭山合三奉[xuaꜘ]＝换山合一匣[xuaꜘ]；但"飞机"读为[ₒfei ₒtɕi]。

②疑影母洪音字有的读为舌根浊擦音 ɣ。例如：碍蟹开一疑[ɣɤꜘ]、硬梗开二疑[ɣəŋꜘ]、袄效开一影[ᶜɣɔ]、矮蟹开二影[ᶜɣɛ]。

③知庄章三组声母合流，读为[ts、tsʰ、s]；相应的，日母读为[z]。例如：珍知[ₒtsən]、趁彻[tsʰənꜘ]、陈澄[ₒtsən]；阻庄[ᶜtsu]、衬初[tsənꜘ]、锄崇[ₒtsʰuo]、山生[ₒsã]；真章[ₒtsən]、穿昌[ₒtsʰuã]、神船[ₒsən]、书书[ₒsu]；肉日[zəuꜘ]、绕日[zɔꜘ]、热日[zəꜘ]、认日[zənꜘ]。

④端精组之蟹摄、止摄（包括以及极少章组合口字）、臻摄部分合口字今读开口呼。例如：对蟹合一端[teiꜘ]、腿蟹合一透[ᶜtʰei]、队蟹合一定[teiꜘ]；最蟹合一精[tseiꜘ]、脆蟹合三清[tsʰeiꜘ]、罪蟹合一从[tseiꜘ]、岁蟹合三心[seiꜘ]、嘴止合三精[ᶜtsei]、翠止合三清[tseiꜘ]、随止合三邪[tsʰei/ₒsei]、锥止合三章[ₒtsei]、水止合三书[ᶜsei]；顿臻合一端[təŋꜘ]、盾臻合一定[təŋꜘ]、轮臻合三来[ₒləŋ]；遵臻合三精

[ₑtsən]、村臻合一清[ₑtsʰən]、存臻合一从[ₑtsʰən]、孙臻合一心[ₑsən]；

⑤除帮组开口一等以外其他声母的深、臻、曾三摄、除帮组二等以外的其他声母的梗摄开口舒声字合流，读前鼻尾韵，有的读为鼻化韵。例如：蒸曾开三争梗开二=针深开三真臻开三，读为[ₑtsən]；生梗开二声梗开三=深深开三身臻开三，读为[ₑsən]；灵梗开四=林深开三，音[ₑliĩ]；英梗开三鹰曾开三=音深开三因臻开三，读为[ₑiĩ]。

⑥帮组开口一等的曾摄字、帮组开口二等的梗摄、部分梗摄合口字与通摄合口字合流，韵母为[uŋ]。例如：朋曾开一[ₑpʰuŋ]、孟梗开二[muŋ³]、横梗合二[xuŋ³]、篷通合一[ₑpʰuŋ]、凤通合三[xuŋ³]。

二 淮南方言的语音变化

（一）新旧音系的不同

对比两个不同时期的音系，主要差异表现在：

①非组声母与部分晓、匣母字声母的分混。《淮南（洞山）方言调查报告》中二者混同，读[x]声母；最新调查发现有少量非组字文读为[f]，如"飞机"音[ₑfei ₑtɕi]。

②韵母的多寡。《淮南（洞山）方言调查报告》中有两个韵母[ye]、[yo]，在最新音系中合流为一个[ye]；韵母[ʌɤ]消失，变成央元音[ə]；曾开一、梗开二帮组舒声韵在《淮南（洞山）方言调查报告》中分别是[oŋ]、[uəŋ]，在最新调查中已经与通摄合流为[uŋ]韵母。

③入声韵的表现。《报告》有入声调，调值为55高短调；最新调查无入声韵，也没有入声调，入声的分派规律与周边方言如凤台、寿县等地基本一致。

其中第③点尤其需要注意。因为入声的有无是判断淮南方言性质的重要标准，《淮南（洞山）方言调查报告》认为有入声，所以应该归江淮官话；我们调查结果表明无入声，应该归中原官话。淮南话到底有没有入声呢？

1998年编修的《淮南市志》也注意到了这个问题。《淮南市志》中记录的方言音系与《报告》有两点不同：①"报告"中记录洞山话也有入声，并为55高短调值，本次调查却没有这种现象；②"报告""白德折热遮车蛇格额"等字读ʌ韵母，今洞山话为ə韵母。并认为这种差异不大可能是语音演变的结果。"这份《报告》的发音合作人很可能受江淮方言的影响较大。"

(二) 新旧音系差异的两种可能

1. 内部差异的可能

新旧两个音系为什么会有这种差异呢？是像《淮南市志》所说的一样，《淮南（洞山）方言调查报告》调查的对象"受江淮官话影响较大"？还是淮南方言在几十年之中发生了变化呢？要讨论这个问题，必须要了解淮南方言的复杂性。

淮南方言的内部并不一致，根据入声的有无，境内大致可以分为两个小片：大致上是大通区为一片，包括上窑、洛河一带，田家庵、八公山、谢家集、潘集为另一片。前者与原属于怀远南部的孝义乡、新城口等地相连，有入声，入声有喉塞尾，属江淮官话；后者与寿县、凤台、怀远县的北部相连，此片方言无入声，全浊入归阳平、次浊入大部归阴平，属中原官话。我们可以把入声在淮南各区的读音情况列表如下，观察其在各地读音的差异：

表 6-1　　　　　　　　　　淮南话入声读音的内部差异

	法	跌	桌	脚	绿	麦	药	白	毒	族	局
上　窑	fəʔ˧	tieʔ˧	tsuəʔ˧	tɕyeʔ˧	luəʔ˧	məʔ˧	yeʔ˧	pəʔ˧	tuaʔ˧	tsʰuəʔ˧	tɕyeʔ˧
田家庵	ˌxua	ˌtie	ˌtsuə	ˌtɕye	ˌlu	ˌmuo / ˌmɛ	ˌye	ˌpei / ˌpɛ	ˌtu	ˌtsʰu	ˌtɕy
八公山	ˌxua / ˌfa	ˌtie	ˌtsuə	ˌtɕye	ˌlu	ˌmuo	ˌye	ˌpuo	ˌtu	ˌtsʰu	ˌtɕy
潘　集	ˌfa / ˌxua	ˌtie	ˌtʂuo	ˌtɕyə	ˌlu	ˌmei	ˌyə	ˌpei	ˌtu	ˌtsu	ˌtɕy

之所以会形成这种格局，从淮南的历史沿革可以看出原委。宋元以来，今淮南市境一直分属不同的行政区域管辖。北宋熙宁五年，淮南境以淮河为界，南边属寿春县，北边属下蔡。元至元二十八年属怀远县。明分属寿州、怀远两县，清代仍之。民国分属寿县、凤台、怀远三县。直至1952年建立地级淮南市，辖市内各区及凤台一县。2015年寿县从六安市划入，形成现在的五区两县的格局。保留入声的上窑、洛河一带与怀远南部接壤，语音特征也与怀远南片话一样；八公山与凤台、寿县相邻，语音特

征与相似；潘集与怀远北片相邻语音特征相似。除了内部差异因素以外，淮南人口构成也很复杂，建设煤矿时外来移民较多。如果调查时没仔细甄别发音人的话，很可能像《淮南市志》说的一样，"发音人受江淮官话影响较大"。

2. 历时变化的可能

除了第一种可能以外，淮南方言有没有可能从保持独立入声调的江淮方言演变成无入声的中原官话呢？对比新旧两个音系，我们发现"折热遮车蛇格"等字的韵母从 ʌɤ 变 ə 是有可能的，因为主要元音从低元音 ʌ 变成央元音 ə 是江淮官话入声韵变化的常态，从发音生理上看，ʌ 和 ə 非常接近，都属于中元音、发音时舌位松弛自然。声调方面，《淮南（洞山）方言调查报告》所记的入声调值为 55 与淮南话的阳平调型基本一样，二者极有可能发生归并，入声拉长后并入阳平，所以古入声在淮南话中派入阳平的较多。

有没有可能淮南方言在 20 世纪 50 年代有入声，在几十年后入声消失了呢？拉波夫认为共时的变异可以解释历史的演变，即"用现代解释过去（the use of present to explain the past）"。如果我们能找到正在进行变化的例子，就可以解释淮南方言的变化过程。恰好我们发现在距离不远的魏郢村入声正在消变的过程中。魏郢村与淮南相距不远，是凤台县李冲回族乡的一个村，南、西、北三面靠淮河，与凤台县城隔河相望，东南与寿县接壤。

魏郢村话有 19 个声母（p pʰ m；t tʰ n l；ts tsʰ s z；k kʰ x ɣ；tɕ tɕʰ ɕ）；5 个声调，分别是：阴平 213、阳平 44、上声 24、去声 53、入声 55。苏锡育（2009）认为此处的古入声字部分舒化、部分仍然保持入声的读法，入声有喉塞尾，但比较轻微，调值为 55。在五百多个古入声字中，舒化的有 287 个，我们根据其材料整理如表 6-2：

表 6-2　　　　　　　　古入声在魏郢村话的今分派

今声调 古声母	阴平		阳平		上声		去声		入声	
	字数	比例	字数	比例	字数	比例	字数	比例	字数	比例
清入 (310 字)	148	47.7%	0	0%	9	2.9%	26	8.4%	127	41.0%

续表

古声母 \ 今声调	阴平 字数	阴平 比例	阳平 字数	阳平 比例	上声 字数	上声 比例	去声 字数	去声 比例	入声 字数	入声 比例
次浊入（119字）	65	54.6%	0	0%	5	4.2%	17	14.3%	32	26.9%
全浊入（131字）	4	3.1%	0	0%	3	2.3%	10	7.6%	114	87%
合计（560字）	217		0		17		53		273	

分析表6-2数据，我们发现魏郢村古全浊声母入声字的舒化比例最低，仅占舒化字总数13%，舒化速度要比清声母、次浊声母入声字慢得多。这一现象比较反常，不大符合汉语方言中入声舒化的一般规律。许宝华（1984）说"一般说来，全浊的入声字大抵由于辅音韵尾失落得比较早，比较早地并入了舒声类……"我们认为比较可信。汉语方言的调查统计也证明了这个规律，如《湖北方言调查报告》中调查的33处有入声的方言中，都是全浊入最先舒化（罗自群2002）；王群生（1999）调查了湖北西南部松滋方言的入声情况，认为松滋方言的入声也是全浊声母率先舒化，然后才是清声母；刘淑学（2000）统计了张家口13市县方言中的入声，发现浊声母比清声母舒化速度快；邢台方言（城西）中的入声字，全浊声母的96%舒化，远高于清入的68%。但魏郢村的入声字清声母有59%的已经舒化、次浊声母有73%的舒化，但全浊声母字只有13%舒化。这种舒化模式与其他方言都不同，不符合汉语方言入声舒化的一般规律。

为什么魏郢村的方言表现如此特别呢？原因在于阳平与入声的调值的表现。上文我们看到，魏郢村方言的阳平调值为44调，而入声为55短调，调值非常接近。苏锡育先生的音系记录中的入声虽然有喉塞尾，但她同时又表示这种所谓的喉塞尾很轻微，与江淮官话的表现不同。赵宏（1997）提出短调性是入声的主要特征。由于要"短"，所以在发音末尾气流突然被截断，因此伴随有塞音尾。朱晓农先生（2008）提出了入声演化的三条途径，第一条"开化路"是指先开音节话，再长化：短p＞短？＞短开＞中开＞长开。在此路径中，入声唯闭韵尾变为喉塞尾进入短？阶段，然后塞音尾失落，但保持原有的短调性质进入短开阶段，然后逐步到达长开阶段。我们认为魏郢村方言的入声处在短开阶段，类似于吴语德清话的阴入字。

结合汉语方言中入声舒化的一般规律，从理论上讲，魏郢村方言入声字有两种可能：一种是全浊入舒化后与阳平合流，因为"入声舒化后最大的可能是与同形舒声调合并"（朱晓农 2008），魏郢村方言 <u>55</u> 短调的入声与阳平的 44 调调型一样、音高接近，入声很容易并入阳平；另一种可能是绝大部分入声字依然保持独立，但由于阳平调值与入声的相似性，未来入声舒化后会归入阳平。我们倾向于第一种可能，假如我们把 114 个保持独立的"全浊入声字"移到阳平中，魏郢村全浊入的舒化情况为"归入阴平的占 3.1%、上声的 2.3%、去声的 7.6%，阳平的 87%"。入声舒化后的分派模式与淮南、凤台、霍邱等地完全一样。因此，淮南话入声从有到无的变化过程，正在凤台县的魏郢村上演。

3. 古入声在淮南（田家庵）方言中的分派

古入声在淮南（田家庵）方言中变成舒声后的声调归向如何呢？我们统计了 382 个常用入声字，分别派入阴平、阳平、上声、去声四个声调的情况见表 6-3：

表 6-3 中古入声在淮南方言中今读声调

	阴平 212	阳平 55	上声 24	去声 53
帮	鳖憋拨不剥北百迫	八别笔毕博伯		壁璧
滂	撇泼匹朴魄拍扑醋	泊劈		
並		拔薄雹白		瀑
明	抹灭篾末沫密蜜摸墨默麦脉木目穆	膜		寞幕觅
非		法发福幅		
敷		佛		
奉		乏罚筏服伏		
微	袜物			
端	跌得德滴督	答搭		
透	塔塌榻踏贴帖铁托踢秃			
定		沓碟蝶叠谍达突特敌笛独读犊毒		
泥	纳聂镊蹑捺涅			溺
来	腊蜡拉猎立粒笠辣列烈劣栗律率落烙乐肋勒鹿禄陆绿录			力历六

续表

	阴平 212	阳平 55	上声 24	去声 53
精	接雀鹊	节卒猝爵积脊绩足		姜作错
清	擦切七漆鲫戚	促		
从		杂捷集辑截绝凿昨嚼贼族		寂
心	撒薛雪悉削塞熄息惜锡析速	媳	索	泄肃
邪		习袭席俗		
知	桌啄	摘竹筑		
彻	戳拆			畜
澄		蛰侄着浊直值泽择宅逐轴		秩
庄	插捉测侧窄	闸煤责	眨	
初		察		
崇		铡镯		
生	杀刷虱色缩			
章	执汁织只粥	折浙拙质职祝烛触	褶	
昌	出尺赤			
船		舌实秫食赎		术射
书	书湿说适	室失	叔	设式
禅		十拾勺石熟	蜀	涉
日	热日弱		辱	肉褥
见	鸽割葛揭括刮骨胳脚郭角	夹甲胛劫急级结洁决诀吉橘各搁觉感~国革隔激菊	谷	怯倔
溪	磕恰掐渴窟缺扩确刻克吃哭	屈	曲	客酷
群		杰局		剧
疑	业孽月虐疟额			玉狱
晓	喝吸喝瞎蝎歇豁血忽黑	胁		藿霍蓄
匣		狭峡匣合盒协辖活滑猾穴学核		鹤或惑获
影	鸭押压腌揞噎挖恶约药钥握屋	一乙	哕	轧亿忆益
云	越			
以	叶页阅悦育	逸		易译液疫浴

在所统计的入声字中，全浊声母入声字 88 个、次浊声母入声字 82 个，清声母 212 个。根据上表的分派情况，三种声母类型的古入声字分派比例如下表 6-4：

表 6-4　　　　　　淮南（田家庵）方言入声今分派比例表

	阴平/百分比	阳平/百分比	上声/百分比	去声/百分比
清声母字 212	122/57.5%	66/30.1%	7/3.3%	17/8.1%
次浊声母字 82	63/76.8%	2/2.4%	1/1.2%	16/19.6%
全浊声母字 88	0	76/86.4%	1/1.1%	11/12.5%

从上表可见，古清声母入声字在淮南（田家庵）方言中派入阴平的最多，达到近一半以上，派入阳平的约占三分之一，派入上声和去声的很少，总共约十分之一。古次浊声母入声字派入阴平的最多，其次是去声。全浊声母字派入阳平的占绝大多数，派入其他声调的只有十分之一强。中古入声字在淮南（田家庵）方言的分派规律与中原官话的凤台、颍上、霍邱等地大体一致，只是清声母和次浊声母入声字派入去声的比例略高。

第二节　怀远方言的内部差异及入声演变

怀远位于安徽省的北部，属于蚌埠市管辖，淮河穿境而过，将县境南北一分为二，境内方言差异明显。怀远方言的归属也有不同的意见。《中国语言地图集》（1987）将怀远方言划入江淮官话洪巢片（图 B3：官话之三），《安徽省志·方言志》（孟庆惠 1997）认为怀远方言有入声韵和入声调，属于江淮官话；《安徽怀远方音调查报告》（贡贵训 2004）详细调查了怀远境内各个乡镇的语音系统，认为怀远方言可以分为南北两片，南片有入声，为江淮官话，北片无入声，为中原官话。《中原官话分区（稿）》（贺巍 2005）对中原官话的分区做了调整，认为怀远方言属中原官话信蚌片。《江淮官话的分区》（刘向柏 2007）、《安徽省的汉语方言》（赵日新 2008）对怀远方言性质的判断与《安徽怀远方音调查报告》（贡贵训 2004）一致，认为部分乡镇有入声，属江淮官话，部分无入声，属中原官话。

怀远县横跨淮河两岸，处于江淮官话和中原官话接触的前沿地带。近年来，随着北方方言的南进以及普通话的推广，怀远方言也发生了剧烈的变化。下面我们将前后相距50年左右的两个调查音系放在一起进行比较，从历时角度观察其微观变化，同时对怀远话的共时内部差异也进行描写。由于入声的有无以及入声舒化后的分派是判断方言性质的重要标准，我们将专门对入声在怀远方言中的表现进行统计分析。

一　新旧音系的差异

下面我们将《安徽方言概况》记录的怀远方言音系作为旧音系的代表，2004年《安徽怀远方音调查报告》的音系作为新音系，两相比照，观察怀远方言语音五六十年来的变化。

（一）《安徽方言概况》音系

1. 声母（21个，包括1个零声母）

p 布步	pʰ 怕婆	m 木美	f 夫发	v 伟文
t 大东	tʰ 太同	n 年怒		l 炉连
ts 早赵	tsʰ 草陈		s 三烧	z 人热
tɕ 精京	tɕʰ 求秋		ɕ 乡想	
k 高改	kʰ 葵考		x 好孩	ɣ 安袄
∅ 耳要鱼				

2. 韵母（45个）

ɿ 资知	i 衣鸡	u 夫布	y 鱼虚
a 怕马儿	ia 加下	ua 瓜话	
ɛ 哀在	iɛ 街也	uɛ 乖块	yɛ 茄靴
ɤ 车河			
o 波饿			
ɔ 高傲	iɔ 叫要		
ei 飞雷		uei 龟炊	
ou 狗走	iou 九有		
ã 安山	iɜ̃ 边钱	uã 关晚	yɜ̃ 远全
ɑ̃ 钢商	iɑ̃ 将良	uɑ̃ 双光	
ən 棚坑 nɜ̩	iĩ 因英	uən 滚昏	yn 君云
		uəŋ 东公	yŋ 兄穷

ɿʔ 直日

aʔ 八达　　　iaʔ 甲压　　　uaʔ 挖滑

ɛʔ 策白　　　ieʔ 别铁　　　　　　　　yeʔ 决月

ɤʔ 渴各

oʔ 索服　　　　　　　　　　uoʔ 桌阔　　yoʔ 约脚

3. 声调

调类	调值	例字
阴平	21	天山高
阳平	55	人红唐
上声	24	古草马
去声	53	放道树
入声	21	笔麦白

4. 音系特点

①知庄章三组与精组洪音合流，读[ts、tsʰ、s]声母；泥来不混；古疑影母洪音今开口呼字的声母读为舌根浊擦音[ɣ]。

②深、臻、曾、梗四摄开口阳声韵字合流；阳声韵有鼻化现象。

③有入声，有 11 个有喉塞尾的入声韵，入声韵的主要为[ɿ、a、ɛ、ɤ、o]，可见元音分布广泛，舌面、舌尖、高、中、低都有。入声调为[21]低降短调。

（二）《安徽怀远方音调查报告》怀远南片话音系

1. 声母（包括零声母在内，共20个）

p 布拜部　　pʰ 怕片盘　　m 梅毛磨　　f 反纷奉　　v 微武文
t 到帝道　　tʰ 太推同　　n 难年怒　　　　　　　　l 蓝连罗
ts 宗造知　　tsʰ 村从抽　　　　　　　　s 孙随刷　　z 认然绕
tɕ 精集舅　　tɕʰ 秋齐欠　　　　　　　　ɕ 修徐孝
k 贵瓜共　　kʰ 开苦葵　　　　　　　　x 灰红胡化
ø 儿弯言

2. 韵母（36个）

ɿ 资词师世　　i 披迷第衣　　u 铺卢朱暮　　y 居区许玉
a 巴打茶儿　　ia 家掐夏牙　　ua 抓瓜夸话

ə 遮蛇歌鹅	ie 爹借且鞋	eu 波多罗棵	ye 瘸靴茄哕
ɜ 排台来盖		uɛ 乖淮衰外	
ei 杯催雷对		uei 追水贵锐	
ɔ 保烧猫袄	iɔ 标条教要		
əu 抖楼周愁	iəu 牛秋休右		
an 班丹善染	ian 棉间线廉	uan 关拴环万	yan 权捐宣冤
ən 奔生孙顿	in 宾心平清	uən 困春顺魂	yn 均群寻云
ɑŋ 帮当浪旺	iɑŋ 凉江枪央	uɑŋ 庄窗光黄	
		uŋ 朋东猛亩	yŋ 兄穷容庸
əʔ 八德十合	ieʔ 鳖熄铁压	ueʔ 夺落骨刷	yeʔ 雪菊确药

3. 声调

调类	调值	例字
阴平	21	刚尊开低
阳平	35	穷陈鹅农
上声	212	古走口老
去声	53	近盖唱帽
入声	2	急黑割木

4. 音系特点

①古知庄章三组与精组洪音合流为[ts、tsʰ、s]一组声母；泥来不混；古疑影母洪音今开口呼字新老派有差异，新派读为零声母，老派读舌根浊擦音声母[ɣ]。

②古深臻、曾梗摄阳声韵开口字韵母合流，今读前鼻音[-n]尾韵；

③有入声，有4个有喉塞尾的入声韵，入声韵的主元音仅有[ə、e]两个。入声调为短低调，调值为[2]。

（三）五十年来怀远方言音系的变化

新旧两个音系主要有两点体现时间变化的差异：

1. 古疑影母洪音今开口呼字的读音差异

旧音系读舌根浊擦音[ɣ]，新音系的老派和新派不同，新派读为零声母，老派有一部分字读零声母，部分读[ɣ]声母。

2. 入声韵的差异

旧音系有 11 个入声韵，新音系有 4 个入声韵。新旧音系中入声韵的归并关系如表 6 – 5：

表 6 – 5　　　　　　　　　　新旧音系入声韵比较

	答八舌	策麦客	日石	合渴各	刷	索剥服	弱捉骨	压甲	叶铁	笔力	月缺菊	药确
《概况》	aʔ	ɛʔ	ɿʔ	ɤʔ	uaʔ	oʔ	uoʔ	iaʔ	ieʔ	iʔ	yeʔ	yoʔ
孝仪老	əʔ				uəʔ			ieʔ			yeʔ	yoʔ
孝仪新	əʔ				uəʔ			ieʔ			yeʔ	

表 6 – 5 可见，几十年来入声韵在怀远南片话中发生了剧烈的简化过程，主要表现为入声韵主要元音的简化和归并，原来的高、半高及低元音都向央元音靠拢，其中主要来自山摄的[yeʔ]韵和来自宕江摄[yoʔ]韵主元音的对立最后中和消失。发展到孝仪话的新派，入声韵类变得极其简单：主要元音为[ə]（[e]可以看做[ə]的条件变体）、开齐合撮四呼齐全的四个入声韵[əʔ、ieʔ、uəʔ、yeʔ]，同时有与之相对应的四个阴声韵[ə、ie、uə、ye]。这种对应关系为入声韵尾脱落之后入声韵的归向奠定了基调，亦即转入相应的阴声韵。

二　怀远方言的内部差异及周边方言比较

（一）南北两片音系差异

1. 知庄章三组声母的今读

属江淮官话的南片话合流，读[ts]组，与精组洪音读音一样。如：站 = 瓒[tsan⁵³]、是 = 四[sɿ⁵³]、支 = 滋[tsɿ²¹]、烧 = 骚[sɔ²¹]；北片话则读[tʂ]组声母，与精组洪音的[ts]不同。如：站[tʂan⁵³]、是[ʂɿ⁵³]、支[tʂɿ³³⁴]、烧[ʂɔ³³⁴]。

2. 深臻曾梗四摄舒声韵的读音

南片话合流为前鼻尾韵，读[ən、in]，如：根 = 庚[kən²¹]、真 = 蒸[tsən²¹]、今 = 经[tɕin²¹]、新 = 星[ɕin²¹]。北片话深臻曾梗不混，[ən - əŋ]、[in - iŋ]不混，深臻摄今读[ən]、[in]，曾梗摄今读[əŋ]、[iŋ]，如：根[kən³³⁴] ≠ 庚[kəŋ³³⁴]、真[tʂən³³⁴] ≠ 征[tʂəŋ³³⁴]、新

[ɕin³³⁴] ≠ 星[ɕiŋ³³⁴]。

3. 日母止摄开口三等字的读音

南片无卷舌，读[a]，如儿[a³⁵]、二[a⁵³]、耳[a²¹²]；北片读卷舌音[ər]，如儿[ər³⁵]、二[ər⁵³]、耳[ər²¹⁴]。

（二）与周边方言的比较

我们抽取 7 条语音特征，把怀远方言南北两片话与江淮官话洪巢片的合肥话、中原官话信蚌片的蚌埠话、中原官话商阜片的阜阳话进行比较，相同的特征用"＋"表示、不同的用"－"表示，结果如下表 6-6：

表 6-6　　　　　　怀远方言南北两片与周边方言的语音比较

	江淮官话洪巢片		皖北中原官话		
	合肥	怀远南片	蚌埠	怀远北片	阜阳
1. 有入声，入声有喉塞尾韵	＋	＋	－	－	－
2. ʂ-ts 不分，知照精组洪音合流为 ts	－	＋	＋	－	－
3. 脑＝老，泥来不分	＋	－			
4. 疑影母今开口洪音有 z/ŋ 声母	＋	－			
5. 深臻曾梗开口合流，蒸＝真	＋	＋	＋		
6. 山摄可分一二等，搬≠班	＋	－			
7. i 未擦化为 ɿ，鸡≠资	－	＋	＋	＋	＋
8. 日母止摄开三字（儿、二）读 ər	－	－	－	＋	＋

从表 6-6 可见，虽然怀远南片话属江淮官话洪巢片，但 8 项语音特征只有 3 项与合肥话一致，不同的有 5 项；与中原官话信蚌片的蚌埠话相比，有 7 项特征一致，只有第 1 项"有入声、入声有喉塞尾"这一点不同。因此我们可以预测，如果将来怀远南片话的入声消失，立刻就融入中原官话信蚌片。怀远方言北片话的表现与南片不同：有 3 项语音特征与蚌埠话不同，但与商阜片的阜阳话完全一致。

三　怀远方言入声的演变

语言的历时发展的顺序会反映在其共时分布的差异上，也就是说，方言在地理空间分布的参差是其历时变化的投影。因此，梳理入声在怀远各乡镇方言中的表现,可以看出入声变化的过程和变化的趋势。

怀远方言内部并不一致,北片各乡镇没有入声,南片话有入声,但各乡镇方言都不同程度地存在舒化现象。为能看清入声在南片各乡镇方言中的舒化比例,我们将常用入声字进行统计。

(一) 古入声字在南片话中的分派

我们从南片话中选了7个点做统计,观察入声字在南片话中的舒化情况。统计结果如表6-7。乡镇名后是在该地调查到的古入声字的总个数,每个地点不同;其后各栏是清入、次浊入和全浊入读入声还是舒声的字数和所占百分比。

表6-7　　　　　　　　入声字在南片话中舒化情况

	古清入今读			古次浊入今读			古全浊入今读		
	字数	入	舒	字数	入	舒	字数	入	舒
孝仪 550	309	286	23	7%	116	96	20	17%	125	111	14	11%
东庙 508	278	233	45	16%	101	79	22	22%	129	84	45	35%
找郢 527	298	229	69	23%	108	81	27	25%	121	85	36	30%
魏庄 536	304	227	77	25%	111	87	24	22%	121	63	58	48%
泥河 512	285	158	127	45%	109	61	48	44%	118	28	90	76%
兰桥 507	279	68	211	76%	107	23	84	79%	121	3	118	98%
陈集 548	308	8	300	97%	115	2	113	98%	125	1	124	99%

从表6-7的数据看,古入声字在南片话中表现出舒化比例由南向北逐步递增的特点。表中所列的7个乡镇在地理上由南向北分布,入声字的舒化也呈渐次递增之势:最南端的孝仪乡(现已划归蚌埠市禹会区)舒化字数最少,只有10%的古入声字舒化;处于怀远县中部的泥河乡512个入声字中,有265个舒化,占总字数的51.7%;县境最北的兰桥、陈集舒化的比例分别达到了81%和98%,在陈集话中,只有个别字还读为入声。

(二) 古入声字在怀远南片话中舒化后的声调归向

怀远南片话中有入声,但也有部分入声字舒化。古入声字舒化后在各乡镇的声调归向不同,分派规律与古声母有关。我们选取4个点做统计,结果见表6-8:

表6-8　　　　　　古入声在怀远南片话中舒化后的声调分派

	古清入舒化字今读					古次浊入舒化字今读					古全浊入舒化字今读				
	阴	阳	上	去	字数	阴	阳	上	去	字数	阴	阳	上	去	字数
孝仪	5	2	5	11	23	5	1	1	13	20	2	5	3	4	14
	22%	9%	22%	48%		25%	5%	5%	65%		14%	36%	21%	29%	
东庙	13	12	3	17	45	4	2	0	16	22	4	34	0	7	45
	29%	27%	7%	38%		18%	9%	0%	73%		9%	76%	0%	16%	
泇河	45	37	0	45	127	12	5	2	29	48	8	73	0	9	90
	35%	29%	0%	35%		25%	11%	4%	60%		9%	81%	0%	10%	
兰桥	60	89	3	59	211	18	3	3	60	84	7	91	2	18	118
	28%	42%	1%	28%		21%	4%	4%	71%		6%	77%	2%	15%	

由表6-8可见，古入声字在南片话中舒化后声调到底分派到哪个声调中，规律不是很明显。从分派比例看，全浊入归阳平的比例最高，其次是归去声；次浊入归去声的比例最高，其次大体在70%上下；全清的规律性最差，分派入各声调的比例差别不大。

上述分析表明，近几十年来，古入声在怀远方言南片话中已经渐次减少，入声韵发生了剧烈的归并、合流。这种情况越往北越严重，北边的陈集一带几乎只有入声的残迹，其语音特征除入声以外，已经与周边其他县区的方言基本一致。可以推测，一旦这些方言中入声彻底消失，立刻就会转入中原官话信蚌片，其入声的分派规律亦受周边方言演变规律的影响。

第三节　六十年来息县方言的演变

息县地处河南信阳市东北部，其北边是驻马店市的正阳和新蔡县，南边是光山、潢川。息县北部及东西两边的潢川、罗山是中原官话，南部的光山具有很强的江淮官话特点。处于两大官话之间的息县方言，内部也有差异：大体以淮河为界分成南北两片，淮河以南的曹黄林、八里岔等乡镇江淮官话特征明显，与淮河以北的城关镇及其他各乡镇明显不同。处于临界地带的方言相对容易变化，那么处于两大官话交界地带的息县方言近几十年来发生了哪些变化呢？

一 息县方言新旧音系

对河南省的汉语方言系统的调查始于上世纪50年代，1960年编写了《河南方言概况》一书。后来经过调查补充，写成了《河南方言研究》（张启焕、陈天福、程仪，1993），书中记录了息县方言的语音系统；《息县志》编写工作1982年开始，当时调查了城关镇一位75岁的居民。二者所记录的音系除了声调略有差异以外，声母、韵母基本一致，我们将其作为旧音系的代表。同时把2014年调查的《息县方言语音比较研究》音系作为新音系的代表，两相比较，观察息县方言的微观变化。

（一）《河南方言研究》《息县志》息县方言音系

1. 声母（22个，包括1个零声母）

p 巴波班百　　pʰ 怕婆批扑　　m 妈摸美木
t 多爹低搭　　tʰ 脱梯秃铁　　n 纳挪女奴　　　　l 路拉连立
ts 组昨渣捉　　tsʰ 粗村插吃　　　　　　　　　s 苏森山竖
tʂ 知赵正展　　tʂʰ 车迟仇出　　　　　　　　　ʂ 上少扇湿　　ʐ 肉绒日人
tɕ 鸡居京江　　tɕʰ 妻区千枪　　　　　　　　　ɕ 西虚肖香
k 高歌姑隔　　kʰ 枯开考亏　　　　　　　　　x 海灰非凤　　ɣ 哀安欧恩
ø 压挖月儿

2. 韵母（40个）

ɿ 资此是吃　　ʅ 知迟湿日
ər 儿二耳尔　　i 衣闭米鸡　　u 布朱骨轴　　y 区居虚宿
a 巴妈发恰　　ia 加掐瞎压　　ua 瓦抓夸发
ɛ 唉　　　　　iɛ 爹蔑憋客　　　　　　　　　yɛ 掘缺雪月
ɣ 壳喝货扩
o 波坡摸　　　　　　　　　　uo 多窝桌初梳蛾　　yo 脚钥学岳
ai 奶态特热车墨列猎　　　　　uai 揣歪衰国获
au 包猫刀涛　　iau 标飘苗挑
ei 杯妹飞雷推嘴　　　　　　　uei 追吹亏灰
ou 兜偷漏周　　iou 丢纠秋休
an 班潘满单　　ian 编掂脸尖　　uan 端官饭帆　　yan 捐圈宣冤

ən 奔门蹲孙　　in 宾拼巾因　　uən 准棍昏坟　　yn 军群勋晕
aŋ 帮当狼商　　iaŋ 娘江枪央　　uaŋ 庄双光房
əŋ 蹦进烹蒙　　uəŋ 翁凤蜂冯
　　　　　　　　iŋ 并丁听京　　uŋ 东通农拥　　yŋ 炯穷兄

3. 声调（4个）

调类	阴平	阳平	上声	去声
调值《河南方言研究》	24	53	55	42
调值《息县志》	213	55	24	42
例字	高尊天飞麦月	穷陈人文局白	古丑买老	近厚盖怕共害

4. 息县方言声韵调特点

①[ts、tsʰ、s]一组声母的发音部位比普通话舌尖前音的舌位略靠后。从来源看，止摄开口三等的章组字与精、庄组字合流，读[ts、tsʰ、s]，其他章组字与知三合流，读[tʂ、tʂʰ、ʂ]。

②来源于疑影母洪音今读开口的字声母为舌根浊擦音[ɣ]；泥来不混。

③非母晓匣母合流，读为[xu-]；部分禅母字读送气塞擦音，与普通话不同，如"殊祥"声母为[tsʰ、tɕʰ]。

④端组、精组合口呼韵母常丢失韵头，变成开口呼。如"蹲、吞、论、尊、村、孙"等字。但也有部分普通话读[f]声母的字由于在息县方言中声母读为[x]，因而韵母也从开口呼变为相应的合口呼。如"冯"读为[˷xuəŋ]。

（二）《息县方言语音比较研究》音系

1. 声母（22个，包括1个零声母）

p 步办不别　　pʰ 怕铺破盘　　m 门马忙木　　f 飞费换回
t 到多但夺　　tʰ 他太拖谈　　n 男怒那能　　l 里兰路拉
ts 早组找争　　tsʰ 草粗充出　　　　　　　　s 苏散时书　　z 日然人荣
tɕ 精记间姐　　tɕʰ 秋去亲强　　ȵ 页鸟　　　ɕ 系修旋想
k 贵干高更　　kʰ 看开卡阔　　　　　　　　x 好汉很饭　　ɣ 硬牛岸熬
ø 问王艳闰

说明：

①[f]和与合口呼的[x]混读，所以的[f]都可以混读成[x]；合口呼的

[x]也可以读成[f]。

②[tʂ、tʂʰ、ʂ]与[ts、tsʰ、s]合流为一组声母，读舌尖前音。

③合口呼零声母字，如"文翁"等的声母有唇齿接触动作，但声带不震动，实际读为[ʋ]。

④声母[n]在齐齿和撮口呼前实际音值为[ȵ]。

⑤舌根浊擦音声母[ɣ]有新老派差异，疑影母开口字在老派话中读舌根浊擦音，新派读零声母。

2. 韵母（39个）

ɚ 二耳而尔

ɿ 字死知吃	i 比米皮急	u 夫路组不	y 语去虚句
a 妈大把发	ia 家下亚掐	ua 挂夸话瓦	
ɛ 来卖拍白	iɛ 写切接黑	uɛ 怪坏快国	yɛ 绝缺穴月
o 破馍博佛		uo 多罗拖错	yo 学药却岳
ɤ 哥可和饿			
ei 被陪飞没		uei 亏贵会为	
au 报跑毛找	iau 表票秒聊		
ou 楼头都收	iou 丢就求修		
an 班盘干看	ian 遍骗面前	uan 转船算管	yan 倦全选远
ən 本喷很顿	in 进新京清	uən 滚困混问	yn 君群寻晕
aŋ 帮胖放上	iaŋ 将强想样	uaŋ 光狂黄网	
əŋ 崩朋梦等		uəŋ 翁瓮嗡	
		uŋ 红共空充	yŋ 兄迥穷胸

n̩ 你   l̩ 儿

说明：

①舌根音[k、kʰ、x]在与韵母[iɛ]相拼时，实际音值是[c、cʰ、ç]。

②[n̩]、[l̩]是辅音自成音节，且只存在于老派话中，新派没有。

3. 声调

调类	调值	例字
阴平	312	高开婚尊粗三边天缺曲黑割
阳平	44	穷陈床寒徐鹅娘麻急局白服
上声	24	古纸口好五女暖有走丑短比

| 去声 | 53 | 近厚坐父正抗汉放共害饭岸 |

二 息县方言的语音变化

（一）新旧音系的不同

比较息县方言新旧两个音系，可以看出声、韵、调三个系统都有差异。这些不同有些是音系处理标准不同造成，有的则是语音变化导致。

1. 声母的差异

①[f]声母的有无：旧音系无[f]声母，新音系有。息县方言中[f]与合口呼的[x]自由变读，可以处理为[x]。

②[n]与[ȵ]的分立：旧音系将二者合并，认为[ȵ]是[n]在齐齿和撮口呼前的条件变体，新音系将二者分立。

③知组声母的读音：《息县志》中的音系描写"以城关音为主"，调查对象是"顿席珍，调查时75岁，读过八年私塾，一直居住在息县城关，操城关口音"，知组声母二分为[ts、tsʰ、s]和[tʂ、tʂʰ、ʂ]两组：其中，止开三章组字与知二庄组字合流为[ts]组，其他章组字与知三合流为[tʂ]组。新音系调查的也是息县城关话，但知庄章三组声母合流，读[ts]组。

④疑影母开口字声母读音：旧音系读为舌根浊擦音[ɣ]，新音系虽然也有舌根浊擦音，但已有新老派的差异：老派读[ɣ]，但这些字在新派口中已经读为零声母。

2. 韵母差异

①旧音系比新音系多一个[ɿ]韵母。由于旧音系有[tʂ]组声母的存在，相应的比新音系多了一个舌尖后元音韵母[ʅ]。

②德陌麦韵读音差异：旧音系中德陌麦韵读[iɛ、yɛ]，其他非入声韵读[ai、uai]；新音系古入声韵没有单独的韵母，与舒声韵全部归并成开齐合撮四呼齐全的[ɛ、iɛ、uɛ、yɛ]。

③深臻曾梗四摄舒声韵的读音：旧音系中深臻摄舒声字收[n]尾，韵母为[ən]、[in]，曾梗摄舒声字收[ŋ]尾，韵母为[əŋ]、[iŋ]；新音系出现混并的趋势，[iŋ]并入[in]，但[ən]、[əŋ]依然保持独立。

3. 声调差异

新旧音系的声调差异主要表现为调查者对调值的认识不同，调类一致，都是阴平、阳平、上声、去声四个。古声调在息县方言中的分派规律也基本一致：平声按声母的清浊分为阴平和阳平，清声母、次浊声母上声字读上声，全浊上与去声；古入声字按声母不同分化：清声母和次浊声母字基本归阴平，全浊声母字归阳平。为比较方便，我们将新旧音系的调值罗列如下表6-9：

表6-9　　　　　　　　　息县方言的声调

	调　类	阴平	阳平	上声	去声
调值	《河南方言研究》	24	53	55	42
	《息县志》	213	55	24	42
	《息县方言语音比较研究》	312	44	24	53

（二）新旧音系差异的原因

通过新旧音系的对比，排除音系处理的因素外，我们发现息县方言无论是声母还是韵母、声调，都发生了一些变化。变化的原因主要有两个：一是方言自身的变化，二是其他方言（包括普通话）的影响，其中第二个是主要原因。

随着社会的发展，交通越来越便利，人员往来也日趋频繁，在这种背景下，方言也在发生急速的变化。处于语言环境相对复杂地区的息县话，也在各种外来因素的影响下不可避免地发生了一些变化。

1. 周边权威方言的影响

息县处于中原官话与江淮官话（光山、新县）的交接地带，其北部的新蔡县、正阳县属中原官话漯项片，东西两面的淮滨、潢川、罗山三县属中原官话信蚌片，南部的光山县属江淮官话。在周边方言的影响下，息县境内方言也不一致，淮河以北与淮河以南的方言差异明显。

从知庄章三组声母的读音看，息县方言原本依不同的音韵地位以分为[ts、tsʰ、s]和[tʂ、tʂʰ、ʂ]，其类型属熊正辉（1990）所谓的"昌徐型"，但其中也有一些字不合规律，呈现出离散式变化的特点。息县周边大多数方言中的知庄章三组声母都与精组洪音合流，读为[ts]组声母，尤其是在本地区权威方言信阳话也读[ts]组声母。在周边方言的影响下，息县方言的知庄章声母从"昌徐型"二分变为与精组洪音合流为[ts]组就顺理成章了。

同样的原因造成的变化在韵母中也有体现。深臻曾梗四摄舒声韵在息县方言中原本不混,深臻摄舒声读前鼻尾韵[ən、in],曾梗摄舒声读后鼻尾韵[əŋ、iŋ]。但在新音系中发生了变化:[iŋ]与[in]合流,读前鼻尾韵,但[ən]、[əŋ]依然保持独立。深臻曾梗四摄舒声韵在息县方言中的变化,呈现出由中原官话核心区域向信蚌片、江淮官话过渡的特征。下面将息县方言新旧音系与信阳话放在一起比较:

表6-10　　　　　　　　深臻曾梗摄舒声字读音比较

	针深	准臻	宾臻	冰曾	蒸曾	耕梗	名梗	成梗	京梗
息县旧	₍tʂən	ᶜtʂuen	₍pin	₍piŋ	₍tʂəŋ	₍kəŋ	₍miŋ	₍tʂʰəŋ	₍tɕiŋ
息县新	₍tsən	ᶜtsuen	₍pin	₍pin	₍tsəŋ	₍kəŋ	₍min	₍tsʰəŋ	₍tɕin
信阳平桥区	₍tsən	ᶜtsuen	₍pin	₍pin	₍tsən	₍kən	₍min	₍tsʰən	₍tɕin

可见,息县方言中原本深臻曾梗四摄分为前后鼻尾两套韵母,但中原官话信蚌片是本区域的权威方言,包括信阳、潢川、固始、商城在内的中原官话及属于江淮官话的光山、新县方言曾梗摄舒声都与深臻摄舒声混同,读为前鼻尾韵。受此影响,息县方言开始了从前后鼻音不混到部分合流的变化,但这种变化不是一步到位的,而是首先发生在主要元音为[i]的韵母上,主要元音为[ə]的只有极少部分字发生了从后鼻音向前鼻音的变化,如"程"音[₍tsʰən]、"吭"音[₍kʰən]。可以预测,如果没有其他因素的影响,在未来一段时间[əŋ]也会混入[ən],从而使息县方言的深臻曾梗四摄舒声韵"更像"中原官话信蚌片。

2. 普通话影响

随着社会的发展,本地人外出务工的越来越多,同时,广播电视的普及程度也越来越高,普通话对方言全方位产生影响。息县方言的代际差异明显,老年人的方言还算纯正,经常外出的青年人已经开始讲带有地方口音的普通话,有的小孩子跟随父母在外地生活,甚至不大会说息县方言了。

在普通话的强势影响下,息县方言的语音也发生了一些变化。如非组声母原本与晓匣母合口字合流,读为[x]声母,但新音系中出现了[f]声母,虽然目前还是处于自由变体的阶段。疑影母开口字的读音与此类似,在老派口中读舌根浊擦音[ɣ],但在新派口中已经读为零声母,变得与普通话基本一致。

合口介音的存废情况也可以看出普通话的影响力。合口介音消失的现象在很多方言中都存在，息县方言合口介音的存废情况与韵摄、声母都有关系。蟹、止、臻摄三摄字中，帮组、端组合泥组的合口介音已经消失，见系字基本没消失，精组部分字消失。根据我们的观察，旧音系中合口介音消失的字，在新音系中又出现了合口呼的读法，如"翠"音[tsʰuei˧]、"虽"音[suei˩]、"髓"音[suei˩]。这种变化显然与普通话的影响有关。

第七章 自然、人文因素对淮河流域方言格局的影响

影响汉语方言分布格局的因素很多,除了语言(方言)自身演变的内部因素以外,自然地理、人文历史、人口迁徙等外部因素也很重要。李荣先生(1985)曾经指出:"同言线表示语言(方言)现象的分布,是语言分区地图的依据。其他标准如居民对本地方言的意见,通话情况,山川形势,交通条件,人口流动,行政区划,都是重要的。"其中,自然地理虽然不能直接决定方言格局,但往往是历史行政区划、交通条件的决定因素之一,因此也会对方言格局的形成产生较大影响。淮河干流主要在河南、安徽、江苏三省境内,淮河南北两岸地理环境、气候条件都有明显不同,在历史上一直是南北的分界线。淮河在该区域的政治、经济、社会发展中具有举足轻重的地位,因此,豫皖两省境内淮河流域方言格局的形成与变迁也不可避免地会受其影响。

第一节 淮河对本区域方言格局形成的影响

在豫皖两省境内汉语方言发展过程中,淮河的影响巨大,它或是不同方言之间的分界线,或是不同方言"争夺"地盘的前沿。鲁国尧在《泰州方音史与通泰方言史研究》(1988)中说:"我们认为吴方言在古代是北抵淮河的,江淮之间本为吴语的地盘,4世纪永嘉之乱,北方汉族人民的大批南迁,江淮之间以至江南的今南京、镇江甚至常州、常熟一带为北方话所占领。"从此以后,北方话占领了江淮之间和江南的北部地区,迫使吴语后撤到江南中部。"北方话"占领江淮之间地盘后所形成的古江淮方言,在后来的中原雅音的侵蚀下,又经历了与吴语同样的向南退缩的过程。所以刘丹青《南京话音档》(1997)认为"江淮官话总的倾向是北退南进。

北界向南后撤，不断让位于中原官话。在紧邻中原的安徽西部，江淮方言区的北界已经在淮河以南数百公里处。"可见，历史上吴语、今天江淮官话的向南后撤这两次大的变动，都以淮河作为基准线。淮河在本区域方言格局形成中的作用不容小觑。

一 淮河的南北阻隔作用

（一）自然地理的阻隔

当自然地理成为阻隔交通的屏障时，人们的交往就没有那么便利，这样，一些大的河流或高山就会成为两种不同方言的分界线。所以，B. 马尔姆贝格指出，"连绵的高山和密林往往恰巧就是方言的分界线，而且多是泾渭分明的分界线，因为穿过高山或密林进行交往不是不可能就是很困难。"① 同时，在历史上，不同政区之间的界限往往也是依照自然条件划分的。当自然地理的界限与政区的界限叠加在一起时，其对方言格局的影响更大。

淮河两岸支流众多，北边较大的河流有汝河、颍河、涡河、浍河、濉河等；南岸则有浉河、小黄河、潢河、白露河、史河、淠河、池河等，这些支流都在不同的地点汇入淮河。这种以淮河为中心的水系分布也影响到了本地的商业、交通。明清时期，本地区的商品交易除了盐是从各大商埠转运而来，其他物品多是自产自销，贸易范围很小，基本上局限于本乡本县。而本地的货物要外销、或者外地商品进入本地，一般都在沿淮分布的三河尖、正阳关、临淮关等地汇集，再分散转运。可见，淮河成为南北两岸人民行止的终点。

陆路交通更是不便。虽有官修驿路，但沿淮一带地势低洼，夏秋丰水季节，驿路常常被毁。乾隆《灵璧县志》记载：县城至固镇大路九十里，历年水冲，人马难行，……他如濠城、杨疃、禅堂等大路，年年水冲，缺陷处多，几不可行矣。② 陆路交通之难由此可见一斑。

（二）行政区划的边界

淮河因其水面宽阔成为南北两岸交通的障碍，在历史行政区划上也常

---

① B. Malmberg：《方言学与语言地理学》，黄长著译，《语言学论丛》第 1 辑，中国社会科学出版社 1979 年版。

② （清）贡震等纂修：《灵璧县志》卷一，乾隆二十三年刊本。

常被当作政区的边界。秦朝，淮水为陈郡、泗水郡、九江郡、衡山郡的界限，陈、泗二郡在淮河以北，九江、衡山二郡在淮河以南；东汉，淮河以南的扬州刺史部之九江郡包括今合肥、滁州、蚌埠、淮南等地，庐江郡包括安庆、六安以及河南信阳，淮河以北为豫州刺史部；唐朝，淮河以南是淮南道，淮河以北是河南道；五代十国时为唐、吴国界；南宋，淮河是宋与金的界限；南宋诗人杨万里《初入淮河四绝句》间接地描绘了淮河在南北分界中的状况[1]；清朝，淮河上游分属汝宁府、光州，下游的凤阳府辖凤阳县、怀远县、定远县、凤台县、寿州、宿州（领灵璧县），颍州府辖阜阳县、颍上县、霍邱县、涡阳县、亳州、太和县、蒙城县，大致仍然是以淮河为界。

布隆菲尔德（1985）认为："大致估计，在较古老的环境条件下，政治疆界的改变在五十年以内会引起语言的分歧，而政治疆界已经取消之后，那些同悠久的政治界限相平行的同言线，会持续维持二百年光景而绝少变动。"游汝杰（1992）认为"中国历史上二级行政区划——府或州对方言区划的形成往往起到显著的作用。这有两方面的原因：一方面府（州）是一群县的有机组合体，府治不但是一府的政治中心，而且一般也是该府的经济、文化、交通中心。古代交通不发达，一般人又有安土重迁的观念，除非天灾人祸，离开本府的机会很少，社会活动大致多在本府的范围内进行。所以一府之内的方言自然形成一种向府治靠拢的凝聚力。"

所以，以淮河为边界的历史行政区划的内部方言具有向心力和一致性，与政区外的其他方言具有区别性，这是比较常见的现象。

（三）南北阻隔的表现

在历史时期，淮河不仅是自然地理的分界线，同时，也对历史行政区划的边界。在自然地理与行政区划双重作用下，淮河在淮河中下游方言形成中的作用更多地表现为南北隔绝。如上文所述，永嘉丧乱之前江淮之间原本是吴语的地盘，吴语的北部边界是淮河，淮河以北是北方话；后来由于北人南迁使得江淮之间变成江淮官话，江淮官话的北部边界也是以淮河为界，淮河以北为中原官话。随着人口的流动和方言的接触，在中原官话

---

[1] 其一：船离洪泽岸头沙，人到淮河意不佳。何必桑乾方是远，中流以北即天涯。其二：刘岳张韩宣国威，赵张二相筑皇基。长淮咫尺分南北，泪湿秋风欲怨谁？其三：两岸舟船各背驰，波浪交涉亦难为。只余鸥鹭无拘管，北去南来自在飞。

与江淮官话交接的淮河两岸方言中，有一些语音特征互相渗透，形成你中有为、我中有你的局面，但是两大官话在淮河中下游依然大致以淮河为界。

为清楚展示淮河在本区域方言格局中的南北阻断作用，我们下面将以①入声的有无、②疑影母开口洪音字声母今读、③泥来母分混情况、④日母止摄开三字（儿二等字）的读音、⑤深臻曾梗四摄开口韵的分混等5项语音特征作对象，观察淮河对这些语音特征地理分布的影响和表现。

①入声的有无

入声的有无是江淮、中原两大官话之间最重要的区别，在江淮官话和中原官话交界的淮河沿岸方言中，除了入声的区别外，其他的语音特征都有趋同的倾向。从分布上看，大体是有入声的方言在淮河南边，无入声的方言在淮河北部岸。但由于北方方言的入侵，江淮官话的北部边界已经逐步向南退缩，在淮河上游，河南信阳地区的方言除了新县南部的卡房、箭厂河、陈店、郭家河、泗店、田铺、周河及商城西南部的长竹园等与江淮官话黄孝片相连的乡镇有入声以外，其他地方没有入声；安徽境内的跨淮河分布的寿县、凤阳以及淮河南边的金寨也没有入声；淮南情况比较特殊，50年前的调查记录表明淮南话有独立的入声调，没有入声韵，但我们调查发现在淮南市政府所在地的田家庵话中已经没有入声。表明在中原官话和江淮官话接触的前沿地带，江淮官话的北部边界不停向南后撤，让位于中原官话。这一现象不仅在信阳地区、安徽中西部地区存在，在江苏北部也有明显体现。本区域入声的分界线见下图7-1：

②疑影母开口洪音字声母今读

如前所述，疑、影二母在中古是两个独立的声母，疑母拟音为[ŋ]、影母拟音为[ʔ]，二者读音并不相同。在今汉语方言中，两个声母的表现也不相同，在北方话中疑影母合流，在南方话中大体不混。赵学玲（2007）将北方方言中按影母开口呼声母的读音情况归纳为几种类型，其中济南型读[ŋ]声母，洛阳型读[ɣ]，合肥型读[z̞]。在本区域，中原官话大多读舌根浊擦音[ɣ]，信蚌片信阳一带大体属济南型，读[ŋ]，与相邻的江淮官话黄孝片相同；合肥及其周边的肥东、肥西等地如读[z̞/ŋ]。读疑影母开口呼读[ɣ]与[z̞/ŋ]的界限大体以淮河为界，前者分布在淮河以北，后者在淮河以南。详见下图7-2：

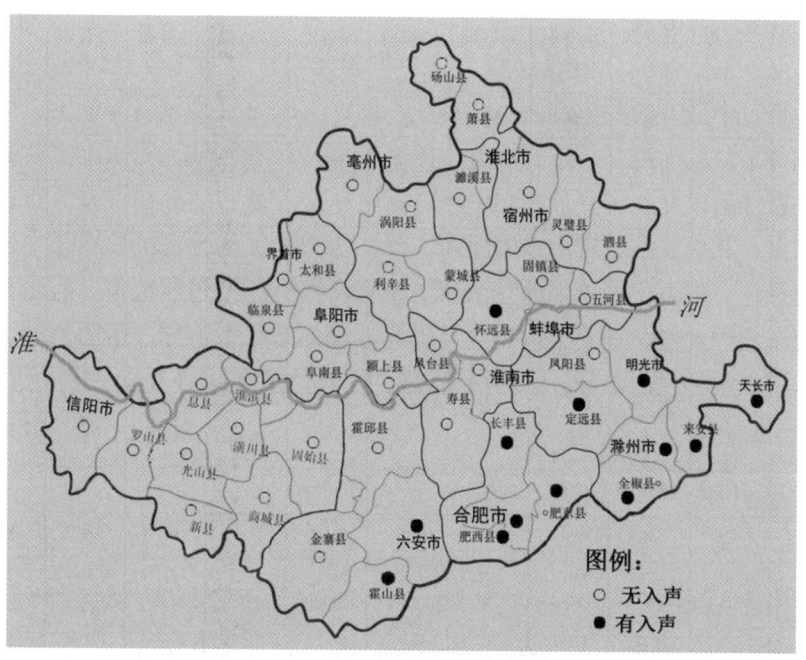

图 7-1 沿淮方言入声分界示意图

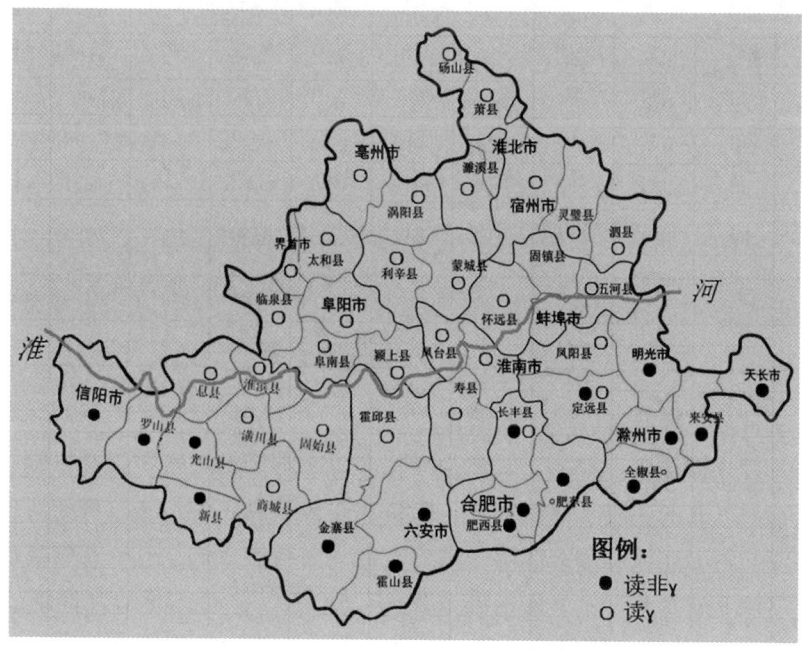

图 7-2 疑影母开口洪音字声母今读示意图

③泥来母分混

泥、来二母的分混在汉语方言中表现复杂。有的方言是泥来完全混同，但每个地方的具体音值可能有所不同；有的方言是按韵母的洪、细或阴阳等条件发生混并；还有的方言泥来不混。在本区域，泥来不混的方言集中在淮河以北，主要分布在中原官话区；全混型和部分相混型分布在淮河以南，其中江淮方言大多数泥来不分。信阳地区的方言虽然属于中原官话信蚌片，但由于处于江淮官话和中原官话核心区的过渡地带，与之相邻的鄂东北的大悟、红安、黄州、罗田等方言都是泥来不分，信阳地区大多数方言点也是泥来不分。淮河沿岸方言中泥来的分混见下图7-3：

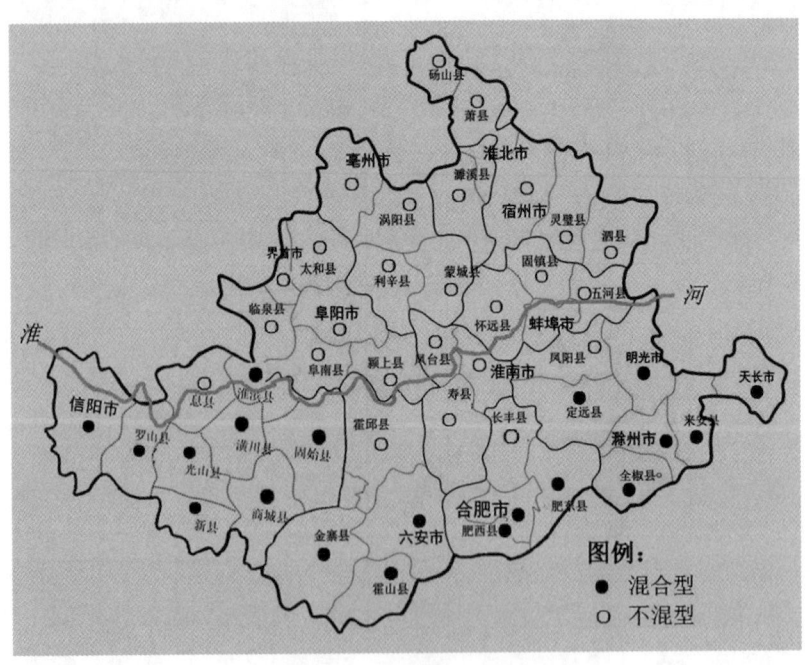

图7-3 泥来母分混示意图

④日母止摄开口三等字的读音

日母止摄开口三等字，如"儿耳"等，在本区域方言中读音不同。分布在淮河以北的中原官话徐淮片、商阜片一般读卷舌的[ɚ]。跨淮河分布的信蚌片情况比较复杂：信阳一带的方言大多读卷舌的[ɚ]；安徽境内的信蚌片读非卷舌音，从具体音值来看，有的方言读[a]，有的方言读[ɣ]，也有的地方读[ɛ]。江淮官话洪巢片如合肥、长丰、怀远等地的情形与安徽境内的信蚌片相似。具体情况见图7-4：

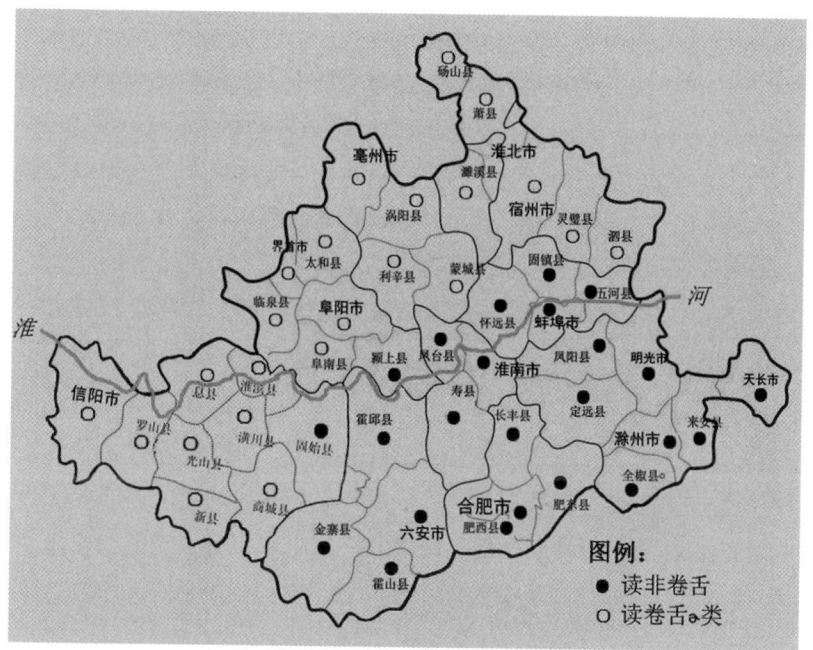

图 7-4　日母止摄开口三等字的读音类型分布

⑤深臻曾梗四摄开口韵的分混

深臻曾梗四摄开口字的韵母合流的现象在汉语方言中分布很广，在南方方言如湘语、赣语、吴语中常见，官话方言的西南官话、江淮官话也都有分布。在豫皖两省沿淮分布的方言中，深臻曾梗四摄的分混大致呈现这样的格局：不混的分布在淮河以北，合流的方言分布在沿淮及淮河以南的地区。跨淮河分布的部分县市方言情况不同，如息县不混，但淮河下游的怀远、五河、固镇又不分。但总体看来，依然是以淮河为基本界线。具体情况见图 7-5。

二　东西贯通作用

在某一地区方言格局的形成过程中，河流的影响可分为两种不同的情况：当河流成为阻碍交通的屏障时，它就会成为方言的分界线；反之，当水路畅通时，河流却可以成为方言联系的纽带。前者如云南的澜沧江，西岸的云县话与东岸的景东话和巍山话属于两个不同的土话系统（徐承俊 1958），后者如浙江境内的松阳方言与丽水方言，两方言具有较多的相同

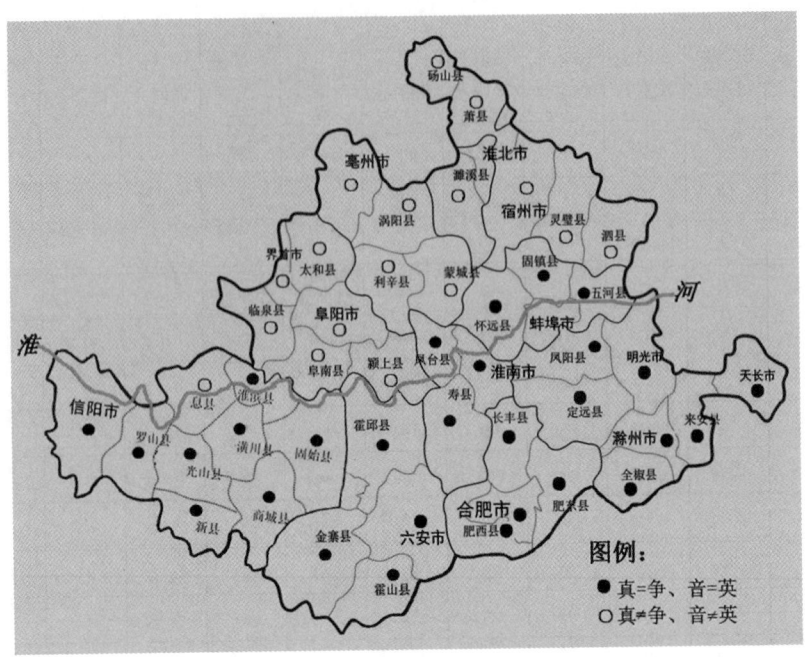

图 7-5 深臻曾梗四摄韵母的读音分混示意图

成分，很大一部分原因是由于瓯江支流松阴溪将两处连接在一起。(王文胜 2004)

淮河虽然在南北两岸的交通上形成了一定的阻隔，但在上下游的交通往来方面又是一条比较重要的水道。因此，在东西走向上，淮河对本区域的方言又有沟通和连接作用。

(一) 淮河上下游水道的通畅

在豫皖两省沿淮方言格局形成过程中，淮河的作用与其历史上在本区域交通中的地位有关。从南北两岸看，由于淮河经常成为政区或政权的边界，两岸人民往来受阻；但另外一方面，由于古代的交通不便，在水系比较发达的地区，人们假舟楫之利沿河上下是一种既省力快捷又成本低廉的交通方式。

淮河发源于河南桐柏县的桐柏山，上游河水清浅，至息县后，浉河、潢河等支流汇入，水量大增，但也只是到丰水季节方可通行竹筏。据《淮系年表》记载"伏秋时期淮河及支流较大者均可通行竹筏，本地出产，赖以运输"。到正阳关以下，"七十二水归正阳"，大量支流汇入，水量激增，水道通畅，沿淮渡口商旅络绎不绝。

宋、金时期，由于受到战争的影响，淮河流域的商业萧条，交通不畅，但在淮河南北沿岸出现了榷场贸易。绍兴议和后，宋、金以淮水中流为界展开互市贸易。金政权在流域的泗、寿、颍、蔡、淮安等州设立榷场；南宋政府也在光州光山县中渡市（今河南息县淮河南岸中渡店）、信阳军齐冒界镇、霍邱封家渡、安丰军水寨及花靥镇、淮阴县磨盘、楚州北神镇及杨家寨、盱眙军设置榷场。除了官方组织的贸易外，沿淮的走私贸易十分活跃，"然沿淮上下，东自扬、楚，西际光、寿，无虑千余里，其间穷僻无人之处，则私得以渡，水落石出之时，则浅可以涉"。（吴海涛 2010）

清代，淮河干流三河尖以下常年可通商船。水路交通运输发达，在沿淮各地形成了一些商品集散的码头。政府因此在水陆交通要地设置关卡，往来物资需缴纳税赋，其中寿县的正阳关就是较大的一个。据《大清会典则列》记载，"凡水陆舟车所载货物，各分水旱税征收。正阳大关水税，船货按梁头丈尺。"正阳关下设几个分税口，分别设在临淮、长淮、怀远、蚌埠、盱眙等地，都是沿淮河分布。水系及关卡设置情况见图7-6：①

图7-6 淮河水系及关卡

（二）沿淮陆路交通

清代本地区的商路大体沿淮河进行，水路自不待言，陆路交通有时也

---

① 图引自周德春《清代淮河流域交通路线的布局与变迁》硕士论文，复旦大学，2011年。

是沿淮河蜿蜒行进。据考证，本地区的陆路商路有南北、东西两条。（周德春2011）其中从淮扬到豫东南的东西商路有一条路线是扬州—滁州—庐州府—六安州—光州—信阳州，从具体路线看，大体沿江淮丘陵及淮河南岸行进。时至今日，淮河大堤仍然是交通要道。

（三）东西贯通的语音表现

以上论述可知，淮河在沟通上下游的交通方面作用非常重要。从上游的信阳直到进入洪泽湖，淮河是人们商贸往来的重要交通渠道，上下游人们沿淮往来交通，方言的一些特征也表现出一致性。

知庄章三组声母的读音在淮河流域方言中表现不同，总体来说可以分为混合型与二分型。混合型根据合流后的具体音值又可以分为两种：一种与精组声母合流，读[ts]组声母，另一种读[tʂ]组声母。在淮河沿岸的方言中，知庄章三组声母大多和精组洪音合流，从淮河上游的河南信阳直到安徽境内沿淮各地莫不如此，体现出淮河在本区域方言格局形成过程中对其上下游各地方言的沟通作用。具体见图7-7：

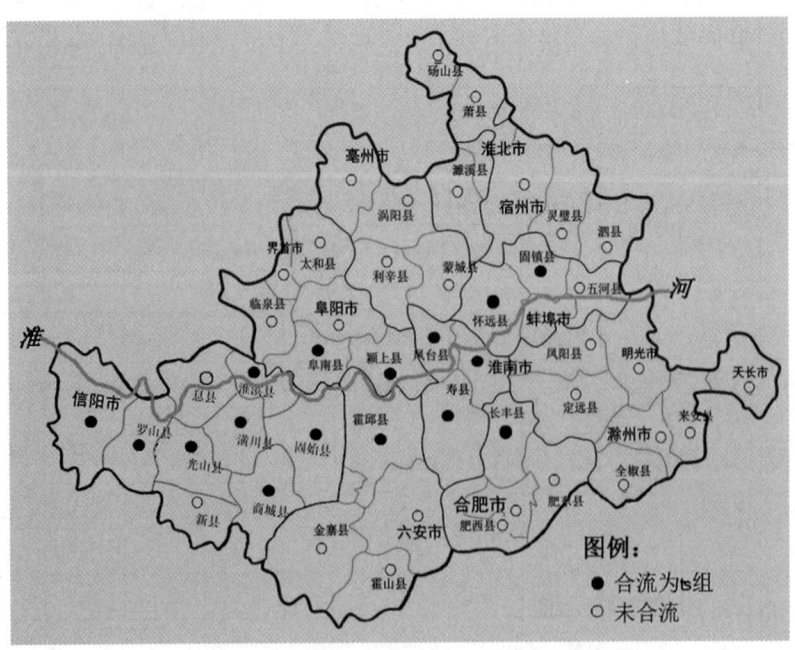

图7-7 豫皖两省沿淮方言知庄章三组声母与精组的分混

第二节　移民对本区域方言形成的影响

语言是人的语言，语言的变化与人密切相关。汉语方言的形成是在不同的历史阶段汉民族在不同的地理范围内活动造成的结果。（沈钟伟2015）在时局稳定的状态下，人口没有大规模的移动，语言的变化也相对较小；反之，社会动荡、人口大规模迁移的情况下，语言的变化就比较剧烈。据沈钟伟（2015）考察，从《切韵》到辽代的400年间，汉语的声母、韵母和声调都发展了系统性的变化；而从辽代到现代的1000年间，只是声母和韵尾位置上的个别辅音发生了变化。可见人口迁徙对语言变化影响之大。

豫皖两省沿淮一带的方言的形成也与历代移民关系密切。鲁国尧（1988、2002）认为古吴语及汉语古吴方言的北部边界到淮河一线，在魏晋南北朝时期，由于北方的战乱，导致大规模的北方移民南迁，由此带来了方言的剧烈变化，"黄河流域的汉语北方方言大举入侵吴方言，迫使吴方言全线退却，丧失自淮河至今常州地区的地盘"，"北语席卷南方，南方氏族靡然而从，最终形成了南朝通语"，"它的血缘后裔是今天的江淮方言或称下江官话"。刘丹青（1997）也认为江淮官话的形成与本地区的人口流动关系密切，"较为稳固而定型的江淮方言区当形成较晚，因为这一带居民的流动非常复杂和频繁"。

一　豫皖两省沿淮地区历代移民情况

本地区大规模的移民最早应从战国后期算起，楚考烈王十年（前253）迁都钜阳（今安徽阜阳市北部）、二十一年（前241）迁都寿春（今安徽寿县），将大批的楚人从长江中游迁徙到淮河中游。直到清朝末年，依然不断有其他地区人口迁入。历次移民情况《中国移民史》有比较详细的分析，为理清本地区的人口变动情况，简要摘录如下：

（一）永嘉之乱的北人南迁

从公元291年开始的"八王之乱"使黄河流域饱受战祸，但统治阶级和百姓一念尚存，不愿离开故土。但当匈奴等北方少数民族公然起兵时，统治阶级闻风而逃，一般民众也随之南迁。由此拉开了北人南迁的大幕。

第一阶段：永嘉南迁（307—324）①

八王之乱后，晋政权实力折损大半，已无法抵挡外部势力的进攻。河北、山东、陕西、河南以及江苏、安徽二省淮北部分的流民相继渡过淮河、长江南迁。永嘉二年（307），连年战事加之水旱、蝗灾，北方人民"食草木、牛马毛，皆尽"。永嘉五年后，建康已经成为晋朝的政治中心，王公大臣、豪门世家争相移民到建康及周边地区。这种形式的移民往往是集体行动，或以宗族为单位、或依附于豪门大族、地方官员，因此一个移民团体的规模都比较大，少则几千人，多则上万人。如东晋军事家祖狄的家族原本在范阳遒县（今保定市涞水县），"世吏二千石，为北州旧姓"，"及京师大乱，狄率亲党数百家避地淮泗"。

第二阶段：东晋太宁三年至永和五年（325—349）②

太宁三年（325），东晋政权的逐步退缩至淮河一线，淮河以北的民众渡过淮河向南迁徙，为安置从北方迁来的大批流民，在钟离县（今安徽凤阳县北临淮关）侨立徐州。咸和元年（326），后赵先后攻占汝南、寿春（今寿县）、逡遒（今肥东县东）、阜陵（今和县西）等地，江淮之间民众继续南迁。晋政权在江南设立了淮南郡接纳流民。《晋书》卷十四《地理志》豫州后序"成帝乃侨立豫州于江淮之间，居芜湖。时淮南入北，乃分丹杨侨立淮南郡，居于湖。又以旧当涂县流人渡江，侨立为县"③。

第三阶段：东晋永和六年至咸安二年（350—372）④

永和五年末，中原战火日盛。冉闵在后赵境内大肆屠杀胡、羯，自立为帝，但后赵势力继续与其作战，到永和七年，"盗贼蜂起，司、冀大饥，人相食。"在北方汉人眼中，南方的东晋为正统所在，故依然以其为避乱目的地。如谢尚镇寿阳（今寿县）"采拾乐人，并制石磬，以备太乐"，所采之人必定是北方南迁的人。

晋军在战斗胜利时也会把当地居民迁回。如永和六年，庐江太守袁真袭取合肥，"迁其百姓而还"。十年，桓温自关中撤军时，"徙关中三千余户而归"。晋朝的边将往往将北方流离失所的灾民、饥民当作俘虏掠回江南，不少人被作为奴隶买卖，境遇悲惨。

---

① 葛剑雄：《中国移民史》（第二卷），福建人民出版社1997年版，第310—319页。
② 同上书，第320—321页。
③ 《晋书》卷十四《地理志上》，中华书局1974年版，第422页。
④ 葛剑雄：《中国移民史》（第二卷），福建人民出版社1997年版，第322—324页。

第四阶段：东晋宁康元年至南朝宋永初二年（373—421）[①]

前秦在北方取得完全胜利，又将东晋作为最后的统一对象，东晋疆土日蹙，已经定居的北方流人继续南迁。如康宁二年，曾为南渡的上党百姓在芜湖侨置上党郡四县。淝水之战苻坚出动八十多万军队，被晋军击败后，大批秦军被俘，一部分被赏给将士为奴隶，一部分被片配入官方"作部"（工场）服劳役。自行定居的人应该更多。

第五阶段：宋永初三年至泰始五年（422—469）

永初三年，宋武帝刘裕死，北魏对其发动进攻。河南失守后，宋的司州已无辖境；泰始年间淮北失守，南迁至义阳郡（在今河南信阳）。元嘉二十七年（450）北魏进一步进攻，淮北遭受严重破坏，二十八年冬，"徙彭城流民于瓜步，淮西流民于姑孰（今安徽当涂），合万许家"。有的人南迁，有的人留在淮河一线，如李元护随父南奔后被任命为马头太守（在今安徽怀远县）。

以后的南迁运动虽不如上述阶段规模巨大，但依然持续不断。如建元二年，滁州民桓标之、兖州民徐猛子反魏，数千家南归，置江淮间；梁天监六年（507），曹景宗击败围攻钟离（凤阳）的魏军，生擒五万置江淮间。

移民南迁的路线大致相同，主要有东中西三条线路，其中东线以淮河及其支流汝、颍、沙、涡、濉、汴、泗、沭、沂等水和沟通江淮的邗沟构成主要水路，辅以各水间陆路。由今河南和淮北渡淮的北人往往留居于淮南，或继续南下渡江定居于皖南、赣北沿江地带。江淮间和苏南、皖南是侨州郡县的主要设置区，也是北方移民最集中的地区。从接收移民的数量上看，江苏最多，其次是安徽，安徽境内的移民主要来自河南，其次是河北、山东、山西，本省淮北的移民也有不少，还有一些来自苏北。

（二）唐五代的移民

唐五代时期北方移民向南迁徙的原因很多，既有躲避战乱的，也有因改朝换代等政治原因，还有一些是因为军事需要而南迁。从安史之乱到五代的南迁运动，持续时间长，影响大，对南方社会结构和人口构成都产生了重大影响。安史之乱爆发后，由于张巡等人死守睢阳（今河南商丘县南），叛军主力没能进入淮南，因此对淮河以南的影响较小，淮南出现了数年和平局面。这种情况下，一些移民在南迁过程中就在淮南一带居住下

[①] 葛剑雄：《中国移民史》（第二卷），福建人民出版社1997年版，第325—329页。

来。所以韩语说"士多避处江淮间"。

藩镇割据时期,为躲避战乱和徭役,向南迁徙的人口不在少数。大历(766—779)年间,政府招募安置流民。濠州刺史张镒被评为政绩第一,其中主要政绩之一就是"业徕游口";陇西李幼卿作滁州刺史时,"滁人之饥者粒,流者召,乃至无讼以听"。和州因移民迁入而"人口倍增"[①],说明移民数量之多。

(三) 两宋移民

北宋时期,江淮地区原本经济发达、人口众多,包拯曾说"淮南幅员数千里,最为富庶,财赋错出"。但到了南宋以后,情况发生了巨大变化,由于战争频繁,当地人口数量急剧下降,"民去本业,十室而九,其不耕之田,千里相望,流移之人,非朝夕可还"。金军攻宋的几年里,淮河以北的大片区域"皆被其害,杀人如刈麻,臭闻数百里,淮泗之间亦荡然矣"。为了躲避战乱,中原人民开始向南迁徙。高宗绍兴十一年,宋金议和后人口逐渐增多,"两淮田亩荒芜,愿耕之民多非土著"[②]。陈造说淮南"风俗纯质,土物有中原气。近者南北杂处,渐不如旧。"本阶段淮南地区不仅接受了大量的北方移民,南方移民也不在少数。高宗绍兴十八年,安丰军六安县(今安徽六安)知县王镇发现"江南猾民冒佃荒田,辄数千亩"。

南宋末年,淮南东路人口是嘉定十六年的326%,淮南西路是嘉定十六年的135%,年平均增长率高达28.3%、16.6%,如果没有外来移民,不可能有如此之高的人口增长率。光州(今河南潢川)、安丰军(安徽寿县)、濠州(安徽凤阳)与北方政权隔淮河相望,一旦南北处于战争状态,南迁的北民首先进入此区域。

(四) 明代移民

洪武二年,朱元璋将临濠府改名中立府;洪武七年,设立凤阳县,将府名改称凤阳府。凤阳府辖十八个州县,横跨淮河两岸。凤阳府是元末农民战争的主战场,连年的战乱使得淮河两岸地广人稀,土地荒芜。葛剑雄等人测算,明初凤阳府总人口大约仅14万,每平方公里不足五人。明朝政权建立后,往凤阳府移民成为明太祖十分重要的事务之一,于是1367年攻克平江(今苏州)后,"执张士诚。十月乙巳,徙苏州富民实濠州";洪武

---

① 吴松弟:《中国移民史》(第三卷),福建人民出版社1997年版,第246页。
② 引自吴松弟《中国移民史》第四卷,福建人民出版社1997年版,第212页。

七年，朱元璋对太师李善长说："临濠吾乡里，兵革之后，人烟稀少，田土荒芜。天下无田耕种村民尽多，于富庶处起取数十万，散于濠州乡村居住，给予耕牛、谷种，使之开垦成田，永为己业，数年之后，岂不富庶？"于是"徙江南民十四万实中都，以善长同列侯吴良、周德兴督之"。移民还有一部分来自北方，如洪武六年十月，"上以山西弘州、蔚州、定安、武朔、天城、白登、东胜、丰州、云内等州县北边沙漠，屡为故虏寇掠，乃命指挥江文徙其民居于中立府凡八千三百三十八户，计口三万九千三百四十九"，三年后又"徙山西及真定民无产业者于凤阳屯田"。大量罪犯也被发配此地：朱元璋在洪武五年正月"诏今后犯罪当谪两广充军者，俱发临濠屯田"。洪武八年规定，"今凡杂犯死罪者，免死，输作终身；徙、流罪，限年输作；官吏受脏及杂犯私罪当罢职役者，谪凤阳屯种；民犯流罪者，凤阳输作一年，然后屯种。"洪武时期，凤阳府及其周边地区接受的外来移民数量众多，有的地方远远超过本地土著。根据《中国移民史》第五卷（曹树基，1997）整理如下表7-1：

表7-1　　　　　　　　洪武时期京师地区接受的各类移民　　　　　　　　单位：万人

地区	人口总数	土著	百分比	非军籍移民	百分比	军籍移民	百分比
凤阳府	62.8	14.0	22.3	30.0	47.8	18.8	29.9
庐州府	36.7	11.0	30.0	25.7	70.0	0	0
和州滁州	10.8	6.4	59.3	2.7	25.0	1.7	15.7

纵观洪武年间京师和淮、扬等府大部分地区的移民活动，可以看出这一地区的移民实际上是重新构造其基本的人口，属人口重建式移民。

清朝到民国时期，本区域虽有战火，但大规模、成建制的移民数量较少。

二　从五河话看移民对沿淮方言的影响

（一）移民对本区域方言的影响

在汉语方言发展史上，凡是大规模的人口迁徙不可避免地会带来方言的变化。在豫皖两省沿淮地区，方言格局同样与历代大规模的移民关系密切。永嘉丧乱时大批河南、河北、山东、山西的移民迁居淮河以南，导致江淮之间的语言面貌发生了变化，原本吴语逐步退让给北方话。唐五代以及两宋时期的战争，使得北方广大区域生灵涂炭、千里萧条，而江淮之间却相对安宁，吸引了大批北方移民。本地区方言再次受到北方话的冲击与影响。

对本区域方言格局影响最大的应该是明代移民。元末农民起义的首领如刘福通、韩山童、郭子兴等人初期的主战场都在江淮地区，明太祖朱元璋起兵凤阳，带出了著名的淮西二十四将。经过长年的战乱，凤阳府所辖的广大地区人口几乎荡尽，土著人口屈指可数，移民占了绝大部分，属于人口再造型社会。在迁入的移民中，南方江浙一带的移民和北方移民划区而居：江浙富户的居住范围基本在凤阳县，而来自山东、河南、山西等地的北方移民主要居住在凤阳周边县市。本区域的方言再次受到外来冲击。

下面我们以地处凤阳北部的五河话为例，比较其语音特点与周边方言的异同，并讨论这种特点的形成与移民的关系。

（二）五河方言的语音特点及形成原因

五河县位于安徽省东北部，属蚌埠市下辖县。其北边是宿州市的泗县、灵璧，南界滁州市的凤阳、明光，西与蚌埠市与固镇县接壤，东连江苏省的泗洪县。五河方言属于中原官话信蚌片，但其语音特征与周边信蚌片其他方言有很大不同，所以贺巍（2005）说"安徽境内的五河、凤阳，古入声今读去声；……。姑且把这些点也列入中原官话的范围。""姑且"二字可见其勉强。为清晰展示五河方言的语音特点，我们不避重复，将五河方言音系列如下：

（1）五河方言的声韵调系统

①声母（24个）

p 波补步边	pʰ 怕片叛盘	m 妹帽门忙	f 飞泛房缝	v 瓦外围碗
t 多雕豆定	tʰ 拖挑头停	n 拿奶暖宁		l 来累乱岭
k 瓜告管谷	kʰ 夸块宽狂		x 花海回恨	ɣ 哀矮熬案
tɕ 江举姐集	tɕʰ 齐趣桥球		ɕ 心洗虚血	
ts 早自阻争	tsʰ 此册初雏		s 丝寺梳生	
tʂ 猪知专找	tʂʰ 耻除唱抄		ʂ 施书烧收	ʐ 如绕人肉
ø 袄腰印远				

②韵母（33个）

ɿ 紫私师柿			
ʅ 迟诗治世	i 泥起机亿	u 苦柱富烛	y 虑巨须局
a 马耳拉八	ia 虾价鸭瞎	ua 夸话刮刷	

200

ɤ 哥蛇伯黑　　iɤ 铁蝎劣碟　　uɤ 河坐割勺　　yɤ 缺越药穴
　　　　　　　ie 姐夜捏笛　　　　　　　　　ye 茄靴绝学
ɛ 派菜街_{白读}债　　　　　　　　uɛ 摔怪块坏
ei 贝腿碎尾　　　　　　　　　uei 柜灰追吹
au 赵草闹高　　iau 表料巧腰
əu 偷狗周臭　　iəu 丢酒球羞
æ 胆帆难战　　iæ 咸店眼天　　uæ 端酸乱穿　　yæ 卷权选远
ã 帮缸床网　　iã 讲两抢香　　uã 光狂庄双
əŋ 针根疼更　　iŋ 心斤冰杏星　　uŋ 春顺横孔松　yŋ 菌群穷胸

③声调

阴平 21　高安开天三北　　　阳平 44　穷陈寒娘贼
上声 213　古口手女买　　　　去声 53　坐父唱树帽黑说麦

（2）五河方言的音韵特点

第一，声母的特点

①古全浊声母与清声母合流，今读清音。今读塞音、塞擦音声母的字，平声送气，仄声不送气。例如：｜婆 pʰuɤ⁴⁴｜步 pu⁵³｜抬 tʰɛ⁴⁴｜袋 tɛ⁵³｜葵 kʰuei⁴⁴｜柜 kuei⁵³｜柴 tʂʰɛ⁴⁴｜寨 tʂɛ⁵³｜肠 tʂʰã⁴⁴｜丈 tʂã⁵³｜桥 tɕʰiɔ⁴⁴｜轿 tɕiɔ⁵³。

②精、见组在今齐齿呼韵母前都读[tɕ]组声母，不分尖团。例如：精＝经 tɕiŋ³¹｜秋＝丘 tɕʰiəu³¹｜钱＝钳 tɕʰiæ⁴⁴｜想＝响 ɕiã²¹³。

③泥来可分，例如：糯 nuɤ⁵³≠摞 luɤ⁵³｜女 ny²¹³≠吕 ly²¹³｜脑 nau²¹³≠老 lau²¹³｜嫩 nəŋ⁵³≠论 ləŋ⁵³｜难 næ⁴⁴≠兰 læ⁴⁴｜娘 niã⁴⁴≠凉 liã⁴⁴｜。但有极少数字混淆，如"利、痢、吝"声母为[n]。

④古知庄章三组声母字，庄组三等止摄合口读[tʂ]组，其它读 ts；其他知庄章组字除了梗摄二等读[ts]组外，余下全部读[tʂ]组，即熊正辉先生（1990）所谓的南京型。

下列庄组字今声母为[ts]：遇合三：初锄梳蔬楚础所助数；止开三：师狮士柿事；流开三：愁馊搜皱；深开三：簪森渗参人～涩；臻开三：衬虱；曾开三：侧测色；梗开二：窄撑拆生甥甥省争睁摘；通合三：崇缩。

下列庄组字今声母读[tʂ]：假二：楂渣叉权茬沙纱洒榨诈岔厦傻；蟹开二：斋柴钗债晒寨；蟹合二：拽；止合三：揣帅衰；效开二：抓抄巢㲠梢找炒吵笊稍潲；咸开二：斩馋谗杉醮眨插闸衫㧟衫；山二：山盏铲产扎察杀删

疝铡闩拴涮刷；宕开三：庄装疮床霜闯爽壮状创；江开二：窗双捉镯。

知庄章三组声母字中，也有部分字不合本地话的演变规律，如章组字"枢殊"本应读[ʂ]声母，但实际读[s]声母；蟹开二的"筛"有[ʂ]、[s]两读；知组流开三的"宙"读[ts]声母；而与五河紧密相连的蚌埠、固镇、怀远方言中的知庄章三组声母与精组洪音合流，全部读[ts]组。

⑤部分见系二等字存在文白异读现象，文读为[tɕ]组，白读为[k]组。例如：秸 tɕie³¹/kɛ³¹｜街 tɕie³¹/kɛ³¹｜解 tɕie²¹³/kɛ²¹³｜敲 tɕʰiau³¹/kʰau³¹。

⑥普通话零声母开口字在五河话中有浊喉擦音 ɣ，但这种现象仅出现在蟹、效、山三摄字，其他字读成零声母。例如：挨 ɣɛ³¹｜矮 ɣɛ²¹³｜燠 ɣau³¹｜熬 ɣau⁴⁴｜按 ɣæ̃⁵³｜案 ɣæ̃⁵³｜沤 əu⁵³｜埯 ɣæ̃²¹³。与《安徽省志·方言志》(1997) 所记的情况相比，读 ɣ 声母的字数量减少很多。

⑦疑影母合口零声母字唇齿化增强，读 v 声母。例如：瓦 va²¹³｜蛙 va³¹｜外 vɛ⁵³｜位 vei⁵³｜玩 vã⁴⁴｜挖 va³¹｜王 vɑ̃⁴⁴｜翁 vəŋ³¹。但遇摄合口一等字例外，读成合口零声母。例如：五 u²¹³｜蜈 lu⁴⁴｜午 u²¹³｜乌 u³¹｜恶 uɣ⁵³。

第二，韵母的特点

①端系蟹摄合口与止摄合口全部字、臻摄合口大多数字的介音 u 脱落，读为开口呼；其他摄合口介音保留。例如：堆 tei³¹｜腿 tʰei²¹³｜罪 tsei⁵³｜碎 sei⁵³｜最 tsei⁵³｜脆 tsʰei⁵³｜嘴 tsei²¹³｜醉 tsei⁵³｜穗 sei⁵³｜顿 təŋ⁵³｜村 tsʰəŋ³¹｜论 ləŋ⁵³｜寸 tsʰəŋ⁵³｜笋 səŋ²¹³；暖 nuæ̃²¹³｜团 tʰuæ̃⁴⁴｜蒜 suæ̃⁵³｜东 tuŋ³¹｜农 nuŋ⁴⁴｜龙 luŋ⁴⁴。

②果摄一等见系字大部分今读合口呼。例如：河 xuɣ⁴⁴｜锅 kuɣ³¹｜棵 kʰuɣ³¹｜果 kuɣ²¹³｜课 kʰuɣ⁵³｜禾 xuɣ⁴⁴｜货 xuɣ⁵³。

③日母止摄开口三等字今读[a]，如儿 a⁴⁴｜二 a⁵³｜耳 a²¹³，连带五河话没有儿后缀和儿化韵。

④深臻曾梗四摄合流，读后鼻音[əŋ、iŋ、uŋ、yŋ]，例如：心 ɕiŋ³¹｜针 tʂəŋ³¹｜音 iŋ³¹｜吞 təŋ³¹｜根 kəŋ³¹｜邻 liŋ⁴⁴｜真 tʂəŋ³¹｜笨 pəŋ⁵³｜孙 səŋ³¹｜滚 kuŋ²¹³｜魂 xuŋ⁴⁴｜遵 tsəŋ³¹｜春 tsʰuŋ³¹｜顺 ʂuŋ⁵³｜分 fəŋ³¹｜蚊 vəŋ⁴⁴｜群 tɕʰyŋ⁴⁴。咸山摄与宕江摄不混，前者读[æ̃、iæ̃、uæ̃、yæ̃]，后者读[ɑ̃、iɑ̃、uɑ̃]，例如：篮 læ̃⁴⁴｜三 sæ̃³¹｜站 tʂæ̃⁵³｜镰 liæ̃⁴⁴｜严 iæ̃⁴⁴｜念 niæ̃⁵³｜伞 sæ̃²¹³｜看 kʰæ̃⁵³｜盼 pʰæ̃⁵³｜雁 iæ̃⁵³｜棉 miæ̃⁴⁴｜线 ɕiæ̃⁵³｜天 tʰiæ̃³¹｜年 niæ̃⁴⁴｜烟 iæ̃³¹｜短 tuæ̃²¹³｜蒜 suæ̃⁵³｜换 xuæ̃⁵³｜船 tʂuæ̃⁴⁴｜拳 tɕʰyæ̃⁴⁴｜远 yæ̃²¹³；忙 mɑ̃⁴⁴｜缸 kɑ̃³¹｜张 tʂɑ̃³¹｜床 tʂʰuɑ̃⁴⁴｜壮 tʂuɑ̃⁵³｜强 tɕʰiɑ̃⁴⁴｜香 ɕiɑ̃³¹｜酱 tɕiɑ̃⁵³｜光 kuɑ̃³¹

|筐 kʰuã³¹|胖 pʰã⁵³|双 ʂuã³¹|窗 tʂʰuã³¹|江 tɕiã³¹|讲 tɕiã²¹³。

⑤入声舒化，大部分古入声韵舒化后与阴声韵合流。从韵母的归向上看，古入声韵舒化后主要与果假摄字合流，今读[a、ia、ua]、[ɣ、ie、uɣ、ye]，但咸山宕江四摄入声韵今读[iɣ、yɣ]，保持独立韵母，与其他阴声韵不混；深臻曾梗通五摄入声韵少部分字与止蟹遇摄字合流，今读[i、u、y]；通摄合口三等个别字与流摄合流，读[əu、iəu]，具体见下表7-2：

表7-2　　　　　　　　　五河话古入声韵与阴声韵的归并

韵母	入声字中古音	入声例字	阴声韵归向	韵母	入声字中古音	入声例字	阴声韵归向
ɣ	咸开一见系 咸开三章组 深开三知系 山开三知系 臻开三知系 臻合一帮组 臻合三非组 宕开一帮组 曾开一 曾开三知系 梗开二	鸽合盒磕 涉摄褶 蛰涩十 哲彻舌设热 侄质实失虱日 悖没 物 薄摸膜 得德勒则刻黑 直侧职识 白麦窄格客革	坡梭	a	咸开一端系 咸开二庄组 咸合三非组 山开一端系 山开二帮组庄组 山合二影母 山合三非组	答塔腊纳杂 眨插闸煤 法乏 达辣撒擦 八抹杀察铡 挖 发筏罚袜	麻沙
				ia	咸开二见系 山开二见系	夹恰掐甲鸭压瞎辖	
				ua	山合二庄组见系	刷猾滑刮	
iɣ	咸开三端、见系 咸开四端系 山开三除知系 山开四除泥精组 山合三来母	镊猎接页业 跌贴碟 鳖灭烈泄揭歇 撒篾铁结噎 劣		ie	深臻开三除知系 山开四泥精组 臻开三除知系 曾开三除知系 梗开三帮系端系 梗开四	立急及集戏 捏节切截 毕必弼密蜜七 逼力鲫栻媳忆 壁积惜昔 滴笛敌历绩	乜斜
uɣ	山开一见系 山合一 臻合一 臻合三章组 宕开一 宕开三知系 宕合一见系 江开二帮组知组 曾合一见系 通合一 通合三除见系	割葛渴喝 泼沫脱夺阔活 勃突卒骨窟忽 出术 薄托落错各鹤 着焯勺弱 郭廓扩霍 剥驳桌浊捉 国或惑 木秃毒族哭 福服竹缩熟		ye	山合三精见组 臻合三泥精组 江开二见系部分	绝雪月越哕 律黜橘屈 学确	
				i	深臻开三见系部分字 曾梗开三影组 梗合三喻母	揖一逸乞 亿忆翼益译易疫	衣期
				y	曾合三云母 梗开三群母 通合三见系部分	域 剧 曲局玉郁育	
yɣ	山合三影组 山合四见系 宕开三精组见系 江开二见组	阅越哕 诀缺穴 雀嚼削脚药 觉角		u	通合一端组部分 通合三章组	读 烛赎束	姑苏
				əu	通合三日母	肉	油求
				iəu	通合三来母	六	

可见，五河话入声舒化后的归韵类型大体应属凤阳型[①]（张安生、贡贵训 2010），但与凤阳型又不完全相同：比如凤阳型深臻曾开三知系入声字归入止摄，韵母为[ɿ]或[ʅ]，但五河话归入果摄，韵母为[ɤ]；深山臻曾梗细音字中帮组、端组、精组等韵母凤阳型韵母为[i]，五河话韵母为[ie]，与假摄、蟹摄字合流。

第三，声调特点

五河方言的声调的古今演变规律是：

①平声按声母的清浊分为阴阳两类，阴平是降调，调值 21。

②清声母和次浊声母上声字读上声，全浊声母字读去声。

③入声字不分清浊主要归去声，少部分归入其他三声。我们对古入声字做了统计，各类入声字分派见下表 7-3：

表 7-3　　　　　　　　　五河话古入声分派表

声母 \ 声调	阴平	阳平	上声	去声
清声母字 259	8.5%（22）	5%（13）	1.2%（3）	85.3%（221）
次浊声母字 98	3.1%（3）	4.1%（4）	0	92.9%（91）
全浊声母字 108	1.9%（2）	24.1%（26）	0	74.1%（80）

在我们统计的 456 个入声字中，读去声的为 392 个，占总数的 86%；读阴平的 27，占总数的 5.9%；读阳平的 43，占总数的 9.4%；读上声的很少，只有 3 个字。

(3) 五河方言语音特点与周边方言比较

中原官话的古入声清音声母和次浊音声母字今读阴平，古入声全浊声母字今读阳平（贺巍 2005）。五河话入声主要派入去声，与中原官话不同。虽然五河话"根庚、今经"两类字同音，但这两类字合流为[əŋ、iŋ]，和信蚌片其他方言点读为[ən、in]也不相同。五河话知庄章三组声母分为

---

① 中原官话的主要分布区里，曾梗入声字舒化后的韵母归向可以大致分为三种类型：阜阳型、宿州型、凤阳型。其中凤阳型特点是：基本归入乜斜、坡梭，读 ə 类音，是皖北信蚌片的重要特点。主要分布于怀远东、南面的凤阳、蚌埠、寿县等地。又分两种情况：①乜斜（车遮）、坡梭（歌戈）今洪音有别，曾梗入声字归乜斜，例如凤阳：黑 xə53 曾开一，乜斜≠喝 xuo53 咸开一，坡梭；②乜斜、坡梭今洪音合流，曾梗入声字归乜斜、坡梭，例如蚌埠：黑=喝 xə212。

[tʂ、ts]两组,与中原官话信蚌片不同。读音通过以上的描写,我们发现五河方言的语音表现与中原官话信蚌片的其他方言点差异较大,反而和距离遥远的南京话有几分相似。下面选取六条语音特征,把五河话与中原官话信蚌片代表点蚌埠话、商阜片代表点宿州话(距五河不远)、江淮官话的南京话放在一起进行比较,结果见表7-4。合肥话、宿州话参见孟庆惠(1997),南京话见鲍明炜(1998)。

表7-4　　　　　　　　　　五河话语音特征比较表

	五河	蚌埠	南京	宿州
有入声,入声不分阴阳	-	-	+	-
ts-tʂ不分,知照精组洪音合流读ts	-	+	-	-
不分尖团	+	+	+/-	+/-
深臻曾梗合流为əŋ、iŋ、uŋ、yŋ	+	-	+	-
官≠关,删摄可分一二等	-	-	+	-
日母止摄开三字(儿、二)读ər	-	-	+/-	+

表中第一项入声的有无是江淮官话和中原官话的重要区别。五河话没有入声,古入声今读入去声,这种情况与麦耘(2012:337-358)说的"伪入声"很相似:"在北京话里,入声早就已经消失,但一直到民国初年,北京的读书音里还是有入声调,为高降调而较短促,近似去声。这不是北京口语的音,而是私塾里师徒授受的传统读法。……古入声字在现代北京话中读去声的最多,其中古次浊入声字读去声合乎北京话的演变规则,而古次浊入声字以外的一批入声字也读去声(属于文读层)正是继承书音'伪入声'的。"五河话的古入声读为去声是否与"伪入声"有关,值得我们考虑。第二项,五河话中知庄章三组声母分为[ts]、[tʂ]两组,分合规律与南京话一致,蚌埠话与精组洪音合流位[ts]组,宿州话读为[tʂ]。第三项,五河话不分尖团,与蚌埠话相同,与南京话不同。但需要我们注意的是,南京话最老派分尖团,老派分尖团的范围已经缩小,只在[ie、ien、ieʔ]三韵前分,其他细音韵母前已经不分(刘丹青,1995);宿州话少部分字分尖团。第四项,五河话深臻曾梗通合流为[əŋ、iŋ、uŋ、yŋ],蚌埠话深臻曾梗开齐二呼合流为[ən、in],通摄为[oŋ];宿州话不混;五河

的合流规律与南京话相同；江苏省的连云港话也合流为[əŋ、iŋ]；镇江、扬州稍有不同，开口呼变成[ən iŋ]（鲍明炜 1998）。第五、六项与南京话不同，与蚌埠话一致，但南京话的儿化韵也是从最老派开始渐次减少，到最新派只剩下个别儿化词，儿化韵已经不成系统（刘丹青 1995）。可见，在语音表现上，五河话与信蚌片的蚌埠话差异较大，与郑曹片的宿州话也不同，而与南京话较为接近。

（4）五河方言语音特点形成的原因

五河（包括凤阳以及相邻的明光北部司巷等乡镇，）一带方言的语音特征，如知庄章三组声母二分、深臻曾梗四摄开口字合流为后鼻尾韵、入声绝大部分归去声等，与中原官话差别很大。除了入声舒化外，其他语音特征倒是与其东边的邻居江淮官话区的南京话如出一辙。为什么会出现这样的局面呢？我们认为五河一带的历史行政区划以及当地的人口构成是非常重要的原因。

从历史行政区划看，五河在元初属淮安路之临濠府，至元十七年（1280）改属淮南路泗州。明初与盱眙、天长、临淮、虹县同属临濠府的泗州；洪武四年，泗州降为散州，五河由泗州改属临濠府；洪武六年，改属中立府，洪武七年改属凤阳府，直到清初。雍正二年（1724）升泗州为直隶州，五河改属泗州。在本地方言面貌形成的关键时期，五河一直与凤阳关系密切。

从人口构成上看，明初江南移民在五河及凤阳一带占有很大的比重。凤阳府地处淮河流域，自古以来是兵家必争之地，连年战乱使得田园荒芜，人口稀疏。朱元璋自己慨叹"兵兴以来，人民死亡或流徙他郡，不得以归乡里，骨肉离散，生业荡尽"，"临濠，朕故乡也，田多未辟，土有余利"（《明太祖实录》卷二十）。由于朱元璋是凤阳人，故明朝对凤阳府执行了一系列有利于生产发展和人口繁育的特殊政策，不仅免除赋税，还大力移民充实凤阳、临淮之地，开发农业。（安徽志人口志，1995）如洪武七年，朱元璋对太师李善长说"临濠吾乡，兵戈之后，人烟稀少，田土荒芜。天下无田耕种村民尽多，于富庶处起取数十万，散于濠州乡村居住"，于是"徙江南民十四万实中都"（曹树基，1997）。据《中国移民史·第五卷》测算，洪武年间凤阳府接受的移民总数约 50 万，其中民籍移民约 30 万，占凤阳府民人总数的 70%；如加上军籍人口，移民占总人口的 80%。

民籍移民中江南移民 16 万,山西、山东约 10 万,其他为江西、广东移民。(葛剑雄,1993)但江南移民主要集中于凤阳附近各县,北方移民则主要分布在淮河北岸的宿州、灵璧等地。具体到五河县,"明洪武初移苏州之户以实濠泗,五河凡增户口二万八千有奇。追后去留无常,而土著者不少。至今五河之民,其始祖自苏迁者犹十之四五焉。"(光绪《五河县志》卷十九)可见五河作为凤阳府的直属县,其移民主要来自江南。

一些历史典籍及民间风俗也对此有所反映,如《清稗类钞》:江、浙接壤处所,每入冬,辄有凤阳流民行乞于市,岁以为常。揣其乞食之由,则以明太祖念濠州(即凤阳府)为发祥之地,乱后,人少地荒,徙江南富民十四万以实之,私归者有重罪富民欲回乡省墓,无策,男女扮作乞人,潜归祭扫,冬去春回,其后沿以为例,届期不得不出,遂以行乞江湖为业矣。(徐珂,1986)可见以凤阳花鼓作为表现形式的"乞食文化"与江南移民不无关系,至今江南一些地方看到女乞丐依然称为"凤阳婆"。

这就很好解释为什么五河话以及凤阳话和南京及其周边的江淮官话如此接近了。凤阳周边的人口大部分是明代从江南迁来的移民,这些人所讲的话与南京及周边的方言原本就同出一源。另外,从历史行政区划来讲,凤阳作为明皇帝的家乡,在明朝建立后设立中都,置中都留守司,营建皇陵、皇城,驻以重兵,其政治、军事地位迅速上升,与当时的国都南京关系密切。在此种情况下,五河一带的方言自然要与南京保持一致。但由于五河地处与中原官话接触的前沿地带,这一带的方言难免受到北方话的影响,所以部分语言特征变得与周边的中原官话相同了。

三 信阳、淮南区域联盟

中原官话以古次浊声母、古清声母的入声字今读阴平的特点与其他官话相区别。(李荣,1985)但是,在中原官话内部,入声表现也不一样,其中,沿淮分布的中原官话信蚌片的入声就表现出一定的特异性。与其他中原官话相比,信蚌片内部语音差别较大,从古入声字今分派的规律上看,可以将其分为两段:淮河下游的凤阳、五河等地的入声不论清浊今大多读去声;上游的潢川、固始、商城、息县、淮滨以及淮河中游的凤台、颍上、淮南、霍邱、金寨等地入声字中,清声母和次浊声母的散归阴平、阳平,古全浊声母入声字今一般读阳平,与中原官话入声分派的规律并不一致。除了入声表现特殊以外，古晓匣母合口一二等与非组声母的分混、深臻曾梗摄鼻音韵尾的分混等特征在信阳、息县、光山、固始、淮滨、霍邱、寿县、凤台、淮南一带表现一致，从淮河上游到中游，形成了一个语音特征相同的区域联盟。下面我们将几个重要的语音特征分别举例，观察其在中原官话信蚌片的表现。

（一）古知照组声母与精组洪音的分混

古知庄章三组声母在中原官话信蚌片的凤阳、五河等地方言中的读音与熊正辉（1990）所说的南京型一致，而在淮河上游的信阳、罗山、潢川、固始、商城以及安徽境内的霍邱、寿县、凤台、淮南、蚌埠、固镇等地的方言中，知庄章三组声母与精组洪音合流，读[ts]组声母。具体情况请看下图7-8：

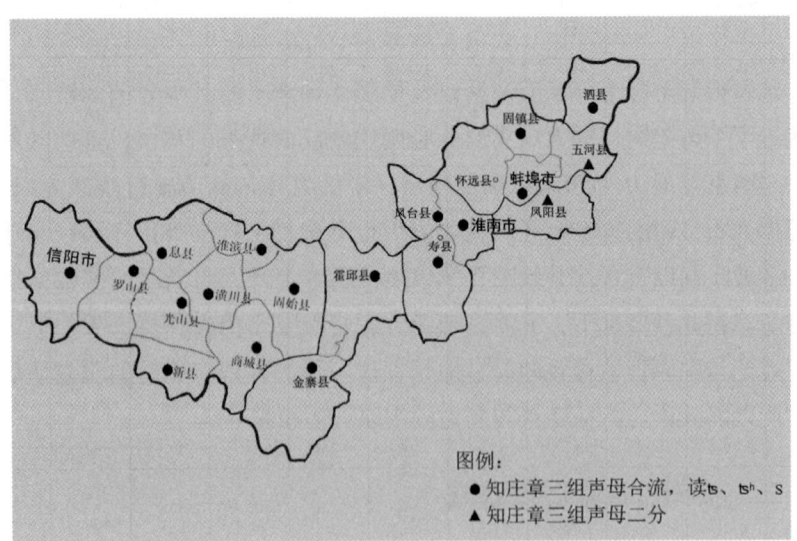

图7-8　信蚌片知庄章三组声母的读音类型

（二）古晓匣母合口一二等与非组声母的分混

晓匣母合口一二等字与非组声母读音的分混在中原官话信蚌片中表现不同：淮河下游的蚌埠、固镇、五河、凤阳一带二者不混，上游的信阳、罗山、息县、淮滨、固始到霍邱、寿县、凤台、淮南一线二者相混。如下图7-9：

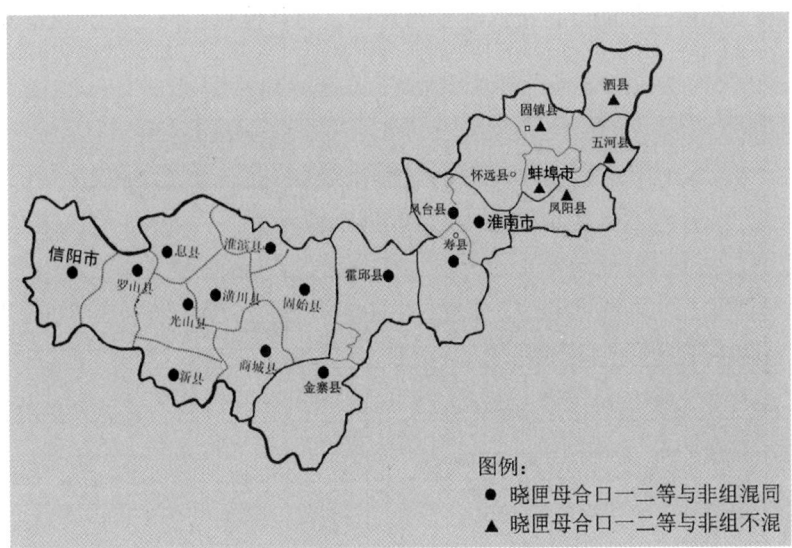

图 7-9　信蚌片晓匣母与非组的分混

从二者合流后的方向和读音来看，凤台、寿县、淮南、霍邱与淮滨、息县、潢川一致，合流的方向是 f > x；在淮河上游的信阳一带，也有 x > f 的情况。与信阳相邻的麻城、大悟、红安等地方言中晓匣母与非组合流的方向是 x > f。叶祖贵（2011）认为信阳地区的方言原本可能都是 x > f 的演变，后来由于潢川等地发生了 f > x 的演变，因此才造成了信阳一带的复杂局面。

（三）深臻与曾梗摄的分混

深臻曾梗四摄的鼻音韵尾的读音合流，这一点在信蚌片表现比较一致。但具体到合流的方向，也有些微差异：在五河、凤阳一带方言中有合流为后鼻音 [-ŋ] 的倾向，潢川东北部的上油岗、跴孜和淮滨的张庄等乡镇与此相同；其他地方都合流为前鼻尾韵 [-n]。

（四）古入声字的今分派规律

古入声字在中原官话信蚌片的分派规律不同，在淮河上游的信阳、罗山、光山、新县等地，古清声母和次浊声母入声字大部分派入阴平，全浊声母入声字大部分归阳平，是典型的中原官话入声分派模式。但是淮南、凤台、寿县、霍邱以及潢川、息县、淮滨、固始、商城等地的方言古清声母入声字、次浊声母入声字散归阴平和阳平，少部分归入去声。古入声字

在五河、凤阳一带的方言中大部分归去声,与其他点不同。分派情况图示如下:

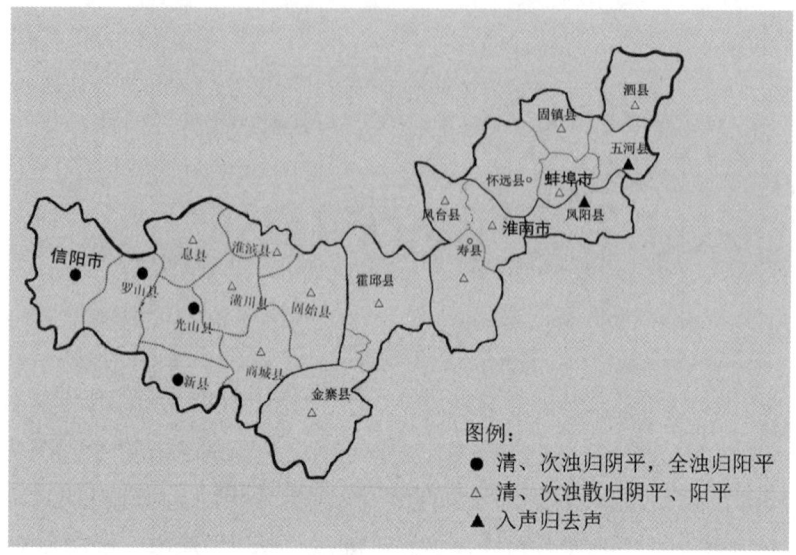

图 7-10　古入声字在信蚌片中的分派类型

从上述可见,除中原官话信蚌片共有的特点以外,淮河上游的淮滨、固始、潢川等地的方言与淮南、寿县、凤台、霍邱等地的方言还有两条共有特征与信蚌片其他点不同:一是古晓匣两母与非组声母混同,二是古清声母入声字和次浊声母入声字今散归阴阳平、全浊声母入声字今一般读阳平。这两条语音特点分布在跨河南、安徽分布的一条狭长的地带。这个区域联盟与移民关系密切。

河南的信阳地区是夹在湖北与安徽之间的一块突出地块,这一地区的移民情况与淮河下游的情况有所不同。

明初大移民运动中,河南虽然也是重要的移民接受地,但彰德、怀庆、卫辉、开封、南阳等府的移民绝大多数来自山西,唯独河南南部的汝宁府比较特殊,其移民主要来自江西、湖北。以商城县为例,全县 249 个常见姓氏中,40% 以上都是江西移民。比如周氏祖上来自婺源,迁居到商城城关牛食畈;熊氏来自江西洪都,迁居到商城城内;杨氏、黄氏来自江西瓦屑坝筷子巷。光山县的移民与商城类似,民国《光山县志约稿·沿革志》说,"旧族百无一二,及朱元璋定鼎,然后徙江西之民以实之。今考阖邑人民,大概原籍是江西,其明证也。"族谱资料也可佐证,如汤氏族谱记载其先祖自江西瓦屑坝迁来。曹树基（1997）对淮滨的村庄抽样调查发现，淮滨县山东移民并不多，只是迁往凤阳府路程中散落的一小部分。原属于商城、民国时期划归安徽的金寨县，明代迁入的氏族有22个，其中江西的10族、徽州9族、山东1族、其他2族。而且这些家族的迁徙也不是一步到位，有一些是从湖北的黄安等地辗转而来。据王东（2005）考察，罗山朱塘的7份族谱和3份墓志铭显示，罗氏、李氏、陈氏、姚氏等都是从江西先迁至湖北的麻城、黄陂、孝感，再辗转迁至罗山，熊氏、梁氏、刘氏从麻城、孝感迁来，也有部分是县内迁移，只有王氏是从山西迁来。

相邻的安徽安庆、湖北黄安、麻城一带的移民构成与信阳情况基本类似，大多数是江西移民，山西、山东等北方移民极少。对潜山、怀宁、桐城等地的32个族谱统计表明，72%的家族来自江西；宿松县来自江西的移民占74.7%。黄州府的移民比较也较高，大约占到全部人口的62%左右，其中江西移民的比例高达87%。所以麻城民国《彭氏族谱》说当地的人口构成"外籍不一，而江右独多。以余所见，逮余所闻者，皆各言江西云。夫邑之来江西者不止万族。"

霍邱县的人口几经变动，崇祯中（1638年前后），饥荒和战乱使得人口锐减，由原37图缩编为9图。太平天国战争结束后，土地大量荒芜，又从河南省商城、潢川及湖北省黄冈等地招民开垦，当时新垦户多于原土著户。

寿县一带移民所占的人口的比例也比较高。元末，寿州为兵冲，户口锐减。明初，开始移民本地，"给牛种车粮，以资遣之，三年不征其税"。又置卫所为军屯，寓戍于农，充实复滋生，户口大增。《嘉靖寿州志·食货》载：二十年（1541）"州户八千二百四十五，丁口一十万四千六百四十三"。在寿县境内，来自南北方的移民有不同的分布区域，大致以保义集为界，来自北方的移民分布在北部，江西移民分布在南部。

由此可见，河南信阳到安徽淮南一线，明代以来的移民主要是来自江西、湖北等南方地区，与凤阳、五河一带来自江南不同，也与宿州、蒙城等地来自山西、山东不同。当然，由于信阳地区的南部与湖北的湖北广水、孝昌、大悟、红安、麻城、罗田、英山等县市相连，这些县市属江淮官话黄孝片。在历史移民、历史行政区划以及地理位置等因素的影响下，信阳话有很多语音特征也受到了江淮官话黄孝片的影响，如"书虚、篆倦"同音，读ɿ、ɿan类韵母等。

第三节　试论中原官话信蚌片的来源

从地理位置上看，中原官话信蚌片大体上是沿淮河分布的，其南部与江淮官话接壤，是中原官话与江淮官话接触的最前沿。而江淮官话是官话方言中比较特殊的一支，夹在吴方言与官话方言之间，具有过渡性方言的特点，所以钱曾怡（2002）先生曾说"江淮官话既有官话方言的特点，也有吴方言的特点，实质上是吴方言到官话方言的过渡区。"鲁国尧（2003）、刘丹青（1997）等都认为今天江淮方言是以吴语为主的南方方言在北方方言侵蚀下形成的。最北端至淮河的江淮之间的广大区域原本都是吴语地盘，自永嘉丧乱始，历史上屡次的北人南迁运动使得南方方言（主要是吴语）逐渐与北方话融合。因此，江淮官话是一种过渡性的方言。从方言之间地理位置的关系看，中原官话与江淮官话的处境颇为相似：江淮官话处于吴方言与中原官话之间，语音特征兼具吴方言与官话方言的特点；而中原官话信蚌片处于江淮官话与中原官话核心区之间，兼具中原官话与江淮官话的特点。具体见图7–11。

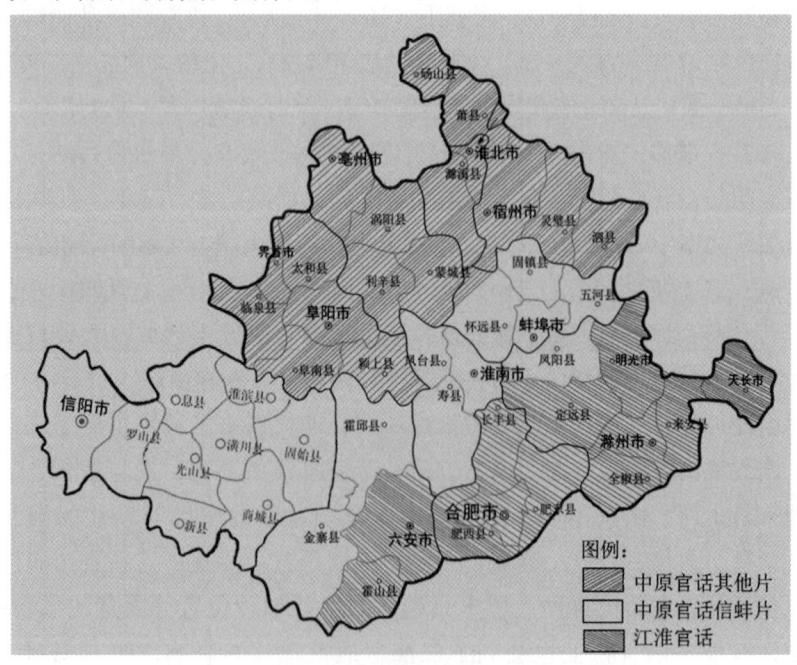

图7–11　豫皖两省沿淮方言地理分布格局示意图

既然江淮官话是吴语在北方方言侵蚀下形成的过渡性方言,那么中原官话信蚌片从何而来呢?

一 中原官话信蚌片的语音特点

李荣先生(1985)根据古入声的今读表现,将官话分为七区,具体见表7-5:

表7-5 古入声字的今调类

	西南官话	中原官话	北方官话	兰银官话	北京官话	胶辽官话	江淮官话
古清音	阳平	阴平		去声	阴阳上去	上声	入声
古次浊		阴平	去声				
古全浊							

中原官话的分派规律是古清入、次浊入今读阴平,古全浊入今读阳平,以此区别于其他六大官话。贺巍先生(2005)认为中原官话信蚌片与其他各片相比,语音上有较大的差别,主要表现为三点:①古深臻两摄与曾梗通三摄今读开口、齐齿两呼的字今韵母相同,读[ən、in]韵;②古泥来两母在信阳及其周边地区不分;③古晓匣两母与非组声母在信阳、淮南一带不分。其实,除了上述三点以外,古入声字的今读声调信蚌片也表现出一定的特异性,与其他片不同:在信蚌片的五河、凤阳一带方言中,绝大部分古入声字读去声;除了少部分县市(只有信阳、罗山、光山、新县四点)清声母和次浊声母入声字今读阴平、全浊入归阳平外,其他大部分方言的清声母、次浊声母入声字散归阴平和阳平。

二 中原官话信蚌片与江淮官话洪巢片语音特征比较

怀远县地跨淮河两岸,《中国语言地图集》《安徽省的汉语方言》等文献将其划归江淮官话洪巢片;贺巍(2005)直接将其归入中原官话信蚌片。根据我们的调查,怀远方言可以分为南北两片,南片有入声,属江淮官话洪巢片;北片无入声,属中原官话,是一个典型的具有过渡性特点的方言。淮南与怀远紧密相连,《安徽方言概况》等将其归入江淮官话,实际上其内部差异较大:上窑、洛河等地与怀远南部接壤,这一带的方言有入声,属江淮官话;但市政府所在地田家庵、八公山、潘集等地入声已经消失，根据其语音特征，应属中原官话信蚌片（贡贵训 2011）。

今天正在进行的变化将会成为明天的历史，所以拉波夫提出"用现在解释过去"的观点。下面我们以怀远方言南片和淮南方言为主，兼及淮河上游的信阳方言和下游的蚌埠、五河方言，比较信蚌片与周边方言的语音特征，观察中原官话信蚌片与江淮官话及其他方言的亲疏远近，从而推测信蚌片的来源。

表 7-6　　　　中原官话信蚌片与江淮官话洪巢片语音特征比较

	江淮官话洪巢片			中原官话			
				信蚌片			商阜片
	合肥	长丰	怀远南片	淮南新	蚌埠	信阳	阜阳
1. 有入声，入声有喉塞尾韵	+	+	+	-	-	-	-
2. 知照精组洪音合流为 ts 组	-	+	+	+	+	+	-
3. 脑 = 老，泥来相混	+	-	-	-	-	+	-
4. 疑影母今开口洪音读 ɣ 声母	-	-	-	-	-	-	+
5. 蒸 = 真，曾梗开口并入深臻	+	+	+	+	+	+	-
6. 搬 ≠ 班，山摄可分一二等	+	+	+	-	-	-	-
7. 鸡 = 资，i 撮化为 ʅ	+	-	-	-	-	+/-	-
8. 日母止摄开三字（儿二）读 ɚ	-	-	-	-	-	+	+

从表 7-6 可见，属于江淮官话洪巢片的怀远南片话与本区域江淮官话权威方言合肥话差异较大：8 项语音特征中，有 4 项不同；但怀远南片话与中原官话信蚌片的蚌埠话只有"入声的有无"1 点差异，其他 7 项完全一致。可以推测，怀远南片话虽然目前以其"有入声"而属于江淮官话洪巢片，但如果入声消失，其语音特征与中原官话信蚌片的蚌埠完全一致，必定转入信蚌片。这与本片入声舒化字声调、韵母的归派类型也完全吻合。

《安徽方言概况》中记录的淮南话有一个入声调，但没有入声韵，属于古入声消变的最后阶段。根据我们 2008 年对淮南话的调查，发现淮南话除了古晓匣母与非组声母合流这一特征外，其他语音特征与怀远南片话基本一致。440 个常用古入声字今古全浊声母字多读阳平、次浊声母字多读阴平，清声母字散归阴、阳平。可见，淮南话已领先怀远南片话从江淮官话洪巢片转化中原官话信蚌片。

我们认为，沿淮河以南方言的变化大约可以分为两步：第一步是从吴语变为江淮官话。学者们早有论述，江淮之间最早是吴语的地盘，后来在屡次的北人南迁运动中受到北方话的侵蚀，变成了江淮官话。第二步是江淮官话变成中原官话信蚌片。从语音特征上看，中原官话信蚌片的很多方言与相邻的是江淮官话多有相似，蚌埠方言与怀远方言在"知庄章声母的读音""深臻曾梗的韵尾""泥来的分混""日母止摄字的读音"等方面如出一辙，只是"入声的有无"一点有别。因此，我们认为中原官话信蚌片原本是江淮官话，是江淮官话的"入声"在北方话侵蚀、影响下消失后形成的。

在淮河上游的河南信阳地区，这种转型已经完成，中原官话信蚌片已经跨过淮河；在淮河中下游的安徽、江苏北部，从江淮官话向中原官话信蚌片的转型变化正在进行。安徽的淮南的入声只残存于与怀远南部相连的部分乡镇，市政府所在地的田家庵近几十年完成了从有入声到无入声的转变；江苏北部的连云港、灌云、灌南等地属于的入声已无喉塞尾，处于入声消变的最后阶段；泗洪方言有150个左右的入声字舒化，调值变得和阴平调接近。从其语音特征上看，山摄可分一二等的特点在老派话中还有保留，但在年轻人口中完全合流；曾梗开口与深臻合流读后鼻尾韵的特点与五河、凤阳话一致。

在豫皖两省沿淮分布的方言中，江淮官话洪巢片只有怀远（南片话）、淮南（上洛片）两地的方言是延伸到淮河北岸。一旦这两地方言的入声消失后，就会转入中原官话信蚌片。由此，中原官话将实现在淮河以北地区的全覆盖，并全线推进到淮河南岸，这在"中原雅音"持续向南的扩张史上也将具有里程碑式的意义。

第八章　基础字音对照表

地位 地点	果开一 平歌端	果开一 去个定	果开一 平歌来	果开一 去个疑	果开一 平歌匣	果开三 平戈群	果合一 去过滂	果合一 平戈并	果合一 上果端	果合一 平戈来
	多	大	锣	饿	河	茄	破	婆	朵	骡
阜南	₌tuɤ	ta꜁	₌luɤ	ɤ꜁	₌xɤ	₌tɕʰie	pʰuɤ꜁	₌pʰuɤ	꜂tuɤ	₌luɤ
界首	₌tuɤ	ta꜁	₌luɤ	ɤ꜁	₌xɤ	₌tɕʰie	pʰuɤ꜁	₌pʰuɤ	꜂tuɤ	₌luɤ
涡阳	₌tuɤ	ta꜁	₌luɤ	ɤɤ꜁	₌xɤ	₌tɕʰie	pʰuɤ꜁	₌pʰuɤ	꜂tuɤ	₌luɤ
利辛	₌tuə	ta꜁	₌luə	ə꜁	₌xə	₌tɕʰie	pʰuə꜁	₌pʰuə	꜂tuə	₌luə
蒙城	₌tuə	ta꜁	₌luə	ə꜁	₌xə	₌tɕʰie ₌tɕʰye	pʰuə꜁	₌pʰuə	꜂tuə	₌luə
宿州	₌tuɤ	ta꜁	₌luɤ	ɤ꜁	₌xɤ	₌tɕʰie	pʰo꜁	₌pʰo	꜂tuɤ	₌luɤ
颍上	₌tuə	ta꜁	₌luə	ə꜁	₌xə	₌tɕʰye	pʰə꜁	₌pʰuə	꜂tuə	₌luə
霍邱	₌tuo	ta꜁	₌luo	uo꜁	₌xuo	₌tɕʰye	pʰo꜁	₌pʰo	꜂tuo	₌luo
凤台	₌tuo	ta꜁	₌luo	ə꜁	₌xə	₌tɕʰye	pʰo꜁	₌pʰo	꜂tuo	₌luo
寿县	₌tuo	ta꜁	₌luo	uo꜁	₌xə	₌tɕʰye	pʰo꜁	₌pʰo	꜂tuo	₌luo
淮南	₌tuo	ta꜁	₌luo	uo꜁	₌xə	₌tɕʰye	pʰo꜁	₌pʰo	꜂tuo	₌luo
蚌埠	₌tuo	ta꜁	₌luo	ə꜁	₌xə	₌tɕʰyo	pʰuo꜁	₌pʰuo	꜂tuo	₌luo
固镇	₌tuɤ	ta꜁	₌luɤ	uɤ꜁	₌xɤ	₌tɕʰie	pʰuɤ꜁	₌pʰuɤ	꜂tuɤ	₌luɤ
五河	₌tuɤ	ta꜁	₌luɤ	uɤ꜁	₌xuɤ	₌tɕʰye	pʰuɤ꜁	₌pʰuɤ	꜂tuɤ	₌luɤ
凤阳	₌tuo	ta꜁	₌luo	vo꜁	₌xə	₌tɕʰye	pʰo꜁	₌pʰo	꜂tuo	₌luo
泗县	₌tuɤ	ta꜁	₌luɤ	uɤ꜁	₌xɤ	₌tɕʰie	pʰuɤ꜁	₌pʰuɤ	꜂tuɤ	₌luɤ
信阳老	₌tuo	ta꜁	₌luo	ŋo꜁	₌xɤ	₌tɕʰiɛ	pʰo꜁	₌pʰo	꜂tuo	₌luo
平桥	₌to	ta꜁	₌lo	uo꜁	₌xo	₌tɕʰyɛ	pʰo꜁	₌pʰo	꜂to	₌lo
罗山	₌to	ta꜁	₌lo	uo꜁	₌xo	₌tɕʰie	pʰo꜁	₌pʰo	꜂to	₌lo
光山	₌to	ta꜁	₌lo	uo꜁	₌xo	₌tɕʰie	pʰo꜁	₌pʰo	꜂to	₌lo

续表

地位 地点	果开一 平歌端	果开一 去个定	果开一 平歌来	果开一 去个疑	果开一 平歌匣	果开三 平戈群	果合一 去过滂	果合一 平戈并	果合一 上果端	果合一 平戈来
新县	₋to	taᶺ	₋lo	ŋoᶺ	₋xo	₋tɕʰie	pʰoᶺ	₋pʰo	ᶜto	₋lo
固始	₋tuo	taᶺ	₋luo	ɣɤᶺ	₋xɤ	₋tɕʰiɜ	pʰoᶺ	₋pʰo	ᶜtuo	₋luo
商城	₋tuo	taᶺ	₋luo	ɣɤᶺ	₋xɤ	₋tɕʰiɜ	pʰoᶺ	₋pʰo	ᶜtuo	₋luo
淮滨	₋tuo	taᶺ	₋luo	ɣɤᶺ	₋xɤ	₋tɕʰiɜ	pʰoᶺ	₋pʰo	ᶜtuo	₋luo
濉溪	₋tuɤ	taᶺ	₋luɤ	ɤᶺ	₋xɤ	₋tɕʰie	pʰuɤᶺ	₋pʰuɤ	ᶜtuɤ	₋luɤ
萧县	₋tuə	taᶺ	₋luə	yəᶺ	₋xə	₋tɕʰyɤ ₋tɕʰiɤ	pʰuəᶺ	₋pʰuə	ᶜtuə	₋luə
怀远	₋tuə	taᶺ	₋luə	uəᶺ	₋xə	₋tɕʰye	pʰuəᶺ	₋pʰuə	ᶜtuə	₋luə
定远	₋to	taᶺ	₋lo	oᶺ	₋xo	₋tɕʰyɪ	pʰoᶺ	₋pʰo	ᶜto	₋lo
明光	₋tuo	taᶺ	₋luo	uoᶺ	₋xə	₋tɕʰye	pʰoᶺ	₋pʰo	ᶜtuo	₋luo
全椒	₋to	taᶺ	₋lo	oᶺ	₋xo	₋tɕʰye	pʰoᶺ	₋pʰo	ᶜto	₋lo
长丰	₋tuə	taᶺ	₋luə	ɣəᶺ	₋xə	₋tɕʰyE	pʰuəᶺ	₋pʰuə	ᶜtuə	₋luə
肥东	₋tɶ	tsᶺ	₋lɶ	ɶᶺ	₋xɶ	₋tɕyei	pʰɶᶺ	₋pʰɶ	ᶜtɶ	₋lɶ

地位 地点	果合一 上果从	果合一 平戈溪	果合一 去过疑	果合一 上果晓	果合三 平戈晓	假开二 平麻并	假开二 平麻明	假开二 平麻澄	假开二 平麻生	假开二 平麻见
	坐	科	卧	火	靴	爬	麻	茶	沙	家
阜南	tsuɤᶺ	₋kʰuɤ	uɤᶺ	ᶜxuɤ	₋ɕye	₋pʰa	₋ma	₋tʂʰa	₋sa	₋tɕia
界首	tsuɤᶺ	₋kʰuɤ	uɤᶺ	ᶜxuɤ	₋ɕye	₋pʰa	₋ma	₋tʂʰa	₋sa	₋tɕia
涡阳	tsuɤᶺ	₋kʰuɤ ₋kʰɤ	uɤᶺ	ᶜxuɤ	₋ɕyɣ	₋pʰa	₋ma	₋tʂʰa	₋sa	₋tɕia
利辛	tɕyəᶺ	₋kʰuə	uəᶺ	ᶜeɣu	₋ɕyə	₋pʰa	₋ma	₋tʂʰa	ᶜsa sa	₋tɕia
蒙城	tsuəᶺ	₋kʰuə	uəᶺ	ᶜxuə	₋ɕyə	₋pʰa	₋ma	₋tʂʰa	₋sa	₋tɕia
宿州	tsuɤᶺ	₋kʰuɤ	uɤᶺ	ᶜxuɤ	₋ɕyo	₋pʰa	₋ma	₋tʂʰa	₋sa	₋tɕia
颖上	tsuəᶺ	₋kʰuə	uəᶺ	ᶜxuə	₋ɕye	₋pʰa	₋ma	₋tʂʰa	₋sa	₋tɕia
霍邱	tsuoᶺ	₋kʰuo	uoᶺ	ᶜxuo	₋ɕye	₋pʰa	₋ma	₋tʂʰa	₋sa	₋tɕia
凤台	tsuoᶺ	₋kʰə	uoᶺ	ᶜxuo	₋ɕye	₋pʰa	₋ma	₋tʂʰa	₋sa	₋tɕia
寿县	tsuoᶺ	₋kʰuo	uoᶺ	ᶜxuo	₋ɕye	₋pʰa	₋ma	₋tʂʰa	₋sa	₋tɕia

续表

地位 地点	果合一 上果从	果合一 平戈溪	果合一 去过疑	果合一 上果晓	果合三 平戈晓	假开二 平麻并	假开二 平麻明	假开二 平麻澄	假开二 平麻生	假开二 平麻见
淮南	tsuo⁼	₌kʰuo ₌kʰə	uo⁼	⁼xuo	₌ɕye	₌pʰa	₌ma	₌tʂʰa	₌sa	₌tɕia
蚌埠	tsuoᵓ	₌kʰə	uoᵓ	⁼xuo	₌ɕyo	₌pʰa	₌ma	₌tʂʰa	₌sa	₌tɕia
固镇	tsuɤᵓ	₌kuɤ ₌kʰɤ	uɤᵓ	⁼xuɤ	₌ɕyɤ	₌pʰa	₌ma	₌tʂʰa	₌sa	₌tɕia
五河	tsuɤᵓ	₌kuɤ ₌kʰɤ	uɤᵓ	⁼xuɤ	₌ɕye	₌pʰa	₌ma	₌tʂʰa	₌ʂa	₌tɕia
凤阳	tsuoᵓ	₌kʰuo	voᵓ	⁼xuo	₌ɕyo	₌pʰa	₌ma	₌tʂʰa	₌ʂa	
泗县	tsuɤᵓ	₌kʰuɤ ₌kʰɤ	uɤᵓ	⁼xuɤ	₌ɕyɤ	₌pʰa	₌ma	₌tʂʰa	₌ʂa	₌tɕia
信阳老	tsuoᵓ	₌kʰɤ	uoᵓ	⁼xuo	₌ɕyɛ	₌pʰa	₌ma	₌tʂʰa	₌sa	₌tɕia
平桥	tsoᵓ	₌kʰo	uoᵓ	⁼xo	₌ɕyɛ	₌pʰa	₌ma	₌tʂʰa	₌sa	₌tɕia
罗山	tsoᵓ	₌kʰo	uoᵓ	⁼xo	₌ɕyɛ	₌pʰa	₌ma	₌tʂʰa	₌sa	₌tɕia
光山	tsoᵓ	₌kʰo	uoᵓ	⁼xo	₌ɕɥe	₌pʰa	₌ma	₌tʂʰa	₌sa	₌tɕia
新县	tsoᵓ	₌kʰo	uoᵓ	⁼xo	₌ɕɥe	₌pʰa	₌ma	₌tʂʰa	₌sa	₌tɕia
固始	tsuoᵓ	₌kʰɤ	uoᵓ	⁼xuo	₌ɕyɛ	₌pʰa	₌ma	₌tʂʰa	₌sa	₌tɕia
商城	tsuoᵓ	₌kʰɤ	uoᵓ	⁼xuo	₌ɕye	₌pʰa	₌ma	₌tʂʰa	₌sa	₌tɕia
淮滨	tsuoᵓ	₌kʰɤ	uoᵓ	⁼xuo	₌ɕyɛ	₌pʰa	₌ma	₌tʂʰa	₌sa	₌tɕia
濉溪	tsuɤᵓ	₌kʰɤ	uɤᵓ	⁼xuɤ	₌ɕyɤ	₌pʰa	₌ma	₌tʂʰa	₌ʂa	₌tɕia
萧县	tsuəᵓ	₌kʰuə	uəᵓ	⁼xuə	₌ɕyə	₌pʰa	₌ma	₌tʂʰa	₌sa	₌tɕia
怀远	tsuəᵓ	₌kʰuə ₌kʰə	uəᵓ	⁼xuə	₌ɕye	₌pʰa	₌ma	₌tʂʰa	₌sa	₌tɕia
定远	tsoᵓ	₌kʰo	oᵓ	⁼xo	₌ɕyɪ	₌pʰa	₌ma	₌tʂʰa	₌sa	₌tɕia
明光	tsuoᵓ	₌kʰuo ₌kʰə	uoᵓ	⁼xuo	₌ɕyo	₌pʰa	₌ma	₌tʂʰa	₌ʂa	₌tɕia
全椒	tsoᵓ	₌kʰo	oᵓ	⁼xo	₌ɕye	₌pʰa	₌ma	₌tʂʰa	₌sa	₌tɕia
长丰	tsuəᵓ	₌kʰə	uənʔᵓ	⁼xuə	₌ɕyE	₌pʰa	₌ma	₌tʂʰa	₌sa	₌tɕia
肥东	tsɷᵓ	₌kʰɷ	uənʔᵓ	⁼xuə	₌ɕye	₌pʰa	₌ma	₌tʂʰa	₌sa	₌tɕia

地位\地点	假开二上马匣	假开二上马影	假开三去麻精	假开二上马心	假开三去麻邪	假开三平麻昌	假开三平麻船	假开三上麻禅	假开三去麻以	假合二上马生
	下	哑	借	写	谢	车	蛇	社	夜	傻
阜南	ɕiaᒡ	ᒧia	tɕieᒡ	ᒧɕie	ɕieᒡ	ᒧtʂʰɤ	ᒧsɤ	sɤᒡ	ieᒡ	ᒧʂa
界首	ɕiaᒡ	ᒧia	tɕieᒡ	ᒧɕie	ɕieᒡ	ᒧtʂʰɤ	ᒧʂa	ʂɤᒡ	ieᒡ	ᒧʂa
涡阳	ɕiaᒡ	ᒧia	tɕieᒡ	ᒧɕie	ɕieᒡ	ᒧtʂʰɤᒡ	ʂɤᒡ/ᒧʂa	ʂɤᒡ	ieᒡ	ᒧʂa
利辛	ɕiaᒡ	ᒧia	tɕieᒡ	ᒧɕie	ɕieᒡ	ᒧtʂʰə	ᒧsa	ʂəᒡ	ieᒡ	ᒧsa
蒙城	ɕiaᒡ	ᒧia	tɕieᒡ	ᒧɕie	ɕieᒡ	ᒧtʂʰə	ᒧsə	ʂəᒡ	ieᒡ	ᒧsa
宿州	ɕiaᒡ	ᒧia	tɕieᒡ	ᒧɕie	ɕieᒡ	ᒧtʂʰɤ	ᒧʂɤ	ʂɤᒡ	ieᒡ	ᒧʂa
颖上	ɕiaᒡ	ᒧia	tɕieᒡ	ᒧɕie	ɕieᒡ	ᒧtʂʰɤ	ᒧse	seᒡ	ieᒡ	ᒧsa
霍邱	ɕiaᒡ	ᒧia	tɕieᒡ	ᒧɕie	ɕieᒡ	ᒧtʂʰɤ	ᒧsɤ	sɤᒡ	ieᒡ	ᒧsa
凤台	ɕiaᒡ	ᒧia	tɕieᒡ	ᒧɕie	ɕieᒡ	ᒧtʂʰə	ᒧsə	səᒡ	ieᒡ	ᒧsa
寿县	ɕiaᒡ	ᒧia	tɕieᒡ	ᒧɕie	ɕieᒡ	ᒧtʂʰə	ᒧsə	səᒡ	ieᒡ	ᒧsa
淮南	ɕiaᒡ	ᒧia	tɕieᒡ	ᒧɕie	ɕieᒡ	ᒧtʂʰə	ᒧsə	səᒡ	ieᒡ	ᒧsa
蚌埠	ɕiaᒡ	ᒧia	tɕieᒡ	ᒧɕie	ɕieᒡ	ᒧtʂʰə	ᒧsə	səᒡ	ieᒡ	ᒧsa
固镇	ɕiaᒡ	ᒧia	tɕieᒡ	ᒧɕie	ɕieᒡ	ᒧtʂʰɤ	ᒧsɤ	sɤᒡ	ieᒡ	ᒧsa
五河	ɕiaᒡ	ᒧia	tɕieᒡ	ᒧɕie	ɕieᒡ	ᒧtʂʰɤ	ᒧsɤ	sɤᒡ	ieᒡ	ᒧʂa
凤阳	ɕiaᒡ	ᒧia	tɕieᒡ	ᒧɕie	ɕieᒡ	ᒧtʂʰə	ᒧʂə	ʂəᒡ	ieᒡ	ᒧsa
泗县	ɕiaᒡ	ᒧia	tɕieᒡ	ᒧɕie	ɕieᒡ	ᒧtʂʰɤ	ᒧʂaᒡ/ʂɤᒡ	ʂɤᒡ	ieᒡ	ᒧʂa
信阳老	ɕiaᒡ	ᒧia	tɕiɛᒡ	ᒧɕiɛ	ɕiɛᒡ	ᒧtʂʰɛ	ᒧsɛ	sɛᒡ	iɛᒡ	ᒧsa
平桥	ɕiaᒡ	ᒧia	tɕiɛᒡ	ᒧɕiɛ	ɕiɛᒡ	ᒧtʂʰɛ	ᒧsɛ	sɛᒡ	iɛᒡ	ᒧsa
罗山	ɕiaᒡ	ᒧia	tɕieᒡ	ᒧɕie	ɕieᒡ	ᒧtʂʰe	ᒧse	seᒡ	ieᒡ	ᒧsa
光山	ɕiaᒡ	ᒧia	tɕieᒡ	ᒧɕie	ɕieᒡ	ᒧtʂʰe	ᒧʂe	ʂeᒡ	ieᒡ	ᒧʂa
新县	ɕiaᒡ	ᒧia	tɕieᒡ	ᒧɕie	ɕieᒡ	ᒧtʂʰe	ᒧʂe	ʂeᒡ	ieᒡ	ᒧsa
固始	ɕiaᒡ	ᒧia	tɕiɛᒡ	ᒧɕiɛ	ɕiɛᒡ	ᒧtʂʰai	ᒧsai	saiᒡ	iɛᒡ	ᒧsa
商城	ɕiaᒡ	ᒧia	tɕiɛᒡ	ᒧɕiɛ	ɕiɛᒡ	ᒧtʂʰɛ	ᒧsɛ	sɛᒡ	iɛᒡ	ᒧsa
淮滨	ɕiaᒡ	ᒧia	tɕiɛᒡ	ᒧɕiɛ	ɕiɛᒡ	ᒧtʂʰɛ	ᒧsɛ	sɛᒡ	iɛᒡ	ᒧsa
濉溪	ɕiaᒡ	ᒧia	tɕieᒡ	ᒧɕie	ɕieᒡ	ᒧtʂʰɤ	ᒧsɤ	sɤᒡ	ieᒡ	ᒧsa
萧县	ɕiaᒡ	ᒧia	tɕiəᒡ	ᒧɕiə	ɕiəᒡ	ᒧtʂʰə	ᒧʂəᒡ/ᒧʂa	ʂəᒡ	iəᒡ	ᒧʂa
怀远	ɕiaᒡ	ᒧia	tɕieᒡ	ᒧɕie	ɕieᒡ	ᒧtʂʰə	ᒧsə	səᒡ	ieᒡ	ᒧsa
定远	ɕiaᒡ	ᒧia	tɕiɿᒡ	ᒧɕyɿ	ɕyɿᒡ	ᒧtʂʰə	ᒧʂə	ʂəᒡ	iɿᒡ	ᒧsa
明光	ɕiaᒡ	ᒧia	tɕieᒡ	ᒧɕie	ɕieᒡ	ᒧtʂʰə	ᒧsə	səᒡ	ieᒡ	ᒧsa
全椒	ɕiaᒡ	ᒧia	tɕiᒡ	ᒧɕi / ᒧsei	ɕiᒡ	ᒧtʂʰei	ᒧsei	seiᒡ	ieᒡ	ᒧʂa
长丰	ɕiaᒡ	ᒧia	tɕiEᒡ	ᒧsəi	ɕiEᒡ	ᒧtʂʰə	ᒧsə	səᒡ	iEᒡ	ᒧsa
肥东	ɕiaᒡ	ᒧia	tɕiᒡ	ᒧsəi	ɕiᒡ	ᒧtʂʰiə	ᒧʂəi	ʂəiᒡ	iɛᒡ	ᒧʂa

地位　　地点	假合二平麻见 瓜	假合二上马疑 瓦	假合二平麻晓 花	假合二平麻影 蛙	遇合一去暮明 墓	遇合一上姥透 土	遇合一去暮泥 怒	遇合一去暮来 路	遇合一平模清 粗	遇合一平模心 苏
阜南	₋kua	꜀ua	₋xua	꜀ua	mu꜃	꜀tʰu	nuŋ꜃	lu꜃	₋tsʰu	₋su
界首	₋kua	꜀ua	₋xua	꜀ua	mu꜃	꜀tʰu	nu꜃ / nuŋ꜃	lu꜃	₋tsʰu ₋tɕʰy	₋su ₋ɕy
涡阳	₋kua	꜀ua	₋xua	꜀ua	mu꜃	꜀tʰu	nu꜃	lu꜃	₋tsʰu	₋su
利辛	₋kua	꜀ua	₋xua	꜀ua	mu꜃	꜀tʰu	nu꜃	lu꜃	₋tsʰu ₋tɕʰy	₋ɕy
蒙城	₋kua	꜀ua	₋xua	꜀ua	mu꜃	꜀tʰu	nu꜃	lu꜃	₋tsʰu	₋su
宿州	₋kua	꜀ua	₋xua	꜀ua	mu꜃	꜀tʰu	nu꜃	lu꜃	₋tsʰu	₋su
颍上	₋kua	꜀ua	₋xua	꜀ua	mu꜃	꜀tʰu	nuŋ꜃	lu꜃	₋tsʰu	₋su
霍邱	₋kua	꜀ua	₋xua	꜀ua	mu꜃	꜀tʰu	nuŋ꜃	lu꜃	₋tsʰu	₋su
凤台	₋kua	꜀va	₋xua	꜀ua	mu꜃	꜀tʰu	nu꜃	lu꜃	₋tsʰu	₋su
寿县	₋kua	꜀ua	₋xua	꜀ua	mu꜃	꜀tʰu	nuŋ꜃	lu꜃	₋tsʰu	₋su
淮南	₋kua	꜀ua/꜀va	₋xua	꜀ua/꜀va	mu꜃	꜀tʰu	nuŋ꜃	lu꜃	₋tsʰu	₋su
蚌埠	₋kua	꜀ua	₋xua	꜀ua	mu꜃	꜀tʰu	nu꜃	lu꜃	₋tsʰu	₋su
固镇	₋kua	꜀va	₋xua	꜀va	mu꜃	꜀tʰu	nuŋ꜃	lu꜃	₋tsʰu	₋su
五河	₋kua	꜀ua	₋xua	꜀ua	mu꜃	꜀tʰu	nu꜃	lu꜃	₋tsʰu	₋su
凤阳	₋kua	꜀va	₋xua	꜀va	mu꜃	꜀tʰu	nuŋ꜃	lu꜃	₋tsʰu	₋su
泗县	₋kua	꜀ua	₋xua	꜀ua	mu꜃	꜀tʰu	nu꜃	lu꜃	₋tsʰu	₋su
信阳老	₋kua	꜀ua	₋fa	꜀ua	mu꜃	꜀tʰou	lou꜃	lou꜃	₋tsʰou	₋sou
平桥	₋kua	꜀ua	₋fa	꜀ua	mu꜃	꜀tʰu	lu꜃	lu꜃	₋tsʰu	₋su
罗山	₋kua	꜀ua	₋fa	꜀ua	mu꜃	꜀tʰəu	ləu꜃	ləu꜃	₋tsʰəu	₋səu
光山	₋kua	꜀ua	₋fa	꜀ua	mu꜃	꜀tʰəu	ləu꜃	ləu꜃	₋tsʰəu	₋səu
新县	₋kua	꜀ua	₋fa	꜀ua	mu꜃	꜀tʰəu	ləu꜃	ləu꜃	₋tsʰəu	₋səu
固始	₋kua	꜀ua	₋xua	꜀ua	məu꜃	꜀tʰu	lou꜃	lou꜃	₋tsʰu	₋su
商城	₋kua	꜀ua	₋xua	꜀ua	məu꜃	꜀tʰou	lou꜃	lou꜃	₋tsʰəu	₋səu ₋su
淮滨	₋kua	꜀ua	₋xua	꜀ua	mu꜃	꜀tʰu	lu꜃	lu꜃	₋tsʰu	₋su
濉溪	₋kua	꜀ua	₋xua	꜀ua	mu꜃	꜀tʰu	nu꜃	lu꜃	₋tsʰu	₋su
萧县	₋kua	꜀ua	₋xua	꜀ua	mu꜃	꜀tʰu	nu꜃	lu꜃	₋tsʰu	₋su
怀远	₋kua	꜀va	₋xua	꜀va	mu꜃	꜀tʰu	nuŋ꜃	lu꜃	₋tsʰu	₋su
定远	₋kua	꜀ua	₋xua	꜀ua	mu꜃	꜀tʰu	nu꜃	lu꜃	₋tsʰu	₋su
明光	₋kua	꜀ua	₋xua	꜀va	mu꜃	꜀tʰu	nu꜃	lu꜃	₋tsʰu	₋su
全椒	₋kua	꜀ua	₋xua	꜀ua	mu꜃	꜀tʰu	nu꜃	lu꜃	₋tsʰu	₋su
长丰	₋kua	꜀ua	₋xua	꜀ua	mu꜃	꜀tʰu	nu꜃	lu꜃	₋tsʰu	₋su
肥东	₋kua	꜀ua	₋xua	꜀ua	mu꜃	꜀tʰu	lu꜃	lu꜃	₋tsʰu	₋su

地位\地点	遇合一上姥见	遇合一上姥溪	遇合一上姥晓	遇合三上语泥	遇合三上语来	遇合三平鱼清	遇合三平鱼邪	遇合三平鱼知	遇合三平鱼澄	遇合三平鱼初
	古	苦	虎	女	吕	蛆	徐	猪	除	初
阜南	₍ku	₍kʰu	₍xu	₍nu	₍lu	₍tɕʰy	₍ɕy	₍tʂu	₍tʂʰu	₍tʂʰuɤ
界首	₍ku	₍kʰu	₍xu	₍ny	₍ly	₍tɕʰy	₍ɕy	₍tʂu	₍tʂʰu	₍tʂʰuɤ
涡阳	₍ku	₍kʰu	₍xu	₍ny	₍ly	₍tɕʰy	₍ɕy	₍tʂu	₍tʂʰu	₍tʂʰuɤ / ₍tʂu
利辛	₍ku	₍kʰu	₍xu	₍ny	₍ly	₍tɕʰy	₍ɕy	₍tʂu	₍tʂʰu	₍tʂʰuə
蒙城	₍ku	₍kʰu	₍xu	₍ny	₍ly	₍tɕʰy	₍ɕy	₍tʂu	₍tʂʰu	₍tʂʰu
宿州	₍ku	₍kʰu	₍xu	₍ny	₍ly	₍tɕʰy	₍ɕy	₍tʂu	₍tʂʰu	₍tʂʰu / ₍tʂʰuɤ
颍上	₍ku	₍kʰu	₍xu	₍ny	₍ly	₍tɕʰy	₍ɕy	₍tsu	₍tsʰu	₍tsʰuə
霍邱	₍ku	₍kʰu	₍xu	₍ny	₍ly	₍tɕʰy	₍ɕy	₍tsu	₍tsʰu	₍tsʰuo
凤台	₍ku	₍kʰu	₍xu	₍ny	₍ly	₍tɕʰy	₍ɕy	₍tsu	₍tsʰu	₍tsʰu / ₍tsʰuo
寿县	₍ku	₍kʰu	₍xu	₍ny	₍ly	₍tɕʰy	₍ɕy	₍tsu	₍tsʰu	₍tsʰuo
淮南	₍ku	₍kʰu	₍xu	₍ny	₍ly	₍tɕʰy	₍ɕy	₍tsu	₍tsʰu	₍tsʰuo
蚌埠	₍ku	₍kʰu	₍xu	₍ny	₍ly	₍tɕʰy	₍ɕy	₍tsu	₍tsʰu	₍tsʰuo
固镇	₍ku	₍kʰu	₍xu	₍ny	₍ly	₍tɕʰy	₍ɕy	₍tsu	₍tsʰu	₍tsʰuɤ
五河	₍ku	₍kʰu	₍xu	₍ny	₍ly	₍tɕʰy	₍ɕy	₍tsu	₍tsʰu	₍tsʰuɤ
凤阳	₍ku	₍kʰu	₍xu	₍ny / ₍nyo	₍ly	₍tɕʰy	₍ɕy	₍tsu	₍tsʰu	₍tsʰuo
泗县	₍ku	₍kʰu	₍xu	₍ny	₍ly	₍tɕʰy	₍ɕy	₍tʂu	₍tʂʰu	₍tʂʰuɤ / ₍tʂʰu
信阳老	₍ku	₍kʰu	₍fu	₍ŋ̍y	₍ly	₍tɕʰy	₍ɕy	₍tɕy	₍tɕʰy	₍tʂʰou
平桥	₍ku	₍kʰu	₍fu	₍ŋ̍y	₍ly	₍tɕʰy	₍ɕy	₍tsu	₍tsʰu	₍tsʰu
罗山	₍ku	₍kʰu	₍fu	₍ŋ̍y	₍ly	₍tɕʰi	₍ɕi / ₍ɕy	₍tɕy	₍tɕʰy	₍tʂʰəɹ
光山	₍ku	₍kʰu	₍fu	₍ŋ̍ɹ̩	₍ɹ̩	₍tɕʰi	₍ɕi / ₍ɕy	₍tʂɹ̩	₍tʂʰɹ̩	₍tʂʰəɹ
新县	₍ku	₍kʰu	₍fu	₍ŋ̍ɹ̩	₍ɹ̩	₍tsʰɹ̩	₍ɕi	₍tʂɹ̩	₍tʂʰɹ̩	₍tʂʰo
固始	₍ku	₍kʰu	₍xu	₍ly	₍ly	₍tɕʰy	₍ɕy	₍tsu	₍tsʰu	₍tsʰuo
商城	₍ku	₍kʰu	₍xu	₍ly	₍ly	₍tɕʰy	₍ɕy	₍tsu	₍tsʰu	₍tsʰuo
淮滨	₍ku	₍kʰu	₍xu	₍ly	₍ly	₍tɕʰy	₍ɕy	₍tsu	₍tsʰu	₍tsʰuo
濉溪	₍ku	₍kʰu	₍xu	₍ny	₍ly	₍tɕʰy	₍ɕy	₍tʂu	₍tʂʰu	₍tʂʰuɤ

续表

地位\地点	遇合一上姥见	遇合一上姥溪	遇合一上姥晓	遇合三上语泥	遇合三上语来	遇合三平鱼清	遇合三平鱼邪	遇合三平鱼知	遇合三平鱼澄	遇合三平鱼初
萧县	ᶜku	ᶜkʰu	ᶜxu	ᶜnʮ	ᶜlʮ	₌tɕʰy	₌ɕy	₌tʂu	₌tʂʰu	₌tʂʰuə
怀远	ᶜku	ᶜkʰu	ᶜxu	ᶜnʮ / nyŋ	ᶜlʮ	₌tɕʰy	₌ɕy	₌tsu	₌tsʰu	₌tsʰuə
定远	ᶜku	ᶜkʰu	ᶜxu	ᶜnʮ	ᶜlʮ	₌tɕʰy	₌ɕy	₌tʂu	₌tʂʰu	₌tʂʰo
明光	ᶜku	ᶜkʰu	ᶜxu	ᶜnʮ	ᶜlʮ	₌tɕʰy	₌ɕy	₌tʂu	₌tʂʰu	₌tʂʰuo
全椒	ᶜku	ᶜkʰu	ᶜxu	ᶜlʮ	ᶜlʮ	₌tsʰʮ	₌sʮ	₌tʂu	₌tʂʰu	₌tʂʰo
长丰	ᶜku	ᶜkʰu	ᶜxu/ᶜfu	ᶜnʮ	ᶜlʮ	₌tɕʰy	₌ɕy	₌tsu	₌tsʰu	₌tsʰuə / ₌tsʰu
肥东	ᶜku	ᶜkʰu	ᶜxu/ᶜfu	ᶜzʮ	ᶜzʮ	₌tsʰʮ	₌sʮ	₌tsu	₌tsʰu	₌tsʰɯ

地位\地点	遇合三上语章	遇合三平鱼崇	遇合三平鱼书	遇合三平鱼日	遇合三平鱼见	遇合三去御溪	遇合三平鱼疑	遇合三平鱼以	遇合三上雨非	遇合三上雨奉
	煮	锄	书	如	居	去	鱼	余	斧	父
阜南	ᶜtʂu	₌tʂʰuɤ	₌su	₌zu	₌tɕy	tɕʰyᵓ	₌y	₌y	ᶜxu	xuᵓ
界首	ᶜtʂu	₌tʂʰuɤ	₌fu	₌ẓu	₌tɕy	tɕʰyᵓ	₌y	₌y	ᶜfu	fuᵓ
涡阳	ᶜtʂu	₌tʂʰuɤ	₌ʂu	₌ẓu	₌tɕy	tɕʰyᵓ	₌y	₌y	ᶜfu	fuᵓ
利辛	ᶜtʂu	₌tʂʰuə	₌fu	₌ẓu	₌tɕy	tɕʰyᵓ	₌y	₌y	ᶜfu	fuᵓ
蒙城	ᶜtʂu	₌tʂʰu	₌ʂu/ᶜfu	₌ẓu	₌tɕy	tɕʰyᵓ	₌y	₌y	ᶜfu	fuᵓ
宿州	ᶜtʂu	₌tʂʰu	₌ʂu	₌ẓu	₌tɕy	tɕʰyᵓ	₌y	₌y	ᶜfu	fuᵓ
颍上	ᶜtsu	₌tsʰuə	₌su	₌zu	₌tɕy	tɕʰyᵓ	₌y	₌y	ᶜxu	xuᵓ
霍邱	ᶜtsu	₌tsʰuo	₌su	₌zu	₌tɕy	tɕʰyᵓ	₌y	₌y	ᶜxu	xuᵓ
凤台	ᶜtsu	₌tsʰuo	₌su	₌zu	₌tɕy	tɕʰyᵓ	₌y	₌y	ᶜxu	xuᵓ
寿县	ᶜtsu	₌tsʰuo	₌su	₌zu	₌tɕy	tɕʰyᵓ	₌y	₌y	ᶜxu	xuᵓ
淮南	ᶜtsu	₌tsʰuo	₌su	₌zu	₌tɕy	tɕʰyᵓ	₌y	₌y	ᶜxu	xuᵓ
蚌埠	ᶜtsu	₌tsʰuo	₌su	₌zu	₌tɕy	tɕʰyᵓ	₌y	₌y	ᶜfu	fuᵓ
固镇	ᶜtsu	₌tsʰuɤ	₌su	₌zu	₌tɕy	tɕʰyᵓ	₌y	₌y	ᶜfu	fuᵓ
五河	ᶜtʂu	₌tʂʰuɤ	₌ʂu	₌ẓu	₌tɕy	tɕʰyᵓ	₌y	₌y	ᶜfu	fuᵓ
凤阳	ᶜtsu	₌tsʰuo	₌su	₌ẓu	₌tɕy	tɕʰyᵓ	₌y	₌y	ᶜfu	fuᵓ
泗县	ᶜtʂu	₌tʂʰu	₌ʂu	₌ẓu	₌tɕy	tɕʰyᵓ	₌y	₌y	ᶜfu	fuᵓ

续表

地位\地点	遇合三上语章	遇合三平鱼崇	遇合三平鱼书	遇合三平鱼日	遇合三平鱼见	遇合三去御溪	遇合三平鱼疑	遇合三平鱼以	遇合三上雨非	遇合三上雨奉
信阳老	₋tɕu	₋tsʰou	₋ɕy	₋y	₋tɕy	tɕʰy⁼	₋y	₋y	₋fu	fu⁼
平桥	₋tsu	₋tsʰuo	₋su	₋y	₋tɕy	tɕʰy⁼	₋y	₋y	₋fu	fu⁼
罗山	₋tɕy	₋tsʰəu	₋ɕy	₋y	₋tɕy	tɕʰy⁼	₋y	₋y	₋fu	fu⁼
光山	₋tʂʯ	₋tʂʰəu	₋ʂʯ	₋ʯ	₋tʂʯ	tɕʰi⁼ / tʂʰʯ⁼	₋ʯ	₋ʯ	₋fu	fu⁼
新县	₋tʂʯ	₋tʂʰo	₋ʂʯ	₋ʯ	₋tʂʯ	tʂʰʯ⁼	₋ʯ	₋ʯ	₋fu	fu⁼
固始	₋tsu	₋tsʰuo	₋su	₋zu	₋tɕy	tɕʰy⁼	₋y	₋y	₋fu	fu⁼
商城	₋tsu	₋tsʰuo	₋su	₋y	₋tɕy	tɕʰy⁼	₋y	₋y	₋fu	fu⁼
淮滨	₋tsu	₋tsʰuo	₋su	₋zu	₋tɕy	tɕʰy⁼	₋y	₋y	₋xu	fu⁼
濉溪	₋tʂu	₋tʂʰu / ₋tʂuɤ	₋ʂu	₋ʐu	₋tɕy	tɕʰy⁼			₋fu	fu⁼
萧县	₋tʂu	₋tʂʰuən	₋ʂu	₋ʐu	₋tɕy	tɕʰy⁼	₋y	₋y	₋fu	fu⁼
怀远	₋tsu	₋tsʰuən	₋su	₋zu	₋tɕy	tɕʰy⁼	₋y	₋y	₋fu	fu⁼
定远	₋tʂu	₋tʂʰo	₋ʂu	₋ʐu	₋tɕy	tɕʰy⁼	₋y	₋y	₋fu	fu⁼
明光	₋tʂu	₋tʂʰuo	₋ʂu	₋ʐu	₋tɕy	tɕʰy⁼	₋y	₋y	₋fu	fu⁼
全椒	₋tʂu	₋tʂʰu	₋ʂu	₋ʐu	₋tʂʯ	tʂʰʯ⁼	₋ʯ	₋ʯ	₋fu	fu⁼
长丰	₋tsu	₋tsʰu	₋su	₋zu	₋tɕy	tɕʰy⁼	₋y	₋y	₋fu / ₋xu	fu⁼ / xu⁼
肥东	₋tʂu	₋tʂʰɵ	₋ʂu	₋ʐu	₋tʂʯ	tʂʰʯ⁼	₋ʐʯ	₋ʐʯ	₋fu	fu⁼

地位\地点	遇合三上雨微	遇合三去遇清	遇合三平虞心	遇合三上雨澄	遇合三去遇禅	遇合三上雨章	遇合三去遇禅	遇合三去遇见	遇合三去遇疑	遇合三上雨云
	武	趣	须	柱	树	主	竖	句	遇	雨
阜南	₋u	tɕʰy⁼	₋ɕy	tsu⁼	su⁼	₋tsu	su⁼	tɕy⁼	y⁼	₋y
界首	₋u	tɕʰy⁼	₋ɕy	tʂu⁼	fu⁼	₋tʂu	fu⁼	tɕy⁼	y⁼	₋y
涡阳	₋u	tɕʰy⁼	₋ɕy	tʂu⁼	ʂu⁼/fu⁼	₋tʂu	ʂu⁼/fu⁼	tɕy⁼	y⁼	₋y
利辛	₋u	tɕʰy⁼	₋ɕy	tʂu⁼	fu⁼	₋tʂu	fu⁼	tɕy⁼	y⁼	₋y
蒙城	₋u	tɕʰy⁼	₋ɕy	tʂu⁼	ʂu⁼	₋tʂu	ʂu⁼	tɕy⁼	y⁼	₋y
宿州	₋u	tɕʰy⁼	₋ɕy	tʂu⁼	ʂu⁼	₋tʂu	ʂu⁼	tɕy⁼	y⁼	₋y
颍上	₋u	tɕʰy⁼	₋ɕy	tʂu⁼	su⁼	₋tsu	su⁼	tɕy⁼	y⁼	₋y

续表

地位\地点	遇合三上雨微	遇合三去遇清	遇合三平虞心	遇合三上雨澄	遇合三去遇禅	遇合三上雨章	遇合三上雨禅	遇合三去遇见	遇合三去遇疑	遇合三上雨云
霍邱	ᶜu	tɕʰyᵓ	ᶜɕy	tsuᵓ	suᵓ	ᶜtsu	suᵓ	tɕyᵓ	yᵓ	ᶜy
凤台	ᶜu	tɕʰyᵓ	ᶜɕy	tsuᵓ	suᵓ	ᶜtsu	suᵓ	tɕyᵓ	yᵓ	ᶜy
寿县	ᶜu	tɕʰyᵓ	ᶜɕy	tsuᵓ	suᵓ	ᶜtsu	suᵓ	tɕyᵓ	yᵓ	ᶜy
淮南	ᶜu	tɕʰyᵓ	ᶜɕy	tsuᵓ	suᵓ	ᶜtsu	suᵓ	tɕyᵓ	yᵓ	ᶜy
蚌埠	ᶜu	tɕʰyᵓ	ᶜɕy	tsuᵓ	suᵓ	ᶜtsu	suᵓ	tɕyᵓ	yᵓ	ᶜy
固镇	ᶜvu	tɕʰyᵓ	ᶜɕy	tsuᵓ	suᵓ	ᶜtsu	suᵓ	tɕyᵓ	yᵓ	ᶜy
五河	ᶜu	tɕʰyᵓ	ᶜɕy	tʂuᵓ	ʂuᵓ	ᶜtʂu	ʂuᵓ	tɕyᵓ	yᵓ	ᶜy
凤阳	ᶜvu	tɕʰyᵓ	ᶜɕy	tʂuᵓ	ʂuᵓ	ᶜtʂu	ʂuᵓ	tɕyᵓ	yᵓ	ᶜy
泗县	ᶜu	tɕʰyᵓ	ᶜɕy	tʂuᵓ	ʂuᵓ	ᶜtʂu	ʂuᵓ	tɕyᵓ	yᵓ	ᶜy
信阳老	ᶜu	tɕʰyᵓ	ᶜɕy	tɕyᵓ	ɕyᵓ	ᶜtɕy	ɕyᵓ	tɕyᵓ	yᵓ	ᶜy
平桥	ᶜu	tɕʰyᵓ	ᶜɕy	tsuᵓ	suᵓ	ᶜtsu	suᵓ	tɕyᵓ	yᵓ	ᶜy
罗山	ᶜu	tɕʰyᵓ	ᶜɕy	tɕyᵓ	ɕyᵓ	ᶜtɕy	ɕyᵓ	tɕyᵓ	yᵓ	ᶜy
光山	ᶜu	tɕʰiᵓ / tʂʰʅᵓ	ᶜɕi / ᶜɕy	tʂʅᵓ	ʂʅᵓ	ᶜtʂʅ	ʂʅᵓ	tʂʅᵓ	ʅᵓ	ᶜʅ
新县	ᶜu	tʂʅᵓ	ᶜɕi	tʂʅᵓ	ʂʅᵓ	ᶜtʂʅ	ʂʅᵓ	tʂʅᵓ	ʅᵓ	ᶜʅ
固始	ᶜu	tɕyᵓ	ᶜɕy	tsuᵓ	suᵓ	ᶜtsu	suᵓ	tɕyᵓ	yᵓ	ᶜy
商城	ᶜu	tɕyᵓ	ᶜɕy	tsuᵓ	suᵓ	ᶜtsu	suᵓ	tɕyᵓ	yᵓ	ᶜy
淮滨	ᶜu	tɕyᵓ	ᶜɕy	tsuᵓ	suᵓ	ᶜtsu	suᵓ	tɕyᵓ	yᵓ	ᶜy
濉溪	ᶜu	tɕʰyᵓ	ᶜɕy	tʂuᵓ	ᶜsuɤ	ᶜtʂu	ʂuᵓ	tɕyᵓ	yᵓ	ᶜy
萧县	ᶜu	tɕʰyᵓ	ᶜɕy	tʂuᵓ	ᶜʂuə	ᶜtʂu	ʂuᵓ	tɕyᵓ	yᵓ	ᶜy
怀远	ᶜu	tɕʰyᵓ	ᶜɕy	tsuᵓ	ᶜsuə	ᶜtsu	suᵓ	tɕyᵓ	yᵓ	ᶜy
定远	ᶜu	tɕʰyᵓ	ᶜɕy	tʂuᵓ	ᶜso	ᶜtʂu	ʂuᵓ	tɕyᵓ	yᵓ	ᶜy
明光	ᶜu	tɕʰyᵓ	ᶜɕy	tʂuᵓ	ᶜsuo	ᶜtʂu	ʂuᵓ	tɕyᵓ	yᵓ	ᶜy
全椒	ᶜu	tsʰʅᵓ	ᶜsʅ	tʂuᵓ	ᶜso	ᶜtʂu	ʂuᵓ	tʂʅᵓ	ʅᵓ	ᶜʅ
长丰	ᶜu	tɕʰyᵓ	ᶜɕy	tʂuᵓ	ᶜsu	ᶜtʂu	ʂuᵓ	tɕyᵓ	yᵓ	ᶜy
肥东	ᶜu	tsʰʅᵓ	ᶜsʅ	tʂuᵓ	ᶜsɵ	ᶜtʂu	ʂuᵓ	tʂʅᵓ	zʅᵓ	ᶜzʅ

地位\地点	蟹开一平哈来 来	蟹开一上海从 在	蟹开一上海见 改	蟹开一平哈溪 开	蟹开一上海晓 海	蟹开一去代影 爱	蟹开一去泰帮 贝	蟹开一去泰透 太	蟹开一去泰清 蔡	蟹开一去泰见 盖
阜南	₍lɛ	tsɛ⁼	⁼kɛ	⁼kʰɛ	⁼xɛ	ɣɛ⁼	pei⁼	tʰɛ⁼	tsʰɛ⁼	kɛ⁼
界首	₍lɛ	tsɛ⁼	⁼kɛ	⁼kʰɛ	⁼xɛ	ɣɛ⁼	pei⁼	tʰɛ⁼	tsʰɛ⁼	kɛ⁼
涡阳	₍lɛ	tsɛ⁼	⁼kɛ	⁼kʰɛ	⁼xɛ	ɣɛ⁼	pɚ⁼	tʰɛ⁼	tsʰɛ⁼	kɛ⁼
利辛	₍lɛ	tsɛ⁼	⁼kɛ	⁼kʰɛ	⁼xɛ	ɣɛ⁼	pei⁼	tʰɛ⁼	tsʰɛ⁼	kɛ⁼
蒙城	₍lɛ	tsɛ⁼	⁼kɛ	⁼kʰɛ	⁼xɛ	ɣɛ⁼	pei⁼	tʰɛ⁼	tsʰɛ⁼	kɛ⁼
宿州	₍lɛ	tsɛ⁼	⁼kɛ	⁼kʰɛ	⁼xɛ	ɣɛ⁼	pei⁼	tʰɛ⁼	tsʰɛ⁼	kɛ⁼
颍上	₍lɛ	tsɛ⁼	⁼kɛ	⁼kʰɛ	⁼xɛ	ɣɛ⁼	pei⁼	tʰɛ⁼	tsʰɛ⁼	kɛ⁼
霍邱	₍lɛ	tsɛ⁼	⁼kɛ	⁼kʰɛ	⁼xɛ	ɣɛ⁼	pei⁼	tʰɛ⁼	tsʰɛ⁼	kɛ⁼
凤台	₍lɛ	tsɛ⁼	⁼kɛ	⁼kʰɛ	⁼xɛ	ɣɛ⁼	pəi⁼	tʰɛ⁼	tsʰɛ⁼	kɛ⁼
寿县	₍lɛ	tsɛ⁼	⁼kɛ	⁼kʰɛ	⁼xɛ	ɣɛ⁼	pəi⁼	tʰɛ⁼	tsʰɛ⁼	kɛ⁼
淮南	₍lɛ	tsɛ⁼	⁼kɛ	⁼kʰɛ	⁼xɛ	ɣɛ⁼	pei⁼	tʰɛ⁼	tsʰɛ⁼	kɛ⁼
蚌埠	₍lɛ	tsɛ⁼	⁼kɛ	⁼kʰɛ	⁼xɛ	ɣɛ⁼	pei⁼	tʰɛ⁼	tsʰɛ⁼	kɛ⁼
固镇	₍lɛ	tsɛ⁼	⁼kɛ	⁼kʰɛ	⁼xɛ	ɣɛ⁼	pɚ⁼	tʰɛ⁼	tsʰɛ⁼	kɛ⁼
五河	₍lɛ	tsɛ⁼	⁼kɛ	⁼kʰɛ	⁼xɛ	ɣɛ⁼	pei⁼	tʰɛ⁼	tsʰɛ⁼	kɛ⁼
凤阳	₍lɛ	tsɛ⁼	⁼kɛ	⁼kʰɛ	⁼xɛ	ɣɛ⁼	pɚ⁼	tʰɛ⁼	tsʰɛ⁼	kɛ⁼
泗县	₍lɛ	tsɛ⁼	⁼kɛ	⁼kʰɛ	⁼xɛ	ɛ⁼	pɚ⁼	tʰɛ⁼	tsʰɛ⁼	kɛ⁼
信阳老	₍lai	tsai⁼	⁼kai	⁼kʰai	⁼xai	ŋai⁼	pei⁼	tʰai⁼	tsʰai⁼	kai⁼
平桥	₍lai	tsai⁼	⁼kai	⁼kʰai	⁼xai	ŋai⁼	pi/pei⁼	tʰai⁼	tsʰai⁼	kai⁼
罗山	₍lai	tsai⁼	⁼kai	⁼kʰai	⁼xai	ŋai⁼	pi/pei⁼	tʰai⁼	tsʰai⁼	kai⁼
光山	₍lai	tsai⁼	⁼kai	⁼kʰai	⁼xai	ŋai⁼	pei⁼	tʰai⁼	tsʰai⁼	kai⁼
新县	₍lai	tsai⁼	⁼kai	⁼kʰai	⁼xai	ŋai⁼	pei⁼	tʰai⁼	tsʰai⁼	kai⁼
固始	₍lai	tsai⁼	⁼kai	⁼kʰai	⁼xai	ŋai⁼	pei⁼	tʰai⁼	tsʰai⁼	kai⁼
商城	₍lɛ	tsɛ⁼	⁼kɛ	⁼kʰɛ	⁼xɛ	ŋɛ⁼	pei⁼	tʰɛ⁼	tsʰɛ⁼	kɛ⁼
淮滨	₍lɛ	tsɛ⁼	⁼kɛ	⁼kʰɛ	⁼xɛ	ŋɛ⁼	pei⁼	tʰɛ⁼	tsʰɛ⁼	kɛ⁼
濉溪	₍lɛ	tsɛ⁼	⁼kɛ	⁼kʰɛ	⁼xɛ	ɣɛ⁼	pei⁼	tʰɛ⁼	tsʰɛ⁼	kɛ⁼
萧县	₍lɛ	tsɛ⁼	⁼kɛ	⁼kʰɛ	⁼xɛ	ɣɛ⁼	pɚ⁼	tʰɛ⁼	tsʰɛ⁼	kɛ⁼
怀远	₍lɛ	tsɛ⁼	⁼kɛ	⁼kʰɛ	⁼xɛ	ɣɛ⁼	pei⁼	tʰɛ⁼	tsʰɛ⁼	kɛ⁼
定远	₍lɛ	tsɛ⁼	⁼kɛ	⁼kʰɛ	⁼xɛ	ɣɛ⁼	pɚ⁼	tʰɛ⁼	tsʰɛ⁼	kɛ⁼

续表

地位\地点	蟹开一平哈来	蟹开一上海从	蟹开一上海见	蟹开一平哈溪	蟹开一上海晓	蟹开一去代影	蟹开一去泰帮	蟹开一去泰透	蟹开一去泰清	蟹开一去泰见
明光	₋lɛ	tsɛ⁼	₋kɛ	₋kʰɛ	₋xɛ	ɣɛ⁼	pə⁼	tʰɛ⁼	tsʰɛ⁼	kɛ⁼
全椒	₋lɛ	tsɛ⁼	₋kɛ	₋kʰɛ	₋xɛ	ɛ⁼	pei⁼	tʰɛ⁼	tsʰɛ⁼	kɛ⁼
长丰	₋lE	tsE⁼	₋kE	₋kʰE	₋xE	ɣE⁼	pəi⁼	tʰE⁼	tsʰE⁼	kE⁼
肥东	₋lɛ	tsɛ⁼	₋kɛ	₋kʰɛ	₋xɛ	zɛ⁼	pəi⁼	tʰɛ⁼	tsʰɛ⁼	kɛ⁼

地位\地点	蟹开一去泰匣	蟹开二去怪帮	蟹开二平皆并	蟹开二平皆庄	蟹开二平皆见	蟹开二去怪见	蟹开二平佳并	蟹开二上蟹明	蟹开二平佳崇	蟹开二平佳生
	害	拜	排	斋	秸	界	牌	买	柴	筛
阜南	xɛ⁼	pɛ⁼	₋pʰɛ	₋tsɛ	₋tɕie	tɕie⁼	₋pʰɛ	₋mɛ	₋tsʰɛ	₋sɛ
界首	xɛ⁼	pɛ⁼	₋pʰɛ	₋tsɛ	₋tɕie	tɕie⁼	₋pʰɛ	₋mɛ	₋tʂʰɛ	₋ʂɛ
涡阳	xɛ⁼	pɛ⁼	₋pʰɛ	₋tʂɛ	₋tɕie	tɕie⁼	₋pʰɛ	₋mɛ	₋tʂʰɛ	₋ʂɛ
利辛	xɛ⁼	pɛ⁼	₋pʰɛ	₋tʂɛ	₋tɕie	tɕie⁼	₋pʰɛ	₋mɛ	₋tsʰɛ	₋sɛ
蒙城	xɛ⁼	pɛ⁼	₋pʰɛ	₋tʂɛ	₋tɕie	tɕie⁼	₋pʰɛ	₋mɛ	₋tʂʰɛ	₋ʂɛ
宿州	xɛ⁼	pɛ⁼	₋pʰɛ	₋tʂɛ	₋tɕie	tɕie⁼	₋pʰɛ	₋mɛ	₋tʂʰɛ	₋ʂɛ
颍上	xɛ⁼	pɛ⁼	₋pʰɛ	₋tsɛ	₋tɕie	tɕie⁼	₋pʰɛ	₋mɛ	₋tsʰɛ	₋sɛ
霍邱	xɛ⁼	pɛ⁼	₋pʰɛ	₋tsɛ	₋tɕie	tɕie⁼	₋pʰɛ	₋mɛ	₋tsʰɛ	₋sɛ
凤台	xɛ⁼	pɛ⁼	₋pʰɛ	₋tsɛ	₋tɕie	tɕie⁼	₋pʰɛ	₋mɛ	₋tsʰɛ	₋sɛ
寿县	xɛ⁼	pɛ⁼	₋pʰɛ	₋tsɛ	₋tɕie	tɕie⁼	₋pʰɛ	₋mɛ	₋tsʰɛ	₋sɛ
淮南	xɛ⁼	pɛ⁼	₋pʰɛ	₋tsɛ	₋tɕie	tɕie⁼	₋pʰɛ	₋mɛ	₋tsʰɛ	₋sɛ
蚌埠	xɛ⁼	pɛ⁼	₋pʰɛ	₋tsɛ	₋tɕie	tɕie⁼	₋pʰɛ	₋mɛ	₋tsʰɛ	₋sɛ
固镇	xɛ⁼	pɛ⁼	₋pʰɛ	₋tʂɛ	₋tɕie	tɕie⁼	₋pʰɛ	₋mɛ	₋tsʰɛ	₋sɛ
五河	xɛ⁼	pɛ⁼	₋pʰɛ	₋tʂɛ	₋tɕie / kɛ	tɕie⁼	₋pʰɛ	₋mɛ	₋tsʰɛ	₋sɛ / ₋ʂɛ
凤阳	xɛ⁼	pɛ⁼	₋pʰɛ	₋tsɛ	₋kɛ	tɕie⁼	₋pʰɛ	₋mɛ	₋tsʰɛ	₋ʂɛ
泗县	xɛ⁼	pɛ⁼	₋pʰɛ	₋tʂɛ	₋tɕie	tɕie⁼	₋pʰɛ	₋mɛ	₋tʂʰɛ	₋ʂɛ
信阳老	xai⁼	pai⁼	₋pʰai	₋tsai	₋tɕiai	tɕiai⁼	₋pʰai	₋mai	₋tsʰai	₋sai
平桥	xai⁼	pai⁼	₋pʰai	₋tsai	₋tɕiai	tɕiai⁼	₋pʰai	₋mai	₋tsʰai	₋sai
罗山	xai⁼	pai⁼	₋pʰai	₋tsai	₋tɕiai	tɕiai⁼	₋pʰai	₋mai	₋tsʰai	₋sai

续表

地位\地点	蟹开一去泰匣	蟹开二去怪帮	蟹开二平皆并	蟹开二平皆庄	蟹开二平皆见	蟹开二去怪见	蟹开二平佳并	蟹开二上蟹明	蟹开二平佳崇	蟹开二平佳生
光山	xai⁼	pai⁼	₋pʰai	₋tsai	₋kai / ₋tɕiai	kai⁼ / tɕiai⁼	₋pʰai	₋mai	₋tsʰai	₋sai
新县	xai⁼	pai⁼	₋pʰai	₋tsai	₋kai / ₋tɕiai	kai⁼ / tɕiai⁼	₋pʰai	₋mai	₋tsʰai	₋sai
固始	xai⁼	pai⁼	₋pʰai	₋tsai	₋tɕie	tɕie⁼	₋pʰai	₋mai	₋tsʰai	₋sai
商城	xɛ⁼	pɛ⁼	₋pʰɛ	₋tsɛ	₋tɕie	tɕie⁼	₋pʰɛ	₋mɛ	₋tsʰɛ	₋sɛ
淮滨	xɛ⁼	pɛ⁼	₋pʰɛ	₋tsɛ	₋tɕie	tɕie⁼	₋pʰɛ	₋mɛ	₋tsʰɛ	₋sɛ
濉溪	xɛ⁼	pɛ⁼	₋pʰɛ	₋tʂɛ	₋tɕie	tɕie⁼	₋pʰɛ	₋mɛ	₋tʂʰɛ	₋sɛ
萧县	xɛ⁼	pɛ⁼	₋pʰɛ	₋tsɛ	₋tɕie	tɕie⁼	₋pʰɛ	₋mɛ	₋tsʰɛ	₋sɛ
怀远	xɛ⁼	pɛ⁼	₋pʰɛ	₋tsɛ	₋tɕie	tɕie⁼	₋pʰɛ	₋mɛ	₋tsʰɛ	₋sɛ
定远	xɛ⁼	pɛ⁼	₋pʰɛ	₋tʂɛ	₋tɕiI	tɕie⁼	₋pʰɛ	₋mɛ	₋tʂʰɛ	₋sɛ
明光	xɛ⁼	pɛ⁼	₋pʰɛ	₋tʂɛ	₋kɛ / ₋tɕie	tɕie⁼	₋pʰɛ	₋mɛ	₋tʂʰɛ	₋sɛ
全椒	xɛ⁼	pɛ⁼	₋pʰɛ	₋tʂɛ	₋kɛ / ₋tɕie	tɕie⁼	₋pʰɛ	₋mɛ	₋tʂʰɛ	₋sɛ
长丰	xE⁼	pE⁼	₋pʰE	₋tsE	₋tɕiE	tɕiE⁼	₋pʰE	₋mE	₋tsʰE	₋sE
肥东	xɛ⁼	pɛ⁼	₋pʰɛ	₋tʂɛ	₋tɕie	tɕie⁼	₋pʰɛ	₋mɛ	₋tʂʰɛ	₋sɛ

地位\地点	蟹开二上蟹见	蟹开二平佳匣	蟹开二上蟹影	蟹开二去蟹并	蟹开三去祭并	蟹开三去祭精	蟹开三去祭章	蟹开三去祭书	蟹开三去祭疑	蟹开四去霁帮
	解	鞋	矮	败	币	祭	制	世	艺	闭
阜南	ꞈtɕie	₋ɕie	ꞈɣɛ	pɛ⁼	pi⁼	tɕi⁼	tʂʅ⁼	ʂʅ⁼	i⁼	pi⁼
界首	ꞈtɕie	₋ɕie	ꞈɣɛ	pɛ⁼	pi⁼	tɕi⁼	tʂʅ⁼	ʂʅ⁼	i⁼	pi⁼
涡阳	ꞈtɕie	₋ɕie	ꞈɣɛ	pɛ⁼	pi⁼	tɕi⁼	tʂʅ⁼	ʂʅ⁼	i⁼	pi⁼
利辛	ꞈtɕie	₋ɕie	ꞈɣɛ	pɛ⁼	pi⁼	tɕi⁼	tʂʅ⁼	ʂʅ⁼	i⁼	pi⁼
蒙城	ꞈtɕie	₋ɕie	ꞈɣɛ	pɛ⁼	pi⁼	tɕi⁼	tʂʅ⁼	ʂʅ⁼	i⁼	pi⁼
宿州	ꞈtɕie	₋ɕie	ꞈɣɛ	pɛ⁼	pi⁼	tɕi⁼	tʂʅ⁼	ʂʅ⁼	i⁼	pi⁼
颍上	ꞈtɕie	₋ɕie	ꞈɣɛ	pɛ⁼	pi⁼	tɕi⁼	tʂʅ⁼	ʂʅ⁼	i⁼	pi⁼
霍邱	ꞈtɕie	₋ɕie	ꞈɣɛ	pɛ⁼	pi⁼	tɕi⁼	tʂʅ⁼	ʂʅ⁼	i⁼	pi⁼
凤台	ꞈtɕie	₋ɕie	ꞈɣɛ	pɛ⁼	pi⁼	tɕi⁼	tʂʅ⁼	ʂʅ⁼	i⁼	pi⁼

第八章 基础字音对照表

227

续表

地点\地位	蟹开二上蟹见	蟹开二平佳匣	蟹开二上蟹影	蟹开二去蟹并	蟹开三去祭并	蟹开三去祭精	蟹开三去祭章	蟹开三去祭书	蟹开三去祭疑	蟹开四去霁帮
寿县	ᶜtɕie ᶜtɕie	ᴄɕie	ᶜɣe	pɛᵓ	piᵓ	tɕiᵓ	tʂʅᵓ	ʂʅᵓ	iᵓ	piᵓ
淮南	ᶜtɕie	ᴄɕie	ᶜɣe	pɛᵓ	piᵓ	tɕiᵓ	tʂʅᵓ	ʂʅᵓ	iᵓ	piᵓ
蚌埠	ᶜtɕie	ᴄɕie	ᶜɣe	pɛᵓ	piᵓ	tɕiᵓ	tʂʅᵓ	ʂʅᵓ	iᵓ	piᵓ
固镇	ᶜtɕie	ᴄɕie	ᶜɣe	pɛᵓ	piᵓ	tɕiᵓ	tʂʅᵓ	ʂʅᵓ	iᵓ	piᵓ
五河	ᶜtɕie ᶜkɛ	ᴄɕie	ᶜɣe	pɛᵓ	piᵓ	tɕiᵓ	tʂʅᵓ	ʂʅᵓ	iᵓ	piᵓ
凤阳	ᶜtɕie	ᴄɕie	ᶜɣe	pɛᵓ	piᵓ	tɕiᵓ	tʂʅᵓ	ʂʅᵓ	iᵓ	piᵓ
泗县	ᶜtɕie	ᴄɕie	ᶜɣe	pɛᵓ	piᵓ	tɕiᵓ	tʂʅᵓ	ʂʅᵓ	iᵓ	piᵓ
信阳老	ᶜtɕiai	ᴄɕie	ᶜŋai	paiᵓ	piᵓ	tɕiᵓ	tʂʅᵓ	ʂʅᵓ	iᵓ	piᵓ
平桥	ᶜtɕiai	ᴄɕie	ᶜŋai	paiᵓ	piᵓ	tɕiᵓ	tʂʅᵓ	ʂʅᵓ	iᵓ	piᵓ
罗山	ᶜtɕiai	ᴄɕie	ᶜŋai	paiᵓ	piᵓ	tɕiᵓ	tʂʅᵓ	ʂʅᵓ	iᵓ	piᵓ
光山	ᶜtɕiai ᶜkai	ᴄɕiai	ᶜŋai	paiᵓ	piᵓ	tɕiᵓ	tʂʅᵓ	ʂʅᵓ	iᵓ	piᵓ
新县	ᶜtɕiai ᶜkai	ᴄɕiai	ᶜŋai	paiᵓ	piᵓ	tɕiᵓ	tʂʅᵓ	ʂʅᵓ	iᵓ	piᵓ
固始	ᶜtɕiai	ᴄɕie	ᶜɣai	paiᵓ	piᵓ	tɕiᵓ	tʂʅᵓ	ʂʅᵓ	iᵓ	piᵓ
商城	ᶜtɕie	ᴄɕie	ᶜɣe	pɛᵓ	piᵓ	tɕiᵓ	tʂʅᵓ	ʂʅᵓ	iᵓ	piᵓ
淮滨	ᶜtɕie	ᴄɕie	ᶜɣe	pɛᵓ	piᵓ	tɕiᵓ	tʂʅᵓ	ʂʅᵓ	iᵓ	piᵓ
濉溪	ᶜtɕie	ᴄɕie	ᶜɣe	pɛᵓ	piᵓ	tɕiᵓ	tʂʅᵓ	ʂʅᵓ	iᵓ	piᵓ
萧县	ᶜtɕie	ᴄɕie	ᶜɣe/ᶜie	pɛᵓ	piᵓ	tɕiᵓ	tʂʅᵓ	ʂʅᵓ	iᵓ	piᵓ
怀远	ᶜtɕie	ᴄɕie	ᶜɣe	pɛᵓ	piᵓ	tɕiᵓ	tʂʅᵓ	ʂʅᵓ	iᵓ	piᵓ
定远	ᶜtɕie	ᴄɕie	ᶜɣe	pɛᵓ	piᵓ	tɕiᵓ/tʂʅᵓ	tʂʅᵓ	ʂʅᵓ	iᵓ	piᵓ/pʅᵓ
明光	ᶜtɕie ᶜkɛ	ᴄɕie	ᶜɛ	pɛᵓ	piᵓ	tɕiᵓ	tʂʅᵓ	ʂʅᵓ	iᵓ	piᵓ
全椒	ᶜtɕi ᶜkɛ	ᴄxɛ ᴄɕie	ᶜɛ	pɛᵓ	pʅᵓ	tʂʅᵓ	tʂʅᵓ	ʂʅᵓ	ʐʅᵓ	pʅᵓ
长丰	ᶜtɕiE	ᴄɕiE	ᶜɣE	pEᵓ	piᵓ	tɕiᵓ	tʂʅᵓ	ʂʅᵓ	iᵓ	piᵓ
肥东	ᶜtɕie	ᴄɕie	ᶜzɛ	pɛᵓ	piᵓ	tɕiᵓ/tʂʅᵓ	tʂʅᵓ	ʂʅᵓ	ʐʅᵓ	pʅᵓ

地位\地点	蟹开四去荠明	蟹开四平齐透	蟹开四上荠定	蟹开四平齐泥	蟹开四平齐来	蟹开四平齐清	蟹开四上荠心	蟹开四平齐见	蟹开四去霁匣	蟹开四去霁影
	米	梯	弟	泥	犁	妻	洗	鸡	系	翳
阜南	ˬmi	ˬtʰi	tiˀ	ˬni	ˬli	ˬtɕʰi	ˬɕi	ˬtɕi	ɕiˀ	iˀ
界首	ˬmi	ˬtʰi	tiˀ	ˬni	ˬli	ˬtɕʰi	ˬɕi	ˬtɕi	ɕiˀ	iˀ
涡阳	ˬmi	ˬtʰi	tiˀ	ˬni	ˬli	ˬtɕʰi	ˬɕi	ˬtɕi	ɕiˀ	iˀ
利辛	ˬmi	ˬtʰi	tiˀ	ˬni	ˬli	ˬtɕʰi	ˬɕi	ˬtɕi	ɕiˀ	iˀ
蒙城	ˬmi	ˬtʰi	tiˀ	ˬni	ˬli	ˬtɕʰi	ˬɕi	ˬtɕi	ɕiˀ	iˀ
宿州	ˬmi	ˬtʰi	tiˀ	ˬni	ˬli	ˬtɕʰi	ˬɕi	ˬtɕi	ɕiˀ	iˀ
颍上	ˬmi	ˬtʰi	tiˀ	ˬni	ˬli	ˬtɕʰi	ˬɕi	ˬtɕi	ɕiˀ	iˀ
霍邱	ˬmi	ˬtʰi	tiˀ	ˬni	ˬli	ˬtɕʰi	ˬɕi	ˬtɕi	ɕiˀ	iˀ
凤台	ˬmi	ˬtʰi	tiˀ	ˬni	ˬli	ˬtɕʰi	ˬɕi	ˬtɕi	ɕiˀ	iˀ
寿县	ˬmi	ˬtʰi	tiˀ	ˬni	ˬli	ˬtɕʰi	ˬɕi	ˬtɕi	tɕiˀ	iˀ
淮南	ˬmi	ˬtʰi	tiˀ	ˬni	ˬli	ˬtɕʰi	ˬɕi	ˬtɕi	ɕiˀ	iˀ
蚌埠	ˬmi	ˬtʰi	tiˀ	ˬni	ˬli	ˬtɕʰi	ˬɕi	ˬtɕi	tɕiˀ	iˀ
固镇	ˬmi	ˬtʰi	tiˀ	ˬni	ˬli	ˬtɕʰi	ˬɕi	ˬtɕi	tɕiˀ	iˀ
五河	ˬmi	ˬtʰi	tiˀ	ˬni	ˬli	ˬtɕʰi	ˬɕi	ˬtɕi	ɕiˀ	iˀ
凤阳	ˬmi	ˬtʰi	tiˀ	ˬni	ˬli	ˬtɕʰi	ˬɕi	ˬtɕi	tɕiˀ	iˀ
泗县	ˬmi	ˬtʰi	tiˀ	ˬni	ˬli	ˬtɕʰi	ˬɕi	ˬtɕi	ɕiˀ	□
信阳老	ˬmi	ˬtʰi	tiˀ	ˬni	ˬli	ˬtɕʰi	ˬɕi	ˬtɕi	ɕiˀ	iˀ
平桥	ˬmi	ˬtʰi	tiˀ	ˬni	ˬli	ˬtɕʰi	ˬɕi	ˬtɕi	ɕiˀ	iˀ
罗山	ˬmi	ˬtʰi	tiˀ	ˬni	ˬli	ˬtɕʰi	ˬɕi	ˬtɕi	ɕiˀ	iˀ
光山	ˬmi	ˬtʰi	tiˀ	ˬni	ˬli	ˬtɕʰi	ˬɕi	ˬtɕi	ɕiˀ	iˀ
新县	ˬmi	ˬtʰi	tiˀ	ˬni	ˬli	ˬtɕʰi	ˬɕi	ˬtɕi	ɕiˀ	iˀ
固始	ˬmi	ˬtʰi	tiˀ	ˬli	ˬli	ˬtɕʰi	ˬɕi	ˬtɕi	ɕiˀ	iˀ
商城	ˬmi	ˬtʰi	tiˀ	ˬli	ˬli	ˬtɕʰi	ˬɕi	ˬtɕi	ɕiˀ	iˀ
淮滨	ˬmi	ˬtʰi	tiˀ	ˬni	ˬli	ˬtɕʰi	ˬɕi	ˬtɕi	ɕiˀ	iˀ
濉溪	ˬmi	ˬtʰi	tiˀ	ˬni	ˬli	ˬtɕʰi	ˬɕi	ˬtɕi	ɕiˀ	iˀ
萧县	ˬmi	ˬtʰi	tiˀ	ˬni	ˬli	ˬtɕʰi	ˬɕi	ˬtɕi	ɕiˀ	iˀ
怀远	ˬmi	ˬtʰi	tiˀ	ˬni	ˬli	ˬtɕʰi	ˬɕi	ˬtɕi	ɕiˀ	iˀ
定远	ˬmɿ	ˬtʰɿ	tɿˀ	ˬni/ˬnɿ	ˬlɿ	ˬtɕʰi	ˬɕi/ˬsɿ	ˬtɕi/ˬtsɿ	ɕiˀ	iˀ

续表

地位 地点	蟹开四 去霁明	蟹开四 平齐透	蟹开四 上荠定	蟹开四 平齐泥	蟹开四 平齐来	蟹开四 平齐清	蟹开四 上荠心	蟹开四 平齐见	蟹开四 去霁匣	蟹开四 去霁影
明光	꜀mi	꜀tʰi	ti꜄	꜀ni	꜀li	꜀tɕʰi	꜂ɕi	tɕi꜄	tɕi꜄	i꜄
全椒	꜀mʅ	꜀tʰʅ	tiʅ꜄	꜀ʅ	꜀lʅ	꜀tsʰʅ	꜂ʂʅ	tsʅ꜄	tsʅ꜄	zʅ꜄
长丰	꜀mi	꜀tʰi	ti꜄	꜀ni	꜀li	꜀tɕʰi	꜂ɕi	tɕi꜄	ɕi꜄	i꜄
肥东	꜀mʅ	꜀tsʰʅ	tsʅ꜄	꜀mʅ	꜀lʅ	꜀tsʰʅ	꜂sʅ	tsʅ꜄	sʅ꜄	zʅ꜄

地位 地点	蟹合一 去队明	蟹合一 上贿透	蟹合一 平灰来	蟹合一 上贿从	蟹合一 去队心	蟹合一 平灰溪	蟹合一 平灰晓	蟹合一 去泰精	蟹合一 去泰匣	蟹合二 去怪见
	妹	腿	雷	罪	碎	块	灰	最	会	怪
阜南	mei꜄	꜂tʰei	꜀lei	tsuei꜄	suei꜄ sei꜄	kʰuɛ꜄	꜀xuei	tsuei꜄	xuei꜄	kuɛ꜄
界首	mei꜄	꜂tʰuei	꜀lei	tsuei꜄	suei꜄	kʰuɛ꜄	꜀xuei	tsuei꜄	xuei꜄	kuɛ꜄
涡阳	mɤ꜄	꜂tʰɤ	꜀lɤ	tsɤ꜄	sɤ꜄	kʰuɤ꜄	꜀xuɤ	tsɤ꜄	xuɤ꜄	kuɛ꜄
利辛	mei꜄	꜂tʰei	꜀lei	tsuei꜄	suei꜄	kʰuɛ꜄	꜀xuei	tsuei꜄	xuei꜄	kuɛ꜄
蒙城	mei꜄	꜂tʰei	꜀lei	tsuei꜄	sei꜄	kʰuɛ꜄	꜀xuei	tsuei꜄ tsei꜄	xuei꜄	kuɛ꜄
宿州	mei꜄	꜂tʰei	꜀lei	tsei꜄	sei꜄	kʰuɛ꜄	꜀xuei	tsei꜄	xuei꜄	kuɛ꜄
颍上	mei꜄	꜂tʰei	꜀lei	tsei꜄	sei꜄	kʰuɛ꜄	꜀xuei	tsei꜄ tsuei꜄	xuei꜄	kuɛ꜄
霍邱	mei꜄	꜂tʰei	꜀lei	tsei꜄	sei꜄	kʰuɛ꜄	꜀xuei	tsei꜄	xuei꜄	kuɛ꜄
凤台	məi꜄	꜂tʰəi	꜀ləi	tsəi꜄	suəi꜄	kʰuɛ꜄	꜀xuəi	tsəi꜄	xuəi꜄	kuɛ꜄
寿县	məɪ꜄	꜂tʰəɪ	꜀ləɪ	tsəɪ꜄	suəɪ꜄	kʰuɛ꜄	꜀xuəɪ	tsəɪ꜄	xuəɪ꜄	kuɛ꜄
淮南	mei꜄	꜂tʰei	꜀lei	tsei꜄	sei꜄ suei꜄	kʰuɛ꜄	꜀xuei	tsei꜄	xuei꜄	kuɛ꜄
蚌埠	mei꜄	꜂tʰei	꜀lei	tsei꜄	sei꜄	kʰuɛ꜄	꜀xuei	tsei꜄ tsuei꜄	xuei꜄	kuɛ꜄
固镇	mɤ꜄	꜂tʰɤ	꜀lɤ	tsɤ꜄	sɤ꜄	kʰuɛ꜄	꜀xuɤ	tsɤ꜄	xuɤ꜄	kuɛ꜄
五河	mei꜄	꜂tʰei	꜀lei	tsei꜄	sei꜄	kʰuɛ꜄	꜀xuei	tsei꜄	xuei꜄	kuɛ꜄
凤阳	mɤ꜄	꜂tʰuɤ	꜀lɤ	tsɤ꜄	sɤ꜄ suɤ꜄	kʰuɛ꜄	꜀xuɤ	tsɤ꜄	xuɤ꜄	kuɛ꜄
泗县	mɤ꜄	꜂tʰɤ	꜀lɤ	tsɤ꜄	sɤ꜄	kʰuɛ꜄	꜀xuɤ	tsɤ꜄	xuɤ꜄	kuɛ꜄
信阳老	mei꜄	꜂tʰei	꜀lei	tsei꜄	sei꜄	kuai꜄	꜀fei	tsei꜄	fei꜄	kuai꜄

续表

地位\地点	蟹合一去队明	蟹合一上贿透	蟹合一平灰来	蟹合一上贿从	蟹合一去队心	蟹合一去队溪	蟹合一平灰晓	蟹合一去泰精	蟹合一去泰匣	蟹合二去怪见
平桥	mei⁼	ˬtʰei	ˬlei	tsuei⁼	suei⁼	kuai⁼	ˬfei	tsuei⁼	fei⁼	kuai⁼
罗山	mei⁼	ˬtʰi / ˬtʰei	ˬli / ˬlei	tsei⁼	sei⁼	kuai⁼	ˬfei	tsei⁼	fei⁼	kuai⁼
光山	mei⁼	ˬtʰi / ˬtʰei	ˬli / ˬlei	tɕi⁼ / tsuei⁼	sei⁼	kuai⁼	ˬfei	tsei⁼	fei⁼	kuai⁼
新县	mei⁼	ˬtʰi / ˬtʰei	ˬli / ˬlei	tɕi⁼ / tsuei⁼	sei⁼	kuai⁼	ˬxuei	tsei⁼	xuei⁼	kuai⁼
固始	mei⁼	ˬtʰei	ˬlei	tsuei⁼	sei⁼	kuai⁼	ˬxuei	tsei⁼	xuei⁼	kuai⁼
商城	mei⁼	ˬtʰei	ˬlei	tsuei⁼	sei⁼	kuai⁼	ˬxuei	tsei⁼	xuei⁼	kuai⁼
淮滨	mei⁼	ˬtʰei	ˬlei	tsuei⁼	sei⁼	kuai⁼	ˬxuei	tsei⁼	xuei⁼	kuai⁼
濉溪	məi⁼	ˬtʰiəu / ˬtʰiə	ˬləi	tsuə⁼	suəi⁼	kʰuɜ⁼	ˬxuəi	tsuə⁼	xuəi⁼	kuɜ⁼
萧县	mɐ⁼	ˬtʰəu	ˬlə	tsuɜ⁼	suɜ⁼	kʰuɜ⁼	ˬxuɜ	tsuɜ⁼	xuɜ⁼	kuɜ⁼
怀远	mei⁼	ˬtʰei	ˬlei	tsei⁼	sei⁼	kʰuɜ⁼	ˬxuɜ	tsei⁼	xuei⁼	kuɜ⁼
定远	mɐ⁼	ˬtʰə	ˬlə	tsɐ⁼	sɐ⁼	kʰuɜ⁼	ˬxuɜ	tsɐ⁼	xuɜ⁼	kuɜ⁼
明光	mɐ⁼	ˬtʰə	ˬlə	tsɐ⁼	sɐ⁼	kʰuɜ⁼	ˬxuɜ	tsɐ⁼	xuɜ⁼	kuɜ⁼
全椒	mei⁼	ˬtʰei	ˬlei	tsei⁼	sei⁼	kʰuɜ⁼	ˬxuɜ	tsei⁼	xuei⁼	kuɜ⁼
长丰	məi⁼	ˬtʰəi	ˬləi	tsəi⁼	səi⁼	kʰuɜ⁼	ˬxuəi / iəi⁼ / fəi⁼	tsəi⁼	xuəi⁼	kuɜ⁼
肥东	məi⁼	ˬtʰəi	ˬləi	tsəi⁼	səi⁼	kʰuɜ⁼	ˬxuəi	tsəi⁼	xuəi⁼	kuɜ⁼

地位\地点	蟹合二去怪匣	蟹合二去卦见	蟹合二去卦匣	蟹合二去夬溪	蟹合二去夬匣	蟹合三去废敷	蟹合三去废奉	蟹合三去祭清	蟹合三去祭书	蟹合三去祭见
	坏	挂	画	快	话	肺	吠	脆	税	鳜
阜南	xuɜ⁼	kua⁼	xua⁼	kʰuɜ⁼	xua⁼	xuei⁼	xuei⁼	tsʰuei⁼ / tsei⁼	suei⁼	kuei⁼
界首	xuɜ⁼	kua⁼	xua⁼	kʰuɜ⁼	xua⁼	fei⁼	fei⁼	tsʰuei⁼	fei⁼	kuei⁼
涡阳	xuɜ⁼	kua⁼	xua⁼	kʰuɜ⁼	xua⁼	fɐ⁼	fɐ⁼	tsʰəu⁼	ʂəu⁼	kuɐ⁼
利辛	xuɜ⁼	kua⁼	xua⁼	kʰuɜ⁼	xua⁼	fei⁼	fei⁼	tsʰuei⁼ / tɕʰyei	fei⁼	kuei⁼

231

续表

地位\地点	蟹合二去怪匣	蟹合二去卦见	蟹合二去卦匣	蟹合二去夬溪	蟹合二去夬匣	蟹合三去废敷	蟹合三去废奉	蟹合三去祭清	蟹合三去祭书	蟹合三去祭见
蒙城	xuɛ˧	kua˧	xua˧	kʰuɛ˧	xua˧	fei˧	fei˧	tsʰuei˧ tsei˧	suei˧	kuei˧
宿州	xuɛ˧	kua˧	xua˧	kʰuɛ˧	xua˧	fei˧	fei˧	tsʰuei˧	suei˧	kuei˧
颍上	xuɛ˧	kua˧	xua˧	kʰuɛ˧	xua˧	fei˧	fei˧	tsʰuei˧ tsʰei˧	suei˧	kuei˧
霍邱	xuɛ˧	kua˧	xua˧	kʰuɛ˧	xua˧	xuei˧	xuei˧	tsʰei˧	suei˧	kuei˧
凤台	xuɛ˧	kua˧	xua˧	kʰuɛ˧	xua˧	xuɐi˧	xuɐi˧	tɕʰɐi˧	suɐi˧	kuɐi˧
寿县	xuɛ˧	kua˧	xua˧	kʰuɛ˧	xua˧	xuɐi˧	xuɐi˧	tɕʰɐi˧	suɐi˧	kuɐi˧
淮南	xuɛ˧ ɜʅ	kua˧	xua˧	kʰuɛ˧	xua˧	xuei˧	xuei˧	tɕʰei˧	suei˧	kuei˧
蚌埠	xuɛ˧	kua˧	xua˧	kʰuɛ˧	xua˧	fei˧	fei˧	tɕʰei˧	suei˧	kuei˧
固镇	xuɛ˧	kua˧	xua˧	kʰuɛ˧	xua˧	fɤ˧	ɤ˧	tɕʰɤ˧	suɤ˧	kuɤ˧
五河	xuɛ˧	kua˧	xua˧	kʰuɛ˧	xua˧	fei˧	fei˧	tɕʰei˧	ʂuei˧	kuei˧
凤阳	xuɛ˧	kua˧	xua˧	kʰuɛ˧	xua˧	fɤ˧	ɤ˧	tɕʰɤ˧	ʂuɤ˧	kuɤ˧
泗县	xuɛ˧	kua˧	xua˧	kʰuɛ˧	xua˧	fɤ˧	ɤ˧ ɤu˧	tɕʰɤ˧ tɕʰɤu˧	ʂuɤ˧	□
信阳老	fai˧	kua˧	fa˧	kʰuai˧	fa˧	fei˧	fei˧	tɕʰei˧	sei˧	kuei˧
平桥	fai˧	kua˧	fa˧	kʰuai˧	fa˧	fei˧	fei˧	tsʰuei˧	suei˧	kuei˧
罗山	fai˧	kua˧	fa˧	kʰuai˧	fa˧	fei˧	fei˧	tsʰuei˧	sei˧	kuei˧
光山	fai˧	kua˧	xua˧	kʰuai˧	xua˧	fei˧	fei˧	tɕʰei˧	sei˧	kuei˧
新县	xuai˧	kua˧	xua˧	kʰuai˧	xua˧	fei˧	fei˧	tɕʰei˧	sei˧	kuei˧
固始	xuai˧	kua˧	xua˧	kʰuai˧	xua˧	fei˧	fei˧	tɕʰei˧	sei˧ suei˧	kuei˧
商城	xuai˧	kua˧	xua˧	kʰuai˧	xua˧	fei˧	fei˧	tɕʰei˧	suei˧	kuei˧
淮滨	xuai˧	kua˧	xua˧	kʰuai˧	xua˧	xuei˧	fei˧	tɕʰei˧	suei˧	kuei˧
濉溪	xuɛ˧	kua˧	xua˧	kʰuɛ˧	xua˧	fəi˧	fəi˧	tɕʰəi˧	ʂuəi˧	kuəi˧
萧县	xuɛ˧	kua˧	xua˧	kʰuɛ˧	xua˧	fi˧	fi˧	tɕʰɤu˧	ʂɤu˧	kɤu˧
怀远	xuɛ˧	kua˧	xua˧	kʰuɛ˧	xua˧	fei˧	fei˧	tɕʰei˧	suei˧	kuei˧
定远	xuɛ˧	kua˧	xua˧	kʰuɛ˧	xua˧	fɤ˧	ɤ˧	tɕʰɤ˧	ʂuɤ˧	kuɤ˧
明光	xuɛ˧	kua˧	xua˧	kʰuɛ˧	xua˧	fɤ˧	fɤ˧	tɕʰɤ˧	ʂuɤ˧	kuɤ˧

232

续表

地位\地点	蟹合二去怪匣	蟹合二去卦见	蟹合二去卦匣	蟹合二去夬溪	蟹合二去夬匣	蟹合三去废敷	蟹合三去废奉	蟹合三去祭清	蟹合三去祭书	蟹合三去祭见
全椒	xuɛᵌ	kuaᵌ	xuaᵌ	kʰuɛᵌ	xuaᵌ	feiᵌ	feiᵌ	tsʰeiᵌ	ʂueiᵌ	kueiᵌ
长丰	xuɛᵌ	kuaᵌ	xuaᵌ	kʰuɛᵌ	xuaᵌ	fəiᵌ / iəuxᵌ	fəiᵌ	tsʰiəiᵌ	suəiᵌ	kuəiᵌ
肥东	xuɛᵌ	kuaᵌ	xuaᵌ	kʰuɛᵌ	xuaᵌ	fəiᵌ	fəiᵌ	tsʰiəᵌ	suəiᵌ	kuəiᵌ

地位\地点	蟹合三去祭以	蟹合四去霁见	蟹合四去霁匣	止开三平支帮	止开三平支并	止开三上纸精	止开三去置清	止开三平支知	止开三平支章	止开三平支日
	锐	桂	慧	碑	皮	紫	刺	知	支	儿
阜南	zueiᵌ	kueiᵌ	xueiᵌ	₅pei	₅pʰi	⁵tsɿ	tsʰɿᵌ	₅tʂʅ	₅tʂʅ	₅ɚ
界首	ʐueiᵌ	kueiᵌ	xueiᵌ	₅pei	₅pʰi	⁵tsɿ	tsʰɿᵌ	₅tʂʅ	₅tʂʅ	₅ɚ
涡阳	ʐuɤᵌ	kuɤᵌ	xuɤᵌ	₅pə	₅pʰi	⁵tsɿ	tsʰɿᵌ	₅tʂʅ	₅tʂʅ	₅ɚ
利辛	ʐueiᵌ	kueiᵌ	xueiᵌ	₅pei	₅pʰi	⁵tsɿ	tsʰɿᵌ	₅tʂʅ	₅tʂʅ	₅ɚ
蒙城	ʐueiᵌ	kueiᵌ	xueiᵌ	₅pei	₅pʰi	⁵tsɿ	tsʰɿᵌ	₅tʂʅ	₅tʂʅ	₅ɚ
宿州	ʐueiᵌ	kueiᵌ	xueiᵌ	₅pei	₅pʰi	⁵tsɿ	tsʰɿᵌ	₅tʂʅ	₅tʂʅ	₅ɚ/ɭ
颍上	zueiᵌ	kueiᵌ	xueiᵌ	₅pei	₅pʰi	⁵tsɿ	tsʰɿᵌ	₅tʂʅ	₅tʂʅ	₅e
霍邱	zueiᵌ	kueiᵌ	xueiᵌ	₅pei	₅pʰi	⁵tsɿ	tsʰɿᵌ	₅tʂʅ	₅tʂʅ	₅ɣ
凤台	zuəiᵌ	kuəiᵌ	₅iəux	₅pəi	₅pʰi	⁵tsɿ	tsʰɿᵌ	₅tʂʅ	₅tʂʅ	₅ɜ
寿县	zuəiᵌ	kuəiᵌ	xuəiᵌ	₅pəi	₅pʰi	⁵tsɿ	tsʰɿᵌ	₅tʂʅ	₅tʂʅ	₅ə
淮南	zueiᵌ	kueiᵌ	xueiᵌ / feiᵌ	₅pei	₅pʰi	⁵tsɿ	tsʰɿᵌ	₅tʂʅ	₅tʂʅ	₅ə
蚌埠	zueiᵌ	kueiᵌ	xueiᵌ	₅pei	₅pʰi	⁵tsɿ	tsʰɿᵌ	₅tʂʅ	₅tʂʅ	₅a
固镇	zuɤᵌ	kuɤᵌ	xuɤᵌ	₅pə	₅pʰi	⁵tsɿ	tsʰɿᵌ	₅tʂʅ	₅tʂʅ	₅a
五河	ʐueiᵌ	kueiᵌ	xueiᵌ	₅pei	₅pʰi	⁵tsɿ	tsʰɿᵌ	₅tʂʅ	₅tʂʅ	₅ə
凤阳	ʐuɤᵌ	kuɤᵌ	xuɤᵌ	₅pə	₅pʰi	⁵tsɿ	tsʰɿᵌ	₅tʂʅ	₅tʂʅ	₅a
泗县	ʐuɤᵌ	kuɤᵌ	xuɤᵌ	₅pə	₅pʰi	⁵tsɿ	tsʰɿᵌ	₅tʂʅ/tʂʅ	₅tʂʅ	₅ɚ
信阳老	zeiᵌ	kueiᵌ	feiᵌ	₅pei	₅pʰi	⁵tsɿ	tsʰɿᵌ	₅tʂʅ	₅tʂʅ	₅ɚ
平桥	zueiᵌ	kueiᵌ	feiᵌ	₅pei	₅pʰi	⁵tsɿ	tsʰɿᵌ	₅tʂʅ	₅tʂʅ	₅ɚ
罗山	zeiᵌ	kueiᵌ	feiᵌ	₅pei	₅pʰi	⁵tsɿ	tsʰɿᵌ	₅tʂʅ	₅tʂʅ	₅ɚ
光山	zeiᵌ	kueiᵌ	feiᵌ	₅pei	₅pʰi	⁵tsɿ	tsʰɿᵌ	₅tʂʅ	₅tʂʅ	₅ɚ

续表

地位\地点	蟹合三去祭以	蟹合四去霁见	蟹合四去霁匣	止开三平支帮	止开三平支并	止开三上纸精	止开三去置清	止开三平支知	止开三平支章	止开三平支日
新县	zei⁻	kuei⁻	xuei⁻	₋pei	₋pʰi	ʅ⁻	tsʰʅ⁻	₋tʂʅ	₋tʂʅ	₋ɚ
固始	zuei⁻	kuei⁻	xuei⁻	₋pei	₋pʰi	ʅ⁻	tsʰʅ⁻	₋tʂʅ	₋tʂʅ	₋ɚ
商城	zuei⁻ / zei⁻	kuei⁻	xuei⁻	₋pei	₋pʰi	ʅ⁻	tsʰʅ⁻	₋tʂʅ	₋tʂʅ	₋ɚ
淮滨	zuei⁻	kuei⁻	xuei⁻	₋pei	₋pʰi	ʅ⁻	tsʰʅ⁻	₋tʂʅ	₋tʂʅ	₋ɚ
濉溪	₋zuəʅ	₋kuəi	₋xuəi	₋pə	₋pʰi	ʅ⁻	tsʰʅ⁻	₋tʂʅ	₋tʂʅ	₋ɚ
萧县	₋zuʅ	₋kuʅ	₋xuʅ	₋pə	₋pʰi	ʅ⁻	tsʰʅ⁻	₋tʂʅ	₋tʂʅ	₋l
怀远	zuei⁻	kuei⁻	xuei⁻	₋pei	₋pʰi	ʅ⁻	tsʰʅ⁻	₋tʂʅ	₋tʂʅ	₋a
定远	₋zuʅ	₋kuʅ	₋xuʅ	₋pə	₋pʰʅ	ʅ⁻	tsʰʅ⁻	₋tʂʅ	₋tʂʅ	₋a
明光	₋zuʅ	₋kuʅ	₋xuʅ	₋pə	₋pʰi	ʅ⁻	tsʰʅ⁻	₋tʂʅ	₋tʂʅ	₋a
全椒	₋zuei	₋kuei	₋xuei	₋pei	₋pʰi	ʅ⁻	tsʰʅ⁻	₋tʂʅ	₋tʂʅ	₋ɛ
长丰	zuəi⁻	₋kuəi	₋xuəi	₋pəi	₋pʰi	ʅ⁻	tsʰʅ⁻	₋tʂʅ	₋tʂʅ	₋a
肥东	ʂuəi⁻	₋kuəi	₋xuəi	₋pəi	₋pʰi	ʅ⁻	tsʰʅ⁻	₋tʂʅ	₋tʂʅ	₋a

地位\地点	止开三平支群	止开三平支晓	止开三上纸影	止开三上旨帮	止开三上旨明	止开三去至定	止开三平脂精	止开三上旨心	止开三平脂澄	止开三平脂生
	骑	牺	椅	比	美	地	资	死	迟	师
阜南	₋tɕʰi	₋ɕi	₋i	₋pi	₋mei	ti⁻	₋tsʅ	₋sʅ	₋tʂʰʅ	₋ʂʅ
界首	₋tɕʰi	₋ɕi	₋i	₋pi	₋mei	ti⁻	₋tsʅ	₋sʅ	₋tʂʰʅ	₋ʂʅ
涡阳	₋tɕʰi	₋ɕi	₋i	₋pi	₋məi	ti⁻	₋tsʅ	₋sʅ	₋tʂʰʅ	₋ʂʅ
利辛	₋tɕʰi	₋ɕi	₋i	₋pi	₋mei	ti⁻	₋tsʅ	₋sʅ	₋tʂʰʅ	₋ʂʅ
蒙城	₋tɕʰi	₋ɕi	₋i	₋pi	₋mei	ti⁻	₋tsʅ	₋sʅ	₋tʂʰʅ	₋ʂʅ
宿州	₋tɕʰi	₋ɕi	₋i	₋pi	₋mei	ti⁻	₋tsʅ	₋sʅ	₋tʂʰʅ	₋ʂʅ
颍上	₋tɕʰi	₋ɕi	₋i	₋pi	₋mei	ti⁻	₋tsʅ	₋sʅ	₋tʂʰʅ	₋ʂʅ
霍邱	₋tɕʰi	₋ɕi	₋i	₋pi	₋mei	ti⁻	₋tsʅ	₋sʅ	₋tʂʰʅ	₋ʂʅ
凤台	₋tɕʰi	₋ɕi	₋i	₋pi	₋məi	ti⁻	₋tsʅ	₋sʅ	₋tʂʰʅ	₋ʂʅ
寿县	₋tɕʰi	₋ɕi	₋i	₋pi	₋iəm	ti⁻	₋tsʅ	₋sʅ	₋tʂʰʅ	₋ʂʅ
淮南	₋tɕʰi	₋ɕi	₋i	₋pi	₋mei	ti⁻	₋tsʅ	₋sʅ	₋tʂʰʅ	₋ʂʅ
蚌埠	₋tɕʰi	₋ɕi	₋i	₋pi	₋mei	ti⁻	₋tsʅ	₋sʅ	₋tʂʰʅ	₋ʂʅ

续表

地位\地点	止开三平支群	止开三平支晓	止开三上纸影	止开三上旨帮	止开三上旨明	止开三去至定	止开三平脂精	止开三上旨心	止开三平脂澄	止开三平脂生
固镇	₍tɕʰi	₍ɕi	₍i	₍pi	₍ɕə	ti⁼	₍tʂɻ	₍sɻ	₍tʂʰɻ	₍ʂɻ
五河	₍tɕʰi	₍ɕi	₍i	₍pi	₍mei	ti⁼	₍tʂɻ	₍sɻ	₍tʂʰɻ	₍ʂɻ
凤阳	₍tɕʰi	₍ɕi	₍i	₍pi	₍ɕə	ti⁼	₍tʂɻ	₍sɻ	₍tʂʰɻ	₍ʂɻ
泗县	₍tɕʰi	₍ɕi	₍i	₍pi	₍ɕə	ti⁼	₍tʂɻ	₍sɻ	₍tʂʰɻ	₍ʂɻ
信阳老	₍tɕʰi	₍ɕi	₍i	₍pi	₍mei	ti⁼	₍tʂɻ	₍sɻ	₍tʂʰɻ	₍ʂɻ
平桥	₍tɕʰi	₍ɕi	₍i	₍pi	₍mei	ti⁼	₍tʂɻ	₍sɻ	₍tʂʰɻ	₍ʂɻ
罗山	₍tɕʰi	₍ɕi	₍i	₍pi	₍mei	ti⁼	₍tʂɻ	₍sɻ	₍tʂʰɻ	₍ʂɻ
光山	₍tɕʰi	₍ɕi	₍i	₍pi	₍mei	ti⁼	₍tʂɻ	₍sɻ	₍tʂʰɻ	₍ʂɻ
新县	₍tɕʰi	₍ɕi	₍i	₍pi	₍mei	ti⁼	₍tʂɻ	₍sɻ	₍tʂʰɻ	₍ʂɻ
固始	₍tɕʰi	₍ɕi	₍i	₍pi	₍mei	ti⁼	₍tʂɻ	₍sɻ	₍tʂʰɻ	₍ʂɻ
商城	₍tɕʰi	₍ɕi	₍i	₍pi	₍mei	ti⁼	₍tʂɻ	₍sɻ	₍tʂʰɻ	₍ʂɻ
淮滨	₍tɕʰi	₍ɕi	₍i	₍pi	₍mei	ti⁼	₍tʂɻ	₍sɻ	₍tʂʰɻ	₍ʂɻ
濉溪	₍tɕʰi	₍ɕi	₍i	₍pi	₍məi	ti⁼	₍tʂɻ	₍sɻ	₍tʂʰɻ	₍ʂɻ
萧县	₍tɕʰi	₍ɕi	₍i	₍pi	₍ɕə	ti⁼	₍tʂɻ	₍sɻ	₍tʂʰɻ	₍ʂɻ
怀远	₍tɕʰi	₍ɕi	₍i	₍pi	₍mei	ti⁼	₍tʂɻ	₍sɻ	₍tʂʰɻ	₍ʂɻ
定远	₍tɕʰi / ₍tsʰɻ	₍ɕi	₍i	₍pi	₍mə	tɻ⁼	₍tʂɻ	₍sɻ	₍tʂʰɻ	₍ʂɻ
明光	₍tɕʰi	₍ɕi	₍i	₍pi	₍mə	ti⁼	₍tʂɻ	₍sɻ	₍tʂʰɻ	₍ʂɻ
全椒	₍tsʰɻ	₍sɻ	₍zɻ	₍pɻ	₍mei	tɻ⁼	₍tʂɻ	₍sɻ	₍tʂʰɻ	₍ʂɻ
长丰	₍tɕʰi	₍ɕi	₍i	₍pi	₍məi	ti⁼	₍tʂɻ	₍sɻ	₍tʂʰɻ	₍ʂɻ
肥东	₍tsʰɻ	₍sɻ	₍zɻ	₍pɻ	₍məi	tsɻ⁼	₍tsɻ	₍sɻ	₍tsʰɻ	₍sɻ

地位\地点	止开三上旨书	止开三平微见	止开三平脂以	止开三去至日	止开三上止泥	止开三上止来	止开三去志从	止开三去志邪	止开三去志澄	止开三去志崇
	屎	饥	姨	二	你	李	字	寺	治	事
阜南	₍sɻ	₍tɕi	₍i	ɚ⁼	₍ni	₍li/₍lei	tsɻ⁼	sɻ⁼	tsɻ⁼	sɻ⁼
界首	₍ʂɻ	₍tɕi	₍i	ɚ⁼	₍ni	₍li	sɻ⁼	sɻ⁼	tʂɻ⁼	ʂɻ⁼
涡阳	₍ʂɻ	₍tɕi	₍i	ɚ⁼	₍ni	₍li	tsɻ⁼	sɻ⁼	tʂɻ⁼	ʂɻ⁼
利辛	₍ʂɻ	₍tɕi	₍i	ɚ⁼	₍ni	₍li	tsɻ⁼	sɻ⁼	tʂɻ⁼	ʂɻ⁼

续表

地点\地位	止开三上旨书	止开三平微见	止开三平脂以	止开三去至日	止开三上止泥	止开三上止来	止开三去志从	止开三去志邪	止开三去志澄	止开三去志崇
蒙城	ꞌʂʅ	ꞌtɕi	ꞌi	ɚꞌ	ꞌni	ꞌli	tsʅꞌ	sʅꞌ	tʂʅꞌ	ʂʅꞌ
宿州	ꞌʂʅ	ꞌtɕi	ꞌi	ɚꞌ / ᴸ	ꞌni	ꞌli	tsʅꞌ	sʅꞌ	tʂʅꞌ	ʂʅꞌ
颍上	ꞌsʅ	ꞌtɕi	ꞌi	eꞌ	ꞌni	ꞌlei	tsʅꞌ	sʅꞌ	tsʅꞌ	sʅꞌ
霍邱	ꞌsʅ	ꞌtɕi	ꞌi	aꞌ	ꞌni	ꞌli	tsʅꞌ	sʅꞌ	tsʅꞌ	sʅꞌ
凤台	ꞌsʅ	ꞌtɕi	ꞌi	εꞌ	ꞌni	ꞌli	tsʅꞌ	sʅꞌ	tsʅꞌ	sʅꞌ
寿县	ꞌsʅ	ꞌtɕi	ꞌi	aꞌ	ꞌni	ꞌli	tsʅꞌ	sʅꞌ	tsʅꞌ	sʅꞌ
淮南	ꞌsʅ	ꞌtɕi	ꞌi	aꞌ	ꞌni	ꞌli	tsʅꞌ	sʅꞌ	tsʅꞌ	sʅꞌ
蚌埠	ꞌsʅ	ꞌtɕi	ꞌi	aꞌ	ꞌni	ꞌli	tsʅꞌ	sʅꞌ	tsʅꞌ	sʅꞌ
固镇	ꞌsʅ	ꞌtɕi	ꞌi	aꞌ	ꞌni	ꞌli	tsʅꞌ	sʅꞌ	tsʅꞌ	sʅꞌ
五河	ꞌʂʅ	ꞌtɕi	ꞌi	aꞌ	ꞌni	ꞌli	tsʅꞌ	sʅꞌ	tʂʅꞌ	sʅꞌ
凤阳	ꞌʂʅ	ꞌtɕi	ꞌi	aꞌ	ꞌni	ꞌli	tsʅꞌ	sʅꞌ	tʂʅꞌ	sʅꞌ
泗县	ꞌʂʅ	ꞌtɕi	ꞌi	ɚꞌ	ꞌni	ꞌli	tsʅꞌ	sʅꞌ	tʂʅꞌ	sʅꞌ
信阳老	ꞌsʅ	ꞌtɕi	ꞌi	ɚꞌ	ꞌn / ꞌȵi	ꞌli	tsʅꞌ	sʅꞌ	tsʅꞌ	sʅꞌ
平桥	ꞌsʅ	ꞌtɕi	ꞌi	ɚꞌ	ꞌn / ꞌȵi	ꞌli	tsʅꞌ	sʅꞌ	tsʅꞌ	sʅꞌ
罗山	ꞌsʅ	ꞌtɕi	ꞌi	ɚꞌ	ꞌn / ꞌȵi	ꞌli	tsʅꞌ	sʅꞌ	tsʅꞌ	sʅꞌ
光山	ꞌʂʅ	ꞌtɕi	ꞌi	ɚꞌ	ꞌn / ꞌȵi	ꞌli	tsʅꞌ	sʅꞌ	tsʅꞌ	sʅꞌ
新县	ꞌsʅ	ꞌtɕi	ꞌi	ɚꞌ	ꞌn / ꞌȵi	ꞌli	tsʅꞌ	sʅꞌ	tsʅꞌ	sʅꞌ
固始	ꞌsʅ	ꞌtɕi	ꞌi	aiꞌ	ꞌn / ꞌlin	ꞌli	tsʅꞌ	sʅꞌ	tsʅꞌ	sʅꞌ
商城	ꞌsʅ	ꞌtɕi	ꞌi	ɚꞌ	ꞌn / ꞌli	ꞌli	tsʅꞌ	sʅꞌ	tsʅꞌ	sʅꞌ
淮滨	ꞌsʅ	ꞌtɕi	ꞌi	ɚꞌ	ꞌn / ꞌli	ꞌli	tsʅꞌ	sʅꞌ	tsʅꞌ	sʅꞌ
濉溪	ꞌʂʅ	ꞌtɕi	ꞌi	ɚꞌ	ꞌni	ꞌli	tsʅꞌ	sʅꞌ	tʂʅꞌ	ʂʅꞌ
萧县	ꞌsʅ	ꞌtɕi	ꞌi	ᴸꞌ	ꞌni	ꞌli	tsʅꞌ	sʅꞌ	tʂʅꞌ	sʅꞌ
怀远	ꞌsʅ	ꞌtɕi	ꞌi	aꞌ	ꞌni	ꞌli	tsʅꞌ	sʅꞌ	tsʅꞌ	sʅꞌ

236

续表

地位 地点	止开三 上旨书	止开三 平微见	止开三 平脂以	止开三 去至日	止开三 上止泥	止开三 上止来	止开三 去志从	止开三 去志邪	止开三 去志澄	止开三 去志崇
定远	⁻ʂʅ	⁻tɕi	⁻i	a⁼	⁻ni	⁻li	tsʅ⁼	sʅ⁼	tʂʅ⁼	sʅ⁼
明光	⁻ʂʅ	⁻tɕi	⁻i	a⁼	⁻ni	⁻li	tsʅ⁼	sʅ⁼	tʂʅ⁼	sʅ⁼
全椒	⁻ʂʅ	⁻tsʅ	⁻ɿ	ɛ⁼	⁻ɳ	⁻li	tsʅ⁼	sʅ⁼	tʂʅ⁼	ʂʅ⁼
长丰	⁻ʂʅ	⁻tɕi	⁻i	a⁼	⁻ni	⁻li	tsʅ⁼	sʅ⁼	tʂʅ⁼	sʅ⁼
肥东	⁻ʂʅ	⁻tsʅ	⁻ɿ	a⁼	⁻li	⁻ɳ	tsʅ⁼	sʅ⁼	tʂʅ⁼	sʅ⁼

地位 地点	止开三 上止生	止开三 平之书	止开三 上止日	止开三 平之见	止开三 上止晓	止开三 平之影	止开三 去未溪	止开三 平微晓	止开三 平微影	止合三 上纸精
	使	诗	耳	基	喜	医	气	稀	衣	嘴
阜南	⁻sʅ	⁻sʅ	⁻ɚ	⁻tɕi	⁻ɕi	⁻i	tɕʰi⁼	⁻ɕi	⁻i	⁻tsuei
界首	⁻ʂʅ	⁻ʂʅ	⁻ɚ	⁻tɕi	⁻ɕi	⁻i	tɕʰi⁼	⁻ɕi	⁻i	⁻tsuei
涡阳	⁻ʂʅ	⁻ʂʅ	⁻ɚ	⁻tɕi	⁻ɕi	⁻i	tɕʰi⁼	⁻ɕi	⁻i	⁻tsuə
利辛	⁻sʅ	⁻ʂʅ	⁻ɚ	⁻tɕi	⁻ɕi	⁻i	tɕʰi⁼	⁻ɕi	⁻i	⁻tɕyei
蒙城	⁻ʂʅ	⁻ʂʅ	⁻ɚ	⁻tɕi	⁻ɕi	⁻i	tɕʰi⁼	⁻ɕi	⁻i	⁻tsuei
宿州	⁻ʂʅ	⁻ʂʅ	⁻ɚ	⁻tɕi	⁻ɕi	⁻i	tɕʰi⁼	⁻ɕi	⁻i	⁻tsuei
颍上	⁻sʅ	⁻sʅ	⁻e	⁻tɕi	⁻ɕi	⁻i	tɕʰi⁼	⁻ɕi	⁻i	⁻tsuei
霍邱	⁻sʅ	⁻sʅ	⁻ɤ	⁻tɕi	⁻ɕi	⁻i	tɕʰi⁼	⁻ɕi	⁻i	⁻tsei ⁻tsuei
凤台	⁻sʅ	⁻sʅ	⁻ɛ	⁻tɕi	⁻ɕi	⁻i	tɕʰi⁼	⁻ɕi	⁻i	⁻tsei
寿县	⁻sʅ	⁻sʅ	⁻ɤɹ	⁻tɕi	⁻ɕi	⁻i	tɕʰi⁼	⁻ɕi	⁻i	⁻tseɹ ⁻tsuəɹ
淮南	⁻sʅ	⁻sʅ	⁻a/⁻ə	⁻tɕi	⁻ɕi	⁻i	tɕʰi⁼	⁻ɕi	⁻i	⁻tsei
蚌埠	⁻sʅ	⁻sʅ	⁻a	⁻tɕi	⁻ɕi	⁻i	tɕʰi⁼	⁻ɕi	⁻i	⁻tsei
固镇	⁻sʅ	⁻sʅ	⁻ɤ	⁻tɕi	⁻ɕi	⁻i	tɕʰi⁼	⁻ɕi	⁻i	⁻tsə
五河	⁻ʂʅ	⁻ʂʅ	⁻a	⁻tɕi	⁻ɕi	⁻i	tɕʰi⁼	⁻ɕi	⁻i	⁻tsei
凤阳	⁻sə	⁻ʂʅ	⁻a	⁻tɕi	⁻ɕi	⁻i	tɕʰi⁼	⁻ɕi	⁻i	⁻tsə
泗县	⁻ʂʅ	⁻ʂʅ	⁻ɚ	⁻tɕi	⁻ɕi	⁻i	tɕʰi⁼	⁻ɕi	⁻i	⁻tsə
信阳老	⁻sʅ	⁻sʅ	⁻a	⁻tɕi	⁻ɕi	⁻i	tɕʰi⁼	⁻ɕi	⁻i	⁻tsei
平桥	⁻sʅ	⁻sʅ	⁻ɚ	⁻tɕi	⁻ɕi	⁻i	tɕʰi⁼	⁻ɕi	⁻i	⁻tsuei

续表

地位\地点	止开三上止生	止开三平之书	止开三上止日	止开三平之见	止开三上止晓	止开三平之影	止开三去未溪	止开三平微晓	止开三平微影	止合三上纸精
罗山	₌sʅ	₌sʅ	₌ɚ	₌tɕi	₌ɕi	₌i	tɕʰiˀ	₌ɕi	₌i	₌tsei
光山	₌sʅ	₌sʅ	₌ɚ	₌tɕi	₌ɕi	₌i	tɕʰiˀ	₌ɕi	₌i	₌tsei
新县	₌sʅ	₌sʅ	₌ɚ	₌tɕi	₌ɕi	₌i	tɕʰiˀ	₌ɕi	₌i	₌tsei
固始	₌sʅ	₌sʅ	₌ai	₌tɕi	₌ɕi	₌i	tɕʰiˀ	₌ɕi	₌i	₌tsei
商城	₌sʅ	₌sʅ	₌ɚ	₌tɕi	₌ɕi	₌i	tɕʰiˀ	₌ɕi	₌i	₌tsei
淮滨	₌sʅ	₌sʅ	₌ɚ	₌tɕi	₌ɕi	₌i	tɕʰiˀ	₌ɕi	₌i	₌tsei
濉溪	₌ʂʅ	₌ʂʅ	₌ɚ	₌tɕi	₌ɕi	₌i	tɕʰiˀ	₌ɕi	₌i	₌tsuəi
萧县	₌sʅ	₌sʅ	₌l̩	₌tɕi	₌ɕi	₌i	tɕʰiˀ	₌ɕi	₌i	₌tsuə
怀远	₌sə / ₌sei	₌sʅ	₌a	₌tɕi	₌ɕi	₌i	tɕʰiˀ	₌ɕi	₌i	₌tsei
定远	₌sə	₌sʅ	₌a	₌tɕi	₌ɕi	₌i	tɕʰiˀ	₌ɕi	₌i	₌tsə
明光	₌ʂʅ	₌ʂʅ	₌a	₌tɕi	₌ɕi	₌i	tɕʰiˀ	₌ɕi	₌i	₌tsə
全椒	₌ʂʅ	₌ʂʅ	₌ʐ	₌tsʅ	₌sʅ	₌ʐ	tsʰʅˀ	₌sʅ	₌ʐ	₌tsei
长丰	₌səi	₌sʅ	₌a	₌tɕi	₌ɕi	₌i	tɕʰiˀ	₌ɕi	₌i	₌tsəi
肥东	₌səi	₌ʂʅ	₌a	₌tɕi	₌sʅ	₌ʐ	tsʰʅˀ	₌sʅ	₌ʐ	₌tsəi

地位\地点	止合三平支昌	止合三去置禅	止合三上纸群	止合三上纸晓	止合三平支疑	止合三去至来	止合三去至精	止合三平脂心	止合三平脂知	止合三平脂生
	吹	睡	跪	毁	危	泪	醉	虽	追	衰
阜南	₌tsʰuei	seiˀ	kueiˀ	₌xuei	₌uei	leiˀ	tsueiˀ / tseiˀ	₌suei	₌tsuei	₌suɛ
界首	₌tsʰuei	ʂueiˀ	kueiˀ	₌xuei	₌uei	leiˀ	tsueiˀ	₌suei	₌tʂuei	₌ʂuɛ / ₌fɛ
涡阳	₌tsʰuə	₌ʂə	kuəˀ	₌xuə	₌uə	ləˀ	tsuəˀ	₌suə	₌tʂuə	₌ʂuɛ / ₌fɛ
利辛	₌tsʰuei	ʂeiˀ	kueiˀ	₌xuei	₌uei	leiˀ	tɕyeiˀ	₌ɕyei	₌tʂuei	₌fɛ
蒙城	₌tsʰuei	ʂeiˀ / ʂueiˀ	kueiˀ	₌xuei	₌uei	leiˀ	tseiˀ	₌sei	₌tʂuei	₌ʂuɛ
宿州	₌tsʰuei	ʂueiˀ	kueiˀ	₌xuei	₌uei	leiˀ	tsueiˀ	₌suei	₌tʂuei	₌ʂuɛ
颍上	₌tsʰuei	seiˀ / sueiˀ	kueiˀ	₌xuei	₌uei	leiˀ	tseiˀ / tsueiˀ	₌suei	₌tʂuei	₌ʂuɛ
霍邱	₌tsʰuei	sueiˀ	kueiˀ	₌xuei	₌uei	leiˀ	tseiˀ	₌suei	₌tʂuei	₌suɛ

续表

地点\地位	止合三平支昌	止合三去置禅	止合三上纸群	止合三上纸晓	止合三平支疑	止合三去至来	止合三去至精	止合三平脂心	止合三平脂知	止合三平脂生
凤台	₍tsʰuəi	suəi⁼	kuəi⁼	ᶜxuəi	ᶜuəi	ləi⁼	tsəɿ⁼	₍səi	₍tsuəi	₍ʂuɛ
寿县	₍tsʰuəi	səɿ⁼	kuəi⁼	ᶜxuəi	ᶜuəi	ləi⁼	tsuəɿ⁼	₍ləi	₍tsuəi	₍ʂuɛ
淮南	₍tsʰuei	suei⁼	kuei⁼	ᶜxuei	ᶜvei	lei⁼	tsei⁼	₍sei	₍tsuei	₍ʂuɛ
蚌埠	₍tsʰuei	suei⁼	kuei⁼	ᶜxuei	ᶜvei	lei⁼	tsei⁼	₍sei	₍tsuei	₍ʂuɛ
固镇	₍tsʰəu	səu⁼	kəu⁼	ᶜxəu	ᶜvəu	ləɿ⁼	tsəɿ⁼	₍səu	₍tsəu	₍ʂuɛ
五河	₍tsʰuei	ʂuei⁼	kuei⁼	ᶜxuei	ᶜvei	lei⁼	tsei⁼	₍sei	₍tʂuei	₍ʂuɛ
凤阳	₍tsʰuə	ʂuə⁼	kuə⁼	ᶜxuə	ᶜvə	li⁼	tsəɿ⁼	₍sə	₍tʂuə	₍ʂuɛ
泗县	₍tsʰuə	ʂuə⁼	kuə⁼	ᶜxuə	ᶜuə	ləɿ⁼	tsəɿ⁼	₍suə	₍tʂuə	₍ʂuɛ
信阳₍老₎	₍tsʰei	sei⁼	kuei⁼	ᶜfei	ᶜuei	lei⁼	tsei⁼	₍sei	₍tsei	₍sai
平桥	₍tsʰuei	sei⁼ suei⁼	kuei⁼	ᶜfei	ᶜuei	lei⁼	tsuei⁼	₍suei	₍tsuei	₍suai
罗山	₍tsʰei	sei⁼	kuei⁼	ᶜfei	ᶜuei	lei⁼	tsei⁼	₍sei	₍tsei	₍sai
光山	₍tsʰei	sei⁼	kuei⁼	ᶜfei	ᶜuei	li⁼ lei⁼	tsei⁼	₍sei	₍tsei	₍sai
新县	₍tsʰei	sei⁼	kuei⁼	ᶜfei	ᶜuei	li⁼ lei⁼	tsei⁼	₍sei	₍tsei	₍sai
固始	₍tsʰuei	sei⁼	kuei⁼	ᶜxuei	ᶜuei	lei⁼	tsei⁼	₍sei	₍tsuei	₍suai
商城	₍tsʰuei	sei⁼	kuei⁼	ᶜxuei	ᶜuei	lei⁼	tsei⁼	₍sei	₍tsuei	₍suai
淮滨	₍tsʰuei	sei⁼	kuei⁼	ᶜxuei	ᶜuei	lei⁼	tsei⁼	₍sei	₍tsuei	₍suai
濉溪	₍tsʰuəi	ʂuəi⁼	kuəi⁼	ᶜxuəi	ᶜuəi	ləɿ⁼	tsuəɿ⁼	₍suəi	₍tʂuəi	₍ʂuɛ
萧县	₍tsʰəu	ʂəu⁼	kəu⁼	ᶜxəu	ᶜəu	ləɿ⁼	tsəu⁼	₍su	₍tʂəu	₍ʂuɛ
怀远	₍tsʰuei	suei⁼	kuei⁼	ᶜxuei	ᶜvei	lei⁼	tsei⁼	₍sei	₍tsuei	₍ʂuɛ
定远	₍tsʰəu	ʂəu⁼	kəu⁼	ᶜxəu	ᶜuə	ləɿ⁼	tsəɿ⁼	₍sə	₍tʂəu	₍ʂuɛ
明光	₍tsʰuə	ʂuə⁼	kuə⁼	ᶜxuə	ᶜvə	ləɿ⁼	tsəɿ⁼	₍sə	₍tʂuə	₍ʂuɛ
全椒	₍tsʰuei	ʂuei⁼	kʰuei⁼	ᶜxuei	ᶜuei	lei⁼	tsei⁼	₍sei	₍tsuei	₍ʂuɛ
长丰	₍tsʰuəi	suəi⁼	kuəi⁼	ᶜxuəi	ᶜuəi	ləi⁼	tsəɿ⁼	₍səi	₍tsuəi	₍suE
肥东	₍tsʰuəi	suəi⁼	kuəi⁼	ᶜxuəi	ᶜuəi	ləi⁼	tsəɿ⁼	₍səi	₍tsuəi	₍ʂuɛ

地位 地点	止合三 上旨书	止合三 平脂见	止合三 平脂群	止合三 去至云	止合三 平微非	止合三 平微奉	止合三 上尾微	止合三 上尾见	止合三 上尾晓	止合三 上尾云
	水	龟	葵	位	飞	肥	尾	鬼	徽	伟
阜南	ᶜsei	ᴄkuei	ᴄkʰuei	ueiᶜ	ᴄxuei	ᴄxuei	ᶜuei	ᶜkuei	ᴄxuei	ᶜuei
界首	ᶜfei	ᴄkuei	ᴄkʰuei	ueiᶜ	ᴄfei	ᴄfei	ᶜuei	ᶜkuei	ᴄxuei	ᶜuei
涡阳	ᶜʂuɘ/ᶜfɘ	ᴄkuɘ	ᴄkʰuɘ	uɘᶜ	ᴄfɘ	ᴄfɘ	ᶜi/ᶜuɘ	ᶜkuɘ	ᴄxuɘ	ᶜuɘ
利辛	ᶜfei	ᴄkuei	ᴄkʰuei	ueiᶜ	ᴄfei	ᴄfei	ᶜuei	ᶜkuei	ᴄxuei	ᶜuei
蒙城	ᶜʂuei ᶜfei	ᴄkuei	ᴄkʰuei	ueiᶜ	ᴄfei	ᴄfei	ᶜuei	ᶜkuei	ᴄxuei	ᶜuei
宿州	ᶜʂuei	ᴄkuei	ᴄkʰuei	ueiᶜ	ᴄfei	ᴄfei	ᶜuei	ᶜkuei	ᴄxuei	ᶜuei
颍上	ᶜsei	ᴄkuei	ᴄkʰuei	ueiᶜ	ᴄxuei	ᴄxuei	ᶜuei	ᶜkuei	ᴄxuei	ᶜuei
霍邱	ᶜsei	ᴄkuei	ᴄkʰuei	ueiᶜ	ᴄxuei	ᴄxuei	ᶜuei/ᶜi	ᶜkuei	ᴄxuei	ᶜuei
凤台	ᶜsəi	ᴄkuəi	ᴄkʰuəi	vəiᶜ	ᴄxuəi	ᴄxuəi	ᶜuəi	ᶜkuəi	ᴄxuəi	ᶜuəi
寿县	ᶜɪei	ᴄkuɘi	ᴄkʰuɘi	ɪɘiᶜ	ᴄɪɘuɪ	ᴄɪɘuɪ	ᶜɪɘuɪ	ᶜkuɘi	ᴄɪɘuɪ	ᶜɪɘuɪ
淮南	ᶜsei ᶜsuei	ᴄkuei	ᴄkʰuei	ueiᶜ vaiᶜ	ᴄfei ᴄxuei	ᴄxuei	ᶜuei/ᶜi	ᶜkuei	ᴄxuei	ᶜvei
蚌埠	ᶜsuei	ᴄkuei	ᴄkʰuei	veiᶜ	ᴄfei	ᴄfei	ᶜuei/ᶜi	ᶜkuei	ᴄxuei	ᶜvei
固镇	ᶜsuɘ ᶜsɘ	ᴄkuɘ	ᴄkʰuɘ	vɘᶜ	ᴄfɘ	ᴄfɘ	ᶜvei/ᶜi	ᶜkuɘ	ᴄxuɘ	ᶜvɘ
五河	ᶜʂuei	ᴄkuei	ᴄkʰuei	veiᶜ	ᴄfei	ᴄfei	ᶜvei/ᶜi	ᶜkuei	ᴄxuei	ᶜvei
凤阳	ᶜʂuɘ	ᴄkuɘ	ᴄkʰuɘ	vɘᶜ	ᴄfɘ	ᴄfɘ	ᶜi	ᶜkuɘ	ᴄxuɘ	ᶜvɘ
泗县	ᶜʂuɘ	ᴄkuɘ	ᴄkʰuɘ	uɘᶜ	ᴄfɘ	ᴄfɘ	ᶜuɘ	ᶜkuɘ	ᴄxuɘ	ᶜuɘ
信阳老	ᶜsei	ᴄkuei	ᴄkʰuei	ueiᶜ	ᴄfei	ᴄfei	ᶜi/ᶜuei	ᶜkuei	ᴄfei	ᶜuei
平桥	ᶜsei ᶜsuei	ᴄkuei	ᴄkʰuei	ueiᶜ	ᴄfei	ᴄfei	ᶜi/ᶜuei	ᶜkuei	ᴄfei	ᶜuei
罗山	ᶜsei	ᴄkuei	ᴄkʰuei	ueiᶜ	ᴄfei	ᴄfei	ᶜi/ᶜuei	ᶜkuei	ᴄfei	ᶜuei
光山	ᶜsei	ᴄkuei	ᴄkʰuei	ueiᶜ	ᴄfei	ᴄfei	ᶜi/ᶜuei	ᶜkuei	ᴄfei	ᶜuei
新县	ᶜsei	ᴄkuei	ᴄkʰuei	ueiᶜ	ᴄfei	ᴄfei	ᶜi/ᶜuei	ᶜkuei	ᴄfei	ᶜuei
固始	ᶜsei	ᴄkuei	ᴄkʰuei	ueiᶜ	ᴄfei	ᴄfei	ᶜi/ᶜuei	ᶜkuei	ᴄxuei	ᶜuei
商城	ᶜsei	ᴄkuei	ᴄkʰuei	ueiᶜ	ᴄfei	ᴄfei	ᶜi/ᶜuei	ᶜkuei	ᴄxuei	ᶜuei
淮滨	ᶜsei	ᴄkuei	ᴄkʰuei	ueiᶜ	ᴄxuei	ᴄxuei	ᶜi/ᶜuei	ᶜkuei	ᴄxuei	ᶜuei
濉溪	ᶜʂuəi	ᴄkuəi	ᴄkʰuəi	uəiᶜ	ᴄfəi	ᴄfəi	ᶜuəi	ᶜkuəi	ᴄxuəi	ᶜuəi
萧县	ᶜʂuɘ	ᴄkuɘ	ᴄkʰuɘ	uɘᶜ	ᴄfi	ᴄfi	ᶜuɘ/ᶜi	ᶜkuɘ	ᴄxuɘ	ᶜuɘ

续表

地位 地点	止合三 上旨书	止合三 平脂见	止合三 平脂群	止合三 去至云	止合三 平微非	止合三 平微奉	止合三 上尾微	止合三 上尾见	止合三 上尾晓	止合三 上尾云
怀远	₋suei	₋kuei	₋kʰuei	vei₋	₋fei	₋fei	⁻i	⁻kuei	⁻xuei	⁻vei
定远	₋ʂəu	₋kuə	₋kʰəu	əu₋	₋fəu	₋fə	⁻u	⁻kəu	⁻xu	⁻əu
明光	₋ʂəu	₋kuə	₋kʰəu	əv₋	₋fə	₋fə	⁻v	⁻kəu	⁻xu	⁻v
全椒	₋ʂuei	₋kuei	₋kʰuei	uei₋	₋fei	₋fei	⁻uei	⁻kuei	⁻xuei	⁻uei
长丰	₋suəi	₋kuəi	₋kʰuəi	uəi₋	₋fəi	₋ieuxəi/fəi	⁻iəu	⁻kuəi	⁻xuəi	⁻uəi
肥东	₋ʂuəi	₋kuəi	₋kʰuəi	uəi₋	₋fəi	₋fəi	⁻uəi	⁻kuəi	⁻xuəi	⁻uəi

地位 地点	效开一 上皓帮	效开一 平豪明	效开一 平豪端	效开一 上皓定	效开一 上皓泥	效开一 上皓来	效开一 上皓清	效开一 上皓心	效开一 平豪见	效开一 上皓晓
	保	毛	刀	道	脑	老	草	嫂	高	好
阜南	⁻pɔ	₋mɔ	₋tɔ	tɔ₋	⁻nɔ	⁻lɔ	⁻tsɔ	⁻sɔ	₋kɔ	⁻xɔ
界首	⁻pɔ	₋mɔ	₋tɔ	tɔ₋	⁻nɔ	⁻lɔ	⁻tsɔ	⁻sɔ	₋kɔ	⁻xɔ
涡阳	⁻pɔ	₋mɔ	₋tɔ	tɔ₋	⁻nɔ	⁻lɔ	⁻tsɔ	⁻sɔ	₋kɔ	⁻xɔ
利辛	⁻pɔ	₋mɔ	₋tɔ	tɔ₋	⁻nɔ	⁻lɔ	⁻tsɔ	⁻sɔ	₋kɔ	⁻xɔ
蒙城	⁻pɔ	₋mɔ	₋tɔ	tɔ₋	⁻nɔ	⁻lɔ	⁻tsɔ	⁻sɔ	₋kɔ	⁻xɔ
宿州	⁻pɔ	₋mɔ	₋tɔ	tɔ₋	⁻nɔ	⁻lɔ	⁻tsɔ	⁻sɔ	₋kɔ	⁻xɔ
颍上	⁻pɔ	₋mɔ	₋tɔ	tɔ₋	⁻nɔ	⁻lɔ	⁻tsɔ	⁻sɔ	₋kɔ	⁻xɔ
霍邱	⁻pɔ	₋mɔ	₋tɔ	tɔ₋	⁻nɔ	⁻lɔ	⁻tsɔ	⁻sɔ	₋kɔ	⁻xɔ
凤台	⁻pɔ	₋mɔ	₋tɔ	tɔ₋	⁻nɔ	⁻lɔ	⁻tsɔ	⁻sɔ	₋kɔ	⁻xɔ
寿县	⁻pɔ	₋mɔ	₋tɔ	tɔ₋	⁻nɔ	⁻lɔ	⁻tsɔ	⁻sɔ	₋kɔ	⁻xɔ
淮南	⁻pɔ	₋mɔ	₋tɔ	tɔ₋	⁻nɔ	⁻lɔ	⁻tsɔ	⁻sɔ	₋kɔ	⁻xɔ
蚌埠	⁻pɔ	₋mɔ	₋tɔ	tɔ₋	⁻nɔ	⁻lɔ	⁻tsɔ	⁻sɔ	₋kɔ	⁻xɔ
固镇	⁻pɔ	₋mɔ	₋tɔ	tɔ₋	⁻nɔ	⁻lɔ	⁻tsɔ	⁻sɔ	₋kɔ	⁻xɔ
五河	⁻pɔ	₋mɔ	₋tɔ	tɔ₋	⁻nɔ	⁻lɔ	⁻tsɔ	⁻sɔ	₋kɔ	⁻xɔ
凤阳	⁻pɔ	₋mɔ	₋tɔ	tɔ₋	⁻nɔ	⁻lɔ	⁻tsɔ	⁻sɔ	₋kɔ	⁻xɔ
泗县	⁻pɔ	₋mɔ	₋tɔ	tɔ₋	⁻nɔ	⁻lɔ	⁻tsɔ	⁻sɔ	₋kɔ	⁻xɔ
信阳老	⁻pau	₋mau	₋tau	tau₋	⁻lau	⁻lau	⁻tsʰau	⁻sau	₋kau	⁻xau
平桥	⁻pau	₋mau	₋tau	tau₋	⁻lau	⁻lau	⁻tsʰau	⁻sau	₋kau	⁻xau

续表

地位\地点	效开一上皓帮	效开一平豪明	效开一平豪端	效开一上皓定	效开一上皓泥	效开一上皓来	效开一平豪清	效开一上皓心	效开一平豪见	效开一上皓晓
罗山	₍pau	₍mau	₍tau	tauᵓ	₍lau	₍lau	₍tsʰau	₍sau	₍kau	₍xau
光山	₍pau	₍mau	₍tau	tauᵓ	₍lau	₍lau	₍tsʰau	₍sau	₍kau	₍xau
新县	₍pau	₍mau	₍tau	tauᵓ	₍lau	₍lau	₍tsʰau	₍sau	₍kau	₍xau
固始	₍pau	₍mau	₍tau	tauᵓ	₍lau	₍lau	₍tsʰau	₍sau	₍kau	₍xau
商城	₍pau	₍mau	₍tau	tauᵓ	₍lau	₍lau	₍tsʰau	₍sau	₍kau	₍xau
淮滨	₍pau	₍mau	₍tau	tauᵓ	₍lau	₍lau	₍tsʰau	₍sau	₍kau	₍xau
濉溪	₍pɔ	₍mɔ	₍tɔ	tɔᵓ	₍nɔ	₍lɔ	₍tsɔ	₍sɔ	₍kɔ	₍xɔ
萧县	₍pɔ	₍mɔ	₍tɔ	tɔᵓ	₍nɔ	₍lɔ	₍tsɔ	₍sɔ	₍kɔ	₍xɔ
怀远	₍pɔ	₍mɔ	₍tɔ	tɔᵓ	₍nɔ	₍lɔ	₍tsɔ	₍sɔ	₍kɔ	₍xɔ
定远	₍pɔ	₍mɔ	₍tɔ	tɔᵓ	₍nɔ	₍lɔ	₍tsɔ	₍sɔ	₍kɔ	₍xɔ
明光	₍pɔ	₍mɔ	₍tɔ	tɔᵓ	₍nɔ	₍lɔ	₍tsɔ	₍sɔ	₍kɔ	₍xɔ
全椒	₍pɔ	₍mɔ	₍tɔ	tɔᵓ	₍nɔ	₍lɔ	₍tsɔ	₍sɔ	₍kɔ	₍xɔ
长丰	₍pɔ	₍mɔ	₍tɔ	tɔᵓ	₍nɔ	₍lɔ	₍tsɔ	₍sɔ	₍kɔ	₍xɔ
肥东	₍pɔ	₍mɔ	₍tɔ	tɔᵓ	₍lɔ	₍lɔ	₍tsɔ	₍sɔ	₍kɔ	₍xɔ

地位\地点	效开一上皓影 袄	效开二去效滂 炮	效开二平肴并 跑	效开二去效泥 闹	效开二平肴庄 抓	效开二平肴崇 巢	效开二平肴溪 敲	效开三平宵滂 飘	效开三去效明 庙	效开三平宵精 焦
阜南	₍ɣɔ	pʰɔᵓ	₍pʰɔ	nɔᵓ	₍tsɔ	₍tsʰɔ	₍tɕʰiɔ	₍pʰiɔ	miɔᵓ	₍tɕiɔ
界首	₍ɣɔ	pʰɔᵓ	₍pʰɔ	nɔᵓ	₍tʂua	₍tʂʰɔ	₍tɕʰiɔ	₍pʰiɔ	miɔᵓ	₍tɕiɔ
涡阳	₍ɣɔ	pʰɔᵓ	₍pʰɔ	nɔᵓ	₍tʂua	₍tʂʰɔ	₍tɕʰiɔ	₍pʰiɔ	miɔᵓ	₍tɕiɔ
利辛	₍ɣɔ	pʰɔᵓ	₍pʰɔ	nɔᵓ	₍tʂua	₍tʂʰɔ	₍tɕʰiɔ	₍pʰiɔ	miɔᵓ	₍tɕiɔ
蒙城	₍ɣɔ	pʰɔᵓ	₍pʰɔ	nɔᵓ	₍tʂua	₍tʂʰɔ	₍tɕʰiɔ	₍pʰiɔ	miɔᵓ	₍tɕiɔ
宿州	₍ɣɔ	pʰɔᵓ	₍pʰɔ	nɔᵓ	₍tʂua	₍tʂʰɔ	₍tɕʰiɔ	₍pʰiɔ	miɔᵓ	₍tɕiɔ
颍上	₍ɣɔ	pʰɔᵓ	₍pʰɔ	nɔᵓ	₍tsua	₍tsʰɔ	₍tɕʰiɔ	₍pʰiɔ	miɔᵓ	₍tɕiɔ
霍邱	₍ɣɔ	pʰɔᵓ	₍pʰɔ	nɔᵓ	₍tsua	₍tsʰɔ	₍tɕʰiɔ	₍pʰiɔ	miɔᵓ	₍tɕiɔ
凤台	₍ɔ	pʰɔᵓ	₍pʰɔ	nɔᵓ	₍tsua	₍tsʰɔ	₍tɕʰiɔ	₍pʰiɔ	miɔᵓ	₍tɕiɔ
寿县	₍ɣɔ	pʰɔᵓ	₍pʰɔ	nɔᵓ	₍tsua	₍tsʰɔ	₍tɕʰiɔ ₍kɔ	₍pʰiɔ	miɔᵓ	₍tɕiɔ

242

续表

地位\地点	效开一上皓影	效开二去效滂	效开二平肴并	效开二去效泥	效开二平肴庄	效开二平肴崇	效开二平肴溪	效开三平肴滂	效开三去效明	效开三平宵精
淮南	ˬɣɔ	pʰɔ˒	ˬpʰɔ	nɔ˒	ˬtsua	ˬtsʰɔ	ˬtɕʰiɔ	ˬpʰiɔ	miɔ˒	ˬtɕiɔ
蚌埠	ˬɣɔ	pʰɔ˒	ˬpʰɔ	nɔ˒	ˬtsua	ˬtsʰɔ	ˬtɕʰiɔ / ˬkɔ	ˬpʰiɔ	miɔ˒	ˬtɕiɔ
固镇	ˬɣɔ	pʰɔ˒	ˬpʰɔ	nɔ˒	ˬtsua	ˬtsʰɔ	ˬtɕʰiɔ / ˬkɔ	ˬpʰiɔ	miɔ˒	ˬtɕiɔ
五河	ˬɣɔ	pʰɔ˒	ˬpʰɔ	nɔ˒	ˬtʂua	ˬtʂʰɔ	ˬtɕʰiɔ	ˬpʰiɔ	miɔ˒	ˬtɕiɔ
凤阳	ˬɣɔ	pʰɔ˒	ˬpʰɔ	nɔ˒	ˬtsua / ˬtʂɔ	ˬtʂʰɔ	ˬtɕʰiɔ	ˬpʰiɔ	miɔ˒	ˬtɕiɔ
泗县	ˬɣɔ	pʰɔ˒	ˬpʰɔ	nɔ˒	ˬtsua	ˬtsʰɔ	ˬtɕʰiɔ	ˬpʰiɔ	miɔ˒	ˬtɕiɔ
信阳老	ˬɣau	pʰau˒	ˬpʰau	lau˒	ˬtsua	ˬtsʰau	ˬtɕʰiau	ˬpʰiau	miau˒	ˬtɕiau
平桥	ˬɣau	pʰau˒	ˬpʰau	lau˒	ˬtsua	ˬtsʰau	ˬtɕʰiau	ˬpʰiau	miau˒	ˬtɕiau
罗山	ˬŋau	pʰau˒	ˬpʰau	lau˒	ˬtsa	ˬtsʰau	ˬtɕʰiau	ˬpʰiau	miau˒	ˬtɕiau
光山	ˬŋau	pʰau˒	ˬpʰau	lau˒	ˬtsa	ˬtsʰau	ˬtɕʰiau	ˬpʰiau	miau˒	ˬtɕiau
新县	ˬŋau	pʰau˒	ˬpʰau	lau˒	ˬtsa	ˬtsʰau	ˬtɕʰiau	ˬpʰiau	miau˒	ˬtɕiau
固始	ˬɣau	pʰau˒	ˬpʰau	lau˒	ˬtsua	ˬtsʰau	ˬtɕʰiau	ˬpʰiau	miau˒	ˬtɕiau
商城	ˬɣau	pʰau˒	ˬpʰau	lau˒	ˬtsua	ˬtsʰau	ˬtɕʰiau	ˬpʰiau	miau˒	ˬtɕiau
淮滨	ˬɣau	pʰau˒	ˬpʰau	lau˒	ˬtsua	ˬtsʰau	ˬtɕʰiau	ˬpʰiau	miau˒	ˬtɕiau
濉溪	ˬɣɔ	pʰɔ˒	ˬpʰɔ	nɔ˒	ˬtsua	ˬtʂʰɔ	ˬtɕʰiɔ	ˬpʰiɔ	miɔ˒	ˬtɕiɔ
萧县	ˬɣɔ	pʰɔ˒	ˬpʰɔ	nɔ˒	ˬtsua	ˬtsʰɔ	ˬtɕʰiɔ / ˬkʰɔ	ˬpʰiɔ	miɔ˒	ˬtɕiɔ
怀远	ˬɣɔ	pʰɔ˒	ˬpʰɔ	nɔ˒	ˬtsua	ˬtsʰɔ	ˬtɕʰiɔ / ˬkɔ	ˬpʰiɔ	miɔ˒	ˬtɕiɔ
定远	ˬɣɔ	pʰɔ˒	ˬpʰɔ	nɔ˒	ˬtʂua	ˬtʂʰɔ	ˬtɕʰiɔ / ˬkɔ	ˬpʰiɔ	miɔ˒	ˬtɕiɔ
明光	ˬɣɔ	pʰɔ˒	ˬpʰɔ	nɔ˒	ˬtsua	ˬtʂʰɔ	ˬtɕʰiɔ	ˬpʰiɔ	miɔ˒	ˬtɕiɔ
全椒	ˬɔ	pʰɔ˒	ˬpʰɔ	nɔ˒	ˬtʂua	ˬtʂʰɔ	ˬtɕʰiɔ / ˬkɔ	ˬpʰiɔ	miɔ˒	ˬtɕiɔ
长丰	ˬɣɔ	pʰɔ˒	ˬpʰɔ	nɔ˒	ˬtsua	ˬtsʰɔ	ˬtɕʰiɔ	ˬpʰiɔ	miɔ˒	ˬtɕiɔ
肥东	ˬzɔ	pʰɔ˒	ˬpʰɔ	lɔ˒	ˬtsua	ˬtʂʰɔ	ˬkɔ	ˬpʰiɔ	miɔ˒	ˬtɕiɔ

地位 地点	效开三 上小心 小	效开三 平宵彻 超	效开三 上小澄 赵	效开三 平宵章 招	效开三 平宵书 烧	效开三 上小日 绕	效开三 平宵见 骄	效开三 平宵群 桥	效开三 平宵以 摇	效开四 去啸端 钓
阜南	ˬɕiɔ	ˬtsʰɔ	tsɔˬ	ˬtʂɔ	ˬsɔ	zɔˬ	ˬtɕiɔ	ˬtɕʰiɔ	ˬiɔ	tiɔˬ
界首	ˬɕiɔ	ˬtsʰɔ	tsɔˬ	ˬtʂɔ	ˬsɔ	zɔˬ	ˬtɕiɔ	ˬtɕʰiɔ	ˬiɔ	tiɔˬ
涡阳	ˬɕiɔ	ˬtsʰɔ	tsɔˬ	ˬtʂɔ	ˬsɔ	ʐɔˬ	ˬtɕiɔ	ˬtɕʰiɔ	ˬiɔ	tiɔˬ
利辛	ˬɕiɔ	ˬtsʰɔ	tsɔˬ	ˬtʂɔ	ˬsɔ	ʐɔˬ	ˬtɕiɔ	ˬtɕʰiɔ	ˬiɔ	tiɔˬ
蒙城	ˬɕiɔ	ˬtsʰɔ	tsɔˬ	ˬtʂɔ	ˬsɔ	ʐɔˬ	ˬtɕiɔ	ˬtɕʰiɔ	ˬiɔ	tiɔˬ
宿州	ˬɕiɔ	ˬtsʰɔ	tsɔˬ	ˬtʂɔ	ˬsɔ	ʐɔˬ	ˬtɕiɔ	ˬtɕʰiɔ	ˬiɔ	tiɔˬ
颍上	ˬɕiɔ	ˬtsʰɔ	tsɔˬ	ˬtʂɔ	ˬsɔ	ʐɔˬ	ˬtɕiɔ	ˬtɕʰiɔ	ˬiɔ	tiɔˬ
霍邱	ˬɕiɔ	ˬtsʰɔ	tsɔˬ	ˬtʂɔ	ˬsɔ	ʐɔˬ	ˬtɕiɔ	ˬtɕʰiɔ	ˬiɔ	tiɔˬ
凤台	ˬɕiɔ	ˬtsʰɔ	tsɔˬ	ˬtʂɔ	ˬsɔ	ʐɔˬ	ˬtɕiɔ	ˬtɕʰiɔ	ˬiɔ	tiɔˬ
寿县	ˬɕiɔ	ˬtsʰɔ	tsɔˬ	ˬtʂɔ	ˬsɔ	ʐɔˬ	ˬtɕiɔ	ˬtɕʰiɔ	ˬiɔ	tiɔˬ
淮南	ˬɕiɔ	ˬtsʰɔ	tsɔˬ	ˬtʂɔ	ˬsɔ	ʐɔˬ	ˬtɕiɔ	ˬtɕʰiɔ	ˬiɔ	tiɔˬ
蚌埠	ˬɕiɔ	ˬtsʰɔ	tsɔˬ	ˬtʂɔ	ˬsɔ	ʐɔˬ	ˬtɕiɔ	ˬtɕʰiɔ	ˬiɔ	tiɔˬ
固镇	ˬɕiɔ	ˬtsʰɔ	tsɔˬ	ˬtʂɔ	ˬsɔ	ʐɔˬ	ˬtɕiɔ	ˬtɕʰiɔ	ˬiɔ	tiɔˬ
五河	ˬɕiɔ	ˬtsʰɔ	tsɔˬ	ˬtʂɔ	ˬsɔ	ʐɔˬ	ˬtɕiɔ	ˬtɕʰiɔ	ˬiɔ	tiɔˬ
凤阳	ˬɕiɔ	ˬtsʰɔ	tsɔˬ	ˬtʂɔ	ˬsɔ	ʐɔˬ	ˬtɕiɔ	ˬtɕʰiɔ	ˬiɔ	tiɔˬ
泗县	ˬɕiɔ	ˬtsʰɔ	tsɔˬ	ˬtʂɔ	ˬsɔ	ʐɔˬ	ˬtɕiɔ	ˬtɕʰiɔ	ˬiɔ	tiɔˬ
信阳老	ˬɕiau	ˬtsʰau	tsauˬ	ˬtsau	ˬsau	zauˬ	ˬtɕiau	ˬtɕʰiau	ˬiau	tiauˬ
平桥	ˬɕiau	ˬtsʰau	tsauˬ	ˬtsau	ˬsau	zauˬ	ˬtɕiau	ˬtɕʰiau	ˬiau	tiauˬ
罗山	ˬɕiau	ˬtsʰau	tsauˬ	ˬtsau	ˬsau	zauˬ	ˬtɕiau	ˬtɕʰiau	ˬiau	tiauˬ
光山	ˬɕiau	ˬtʂʰau	tʂauˬ	ˬtʂau	ˬʂau	ʐauˬ	ˬtɕiau	ˬtɕʰiau	ˬiau	tiauˬ
新县	ˬɕiau	ˬtʂʰau	tʂauˬ	ˬtʂau	ˬʂau	ʐauˬ	ˬtɕiau	ˬtɕʰiau	ˬiau	tiauˬ
固始	ˬɕiau	ˬtsʰau	tsauˬ	ˬtsau	ˬsau	zauˬ	ˬtɕiau	ˬtɕʰiau	ˬiau	tiauˬ
商城	ˬɕiau	ˬtsʰau	tsauˬ	ˬtsau	ˬsau	zauˬ	ˬtɕiau	ˬtɕʰiau	ˬiau	tiauˬ
淮滨	ˬɕiau	ˬtsʰau	tsauˬ	ˬtsau	ˬsau	zauˬ	ˬtɕiau	ˬtɕʰiau	ˬiau	tiauˬ
濉溪	ˬɕiɔ	ˬtsʰɔ	tsɔˬ	ˬtʂɔ	ˬsɔ	ʐɔˬ	ˬtɕiɔ	ˬtɕʰiɔ	ˬiɔ	tiɔˬ
萧县	ˬɕiɔ	ˬtsʰɔ	tsɔˬ	ˬtʂɔ	ˬsɔ	ʐɔˬ	ˬtɕiɔ	ˬtɕʰiɔ	ˬiɔ	tiɔˬ

244

续表

地位 地点	效开三 上小心	效开三 平宵彻	效开三 上小澄	效开三 平宵章	效开三 平宵书	效开三 上小日	效开三 平宵见	效开三 平宵群	效开三 平宵以	效开四 去啸端
怀远	₋ɕiɔ	₋tsʰɔ	₋tsɔ	₋tsɔ	₋sɔ	zɔ₋	₋tɕiɔ	₋tɕʰiɔ	₋iɔ	tiɔ⁼
定远	₋ɕiɔ	₋tʂʰɔ	₋tʂɔ	₋tʂɔ	₋ʂɔ	ʐɔ₋	₋tɕiɔ	₋tɕʰiɔ	₋iɔ	tiɔ⁼
明光	₋ɕiɔ	₋tʂʰɔ	₋tʂɔ	₋tʂɔ	₋ʂɔ	ʐɔ₋	₋tɕiɔ	₋tɕʰiɔ	₋iɔ	tiɔ⁼
全椒	₋ɕiɔ	₋tʂʰɔ	₋tʂɔ	₋tʂɔ	₋ʂɔ	ʐɔ₋	₋tɕiɔ	₋tɕʰiɔ	₋iɔ	tiɔ⁼
长丰	₋ɕiɔ	₋tsʰɔ	₋tsɔ	₋tsɔ	₋sɔ	zɔ₋	₋tɕiɔ	₋tɕʰiɔ	₋iɔ	tiɔ⁼
肥东	₋ɕiɔ	₋tʂʰɔ	₋tʂɔ	₋tʂɔ	₋ʂɔ	ʐɔ₋	₋tɕiɔ	₋tɕʰiɔ	₋iɔ	tiɔ⁼

地位 地点	效开四 去啸定	效开四 去啸泥	效开四 去啸来	效开四 去啸见	效开四 上筱晓	流开一 上厚明	流开一 去候明	流开一 去候定	流开一 去候来	流开一 上厚精
	条	尿	料	叫	晓	亩	贸	豆	漏	走
阜南	₋tʰiɔ	niɔ⁼	liɔ⁼	tɕiɔ⁼	₋ɕiɔ	₋mu	mɔ⁼	tɤɯ⁼	lɤɯ⁼	₋tsɤɯ
界首	₋tʰiɔ	nin⁼	liɔ⁼	tɕiɔ⁼	₋ɕiɔ	₋mu	mɔ⁼	təu⁼	ləu⁼	₋tsəɯ
涡阳	₋tʰiɔ	niɔ⁼	liɔ⁼	tɕiɔ⁼	₋ɕiɔ	₋mu	mɔ⁼	taʊ⁼	laʊ⁼	₋tsaə
利辛	₋tʰiɔ	niɔ⁼	liɔ⁼	tɕiɔ⁼	₋ɕiɔ	₋mu	mɔ⁼	təu⁼	ləu⁼	₋tsəu
蒙城	₋tʰiɔ	niɔ⁼	liɔ⁼	tɕiɔ⁼	₋ɕiɔ	₋mu	mɔ⁼	₋təu	ləu⁼	₋tsəɯ
宿州	₋tʰiɔ	niɔ⁼	liɔ⁼	tɕiɔ⁼	₋ɕiɔ	₋mu	mɔ⁼	tɤu⁼	lɤu⁼	₋tsɤu
颖上	₋tʰiɔ	niɔ⁼	liɔ⁼	tɕiɔ⁼	₋ɕiɔ	₋mu	mɔ⁼	təu⁼	ləu⁼	₋tsəu
霍邱	₋tʰiɔ	niɔ⁼	liɔ⁼	tɕiɔ⁼	₋ɕiɔ	₋mu	mɔ⁼	təu⁼	ləu⁼	₋tsəu
凤台	₋tʰiɔ	niɔ⁼	liɔ⁼	tɕiɔ⁼	₋ɕiɔ	₋mu	mɔ⁼	təu⁼	ləu⁼	₋tsəu
寿县	₋tʰiɔ	niɔ⁼	liɔ⁼	tɕiɔ⁼	₋ɕiɔ	₋mu	mɔ⁼	təu⁼	ləu⁼	₋tsəu
淮南	₋tʰiɔ	niɔ⁼	liɔ⁼	tɕiɔ⁼	₋ɕiɔ	₋mu	mɔ⁼	tou⁼	lou⁼	₋tsou
蚌埠	₋tʰiɔ	niɔ⁼	liɔ⁼	tɕiɔ⁼	₋ɕiɔ	₋mu	mɔ⁼	tou⁼	lou⁼	₋tsou
固镇	₋tʰiɔ	niɔ⁼	liɔ⁼	tɕiɔ⁼	₋ɕiɔ	₋mu	mɔ⁼	təu⁼	ləu⁼	₋tsəu
五河	₋tʰiɔ	niɔ⁼	liɔ⁼	tɕiɔ⁼	₋ɕiɔ	₋mu	mɔ⁼	təu⁼	ləu⁼	₋tsəɯ
凤阳	₋tʰiɔ	niɔ⁼	liɔ⁼	tɕiɔ⁼	₋ɕiɔ	₋mu	mɔ⁼	taʊ⁼	laʊ⁼	₋tsaə
泗县	₋tʰiɔ	niɔ⁼	liɔ⁼	tɕiɔ⁼	₋ɕiɔ	₋mu	mɔ⁼	tɤʊ⁼	lɤʊ⁼	₋tsɤɯ
信阳 老	₋tʰiau	ɲiau⁼	liau⁼	tɕiau⁼	₋ɕiau	₋mu	mau⁼	tou⁼	lou⁼	₋tsou

续表

地位地点	效开四去啸定	效开四去啸泥	效开四去啸来	效开四去啸见	效开四上筱晓	流开一上厚明	流开一去候明	流开一去候定	流开一去候来	流开一上厚精
平桥	$_c$tʰiau	ȵiauᵓ	liauᵓ	tɕiauᵓ	₇ɕiau	₇mu	mauᵓ	touᵓ	louᵓ	₇tsou
罗山	$_c$tʰiau	ȵiauᵓ	liauᵓ	tɕiauᵓ	₇ɕiau	₇mu	mauᵓ	təuᵓ	ləuᵓ	₇tsəu
光山	$_c$tʰiau	ȵiauᵓ	liauᵓ	tɕiauᵓ	₇ɕiau	₇mu	mauᵓ	təuᵓ	ləuᵓ	₇tsəu
新县	$_c$tʰiau	ȵiauᵓ	liauᵓ	tɕiauᵓ	₇ɕiau	₇mu	mauᵓ	təuᵓ	ləuᵓ	₇tsəu
固始	$_c$tʰiau	liauᵓ	liauᵓ	tɕiauᵓ	₇ɕiau	₇məŋ	mauᵓ	touᵓ	louᵓ	₇tsou
商城	$_c$tʰiau	liauᵓ	liauᵓ	tɕiauᵓ	₇ɕiau	₇məŋ	mauᵓ	touᵓ	louᵓ	₇tsou
淮滨	$_c$tʰiau	liauᵓ	liauᵓ	tɕiauᵓ	₇ɕiau	₇mu	mauᵓ	touᵓ	louᵓ	₇tsou
濉溪	$_c$tʰiɔ	niɔᵓ	liɔᵓ	tɕiɔᵓ	₇ɕiɔ	₇mu	mɔᵓ	tɤoᵓ	lɤoᵓ	₇tsɤo
萧县	$_c$ɕi	ɕinᵓ	liɔᵓ	tɕiɔᵓ	₇ɕiɔ	₇mu	mɔᵓ	tɤuᵓ	lɤuᵓ	₇tsɤu
怀远	$_c$ɕi	niɔᵓ	liɔᵓ	tɕiɔᵓ	₇ɕiɔ	₇moŋ	mɔᵓ	təuᵓ	ləuᵓ	₇tsəu
定远	$_c$tʰi	niɔᵓ	liɔᵓ	tɕiɔᵓ	₇ɕiɔ	₇mu	mɔᵓ	tɯᵓ	lɯᵓ	₇tsɯ
明光	$_c$tʰi	niɔᵓ	liɔᵓ	tɕiɔᵓ	₇ɕiɔ	₇mu	mɔᵓ	təoᵓ	ləoᵓ	₇tsəo
全椒	$_c$tʰi	niɔᵓ	niɔᵓ	tɕiɔᵓ	₇ɕiɔ	₇mu	mɔᵓ	tɯᵓ	lɯᵓ	₇tsɯ
长丰	$_c$tʰi	ɕinᵓ	liɔᵓ	tɕiɔᵓ	₇ɕiɔ	₇mu	mɔᵓ	mɛɯᵓ	ləɯᵓ	₇tsɛɯ
肥东	$_c$ɕi	liɔᵓ	liɔᵓ	tɕiɔᵓ	₇ɕiɔ	₇məŋ	mɔᵓ	tɯᵓ	lɯᵓ	₇tsɯ

地位地点	流开一上厚见	流开一上厚溪	流开一上厚匣	流开三去宥非	流开三上有奉	流开三上有泥	流开三上有来	流开三上有精	流开三去宥邪	流开三平尤彻
	狗	口	厚	富	妇	纽	柳	酒	袖	抽
阜南	₇kɤo	₇kʰɤo	xɤoᵓ	fuᵓ	xuᵓ	₇niɤo	₇liɤo	₇tɕiɤo	ɕiɤoᵓ	₇tsʰɤo
界首	₇kəu	₇kʰəu	xəuᵓ	fuᵓ	fuᵓ	₇niəu	₇liəu	₇tɕiəu	ɕiəuᵓ	₇tsʰəu
涡阳	₇kəo	₇kʰəo	xəoᵓ	fuᵓ	fuᵓ	₇niəo	₇liəo	₇tɕiəo	ɕiəoᵓ	₇tsʰəo
利辛	₇kəu	₇kʰəu	xəuᵓ	fuᵓ	₇fu	₇niəu	₇liəu	₇tɕiəu	ɕiəuᵓ	₇tsʰəu
蒙城	₇kəu	₇kʰəu	xəuᵓ	fuᵓ	₇fu	₇niəu	₇liəu	₇tɕiəu	ɕiəuᵓ	₇tsʰəu
宿州	₇kɤu	₇kʰɤu	xɤuᵓ	fuᵓ	₇fu	₇niɤu	₇liɤu	₇tɕiɤu	ɕiɤuᵓ	₇tsʰɤu
颍上	₇kəu	₇kʰəu	xəuᵓ	xuᵓ	xuᵓ	₇niəu	₇liəu	₇tɕiəu	ɕiəuᵓ	₇tsʰəu
霍邱	₇kəu	₇kʰəu	xəuᵓ	fuᵓ	fuᵓ	₇niəu	₇liəu	₇tɕiəu	ɕiəuᵓ	₇tsʰəu
凤台	₇kəu	₇kʰəu	xəuᵓ	xuᵓ	xuᵓ	₇niəu	₇liəu	₇tɕiəu	ɕiəuᵓ	₇tsʰəu
寿县	₇kəu	₇kʰəu	xəuᵓ	xuᵓ	xuᵓ	₇niəu	₇liəu	₇tɕiəu	ɕiəuᵓ	₇tsʰəu

续表

地位 地点	流开一 上厚见	流开一 上厚溪	流开一 上厚匣	流开三 去宥非	流开三 上有奉	流开三 上有泥	流开三 上有来	流开三 上有精	流开三 去宥邪	流开三 平尤彻
淮南	ᶜkəu	ᶜkʰəu	xəuᵓ	xuᵓ	fuᵓ	ᶜniəu	ᶜliəu	ᶜtɕiəu	ɕiəuᵓ	ᶜtsʰəu
蚌埠	ᶜkou	ᶜkʰou	xouᵓ	fuᵓ	fuᵓ	ᶜniou	ᶜliou	ᶜtɕiou	ɕiouᵓ	ᶜtsʰou
固镇	ᶜkəu	ᶜkʰəu	xəuᵓ	fuᵓ	fuᵓ	ᶜniəu	ᶜliəu	ᶜtɕiəu	ɕiəuᵓ	ᶜtsʰəu
五河	ᶜkɐu	ᶜkʰɐu	xɐuᵓ	fuᵓ	fuᵓ	ᶜniɐu	ᶜliɐu	ᶜtɕiɐu	ɕiɐuᵓ	ᶜtsʰɐu
凤阳	ᶜkəo	ᶜkʰəo	xəoᵓ	fuᵓ	fuᵓ	ᶜnieo	ᶜlieo	ᶜtɕieo	ɕieoᵓ	ᶜtsʰəo
泗县	ᶜkɤo	ᶜkʰɤo	xɤoᵓ	fuᵓ	fuᵓ	ᶜniɤo	ᶜliɤo	ᶜtɕiɤo	ɕiɤoᵓ	ᶜtʂɤo
信阳老	ᶜkou	ᶜkʰou	xouᵓ	fuᵓ	fuᵓ	ᶜȵiou	ᶜliou	ᶜtɕiou	tɕiouᵓ	ᶜtsʰou
平桥	ᶜkou	ᶜkʰou	xouᵓ	fuᵓ	fuᵓ	ᶜȵiou	ᶜliou	ᶜtɕiou	tɕiouᵓ	ᶜtsʰou
罗山	ᶜkəu	ᶜkʰəu	xəuᵓ	fuᵓ	fuᵓ	ᶜȵiou	ᶜliou	ᶜtɕiəu	tɕiəuᵓ	ᶜtsʰəu
光山	ᶜkɐu	ᶜkʰɐu	xɐuᵓ	fuᵓ	fuᵓ	ᶜȵiou	ᶜliou	ᶜtɕiɐu	tɕiɐuᵓ	ᶜtsʰɐu
新县	ᶜkəu	ᶜkʰəu	xəuᵓ	fuᵓ	fuᵓ	ᶜȵiou	ᶜliou	ᶜtɕiəu	tɕiəuᵓ	ᶜtʂou
固始	ᶜkou	ᶜkʰou	xouᵓ	fuᵓ	fuᵓ	ᶜȵiou	ᶜliou	ᶜtɕiou	tɕiouᵓ	ᶜtsʰou
商城	ᶜkou	ᶜkʰou	xouᵓ	fuᵓ	fuᵓ	ᶜȵiou	ᶜliou	ᶜtɕiou	tɕiouᵓ	ᶜtsʰou
淮滨	ᶜkou	ᶜkʰou	xouᵓ	fuᵓ	fuᵓ	ᶜȵiou	ᶜliou	ᶜtɕiou	tɕiouᵓ	ᶜtsʰou
濉溪	ᶜkɤo	ᶜkʰɤo	xɤoᵓ	fuᵓ	fuᵓ	ᶜniɤo	ᶜliɤo	ᶜtɕiɤo	ɕiɤoᵓ	ᶜtʂɤo
萧县	ᶜkɤu	ᶜkʰɤu	xɤuᵓ	fuᵓ	ᶜfu fuᵓ	ᶜniɤu	ᶜliɤu	ᶜtɕiɤu	ɕiɤuᵓ	ᶜtʂɤu
怀远	ᶜkəu	ᶜkʰəu	xəuᵓ	fuᵓ	fuᵓ	ᶜniəu	ᶜliəu	ᶜtɕiəu	ɕiəuᵓ	ᶜtsʰəu
定远	ᶜkɯ	ᶜkʰɯ	xɯᵓ	fuᵓ	fuᵓ	ᶜniɯ	ᶜliɯ	ᶜtɕiɯ	ɕiɯᵓ	ᶜtsʰɯ
明光	ᶜkəo	ᶜkʰəo	xəoᵓ	fuᵓ	fuᵓ	ᶜnieo	ᶜlieo	ᶜtɕieo	ɕiɔᵓ	ᶜtʂəo
全椒	ᶜkɯ	ᶜkʰɯ	xɯᵓ	fuᵓ	fuᵓ	ᶜniɯ	ᶜliɯ	ᶜtɕiɯ	ɕiɯᵓ	ᶜtsʰɯ
长丰	ᶜkəɯ	ᶜkʰəɯ	xəɯᵓ	fuᵓ/xuᵓ	fuᵓ	ᶜmeiɔ	ᶜlieiɔ	ᶜtɕieiɔ	ɕeiɔᵓ	ᶜtsʰəɯ
肥东	ᶜkɯ	ᶜkʰɯ	xɯᵓ	fuᵓ	fuᵓ	ᶜniɯ	ᶜliɯ	ᶜtɕiɯ	ɕiɔᵓ	ᶜtsʰɯ

地位 地点	流开三 平尤崇	流开三 平尤章	流开三 去宥禅	流开三 上有见	流开三 平尤晓	流开三 平尤以	流开三 平幽帮	流开三 去幼影	咸开一 平覃透	咸开一 平覃泥
	愁	周	寿	九	休	油	彪	幼	贪	南
阜南	ᶜtsʰɤo	ᶜtsɤo	ʂɤoᵓ	ᶜtɕiɤo	ᶜɕiɔo	ᶜɔiɔ	ᶜpiɔ	iɔiᵓ	ᶜtʰã	ᶜnã
界首	ᶜtʂʰɯ	ᶜtsɯ	ʂɯᵓ	ᶜtɕiɯ	ᶜɕiɯ	ᶜɯi	ᶜpiɔ	iɯiᵓ	ᶜtʰã	ᶜnã

247

续表

地位 地点	流开三 平尤崇	流开三 平尤章	流开三 去宥禅	流开三 上有见	流开三 平尤晓	流开三 平尤以	流开三 平幽帮	流开三 去幼影	咸开一 平覃透	咸开一 平覃泥
涡阳	₌tʂʰɔo	₌tsɤo	sɔo⁼	₌tɕiɔo	₌ɕiɔo	₌iɔo	₌pio	iɔo⁼	₌tʰæ̃	₌næ̃
利辛	₌tʂʰəu	₌tsəu	səu⁼	₌tɕiəu	₌ɕiəu	₌iəu	₌pio	iəu⁼	₌tʰan	₌nan
蒙城	₌tʂʰəu	₌tsəu	səu⁼	₌tɕiəu	₌ɕiəu	₌iəu	₌pio	iəu⁼	₌tʰan	₌nan
宿州	₌tʂʰɤu	₌tsɤu	sɤu⁼	₌tɕiɤu	₌ɕiɤu	₌iɤu	₌pio	iɤu⁼	₌tʰan	₌nan
颍上	₌tsʰəu	₌tsəu	səu⁼	₌tɕiəu	₌ɕiəu	₌iəu	₌pio	iəu⁼	₌tʰã	₌nã
霍邱	₌tsʰəu	₌tsəu	səu⁼	₌tɕiəu	₌ɕiəu	₌iəu	₌pio	iəu⁼	₌tʰan	₌nan
凤台	₌tsʰəu	₌tsəu	səu⁼	₌tɕiəu	₌ɕiəu	₌iəu	₌pio	iəu⁼	₌tʰã	₌nã
寿县	₌tsʰəu	₌tsəu	səu⁼	₌tɕiəu	₌ɕiəu	₌iəu	₌pio	iəu⁼	₌tʰã	₌nã
淮南	₌tsʰəu	₌tsəu	səu⁼	₌tɕiəu	₌ɕiəu	₌iəu	₌pio	iəu⁼	₌tʰã	₌nã
蚌埠	₌tsʰou	₌tsou	sou⁼	₌tɕiou	₌ɕiou	₌iou	₌pio	iou⁼	₌tʰæ̃	₌næ̃
固镇	₌tsʰəu	₌tsəu	səu⁼	₌tɕiəu	₌ɕiəu	₌iəu	₌pio	iəu⁼	₌tʰan	₌nan
五河	₌tsʰəu	₌tsəu	səu⁼	₌tɕiəu	₌ɕiəu	₌iəu	₌pio	iəu⁼	₌tʰæ̃	₌næ̃
凤阳	₌tsʰɔo	₌tsɔo	sɔo⁼	₌tɕiɔo	₌ɕiɔo	₌iɔo	₌pio	iɔo⁼	₌tʰã	₌nã
泗县	₌tsʰɤo	₌tsɤo	sɤo⁼	₌tɕiɤo	₌ɕiɤo	₌iɤo	₌pio	iɤo⁼	₌tʰæ̃	₌næ̃
信阳老	₌tsʰou	₌tsou	sou⁼	₌tɕiou	₌ɕiou	₌iou	₌piau	iou⁼	₌tʰan	₌lan
平桥	₌tsʰou	₌tsou	sou⁼	₌tɕiou	₌ɕiou	₌iou	₌piau	iou⁼	₌tʰan	₌lan
罗山	₌tsʰəu	₌tsəu	səu⁼	₌tɕiou	₌ɕiou	₌iəu	₌piau	iou⁼	₌tʰan	₌lan
光山	₌tsʰou	₌tsou	sou⁼	₌tɕiəu	₌ɕiəu	₌iəu	₌piau	iou⁼	₌tʰan	₌lan
新县	₌tsʰəu	₌vu	səu⁼	₌tɕiəu	₌ɕiəu	₌iəu	₌piau	iou⁼	₌tʰan	₌lan
固始	₌tsʰou	₌tsou	sou⁼	₌tɕiəu	₌ɕiou	₌iou	₌piau	iou⁼	₌tʰan	₌lan
商城	₌tsʰou	₌tsou	sou⁼	₌tɕiou	₌ɕiou	₌iou	₌piau	iou⁼	₌tʰan	₌lan
淮滨	₌tsʰou	₌tsou	sou⁼	₌tɕiou	₌ɕiou	₌iou	₌piau	iou⁼	₌tʰan	₌lan
濉溪	₌tsʰɤo	₌tsɤo	sɤo⁼	₌tɕiɤo	₌ɕiɤo	₌iɤo	₌pio	iɤo⁼	₌tʰã	₌nã
萧县	₌tsʰɤu	₌tsɤu	sɤu⁼	₌tɕiɤu	₌ɕiɤu	₌iɤu	₌pio	iɤu⁼	₌tʰã	₌nã
怀远	₌tsʰəu	₌tsəu	səu⁼	₌tɕiəu	₌ɕiəu	₌iəu	₌pio	iəu⁼	₌tʰan	₌nan
定远	₌tsʰɯ	₌tsɯ	sɯ⁼	₌tɕiɯ	₌ɕiɯ	₌iɯ	₌pio	iɯ⁼	₌tʰæ̃	₌næ̃
明光	₌tsʰɔo	₌tsɔo	sɔo⁼	₌tɕiɔo	₌ɕiɔo	₌iɔo	₌pio	iɔo⁼	₌tʰã	₌nã
全椒	₌tsʰɯ	₌tsɯ	sɯ⁼	₌tɕiɯ	₌ɕiɯ	₌iɯ	₌pio	iɯ⁼	₌tʰæ̃	₌læ̃
长丰	₌tsʰəɯ	₌tsəɯ	səɯ⁼	₌tɕiəɯ	₌ɕiəɯ	₌iəɯ	₌pio	iəɯ⁼	₌tʰan	₌nan
肥东	₌tsʰɯ	₌tsɯ	sɯ⁼	₌tɕiɯ	₌ɕiɯ	₌iɯ	₌pio	iɯ⁼	₌tʰæ̃	₌læ̃

地位 地点	咸开一 平覃清 参~加	咸开一 上感见 感	咸开一 上感溪 坎	咸开一 平覃匣 含	咸开一 入合端 答	咸开一 入合泥 纳	咸开一 入合从 杂	咸开一 入合晓 喝	咸开一 上敢端 胆	咸开一 平谈定 谈
阜南	₋tsʰã	ᶜkã	ᶜkʰã	₋xã	₋ta	na	₋tsa	xɤᶜ	ᶜtã	₋tʰã
界首	₋tsʰã	ᶜkã	ᶜkʰã	₋xã	₋ta	na	₋tsa	xɤᶜ	ᶜtã	₋tʰã
涡阳	₋tsʰæ	ᶜkæ	ᶜkʰæ	₋xæ	₋ta	₋na/naᶜ	₋tsa	xɤᶜ	ᶜtæ	₋tʰæ
利辛	₋tsʰan	ᶜkan	ᶜkʰan	₋xan	₋ta	₋na	₋tsa	xɤᶜ	ᶜtan	₋tʰan
蒙城	₋tsʰan	ᶜkan	ᶜkʰan	₋xan	₋ta	naᶜ	₋tsa	xɤᶜ	ᶜtan	₋tʰan
宿州	₋tsʰan	ᶜkan	ᶜkʰan	₋xan	₋ta	naᶜ	₋tsa	xɤᶜ	ᶜtan	₋tʰan
颍上	₋tsʰã	ᶜkã	ᶜkʰã	₋xã	₋ta	₋na	₋tsa	xɤᶜ	ᶜtã	₋tʰã
霍邱	₋tsʰan	ᶜkan	ᶜkʰan	₋xan	₋ta	₋na	₋tsa	xuəᶜ	ᶜtan	₋tʰan
凤台	₋tsʰã	ᶜkã	ᶜkʰã	₋xã	₋ta	naᶜ	₋tsa	xɤᶜ	ᶜtã	₋tʰã
寿县	₋tsʰã	ᶜkã	ᶜkʰã	₋xã	₋ta	₋na	₋tsa	₋xuo	ᶜtã	₋tʰã
淮南	₋tsʰã	ᶜkã	ᶜkʰã	₋xã	₋ta	₋na	₋tsa	xɤᶜ ₋xuo	ᶜtã	₋tʰã
蚌埠	₋tsʰæ̃	ᶜkæ̃	ᶜkʰæ̃	₋xæ̃	₋ta	₋na	₋tsa	xɤᶜ	ᶜtæ̃	₋tʰæ̃
固镇	₋tsʰan	ᶜkan	ᶜkʰan	₋xan	₋ta	₋na	₋tsa	₋xɤ	ᶜtan	₋tʰan
五河	₋tsʰæ	ᶜkæ	ᶜkʰæ	₋xæ	₋ta	₋na	₋tsa	₋xɤ	ᶜtæ	₋tʰæ
凤阳	₋tsʰã	ᶜkã	ᶜkʰã	₋xã	taᶜ	naᶜ	tsaᶜ	xɤᶜ ₋xuo	ᶜtã	₋tʰã
泗县	₋tsʰæ	ᶜkæ	ᶜkʰæ	₋xæ	₋ta	₋na	₋tsa	₋xɤ	ᶜtæ	₋tʰæ
信阳老	₋tsʰan	ᶜkan	ᶜkʰan	₋xan	₋la	₋na	₋tsa	₋xɤ	ᶜtan	₋tʰan
平桥	₋tsʰan	ᶜkan	ᶜkʰan	₋xan	₋la	₋na	₋tsa	₋xo	ᶜtan	₋tʰan
罗山	₋tsʰan	ᶜkan	ᶜkʰan	₋xan	₋la	₋na	₋tsa	₋xo	ᶜtan	₋tʰan
光山	₋tsʰan	ᶜkan	ᶜkʰan	₋xan	₋la	₋na	₋tsa	₋xo	ᶜtan	₋tʰan
新县	₋tsʰan	ᶜkan	ᶜkʰan	₋xan	₋la	₋na	₋tsa	₋xo	ᶜtan	₋tʰan
固始	₋tsʰan	ᶜkan	ᶜkʰan	₋xan	₋la	₋na	₋tsa	₋xɤ	ᶜtan	₋tʰan
商城	₋tsʰan	ᶜkan	ᶜkʰan	₋xan	₋la	₋na	₋tsa	₋xɤ	ᶜtan	₋tʰan
淮滨	₋tsʰan	ᶜkan	ᶜkʰan	₋xan	₋ta	₋na	₋tsa	₋xɤ	ᶜtan	₋tʰan
濉溪	₋tsʰã	ᶜkã	ᶜkʰã	₋xã	₋ta	naᶜ	₋tsa	₋xɤ	ᶜtã	₋tʰã
萧县	₋tsʰã	ᶜkã	ᶜkʰã	₋xã	₋ta	naᶜ	₋tsa	xɤᶜ	ᶜtã	₋tʰã
怀远	₋tsʰan	ᶜkan	ᶜkʰan	₋xan	taʔᶜ	naʔᶜ	tsaʔᶜ	xɤʔᶜ	ᶜtan	₋tʰan

续表

地位\地点	咸开一平覃清	咸开一上感见	咸开一上感溪	咸开一平覃匣	咸开一入合端	咸开一入合泥	咸开一入合从	咸开一入合晓	咸开一上敢端	咸开一平谈定
定远	₋tsʰæ	ᶜkæ	ᶜkʰæ	₋xæ	tɐʔ˳	naʔ	tsɐʔ˳	xɐʔ˳	ᶜtæ	₋tʰæ
明光	₋tsʰã	ᶜkã	ᶜkʰã	₋xã	taʔ	na˳	tsa˳	xə˳	ᶜtã	₋tʰã
全椒	₋tsʰæ	ᶜkæ	ᶜkʰæ	₋xæ	tɐʔ˳	naʔ	tsɐʔ˳	xɐʔ˳	ᶜtæ	₋tʰæ
长丰	₋tsʰan	ᶜkan	ᶜkʰan	₋xæ	tɐʔ˳	nɐʔ	tsɐʔ˳	xɐʔ˳	ᶜtan	₋tʰan
肥东	₋tsʰæ	ᶜkæ	ᶜkʰæ	₋xæ	tɐʔ˳	naʔ	tsɐʔ˳	xɐʔ˳	ᶜtæ	₋tʰæ

地位\地点	咸开一平谈来	咸开一平谈心	咸开一上敢见	咸开一上敢晓	咸开一入盍透	咸开一入盍溪	咸开二去陷知	咸开二上豏庄	咸开二上豏见	咸开二平咸匣
	蓝	三	敢	喊	塔	磕	站	斩	减	咸
阜南	₋lā	₋sā	ᶜkā	₋xā	₋tʰa	₋kʰɤ	tsā˳	ᶜtsā	ᶜtɕiā	₋ɕiā
界首	₋lā	₋sā	ᶜkā	₋xā	₋tʰa	₋kʰɤ	tʂā˳	ᶜtʂā	ᶜtɕiā	₋ɕiā
涡阳	₋læ	₋sæ	ᶜkæ	₋xæ	₋tʰa	₋kʰɤ	tʂæ˳	ᶜtʂæ	ᶜtɕiæ	₋ɕiæ
利辛	₋lan	₋san	ᶜkan	₋xan	₋tʰa	₋kʰə	tsan˳	ᶜtsan	ᶜtɕian	₋ɕian
蒙城	₋lan	₋san	ᶜkan	₋xan	₋tʰa	₋kʰə	tʂan˳	ᶜtʂan	ᶜtɕian	₋ɕian
宿州	₋lan	₋san	ᶜkan	₋xan	₋tʰa	₋kʰə	tʂan˳	ᶜtʂan	ᶜtɕian	₋ɕian
颍上	₋lā	₋sā	ᶜkā	₋xā	₋tʰa	₋kʰə	tsā˳	ᶜtsā	ᶜtɕiā	₋ɕiā
霍邱	₋lan	₋san	ᶜkan	₋ɕian	₋tʰa	₋kʰuo	tsan˳	ᶜtsan	ᶜtɕian	₋ɕian
凤台	₋lā	₋sā	ᶜkā	₋xā	₋tʰa	₋kʰə	tsā˳	ᶜtsā	ᶜtɕiā	₋ɕiā
寿县	₋lā	₋sā	ᶜkā	₋ɕiā	₋tʰa	₋kʰə	tsā˳	ᶜtsā	ᶜtɕiā	₋ɕiā
淮南	₋lā	₋sā	ᶜkā	₋ɕiā / xā	₋tʰa	₋kʰə	tsā˳	ᶜtsā	ᶜtɕiā	₋ɕiā
蚌埠	₋læ	₋sæ	ᶜkæ	₋ɕiæ / xæ	₋tʰa	₋kʰə	ts æ˳	ᶜts æ	ᶜtɕiæ	₋ɕiæ
固镇	₋lan	₋san	ᶜkan	₋xan	₋tʰa	₋kʰɤ	tsan˳	ᶜtsan	ᶜtɕian	₋ɕian
五河	₋læ	₋sæ	ᶜkæ	₋ɕiæ / xæ	tʰa˳	kʰuɤ˳ / kʰɤ˳	tʂæ˳	ᶜtʂæ	ᶜtɕiæ	₋ɕiæ
凤阳	₋lā	₋sā	ᶜkā	xā / ɕiā	tʰa˳	kʰə˳	tʂā˳	ᶜtʂā	ᶜtɕiā	₋ɕiā
泗县	₋læ	₋sæ	ᶜkæ	₋xæ / ɕiæ	₋tʰa	₋kʰɤ	tʂæ˳	ᶜtʂæ	ᶜtɕiæ	₋ɕiæ

续表

地位 地点	咸开一 平谈来	咸开一 平谈心	咸开一 上敢见	咸开一 上敢晓	咸开一 入盍透	咸开一 入盍溪	咸开二 去陷知	咸开二 上豏庄	咸开二 上豏见	咸开二 平咸匣
信阳老	₋lan	₋san	⁻kan	⁻xan	₋tʰa	₋kʰɤ	tsanᐠ	⁻tsan	⁻tɕian	₋ɕian
平桥	₋lan	₋san	⁻kan	⁻xan	₋tʰa	₋kʰo	tsanᐠ	⁻tsan	⁻tɕian	₋ɕian
罗山	₋lan	₋san	⁻kan	⁻xan	₋tʰa	kʰoᐠ	tsanᐠ	⁻tsan	⁻tɕian	₋ɕian
光山	₋lan	₋san	⁻kan	⁻xan	₋tʰa	kʰoᐠ	tsanᐠ	⁻tsan	⁻tɕian	₋ɕian
新县	₋lan	₋san	⁻kan	⁻xan	₋tʰa	kʰoᐠ	tsanᐠ	⁻tsan	⁻tɕian	₋ɕian
固始	₋lan	₋san	⁻kan	⁻xan	₋tʰa	₋kʰɤ	tsanᐠ	⁻tsan	⁻tɕian	₋ɕian
商城	₋lan	₋san	⁻kan	⁻xan	₋tʰa	₋kʰɤ	tsanᐠ	⁻tsan	⁻tɕian	₋ɕian
淮滨	₋lan	₋san	⁻kan	⁻xan	₋tʰa	₋kʰɤ	tsanᐠ	⁻tsan	⁻tɕian	₋ɕian
濉溪	₋lã	₋sã	⁻kã	⁻xã ⁻ɕiã	₋tʰa	₋kʰɤ	tʂãᐠ	⁻tʂã	⁻tɕiã	₋ɕiã
萧县	₋lã	₋sã	⁻kã	⁻xã ⁻ɕiã	₋tʰa	₋kʰə	tsãᐠ	⁻tsã	⁻tɕiã	₋ɕiã
怀远	₋lan	₋san	⁻kan	⁻xan ⁻ɕian	tʰɐʔ₋	kʰɐʔ₋	tsanᐠ	⁻tsan	⁻tɕian	₋ɕian
定远	₋læ̃	₋sæ̃	⁻kæ̃	⁻xæ̃ ⁻ɕiæ̃	tʰɐʔ₋	₋kʰɤ	tʂæ̃ᐠ	⁻tʂæ̃	⁻tɕiĩ	₋ɕiĩ
明光	₋lã	₋sã	⁻kã	xã ɕiã	tʰa₋	kʰə₋	tʂãᐠ	⁻tʂã	⁻tɕiã	₋ɕiã
全椒	₋læ̃	₋sæ̃	⁻kæ̃	⁻xæ̃	tʰɐʔ₋	kʰɐʔ₋	tʂæ̃ᐠ	⁻tʂæ̃	⁻tɕiĩ	₋ɕiĩ
长丰	₋lan	₋san	⁻kan	⁻xan	tʰɐʔ₋	kʰɐʔ₋	tsanᐠ	⁻tsan	⁻tɕian	₋ɕian
肥东	₋læ̃	₋sæ̃	⁻kæ̃	⁻xæ̃	tʰɐʔ₋	kʰɐʔ₋	tʂæ̃ᐠ	⁻tʂæ̃	⁻tɕiĩ	₋ɕiĩ

地位 地点	咸开三 上琰书 闪	咸开三 去艳泥 验	咸开三 入叶精 接	咸开三 入叶禅 涉	咸开三 入叶以 叶	咸开三 去酽见 剑	咸开三 平盐影 腌	咸开三 入业疑 业	咸开四 上忝端 点	咸开四 平添定 甜
阜南	⁻sã	iãᐠ	⁻tɕie	sɤᐠ	₋ie	tɕiãᐠ	₋iã	₋ie	⁻tiã	₋tʰiã
界首	⁻ʂã	iãᐠ	⁻tɕie	ʂɤᐠ	₋ie	tɕiãᐠ	₋iã	₋ie	⁻tiã	₋tʰiã
涡阳	⁻ʂæ̃	iæ̃ᐠ	⁻tɕie	ʂɤᐠ / sɤᐠ	₋ie	tɕiæ̃ᐠ	₋iæ̃	₋ie	⁻tiæ̃	₋tʰiæ̃
利辛	⁻san	ianᐠ	⁻tɕie	ʂəᐠ	₋ie	tɕianᐠ	₋ian	₋ie	⁻tian	₋tʰian
蒙城	⁻ʂan	ianᐠ	⁻tɕie	ʂeᐠ	₋ie	tɕianᐠ	₋ian	₋ie	⁻tian	₋tʰian
宿州	⁻san	ianᐠ	⁻tɕie	ʂɤᐠ	₋ie	tɕianᐠ	₋ian	₋ie	⁻tian	₋tʰian

续表

地点\地位	咸开三上琰书	咸开三去艳泥	咸开三入叶精	咸开三入叶禅	咸开三入叶以	咸开三去酽见	咸开三平盐影	咸开三入业疑	咸开四上忝端	咸开四平添定
颍上	⁻sã	iã⁼	₋tɕie	sɤ⁼	₋ie	tɕiã⁼	₋iã	₋ie	⁻tiã	₋tʰiã
霍邱	⁻san	iã⁼	₋tɕie	sɤ⁼	₋ie	tɕian⁼	₋ian	₋ie	⁻tian	₋tʰian
凤台	⁻sã	iã⁼	₋tɕie	sə⁼	₋ie	tɕiã⁼	₋iã	₋ie	⁻tiã	₋tʰiã
寿县	⁻sã	iã⁼	₋tɕie	⁼ə	₋ie	tɕiã⁼	₋iã	₋ie	⁻tiã	₋tʰiã
淮南	⁻sã	iã⁼	₋tɕie	sə⁼	₋ie	tɕiã⁼	₋iã	₋ie	⁻tiã	₋tʰiã
蚌埠	⁻sæ̃	iæ̃⁼	₋tɕie	sə⁼	₋ie	tɕiæ̃⁼	₋iæ̃	₋ie	⁻tiæ̃	₋tʰiæ̃
固镇	⁻san	ian⁼	₋tɕie	₋sɤ	₋ie	tɕian⁼	₋ian	₋ie	⁻tian	₋tʰian
五河	⁻ʂæ̃	iæ̃⁼	₋tɕie	sɤ⁼	ie⁼	tɕiæ̃⁼	₋iæ̃	ie⁼	⁻tiæ̃	₋tʰiæ̃
凤阳	⁻ʂã	iã⁼	₋tɕie	₋sə	₋ei	tɕiã⁼	₋iã	₋ie	⁻tiã	₋tʰiã
泗县	⁻ʂæ̃	iæ̃⁼	₋tɕie	₋sɤ	₋ie	tɕiæ̃⁼	₋iæ̃	₋ie	⁻tiæ̃	₋tʰiæ̃
信阳老	⁻san	ian⁼	₋tɕiɛ	sɛ⁼	₋iɛ	tɕian⁼	₋ian	₋iɛ	⁻tian	₋tʰian
平桥	⁻san	ian⁼	₋tɕiɛ	sɛ⁼	₋iɛ	tɕian⁼	₋ian	₋iɛ	⁻tian	₋tʰian
罗山	⁻san	ȵian⁼	₋tɕie	sɛ⁼	₋iɛ	tɕian⁼	₋ian	₋ȵie	⁻tian	₋tʰian
光山	⁻ʂan	ȵian⁼	₋tɕie	ʂɛ⁼	₋iɛ	tɕian⁼	₋ian	₋ȵie	⁻tian	₋tʰian
新县	⁻ʂan	ȵian⁼	₋tɕie	ʂe⁼	₋iɛ	tɕian⁼	₋ian	₋ȵie	⁻tian	₋tʰian
固始	⁻san	ian⁼	₋tɕie	⁻sai	₋iɛ	tɕian⁼	₋ian	₋iɛ	⁻tian	₋tʰian
商城	⁻san	ian⁼	₋tɕiɛ	sɛ⁼	₋iɛ	tɕian⁼	₋ian	₋iɛ	⁻tian	₋tʰian
淮滨	⁻san	ian⁼	₋tɕiɛ	sɛ⁼	₋iɛ	tɕian⁼	₋ian	₋iɛ	⁻tian	₋tʰian
濉溪	⁻ʂã	iã⁼	₋tɕie	sɤ⁼	₋ie / ie⁼	tɕiã⁼	₋iã	₋ie	⁻tiã	₋tʰiã
萧县	⁻ʂã	iã⁼	₋tɕiə	sə⁼	iə⁼	tɕiã⁼	₋iã	₋iə	⁻tiã	₋tʰiã
怀远	⁻san	iã⁼	tɕieʔ₋	sə⁼ / səʔ⁼	ieʔ⁼	tɕian⁼	₋ian	ieʔ⁼	⁻tian	₋tʰian
定远	⁻ʂæ̃	iæ̃⁼	tɕiaʔ₋	ʂaʂ⁼	iaʔ⁼	tɕiĩ⁼	₋iĩ	iaʔ⁼	⁻tiĩ	₋tʰiĩ
明光	⁻ʂã	iã⁼	tɕie⁼	ʂə⁼	ie⁼	tɕiã⁼	₋iã	ie⁼	⁻tiã	₋tʰiã
全椒	⁻ʂæ̃	iĩ⁼	tɕiaʔ₋	ʂəʔ⁼	ieʔ⁼	tɕiĩ⁼	₋iĩ	iaʔ⁼	⁻tiĩ	₋tʰiĩ
长丰	⁻san	iã⁼	tɕiaʔ₋	saʂ⁼	iaʔ⁼	tɕian⁼	₋ian	iaʔ⁼	⁻tian	₋tʰian
肥东	⁻ʂæ̃	iĩ⁼	tɕiaʔ₋	ʂəʔ⁼	iaʔ⁼	tɕiĩ⁼	₋iĩ	iaʔ⁼	⁻tiĩ	₋tʰiĩ

地位 地点	咸开四 去㮇泥 念	咸开四 去㮇溪 歉	咸开四 平添匣 嫌	咸开四 入贴透 贴	咸合三 平凡奉 凡	咸合三 上凡奉 范	咸合三 入乏非 法	深开三 上寝滂 品	深开三 平侵来 林	深开三 平侵心 心
阜南	niã⁻	tɕʰiã⁻	₋ɕiã	₋tʰie	₋xuã	xuã⁻	₋xua	⁻pʰiĩ	₋liĩ	₋ɕiĩ
界首	niã⁻	tɕʰiã⁻	₋ɕiã	₋tʰie	₋fã	fã⁻	₋fa	⁻pʰiĩ	₋liĩ	₋ɕiĩ
涡阳	niæ̃⁻	tɕʰiæ̃⁻	₋ɕiæ̃	₋tʰie	₋fæ̃	fæ̃⁻	₋fa	⁻pʰiĩ	₋liĩ	₋ɕiĩ
利辛	nian⁻	tɕʰian⁻	₋ɕian	₋tʰie	₋fan	fan⁻	₋fa	⁻pʰin	₋lin	₋ɕin
蒙城	nian⁻	tɕʰian⁻	₋ɕian	₋tʰie	₋fan	fan⁻	₋fa	⁻pʰin	₋lin	₋ɕin
宿州	nian⁻	tɕʰian⁻	₋ɕian	₋tʰie	₋fan	fan⁻	₋fa	⁻pʰin	₋lin	₋ɕin
颍上	niã⁻	tɕʰiã⁻	₋ɕiã	₋tʰie	₋xuã	fã⁻	₋xua	⁻pʰiĩ	₋liĩ	₋ɕiĩ
霍邱	nian⁻	tɕʰian⁻	₋ɕian	₋tʰie	₋xuan		₋xua	⁻pʰin	₋lin	₋ɕin
凤台	niã⁻	tɕʰiã⁻	₋ɕiã	₋tʰie	₋xuã	xuã⁻	₋xua	⁻pʰiĩ	₋liĩ	₋ɕiĩ
寿县	niã⁻	tɕʰiã⁻	₋ɕiã	₋tʰie	₋xuã	xuã⁻	₋xua	⁻pʰiĩ	₋liĩ	₋ɕiĩ
淮南	niã⁻	tɕʰiã⁻	₋ɕiã	₋tʰie	₋xu ₋fã	xuã⁻	₋xua	⁻pʰiə̃	₋liə̃	₋ɕiə̃
蚌埠	niæ̃⁻	tɕʰiæ̃⁻	₋ɕiæ̃	₋tʰie	₋fæ̃	fæ̃⁻	₋fa	⁻pʰiĩ	₋liĩ	₋ɕiĩ
固镇	nian⁻	tɕʰian⁻	₋ɕian	₋tʰie	₋fan	fan⁻	₋fa	⁻pʰin	₋lin	₋ɕin
五河	niæ̃⁻	tɕʰiæ̃⁻	₋ɕiæ̃	tʰieʔ	₋fæ̃	fæ̃⁻	faʔ⁻	⁻pʰiŋ	₋liŋ	₋ɕiŋ
凤阳	niã⁻	tɕʰiã⁻	₋ɕiã	tʰieʔ	₋fã	fã⁻	faʔ⁻	⁻pʰiĩ	₋liĩ	₋ɕiĩ
泗县	niæ̃⁻	tɕʰiæ̃⁻	₋ɕiæ̃	₋tʰie	₋fæ̃	fæ̃⁻	₋fa	⁻pʰiĩ	₋liĩ	₋ɕiĩ
信阳老	ȵian⁻	tɕʰian⁻	₋ɕian	₋tʰiɛ	₋fan	fan⁻	₋fa	⁻pʰin	₋lin	₋ɕin
平桥	ȵian⁻	tɕʰian⁻	₋ɕian	₋tʰie	₋fan	fan⁻	₋fa	⁻pʰin	₋lin	₋ɕin
罗山	ȵian⁻	tɕʰian⁻	₋ɕian	₋tʰie	₋fan	fan⁻	₋fa	⁻pʰin	₋lin	₋ɕin
光山	ȵian⁻	tɕʰian⁻	₋ɕian	₋tʰie	₋fan	fan⁻	₋fa	⁻pʰin	₋lin	₋ɕin
新县	ȵian⁻	tɕʰian⁻	₋ɕian	₋tʰie	₋fan	fan⁻	₋fa	⁻pʰin	₋lin	₋ɕin
固始	lian⁻	tɕʰian⁻	₋ɕian	₋tʰiɛ	₋fan	fan⁻	₋fa	⁻pʰin	₋lin	₋ɕin
商城	lian⁻	tɕʰian⁻	₋ɕian	₋tʰiɛ	₋fan	fan⁻	₋fa	⁻pʰin	₋lin	₋ɕin
淮滨	ȵian⁻	tɕʰian⁻	₋ɕian	₋tʰiɛ	₋xuan	xuan⁻	₋xua	⁻pʰiŋ	₋liŋ	₋ɕiŋ
濉溪	niã⁻	tɕʰiã⁻	₋ɕiã	tʰieʔ	₋fã	fã⁻	₋fa	⁻pʰiĩ	₋liĩ	₋ɕiĩ
萧县	niã⁻	tɕʰiã⁻	₋ɕiã	tʰiəʔ	₋fã	fã⁻	₋fa	⁻pʰiẽ	₋lə̃	₋ɕiẽ
怀远	nian⁻	tɕʰian⁻	₋ɕian	tʰieʔ	₋fan	fan⁻	faʔ⁻	⁻pʰin	₋lin	₋ɕin
定远	niĩ⁻	tɕʰiĩ⁻	₋ɕiĩ	tʰɐiʔ	₋fæ̃	fæ̃⁻	fɐʔ⁻	⁻pʰiə̃	₋liə̃	₋ɕiə̃

续表

地位 地点	咸开四 去掭泥	咸开四 去掭溪	咸开四 平添匣	咸开四 入贴透	咸合三 平凡奉	咸合三 上凡奉	咸合三 入乏非	深开三 上寝滂	深开三 平侵来	深开三 平侵心
明光	niã⁻	tɕʰiã⁻	ɕiã₋	tʰie⁻	fã₋	fã⁻	faɁ	pʰiŋ₋	liŋ₋	ɕiŋ₋
全椒	niĩ⁻	tɕʰiĩ⁻	ɕiĩ₋	tʰɐiɁ⁻	fæ̃₋	fæ̃⁻	fæɁ⁻	pʰiĩ₋	liĩ₋	ɕiĩ₋
长丰	nian⁻	tɕʰian⁻	ɕian₋	tʰɐiɁ⁻	xuan₋ fan₋	fan⁻	fɤɁ⁻	pʰin₋	lin₋	ɕin₋
肥东	liĩ⁻	tɕʰiĩ⁻	ɕiĩ₋	tʰie Ɂ⁻	fæ̃₋	fæ̃⁻	fɤɁ⁻	pʰin₋	lin₋	ɕin₋

地位 地点	深开三 平侵澄	深开三 平侵章	深开三 平侵书	深开三 去沁日	深开三 平侵见	深开三 平侵影	深开三 入缉从	深开三 入缉禅	深开三 入缉日	深开三 入缉见
	沉	针	深	任~务	金	音	集	十	入	急
阜南	tʂʰə̃₋	tʂə̃₋	ʂʰə̃₋	zə̃⁻	tɕiĩ₋	iĩ₋	tɕi₋	ʂʅ₋	zu	tɕi
界首	tʂʰə̃₋	tʂə̃₋	ʂə̃₋	zə̃⁻	tɕiĩ₋	iĩ₋	tɕi₋	ʂʅ₋	zʮu	tɕi
涡阳	tʂʰə̃₋	tʂə̃₋	ʂə̃₋ tʂʰə̃₋	zə̃⁻	tɕiĩ₋	iĩ₋	tɕi₋	ʂʅ₋	zʮu	tɕi
利辛	tʂʰẽ₋	tʂẽ₋	sẽ₋ tʂʰẽ₋	zẽ⁻	tɕin₋	in₋	tɕi₋	ʂʅ₋	zʮu	tɕi
蒙城	tʂʰen₋	tʂen₋	ʂen₋ tʂʰen₋	zen⁻	tɕin₋	in₋	tɕi₋	ʂʅ₋	zʮu⁻	tɕi
宿州	tʂʰen₋	tʂen₋	ʂen₋	zen⁻	tɕin₋	in₋	tɕi₋	ʂʅ₋	zʮu⁻	tɕi
颍上	tʂʰə̃₋	tʂə̃₋	sẽ₋ tʂʰə̃₋	zə̃⁻	tɕiĩ₋	iĩ₋	tɕi₋	ʂʅ₋	zu	tɕi
霍邱	tʂʰən₋	tʂən₋	sən₋	zən⁻	tɕin₋	in₋	tɕi₋	ʂʅ₋	zu	tɕi
凤台	tʂʰə̃₋	tʂə̃₋	ʂə̃₋	zə̃⁻	tɕiĩ₋	iĩ₋	tɕi₋	ʂʅ₋	zu/zu⁻	tɕi
寿县	tʂʰə̃₋	tʂə̃₋	sə̃₋ tʂʰə̃₋	zə̃⁻	tɕiĩ₋	iĩ₋	tɕi₋	ʂʅ₋	zʅ	tɕi
淮南	tʂʰə̃₋	tʂə̃₋	sə̃₋ tʂʰə̃₋	zə̃⁻	tɕiə̃₋	iə̃₋	tɕi₋	ʂʅ₋	zu	tɕi
蚌埠	tʂʰə̃₋	tʂə̃₋	sə̃₋ tʂʰə̃₋	zə̃⁻	tɕiĩ₋	iĩ₋	tɕi₋	ʂʅ₋	zu	tɕi
固镇	tʂʰən₋	tʂən₋	tʂʰən₋ sən₋	zən⁻	tɕin₋	in₋	tɕi₋	ʂʅ₋	zu	tɕi
五河	tʂʰəŋ₋	tʂəŋ₋	ʂəŋ₋	zəŋ⁻	tɕiŋ₋	iŋ₋	tɕi₋	ʂʅ₋	zʮu⁻	tɕi⁻

254

续表

地位 地点	深开三 平侵澄	深开三 平侵章	深开三 平侵书	深开三 去沁日	深开三 平侵见	深开三 平侵影	深开三 入缉从	深开三 入缉禅	深开三 入缉日	深开三 入缉见
凤阳	₋tʂʰə̃	₋tʂə̃	₋ʂə̃ ₋tʂə̃	ʐə̃⁼	₋tɕiĩ	₋iĩ	₋tɕi	₋ʂʅ	₋ʐ̩u	₋tɕi
泗县	₋tsʰə̃	₋tʂə̃	₋ʂə̃ ₋tʂə̃	ʐə̃⁼	₋tɕiĩ	₋iĩ	₋tɕi	₋ʂʅ	₋ʐ̩u	₋tɕi
信阳老	₋tsʰən	₋tsən	₋tsʰən ₋sən	zən⁼	₋tɕin	₋in	₋tɕi	₋sʅ	₋y	₋tɕi
平桥	₋tsʰən	₋tsən	₋tsʰən ₋sən	zən⁼	₋tɕin	₋in	₋tɕi	₋sʅ	₋y	₋tɕi
罗山	₋tsʰən	₋tsən	₋tsʰən ₋sən	zən⁼	₋tɕin	₋in	tɕi⁼	₋sʅ	₋y	₋tɕi
光山	₋tʂʰen	₋tʂen	₋tʂʰen ₋sen	ʐen⁼	₋tɕin	₋in	₋tɕi	₋ʂʅ	₋ɥ	₋tɕi
新县	₋tʂʰen	₋tʂen	₋tʂʰən ₋sən	ɥen⁼	₋tɕin	₋in	₋tɕi	₋ʂʅ	₋ɥ	₋tɕi
固始	₋tsʰən	₋tsən	₋tsʰən ₋sən	zən⁼	₋tɕin	₋in	₋tɕi	₋sʅ	₋zu	₋tɕi
商城	₋tsʰən	₋sən	₋tsʰən ₋sən	zən⁼	₋tɕin	₋in	₋tɕi	₋sʅ	₋y	₋tɕi
淮滨	₋tsʰəŋ	₋tsəŋ	₋tsʰəŋ ₋səŋ	zəŋ⁼	₋tɕiŋ	₋iŋ	₋tɕi	₋sʅ	₋zu	₋tɕi
濉溪	₋tʂʰẽ	₋tʂẽ	₋ʂẽ	ʐẽ⁼	₋tɕiĩ	₋iĩ	₋tɕi	₋ʂʅ	₋ʐ̩u	₋tɕi
萧县	₋tʂʰə̃	₋tʂə̃	₋ʂə̃ ₋tʂʰə̃	ʐə̃⁼	₋tɕiē	₋iē	₋tɕi	₋ʂʅ	₋ʐ̩u	₋tɕi ₋tɕi
怀远	₋tsʰən	₋tsən	₋sən	zən⁼	₋tɕin	₋in	tɕieʔ⁼	səʔ⁼	zueʔ⁼	tɕieʔ⁼
定远	₋tʂʰə̃	₋tʂə̃	₋ʂə̃	ʐə̃⁼	₋tɕiə̃	₋iə̃	tɕiʔ⁼	ʂʅʔ⁼	ʐ̩uʔ⁼	tɕiʔ⁼
明光	₋tʂʰəŋ	₋tʂəŋ	₋ʂəŋ ₋tʂʰəŋ	ʐ̩əŋ⁼	₋tɕiŋ	₋iŋ	tɕi⁼	ʂʅ⁼	ʐ̩u⁼	tɕi⁼
全椒	₋tʂʰə̃	₋tʂə̃	₋ʂə̃	ʐə̃⁼	₋tɕiĩ	₋iĩ	tɕiʔ⁼	ʂʅʔ⁼	ʐ̩uʔ⁼	tɕiʔ⁼
长丰	₋tsʰən	₋tsən	₋sən	zən⁼	₋tɕin	₋in	tɕiəʔ⁼	səʔ⁼	zəʔ⁼	tɕiəʔ⁼
肥东	₋tsʰən	₋tsən	₋sən ₋tʂən	ʐ̩n⁼	₋tɕin	₋in	tɕiʔ⁼	ʂʅʔ⁼	zueʔ⁼	tɕiʔ⁼

地位⟍地点	山开一平寒端 丹	山开一平寒泥 难(困~)	山开一平寒来 兰	山开一上旱心 伞	山开一平寒见 肝	山开一平寒匣 寒	山开一入曷定 达	山开一入曷来 辣	山开一入曷清 擦	山开一入曷溪 渴
阜南	₍tā	₍nā	₍lā	⁻sā	₍kā	₍xā	₍ta	₍la	tsʰa	kʰɤ
界首	₍tā	₍nā	₍lā	⁻sā	₍kā	₍xā	₍ta	₍la	tsʰa	kʰɤ
涡阳	₍tæ̃	₍næ̃	₍læ̃	⁻sæ̃	₍kæ̃	₍xæ̃	la/laᵌ	tsʰa	kʰɤ
利辛	₍tan	₍nan	₍lan	⁻san	₍kan	₍xan	₍ta	₍la	tsʰa	kʰə
蒙城	₍tan	₍nan	₍lan	⁻san	₍kan	₍xan	₍ta	₍la	tsʰa	kʰɤ
宿州	₍tan	₍nan	₍lan	⁻san	₍kan	₍xan	₍ta	₍la	tsʰa	kʰɤ
颖上	₍tā	₍nā	₍lā	⁻sā	₍kā	₍xā	₍ta	₍la	tsʰa	kʰə
霍邱	₍tan	₍nan	₍lan	⁻san	₍kan	₍xan	₍ta	₍la	tsʰa	₍kʰuo
凤台	₍tā	₍nā	₍lā	⁻sā	₍kā	₍xā	la/laጐ	₍la	tsʰa	kʰə
寿县	₍tā	₍nā	₍lā	⁻sā	₍kā	₍xā		tsʰa / tsʰa	kʰuo
淮南	₍tā	₍nā	₍lā	⁻sā	₍kā	₍xā	₍ta	₍la	tsʰa	kʰə
蚌埠	₍tæ̃	₍næ̃	₍læ̃	⁻sæ̃	₍kæ̃	₍xæ̃	₍ta	₍la	tsʰa	kʰə
固镇	₍tan	₍nan	₍lan	⁻san	₍kan	₍xan	₍ta	₍la	tsʰa	kʰɤ
五河	₍tæ̃	₍næ̃	₍læ̃	⁻sæ̃	₍kæ̃	₍xæ̃	taጐ/₍ta	laጐ	tsʰaጐ	kʰuɤ / kʰɤጐ / kʰɤ
凤阳	₍tā	₍nā	₍lā	⁻sā	₍kā	₍xā	taጐ	laጐ	tsʰaጐ	kʰə
泗县	₍tæ̃	₍næ̃	₍læ̃	⁻sæ̃	₍kæ̃	₍xæ̃	₍ta	₍la	tsʰa	kʰɤ
信阳老	₍tan	₍lan	₍lan	⁻san	₍kan	xanጐ	₍ta	₍la	tsʰa	kʰɤ
平桥	₍tan	₍lan	₍lan	⁻san	₍kan	xanጐ	₍ta	₍la	tsʰa	₍kʰo
罗山	₍tan	₍lan	₍lan	⁻san	₍kan	xanጐ	₍ta	₍la	tsʰa	₍kʰo
光山	₍tan	₍lan	₍lan	⁻san	₍kan	xanጐ	₍ta	₍la	tsʰa	₍kʰo
新县	₍tan	₍lan	₍lan	⁻san	₍kan	xanጐ	₍ta	₍la	tsʰa	₍kʰo
固始	₍tan	₍lan	₍lan	⁻san	₍kan	xanጐ	₍ta	₍la	tsʰa	kʰɤ
商城	₍tan	₍lan	₍lan	⁻san	₍kan	xanጐ	₍ta	₍la	tsʰa	kʰɤ
淮滨	₍tan	₍lan	₍lan	⁻san	₍kan	xanጐ	₍ta	₍la	tsʰa	kʰɤ
濉溪	₍tā	₍nā	₍lā	⁻sā	₍kā	₍xā	la/laጐ	₍la	tsʰa	kʰɤ
萧县	₍tā	₍nā	₍lā	⁻sā	₍kā	₍xā	₍ta	₍la	tsʰa	kʰə

续表

地位\地点	山开一平寒端	山开一平寒泥	山开一平寒来	山开一上旱心	山开一平寒见	山开一平寒匣	山开一入曷定	山开一入曷来	山开一入曷清	山开一入曷溪
怀远	₋tan	₋nan	₋lan	⁻san	₋kan	₋xan	taʔ⁼	lə ʔ⁼	tsʰəʔ⁼	kʰɐʔ⁼
定远	₋tæ	₋næ	₋læ	⁻sæ	₋kæ	₋xæ	tɐʔ⁼	lɐʔ⁼	tsʰɐʔ⁼	kʰɐʔ⁼
明光	₋tã	₋nã	₋lã	⁻sã	₋kã	₋xã	ta⁼	la⁼	tsʰa⁼	kʰuo⁼
全椒	₋tæ	₋næ	₋næ	⁻sæ	₋kæ	₋xæ	tɐʔ⁼	lɐʔ⁼	tsʰɐʔ⁼	kʰɐʔ⁼
长丰	₋tan	₋nan	₋lan	⁻san	₋kan	₋xan	tɐʔ⁼	lɐʔ⁼	tsʰɐʔ⁼	kʰɐʔ⁼
肥东	₋tæ	₋læ	₋læ	⁻sæ	₋kæ	₋xæ	tɐʔ⁼	lɐʔ⁼	tsʰɐʔ⁼	kʰɐʔ⁼

地位\地点	山开二去裥并	山开二平山生	山开二上产生	山开二平山见	山开二上产疑	山开二入黠并	山开二入黠生	山开二平山帮	山开二去谏明	山开二平删见
	办	山	产	间 中~	眼	拔	杀	班	慢	奸
阜南	pã⁼	₋sã	⁻tsʰã	⁻tɕiã	⁻iã	₋pa	₋sa	₋pã	mã⁼	₋tɕiã
界首	pã⁼	₋sã	⁻tsʰã	⁻tɕiã	⁻iã	₋pa	₋sa	₋pã	mã⁼	₋tɕiã
涡阳	pæ̃⁼	₋ʂæ̃	⁻tʂʰæ̃	⁻tɕiæ̃	⁻iæ̃	₋pa	₋ʂa	₋pæ̃	mæ̃⁼	₋tɕiæ̃
利辛	pan⁼	₋ʂan	⁻tʂʰan	⁻tɕian	⁻ian	₋pa	₋ʂa	₋pan	man⁼	₋tɕian
蒙城	pan⁼	₋san	⁻tʂʰan	⁻tɕian	⁻ian	₋pa	₋ʂa	₋pan	man⁼	₋tɕian
宿州	pan⁼	₋san	⁻tsʰan	⁻tɕian	⁻ian	₋pa	₋ʂa	₋pan	man⁼	₋tɕian
颍上	pã⁼	₋sã	⁻tsʰã	⁻tɕiã	⁻iã	₋pa	₋sa	₋pã	mã⁼	₋tɕiã
霍邱	pan⁼	₋san	⁻tsʰan	⁻tɕian	⁻ian	₋pa	₋sa	₋pan	man⁼	₋tɕian
凤台	pã⁼	₋sã	⁻tsʰã	⁻tɕiã	⁻iã	₋pa	₋sa	₋pã	mã⁼	₋tɕiã
寿县	pã⁼	₋sã	⁻tsʰã	⁻tɕiã	⁻iã	₋pa	₋sa	₋pã	mã⁼	₋tɕiã
淮南	pã⁼	₋sã	⁻tsʰã	⁻tɕiã	⁻iã	₋pa	₋sa	₋pã	mã⁼	₋tɕiã
蚌埠	pæ̃⁼	₋sæ̃	⁻tsʰæ̃	⁻tɕiæ̃	⁻iæ̃	₋pa	₋sa	₋pæ̃	mæ̃⁼	₋tɕiæ̃
固镇	pan⁼	₋san	⁻tsʰan	⁻tɕian	⁻ian	₋pa	₋sa	₋pan	man⁼	₋tɕian
五河	pæ̃⁼	₋ʂæ̃	⁻tʂʰæ̃	⁻tɕiæ̃	⁻iæ̃	pa⁼	ʂa⁼	₋pæ̃	mæ̃⁼	₋tɕiæ̃
凤阳	pã⁼	₋ʂã	⁻tʂʰã	⁻tɕiã	⁻iã	pa⁼	ʂa⁼	₋pã	mã⁼	₋tɕiã
泗县	pæ̃⁼	₋ʂæ̃	⁻tʂʰæ̃	⁻tɕiæ̃	⁻iæ̃	₋pa	ʂa	₋pæ̃	mæ̃⁼	₋tɕiæ̃
信阳 老	pan⁼	₋san	⁻tsʰan	⁻tɕian	⁻ian	₋pa	₋sa	₋pan	man⁼	₋tɕian
平桥	pan⁼	₋san	⁻tsʰan	⁻tɕian	⁻ian	₋pa	₋sa	₋pan	man⁼	₋tɕian
罗山	pan⁼	₋san	⁻tsʰan	⁻tɕian	⁻ian	₋pa	₋sa	₋pan	man⁼	₋tɕian

续表

地位 地点	山开二 去祠并	山开二 平山生	山开二 上产生	山开二 平山见	山开二 上产疑	山开二 入黠并	山开二 入黠生	山开二 平山帮	山开二 去谏明	山开二 平删见
光山	pan⁼	₍san	ʰtsʰan	₍tɕian	₍ian	₍pa	₍sa	₍pan	man⁼	₍tɕian
新县	pan⁼	₍san	ʰtsʰan	₍tɕian	₍ian	₍pa	₍sa	₍pan	man⁼	₍tɕian
固始	pan⁼	₍san	ʰtsʰan	₍tɕian	₍ian	₍pa	₍sa	₍pan	man⁼	₍tɕian
商城	pan⁼	₍san	ʰtsʰan	₍tɕian	₍ian	₍pa	₍sa	₍pan	man⁼	₍tɕian
淮滨	pan⁼	₍san	ʰtsʰan	₍tɕian	₍ian	₍pa	₍sa	₍pan	man⁼	₍tɕian
濉溪	pã⁼	₍ʂã	ʰtʂʰã	₍tɕiã	₍iã	paʔ	ʂaʔ	₍pã	mã⁼	₍tɕiã
萧县	pã⁼	₍sã	ʰtsʰã	₍tɕiã	₍iã	₍pa	₍sa	₍pã	mã⁼	₍tɕiã
怀远	pan⁼	₍san	ʰtsʰan	₍tɕian	₍ian	pəʔ₎	səʔ₎	₍pan	man⁼	₍tɕian
定远	pæ̃⁼	₍sæ̃	ʰtʂʰæ̃	₍tɕiĩ	₍iĩ	pɐʔ₎	ʂɐʔ₎	₍pæ̃	mæ̃⁼	₍tɕiĩ
明光	pã⁼	₍sã	ʰtsʰã	₍tɕiã	₍iã	₍pa	₍ʂa	₍pã	mã⁼	₍tɕiã
全椒	pæ̃⁼	₍sæ̃	ʰtʂʰæ̃	₍tɕiĩ	₍iĩ	pɐʔ₎	ʂɐʔ₎	₍pæ̃	mæ̃⁼	₍tɕiĩ
长丰	pan⁼	₍san	ʰtsʰan	₍tɕian	₍ian	pɐʔ₎	₍sas	₍pan	man⁼	₍tɕian
肥东	pæ̃⁼	₍ʂæ̃	ʰtʂʰæ̃	₍tɕiĩ	₍iĩ	pɐʔ₎	ʂɐʔ₎	₍pæ̃	mæ̃⁼	₍tɕiĩ

地位 地点	山开二 去谏疑 雁	山开二 入辖崇 铡	山开二 入辖匣 瞎	山开三 平仙帮 鞭	山开三 平仙明 棉	山开三 平仙从 钱	山开三 去线心 线	山开三 上狝知 展	山开三 上狝禅 善	山开三 平仙日 然
阜南	iã⁼	₍tsa	₍ɕia	₍piã	₍miã	₍tɕʰiã	ɕiã⁼	₍tsã	sã⁼	₍zã
界首	iã⁼	₍tʂa	₍ɕia	₍piã	₍miã	₍tɕʰiã	ɕiã⁼	₍tʂã	ʂã⁼	₍ʐã
涡阳	iæ̃⁼	₍tʂa	₍ɕia	₍piæ̃	₍miæ̃	₍tɕʰiæ̃	ɕiæ̃⁼	₍tʂæ̃	ʂæ̃⁼	₍ʐæ̃
利辛	ian⁼	₍tsa	₍ɕia	₍pian	₍mian	₍tɕʰian	ɕian⁼	₍tsan	ʂan⁼	₍ʐan
蒙城	ian⁼	₍tsa	₍ɕia	₍pian	₍mian	₍tɕʰian	ɕian⁼	₍tsan	ʂan⁼	₍ʐan
宿州	ian⁼	₍tsa	₍ɕia	₍pian	₍mian	₍tɕʰian	ɕian⁼	₍tsan	ʂan⁼	₍ʐan
颍上	iã⁼	₍tsa	₍ɕia	₍piã	₍miã	₍tɕʰiã	ɕiã⁼	₍tsã	sã⁼	₍zã
霍邱	ian⁼	₍tsa	₍ɕia	₍pian	₍mian	₍tɕʰian	ɕian⁼	₍tsan	san⁼	₍zan
凤台	iã⁼	₍tsa	₍ɕia	₍piã	₍miã	₍tɕʰiã	ɕiã⁼	₍tsã	sã⁼	₍zã
寿县	iã⁼	₍tsa	₍ɕia	₍piã	₍miã	₍tɕʰiã	ɕiã⁼	₍tsã	sã⁼	₍zã
淮南	iã⁼	₍tsa	₍ɕia	₍piã	₍miã	₍tɕʰiã	ɕiã⁼	₍tsã	sã⁼	₍zã
蚌埠	iæ̃⁼	₍tsa	₍ɕia	₍piæ̃	₍miæ̃	₍tɕʰiæ̃	ɕiæ̃⁼	₍tsæ̃	sæ̃⁼	₍zæ̃

续表

地位 地点	山开二 去谏疑	山开二 入辖崇	山开二 入辖匣	山开三 平仙帮	山开三 平仙明	山开三 平仙从	山开三 去线心	山开三 上狝知	山开三 上狝禅	山开三 平仙日
固镇	ian⁼	₋tsa	₋ɕia	₋pian	₋mian	₋tɕʰian	ɕian⁼	₋tsan	san⁼	₋zan
五河	iæ̃⁼	₋tʂa	₋ɕia	₋piæ̃	₋miæ̃	₋tɕʰiæ̃	ɕiæ̃⁼	₋tʂæ̃	ʂæ̃⁼	₋ʐæ̃
凤阳	iã⁼	₋tʂa	₋ɕia	₋piã	₋miã	₋tɕʰiã	ɕiã⁼	₋tʂã	ʂã⁼	₋ʐã
泗县	iæ̃⁼	₋tʂa	₋ɕia	₋piæ̃	₋miæ̃	₋tɕʰiæ̃	ɕiæ̃⁼	₋tʂæ̃	ʂæ̃⁼	₋ʐæ̃
信阳老	ian⁼	₋tsa	₋ɕia	₋pian	₋mian	₋tɕʰian	ɕian⁼	₋tsan	san⁼	₋zan
平桥	ian⁼	₋tsa	₋ɕia	₋pian	₋mian	₋tɕʰian	ɕian⁼	₋tsan	san⁼	₋zan
罗山	ian⁼	₋tsa	₋ɕia	₋pian	₋mian	₋tɕʰian	ɕian⁼	₋tsan	san⁼	₋ɥan
光山	ian⁼	₋tsa	₋ɕia	₋pian	₋mian	₋tɕʰian	ɕian⁼	₋tʂan	ʂan⁼	₋ɥan
新县	ian⁼	₋tsa	₋ɕia	₋pian	₋mian	₋tɕʰian	ɕian⁼	₋tʂan	ʂan⁼	₋zan
固始	ian⁼	₋tsa	₋ɕia	₋pian	₋mian	₋tɕʰian	ɕian⁼	₋tsan	san⁼	₋zan
商城	ian⁼	₋tsa	₋ɕia	₋pian	₋mian	₋tɕʰian	ɕian⁼	₋tsan	san⁼	₋zan
淮滨	ian⁼	₋tsa	₋ɕia	₋pian	₋mian	₋tɕʰian	ɕian⁼	₋tsan	san⁼	₋zan
濉溪	iã⁼	₋tʂa	₋ɕia	₋piã	₋miã	₋tɕʰiã	ɕiã⁼	₋tʂã	ʂã⁼	₋ʐã
萧县	iã⁼	₋tsa	₋ɕia	₋piã	₋miã	₋tɕʰiã	ɕiã⁼	₋tʂã	ʂã⁼	₋ʐã
怀远	ian⁼	₋tsəʔ	₋ɕieʔ	₋pian	₋mian	₋tɕʰian	ɕian⁼	₋tsan	san⁼	₋zan
定远	iĩ⁼	₋tʂaʔ	₋ɕiəʔ	₋piĩ	₋miĩ	₋tɕʰiĩ	ɕiĩ⁼	₋tʂæ̃	ʂæ̃⁼	₋ʐæ̃
明光	iã⁼	₋tʂa	₋ɕia	₋piã	₋miã	₋tɕʰiã	ɕiã⁼	₋tʂã	ʂã⁼	₋ʐã
全椒	iĩ⁼	₋tʂaʔ	₋ɕiəʔ	₋piĩ	₋miĩ	₋tɕʰiĩ / ₋tsʰiĩ	ɕiĩ⁼ / siĩ⁼	₋tʂæ̃	ʂæ̃⁼	₋ʐæ̃
长丰	ian⁼	₋tʂaʔ	₋ɕiəʔ	₋pian	₋mian	₋tɕʰian	ɕian⁼	₋tsan	san⁼	₋zan
肥东	iĩ⁼	₋tʂaʔ	₋ɕiəʔ	₋piĩ	₋miĩ	₋tɕʰiĩ	ɕiĩ⁼	₋tʂæ̃	ʂæ̃⁼	₋ʐæ̃

地位 地点	山开三 上狝群	山开三 入薛明	山开三 入薛心	山开三 入薛知	山开三 入薛船	山开三 入薛日	山开三 入薛群	山开三 去愿见	山开三 平元疑	山开三 入月晓
	件	灭	薛	哲	舌	热	杰	建	言	歇
阜南	tɕiã⁼	₋mie	₋ɕye	₋tʂɤ	₋ʂɤ / ₋ʂɣ	₋ʐɤ	₋tɕie	tɕiã⁼	₋iã	₋ɕie
界首	tɕiã⁼	₋mie	₋ɕye	₋tʂɤ	₋ʂɤ	₋ʐɤ	₋tɕie	tɕiã⁼	₋iã	₋ɕie
涡阳	tɕiæ̃⁼	₋mie	₋ɕyɤ	₋tʂɤ	₋ʂɤ	₋ʐɤ	₋tɕie	tɕiæ̃⁼	₋iæ̃	₋ɕie
利辛	tɕian⁼	₋mie	₋ɕyə	₋tʂə	₋ʂə	₋ʐə	₋tɕie	tɕian⁼	₋ian	₋ɕie

续表

地位 地点	山开三 上狝群	山开三 入薛明	山开三 入薛心	山开三 入薛知	山开三 入薛船	山开三 入薛日	山开三 入薛群	山开三 去愿见	山开三 平元疑	山开三 入月晓
蒙城	tɕianᵓ	₋mie	₋ɕye	tʂəᵓ	₋ʂəᵓ	₋z̩əᵓ	₋tɕie	tɕianᵓ	₋ian	₋ɕie
宿州	tɕianᵓ	₋mie	₋ɕye	tʂɤᵓ	₋ʂɤᵓ	₋z̩ɤᵓ	₋tɕie	tɕianᵓ	₋ian	₋ɕie
颍上	tɕiãᵓ	₋mie	₋ɕye	tsəᵓ	₋ɕəᵓ/₋seᵓ	₋zəᵓ	₋tɕie	tɕiãᵓ	₋iã	₋ɕie
霍邱	tɕianᵓ	₋mie	₋ɕye	tʂɤᵓ	₋ʂɤᵓ	₋z̩ɤᵓ	₋tɕie	tɕianᵓ	₋ian	₋ɕie
凤台	tɕiãᵓ	₋mie	₋ɕye	tsəᵓ	₋səᵓ	₋zəᵓ	₋tɕie	tɕiãᵓ	₋iã	₋ɕie
寿县	tɕiãᵓ	₋mie	₋ɕye	tsəᵓ	₋səᵓ	₋zəᵓ	₋tɕie	tɕiãᵓ	₋iã	₋ɕie
淮南	tɕiãᵓ	₋mie	₋ɕye	tsəᵓ	₋səᵓ	₋zəᵓ	₋tɕie	tɕiãᵓ	₋iã	₋ɕie
蚌埠	tɕiæ̃ᵓ	₋mie	₋ɕye	tsəᵓ	₋səᵓ	₋zəᵓ	₋tɕie	tɕiæ̃ᵓ	₋iæ̃	₋ɕie
固镇	tɕianᵓ	₋mie	₋ɕye	tʂɤᵓ	₋ʂɤᵓ	₋z̩ɤᵓ	₋tɕie	tɕianᵓ	₋ian	₋ɕie
五河	tɕiæ̃ᵓ	miɤᵓ	₋ɕyeᵓ	tʂɤᵓ	ʂɤᵓ	z̩ɤᵓ	₋tɕie	tɕiæ̃ᵓ	₋iæ̃	₋ɕiɤ
凤阳	tɕiãᵓ	mieᵓ	ɕyeᵓ	tʂəᵓ	₋ʂəᵓ	₋z̩əᵓ	₋tɕie	tɕiãᵓ	₋iã	₋ɕieᵓ
泗县	tɕiæ̃ᵓ	₋mie	₋ɕyɤ	tʂɤᵓ	₋ʂɤᵓ	₋z̩ɤᵓ	₋tɕie	tɕiæ̃ᵓ	₋iæ̃	₋ɕie
信阳老	tɕianᵓ	₋miɛ	₋ɕyɛ	tsɛᵓ	₋sɛᵓ	₋zɛᵓ	₋tɕiɛ	tɕianᵓ	₋ian	₋ɕiɛ
平桥	tɕianᵓ	₋miɛ	₋ɕyɛ	tsɛᵓ	₋sɛᵓ	₋zɛᵓ	₋tɕiɛ	tɕianᵓ	₋ian	₋ɕiɛ
罗山	tɕianᵓ	₋mie	₋ɕye	₋tse	₋se	₋ze	₋tɕie	tɕianᵓ	₋ian	₋ɕie
光山	tɕianᵓ	₋mie	₋ɕye	₋tʂe	₋ʂe	₋ɥe	₋tɕie	tɕianᵓ	₋ian	₋ɕie
新县	tɕianᵓ	₋mie	₋ɕye	₋tʂe	₋ʂe	₋ɥe	₋tɕie	tɕianᵓ	₋ian	₋ɕie
固始	tɕianᵓ	₋miɛ	₋ɕyɛ	₋tsai	₋sai	₋zai	₋tɕiɛ	tɕianᵓ	₋ian	₋ɕiɛ
商城	tɕianᵓ	₋miɛ	₋ɕyɛ	₋tsɛ	₋sɛ	₋zɛ	₋tɕiɛ	tɕianᵓ	₋ian	₋ɕiɛ
淮滨	tɕianᵓ	₋miɛ	₋ɕyɛ	₋tsɛ	₋sɛ	₋zɛ	₋tɕiɛ	tɕianᵓ	₋ian	₋ɕiɛ
濉溪	tɕiãᵓ	mieᵓ	ɕyɤᵓ	tʂɤᵓ	₋ʂɤᵓ	₋z̩ɤᵓ	₋tɕie	tɕiãᵓ	₋iã	₋ɕie
萧县	tɕiãᵓ	₋miə	ɕyəᵓ	tʂəᵓ	₋ʂəᵓ	₋z̩əᵓ	₋tɕiə	tɕiãᵓ	₋iã	₋ɕiə
怀远	tɕianᵓ	mieʔᵓ	ɕyeʔᵓ	tsəʔᵓ	səʔᵓ	zəʔᵓ	₋tɕie / ₋tɕiɛ	tɕianᵓ	₋ian	ɕieʔᵓ
定远	tɕiĩᵓ	₋miɐi̯	₋ɕyɐi̯	tʂɐi̯ᵓ	ʂɐi̯ᵓ	z̩ɐi̯ᵓ	₋tɕiɐi̯	tɕiĩᵓ	₋iĩ	₋ɕiɐi̯
明光	tɕiãᵓ	mieᵓ	ɕyeᵓ	tʂəᵓ	ʂəᵓ	z̩əᵓ	₋tɕie	tɕiãᵓ	₋iã	₋ɕieᵓ
全椒	tɕiĩᵓ	mieʔᵓ	ɕyeʔᵓ	tsəʔᵓ	səʔᵓ	z̩əʔᵓ	₋tɕieʔ	tɕiĩᵓ	₋iĩ	₋ɕieʔᵓ
长丰	tɕianᵓ	miɐi̯ᵓ	ɕyɐi̯ᵓ	tsaʔᵓ	saʔᵓ	zaʔᵓ	₋tɕian	tɕianᵓ	₋ian	₋ɕiɐi̯ᵓ
肥东	tɕiĩᵓ	miɐi̯ᵓ	ɕyɐi̯ᵓ	tʂəʔᵓ	ʂəʔᵓ	z̩əʔᵓ	₋tɕiɐi̯	tɕiĩᵓ	₋iĩ	₋ɕiɐi̯ᵓ

260

地点＼地位	山开四上铣帮 扁	山开四上铣并 辫	山开四上铣端 典	山开四平先泥 年	山开四平先心 先	山开四平先见 肩	山开四平先匣 贤	山开四入屑透 铁	山开四入屑精 节	山开四入屑见 结
阜南	⁻piã	piã⁻	⁻tiã	˻niã	˻ɕiã	˻tɕiã	˻ɕiã	˻tʰie	˻tɕie	˻tɕie
界首	⁻piã	piã⁻	⁻tiã	˻niã	˻ɕiã	˻tɕiã	˻ɕiã	˻tʰie	˻tɕie	˻tɕie
涡阳	⁻piæ̃	piæ̃⁻	⁻tiæ̃	˻niæ̃	˻ɕiæ̃	˻tɕiæ̃	˻ɕiæ̃	˻tʰie	˻tɕie	˻tɕie
利辛	⁻pian	pian⁻	⁻tian	˻nian	˻ɕian	˻tɕian	˻ɕian	˻tʰie	˻tɕie	˻tɕie
蒙城	⁻pian	pian⁻	⁻tian	˻nian	˻ɕian	˻tɕian	˻ɕian	˻tʰie	˻tɕie	˻tɕie
宿州	⁻pian	pian⁻	⁻tian	˻nian	˻ɕian	˻tɕian	˻ɕian	˻tʰie	˻tɕie	˻tɕie
颍上	⁻piã	piã⁻	⁻tiã	˻niã	˻ɕiã	˻tɕiã	˻ɕiã	˻tʰie	˻tɕie	˻tɕie
霍邱	⁻pian	pian⁻	⁻tian	˻nian	˻ɕian	˻tɕian	˻ɕian	˻tʰie	˻tɕie	˻tɕie
凤台	⁻piã	piã⁻	⁻tiã	˻niã	˻ɕiã	˻tɕiã	˻ɕiã	˻tʰie	˻tɕie	˻tɕie
寿县	⁻piã	piã⁻	⁻tiã	˻niã	˻ɕiã ˻tɕʰiã	˻tɕiã	˻ɕiã	˻tʰie	˻tɕie	˻tɕie
淮南	⁻piã	piã⁻	⁻tiã	˻niã	˻ɕiã ˻tɕʰiã	˻tɕiã	˻ɕiã	˻tʰie	˻tɕie	˻tɕie
蚌埠	⁻piæ̃	piæ̃⁻	⁻tiæ̃	˻niæ̃	˻ɕiæ̃ ˻tɕʰiæ̃	˻tɕiæ̃	˻ɕiæ̃	˻tʰie	˻tɕie	˻tɕie
固镇	⁻pian	pian⁻	⁻tian	˻nian	tɕʰian ˻ɕian	˻tɕian	˻ɕian	˻tʰie	˻tɕie	˻tɕie
五河	⁻piæ̃	piæ̃⁻	⁻tiæ̃	˻niæ̃	˻ɕiæ̃	˻tɕiæ̃	˻ɕiæ̃	tʰiɤ⁻	tɕie⁻ ˻tɕie	tɕie⁻
凤阳	⁻piã	piã⁻	⁻tiã	˻niã	˻ɕiã	˻tɕiã	˻ɕiã	tʰie⁻	tɕie⁻	tɕie⁻
泗县	⁻piæ̃	piæ̃⁻	⁻tiæ̃	˻niæ̃	˻ɕiæ̃ ˻tɕʰiæ̃	˻tɕiæ̃	˻ɕiæ̃	˻tʰie	˻tɕie	˻tɕie
信阳老	⁻pian	pian⁻	⁻tian	˻nian	˻ɕian	˻tɕian	˻ɕian	˻tʰiɛ	˻tɕiɛ	˻tɕiɛ
平桥	⁻pian	pian⁻	⁻tian	˻nian	˻ɕian	˻tɕian	˻ɕian	˻tʰiɛ	˻tɕiɛ	˻tɕiɛ
罗山	⁻pian	pian⁻	⁻tian	˻nian	˻ɕian	˻tɕian	˻ɕian	˻tʰie	˻tɕie	˻tɕie
光山	⁻pian	pian⁻	⁻tian	˻nian	˻ɕian	˻tɕian	˻ɕian	˻tʰie	˻tɕie	˻tɕie
新县	⁻pian	pian⁻	⁻tian	˻nian	˻ɕian	˻tɕian	˻ɕian	˻tʰie	˻tɕie	˻tɕie
固始	⁻pian	pian⁻	⁻tian	˻lian	˻ɕian	˻tɕian	˻ɕian	˻tʰiɛ	˻tɕiɛ	˻tɕiɛ
商城	⁻pian	pian⁻	⁻tian	˻lian	˻ɕian	˻tɕian	˻ɕian	˻tʰiɛ	˻tɕiɛ	˻tɕiɛ
淮滨	⁻pian	pian⁻	⁻tian	˻lian	˻ɕian	˻tɕian	˻ɕian	˻tʰiɛ	˻tɕiɛ	˻tɕiɛ

第八章 基础字音对照表

续表

地位\地点	山开四上铣帮	山开四上铣并	山开四上铣端	山开四平先泥	山开四平先心	山开四平先见	山开四平先匣	山开四入屑透	山开四入屑精	山开四入屑见
濉溪	₋piã	piã⁻	₋tiã	₋niã	₋ɕiã	₋tɕiã	₋ɕiã	₋tʰie	₋tɕiɛ	₋tɕie
萧县	₋piã	piã⁻	₋tiã	₋niã	₋ɕiã	₋tɕiã	₋ɕiã	₋tʰiɔ	₋tɕiɔ	₋tɕiɔ
怀远	₋pian	pian⁻	₋tian	₋nian	₋ɕian	₋tɕian	₋ɕian	tʰieʔ₋	tɕieʔ₋	tɕieʔ₋
定远	₋piĩ	piĩ⁻	₋tiĩ	₋niĩ	₋ɕyĩ	₋tɕiĩ	₋ɕiĩ	tʰɐɪʔ₋	tɕɐɪʔ₋	tɕɐɪʔ₋
明光	₋piã	piã⁻	₋tiã	₋niã	₋ɕiã	₋tɕiã	₋ɕiã	tʰie⁻	tɕie⁻	tɕie⁻
全椒	₋piĩ	piĩ⁻	₋tiĩ	₋niĩ	₋siĩ	₋tɕiĩ	₋ɕiĩ	tʰie⁻	tɕie⁻	tɕie⁻
长丰	₋pian	pian⁻	₋tian	₋nian	₋ɕian	₋tɕian	₋ɕian	tʰiɐ⁻	tɕiɐ⁻	tɕiɐ⁻
肥东	₋piĩ	piĩ⁻	₋tiĩ	₋liĩ	₋ɕiĩ	₋tɕiĩ	₋ɕiĩ	tʰɐɪʔ₋	tɕɐɪʔ₋	tɕɐɪʔ₋

地位\地点	山合一平桓并	山合一上缓明	山合一上缓端	山合一上缓泥	山合一平桓心	山合一平桓见	山合一平桓匣	山合一上缓影	山合一入末透	山合一入末匣
	盘	满	短	暖	酸	官	宽	碗	脱	阔
阜南	₋pʰã	₋mã	₋tuã	₋nuã	₋suã	₋kuã	₋kʰuã	₋uã	₋tʰuɤ	₋kʰuɤ
界首	₋pʰã	₋mã	₋tuã	₋nuã	₋suã / ₋ɕyã	₋kuã	₋kʰuã	₋uã	₋tʰuɤ	₋kʰuɤ
涡阳	₋pʰæ	₋mæ	₋tuẽ	₋nuẽ	₋suẽ	₋kuẽ	₋kʰuẽ	₋uẽ / ₋væ	₋tʰuɤ	₋kʰuɤ
利辛	₋pʰan	₋man	₋tuan	nyan	₋ɕyan	₋kuan	₋kʰuan	₋uan	₋tʰuə	kʰuə⁻
蒙城	₋pʰan	₋man	₋tuan	₋nuan	₋suan	₋kuan	₋kʰuan	₋uan	₋tʰuə	kʰuə⁻ / ₋kʰuə
宿州	₋pʰan	₋man	₋tuan	₋nuan	₋suan	₋kuan	₋kʰuan	₋uan	₋tʰuə	kʰuɤ⁻
颍上	₋pʰã	₋mã	₋tuã	₋nuã	₋suã	₋kuã	₋kʰuã	₋uã	₋tʰuə	₋kʰuə
霍邱	₋pʰan	₋man	₋tuan	₋nuan	₋suan	₋kuan	₋kʰuan	₋uan	₋tʰuo	₋kʰuo
凤台	₋pʰã	₋mã	₋tuã	₋nuã	₋suã	₋kuã	₋kʰuã	₋uã	₋tʰuo	₋kʰuo
寿县	₋pʰã	₋mã	₋tuã	₋nuã	₋suã	₋kuã	₋kʰuã	₋uã	₋tʰuo	₋kʰuo
淮南	₋pʰã	₋mã	₋tuã	₋nuã	₋suã	₋kuã	₋kʰuã	₋vã	₋tʰuo	kʰuo⁻
蚌埠	₋pʰæ	₋mæ	₋tuẽ	₋nuẽ	₋suẽ	₋kuẽ	₋kʰuẽ	₋væ	₋tʰuo	kʰuo⁻
固镇	₋pʰan	₋man	₋tuan	₋nuan	₋suan	₋kuan	₋kʰuan	₋van	₋tʰuɤ	₋kʰuɤ
五河	₋pʰæ	₋mæ	₋tuẽ	₋nuẽ	₋suẽ	₋kuẽ	₋kʰuẽ	₋væ	tʰuɤ⁻	kʰuɤ⁻
凤阳	₋pʰã	₋mã	₋tuã	₋nuã	₋suã	₋kuã	₋kʰuã	₋vã	tʰuo⁻	kʰuo⁻

续表

地位 地点	山合一 平桓并	山合一 上缓明	山合一 上缓端	山合一 上缓泥	山合一 平桓心	山合一 平桓见	山合一 平桓溪	山合一 上缓影	山合一 入末透	山合一 入末溪
泗县	₅pʰæ̃	ˀmæ̃	ˀtuẽ	ˀnuẽ	₅suẽ	₅kuẽ	₅kʰuẽ	ˀuẽ	₅tʰuɤ	₅kʰuɤ
信阳老	pʰan⁵	ˀman	ˀtan	ˀlan	₅san	₅kuan	₅kuan	ˀuan	₅tʰuo	₅kʰuo
平桥	pʰan⁵	ˀman	ˀtan ˀtuan	ˀlan	₅suan	₅kuan	₅kuan	ˀuan	₅tʰo	₅kʰo
罗山	pʰan⁵	ˀman	ˀtan	ˀlaŋ	₅san	₅kuan	₅kuan	ˀuan	₅tʰo	₅kʰo
光山	pʰan⁵	ˀman	ˀtan	ˀlan	₅san	₅kuan	₅kuan	ˀuan	₅tʰo	₅kʰo
新县	pʰan⁵	ˀman	ˀtan	ˀlan	₅san	₅kuan	₅kuan	ˀuan	₅tʰo	₅kʰo
固始	pʰan⁵	ˀman	ˀtuan	ˀluan ˀlaŋ	₅suan	₅kuan	₅kuan	ˀuan	₅tʰuo	₅kʰuo
商城	pʰan⁵	ˀman	ˀtan	ˀnan	₅suan	₅kuan	₅kuan	ˀuan	₅tʰuo	₅kʰuo
淮滨	pʰan⁵	ˀman	ˀtuan	ˀluan	₅suan	₅kuan	₅kuan	ˀuan	₅tʰuo	₅kʰuo
濉溪	₅pʰã	ˀmã	ˀtuã	ˀnuã	₅suã	₅kuã	₅kʰuã	ˀuã	tʰuɤ⁵	kʰuɤ⁵
萧县	₅pʰã	ˀmã	ˀtuã	ˀnuã	₅suã	₅kuã	₅kʰuã	ˀuã	tʰuɤ	kʰuɤ
怀远	₅pʰan	ˀman	ˀtuan	ˀnuan	₅suan	₅kuan	₅kʰuan	ˀvan	tʰuəʔ⁵	kʰuəʔ⁵
定远	₅pʰæ̃	ˀmæ̃	ˀtuẽ	ˀnuẽ	₅suẽ	₅kuẽ	₅kʰuẽ	ˀuẽ	tʰuɐʔ⁵	kʰuɐʔ⁵
明光	₅pʰã	ˀmã	ˀtuã	ˀnuã	₅suã	₅kuã	₅kʰuã	ˀvã	tʰuo⁵	kʰuo⁵
全椒	₅pʰõ	ˀmõ	ˀtõ	ˀlõ	₅sõ	₅kõ ₅kuẽ	₅kʰõ	ˀõ	tʰuɐʔ⁵	kʰuɐʔ⁵
长丰	₅pʰan	ˀman	ˀtuan	ˀnuan	₅suan	₅kuan	₅kʰuan	ˀuan	tʰuɐʔ⁵	kʰuɐʔ⁵
肥东	₅pʰũ̃	ˀmũ̃ ˀmũ̃	ˀtuũ̃	ˀluũ̃	₅suũ̃	₅kuũ̃	₅kʰuũ̃	ˀũ̃	tʰuɐʔ⁵	kʰuɐʔ⁵

地位 地点	山合一 入末匣	山合二 入黠匣	山合二 入黠影	山合二 平删生	山合二 平删见	山合二 平删影	山合二 入辖生	山合二 入辖见	山合三 平仙从	山合三 平仙心
	活	滑	挖	闩	关	弯	刷	刮	泉	宣
阜南	₅xuɤ	₅xua	₅ua	₅suã	₅kuã	₅uã	₅sua	₅kua	₅tɕʰya	₅ɕya
界首	₅xuɤ	₅xua	₅ua	₅ʂuã	₅kuã	₅uã	fa/₅ʂua	₅kua	₅tɕʰya	₅ɕya
涡阳	₅xuɤ	₅xua	ua/va	₅suẽ	₅kuẽ	₅uẽ	₅ʂua/fa	₅kua	₅tɕʰyẽ	₅ɕyẽ
利辛	₅xuə	₅xua	₅ua	₅fan	₅kuan	₅uan	₅fa	₅kua	₅tɕʰya ₅tsʰuan	₅ɕya

263

续表

地位 地点	山合一 入末匣	山合二 入黠匣	山合二 入黠影	山合二 平删生	山合二 平删见	山合二 平删影	山合二 入鎋生	山合二 入鎋见	山合三 平仙从	山合三 平仙心
蒙城	₋xuə	₋xua	₋ua	₋ʂuan	₋kuan	₋uan	₋ʂua	₋kua	₋tɕʰyan	₋ɕyan
宿州	₋xuɣ	₋xua	₋ua	₋ʂuan	₋kuan	₋uan	₋ʂua	₋kua	₋tɕʰyan	₋ɕyan
颍上	₋xuə	₋xua	₋ua	₋suã	₋kuã	₋uã	₋sua	₋kua	₋tɕʰyã	₋ɕyã
霍邱	₋xuə	₋xua	₋ua	₋suan	₋kuan	₋uan	₋sua	₋kua	₋tɕʰyan	₋ɕyan
凤台	₋xuo	₋xua	₋ua	₋suã	₋kuã	₋uã	₋sua	₋kua	₋tɕʰyã	₋ɕyã
寿县	₋xuo	₋xua	₋ua	₋suã	₋kuã	₋uã	₋sua	₋kua	₋tɕʰyã	₋ɕyã
淮南	₋xuo	₋xua	₋va	₋suã	₋kuã	₋vã	₋sua	₋kua	₋tɕʰyã	₋ɕyã
蚌埠	₋xuo	₋xua	₋va	₋suẽ	₋kuẽ	₋væ̃	₋sua	₋kua	₋tɕʰyẽ	₋ɕyẽ
固镇	₋xuɣ	₋xua	₋va	₋suan	₋kuan	₋van	₋sua	₋kua	₋tɕʰyan	₋ɕyan
五河	xuɣ˚	xua˚	₋va	₋suẽ	₋kuẽ	₋væ̃	ʂua˚	kua˚	₋tɕʰyẽ	₋ɕyẽ
凤阳	xuo˚	xua˚ xua˚	₋va	₋suã	₋kuã	₋vã	sua˚	kua˚	₋tɕʰyã	₋ɕyã
泗县	₋xuɣ	₋xua	₋ua	₋suẽ	₋kuẽ	₋uẽ	₋ʂua	₋kua	₋tɕʰyẽ	₋ɕyẽ
信阳老	₋fo	₋fa	₋ua	₋san	₋kuan	₋uan	₋sa	₋kua	₋tɕʰyan	₋ɕyan
平桥	₋fo	₋fa	₋ua	₋suan	₋kuan	₋uan	₋sua	₋kua	₋tɕʰyan	₋ɕyan
罗山	₋xo	₋fa	₋ua	₋san	₋kuan	₋uan	₋sa	₋kua	₋tɕʰian	₋ɕyan
光山	₋xo	₋xua	₋ua	₋san	₋kuan	₋uan	₋sa	₋kua	₋tɕʰian	₋ɕian
新县	₋xo	₋xua	₋ua	₋san	₋kuan	₋uan	₋sa	₋kua	₋tɕʰian	₋ɕian
固始	₋xuo	₋xua	₋ua	₋suan	₋kuan	₋uan	₋sua	₋kua	₋tɕʰyan	₋ɕyan
商城	₋xuo	₋xua	₋ua	₋suan	₋kuan	₋uan	₋sua	₋kua	₋tɕʰyan	₋ɕyan
淮滨	₋xuo	₋xua	₋ua	₋suan	₋kuan	₋uan	₋sua	₋kua	₋tɕʰyan	₋ɕyan
濉溪	xuɣ˚	₋xua	₋ua	₋suã	₋kuã	₋uã	₋ʂua˚	₋kua	₋tɕʰyã ₋tsuã	₋ɕyã
萧县	₋xuɣ	₋xua	₋ua	₋suã	₋kuã	₋uã	₋ʂua	₋kua	₋tɕʰyã	₋ɕyã
怀远	xuəʔ˚	xuəʔ˚	₋va	₋suan	₋kuan	₋van	suəʔ˚	kuəʔ˚	₋tɕʰyan	₋ɕyan
定远	auɣ˚	xauɣ˚	₋ua	₋ʂuẽ	₋kuẽ	₋uẽ	ʂuaɣ˚	kuaɣ˚	₋tɕʰyĩ	₋ɕyĩ
明光	xə˚ ouɣ˚	xua˚ auɣ˚	₋va	₋suã	₋kuã	₋vã	sua˚	kua˚	₋tɕʰyã	₋ɕyã
全椒	xuaɣʔ˚	xuaɣʔ˚	₋uəʔ	₋suẽ	₋kuẽ	₋õ	ʂuaɣʔ˚	kuɐʔ˚	₋tɕʰyĩ	₋ɕyĩ
长丰	auɣ˚	auɣ˚	₋ua	₋suan	₋kuan	₋uan	suaɣ˚	kuaɣ˚	₋tɕʰyan	₋ɕyan
肥东	xuaʔ˚	xuaʔ˚	uaʔ˚	₋ʂuẽ	₋kuẽ	₋uẽ	ʂuaɣ˚	kuaɣ˚	₋tɕʰyĩ	₋ɕyĩ

264

地位\地点	山合三平仙澄 传	山合三平仙章 砖	山合三平仙船 船	山合三平仙群 权	山合三平仙云 圆	山合三入薛从 绝	山合三入薛心 雪	山合三入薛书 说	山合三上狝日 软	山合三上阮非 反
阜南	₋tsʰuā	₋tsuā	₋tsʰuā	₋tɕʰyā	₋yā	₋tɕye	₋ɕye	₋suɤ	⁻zuā	⁻xuā
界首	₋tʂʰuā	₋tʂuā	₋tʂʰuā	₋tɕʰyā	₋yā	₋tɕye	₋ɕye	₋fuɤ / ₋ʂuɤ	⁻z̩uā	⁻fã
涡阳	₋tʂʰuẽ	₋tʂuẽ	₋tʂʰuẽ	₋tɕʰyẽ	₋yẽ	₋tɕye	₋suɤ / ₋ʂuɤ	₋ʂuɤ	⁻z̩uẽ	⁻fæ̃
利辛	₋tʂʰuan	₋tʂuan	₋tʂʰuan	₋tɕʰyan	₋yan	₋tɕye / ₋tsuə	₋ɕyə	₋fuɤ	⁻z̩uan	⁻fan
蒙城	₋tʂʰuan	₋tʂuan	₋tʂʰuan	₋tɕʰyan	₋yan	₋tɕye	₋ɕyə	₋ʂuɤ	⁻z̩uan	⁻fan
宿州	₋tʂʰuan	₋tʂuan	₋tʂʰuan	₋tɕʰyan	₋yan	₋tɕye	₋ɕyə	₋ʂuɤ	⁻z̩uan	⁻fan
颍上	₋tsʰuā	₋tsuā	₋tsʰuā	₋tɕʰyā	₋yā	₋tɕye	₋ɕye	₋suə	⁻zuā	⁻fã
霍邱	₋tsʰuan	₋tsuan	₋tsʰuan	₋tɕʰyan	₋yan	₋tɕye	₋ɕye	₋suo	⁻zuan	⁻xuan
凤台	₋tsʰuā	₋tsuā	₋tsʰuā	₋tɕʰyā	₋yā	₋tɕye	₋ɕye	₋suo	⁻zuā	⁻xuā
寿县	₋tsʰuā	₋tsuā	₋tsʰuā	₋tɕʰyā	₋yā	₋tɕye	₋ɕye	₋suo	⁻zuā	⁻xuā
淮南	₋tsʰuā	₋tsuā	₋tsʰuā	₋tɕʰyā	₋yā	₋tɕye	₋ɕye	₋suo	⁻zuā	⁻xuā
蚌埠	₋tsʰuẽ	₋tsuẽ	₋tsʰuẽ	₋tɕʰyẽ	₋yẽ	₋tɕyo	₋ɕyo	₋suo	⁻zuẽ	⁻fæ̃
固镇	₋tsʰuan	₋tsuan	₋tsʰuan	₋tɕʰyan	₋yan	₋tɕye	₋ɕye	₋ʂuɤ	⁻zuan	⁻fan
五河	₋tsʰuẽ	₋tsuẽ	₋tsʰuẽ	₋tɕʰyẽ	₋yẽ	ɕye⁼	ʂuo⁼	ʂuo⁼	⁻z̩uẽ	⁻fæ̃
凤阳	₋tsʰuā	₋tsuā	₋tsʰuā	₋tɕʰyā	₋yā	tɕye⁼	ɕye⁼	ʂuo⁼	⁻z̩uā	⁻fã
泗县	₋tsʰuẽ	₋tsuẽ	₋tsʰuẽ	₋tɕʰyẽ	₋yẽ	₋tɕyɤ	₋ɕyɤ	₋ʂuɤ	⁻z̩uẽ	⁻fæ̃
信阳(老)	₋tɕyan	₋tɕyan	₋tɕʰyan	₋tɕʰyan	₋yan	₋tɕyɛ	₋ɕyɛ	₋ɕyɛ	⁻yan	⁻fan
平桥	₋tsuan	₋tsuan	₋tsʰuan	₋tɕʰyan	₋yan	₋tɕyɛ	₋ɕyɛ	₋ɕyɛ	⁻zuan	⁻fan
罗山	₋tɕyan	₋tɕyan	₋tɕʰyan	₋tɕʰyan	₋yan	₋tɕye	₋ɕye	₋ɕye	⁻ŋyan	⁻fan
光山	₋tʂʰɥan	₋tʂɥan	₋tʂʰɥan	₋tɕʰɥan	₋ɥan	₋tɕye	₋ɕye	₋ʂɥe	⁻ɥan	⁻fan
新县	₋tʂʰɥan	₋tʂɥan	₋tʂʰɥan	₋tɕʰɥan	₋ɥan	₋tɕye	₋ɕye	₋ʂɥe	⁻ɥan	⁻fan
固始	₋tsuan	₋tsuan	₋tsʰuan	₋tɕʰyan	₋yan	₋tɕyɛ	₋ɕyɛ	₋ɕyɛ	⁻zuan	⁻fan
商城	₋tsuan	₋tsuan	₋tsʰuan	₋tɕʰyan	₋yan	₋tɕye	₋ɕye	₋ɕye	⁻zuan	⁻fan
淮滨	₋tsuan	₋tsuan	₋tsʰuan	₋tɕʰyan	₋yan	₋tɕyɛ	₋ɕyɛ	₋ɕyɛ	⁻zuan	⁻xuan
濉溪	₋tsʰuā	₋tʂuā	₋tsʰuā	₋tɕʰyā	₋yā	₋tɕyɤ	₋ɕyɤ / ₋suɤ	₋ʂuɤ	⁻z̩uā	⁻fã
萧县	₋tsʰuā	₋tsuā	₋tsʰuā	₋tɕʰyā	₋yā	₋tɕyə	₋ɕyə	₋ʂuɤ	⁻z̩uā	⁻fã

续表

地位 地点	山合三 平仙澄	山合三 平仙章	山合三 平仙船	山合三 平仙群	山合三 平仙云	山合三 入薛从	山合三 入薛心	山合三 入薛书	山合三 上狝日	山合三 上阮非
怀远	₋tsʰuan	₋tsuan	₋tsʰuan	₋tɕʰyan	₋yan	tɕyeʔ₋	ɕyeʔ₋	suəʔ₋	ˊzuan	ˊfan
定远	₋tʂʰuẽ	₋tʂuẽ	₋tʂʰuẽ	₋tɕʰyĩ	₋yĩ	tɕyeʔ₋	ɕyeʔ₋	ʂuɐʔ₋	ˊʐuẽ	ˊfæ̃
明光	₋tʂʰuã	₋tʂuã	₋tʂʰuã	₋tɕʰyã	₋yã	tɕye₋	ɕye₋	ʂuo₋	ˊʐuã	ˊfã
全椒	₋tʂʰõ	₋tʂõ	₋tʂʰõ	₋tɕʰyĩ	₋yĩ	tɕyeʔ₋	ɕyeʔ₋	ʂuɐʔ₋	ˊʐõ	ˊfæ̃
长丰	₋tsʰuan	₋tsuan	₋tsʰuan	₋tɕʰyan	₋yan	tɕyeʔ₋	ɕyeʔ₋	suɐʔ₋	ˊzuan	ˊfan ˊxuan
肥东	₋tʂʰuɶ̃	₋tʂuɶ̃	₋tʂʰuɶ̃	₋tɕʰyĩ	₋yĩ	tɕyeʔ₋	ɕyeʔ₋	ʂuɐʔ₋	ˊʐuɶ̃	ˊfæ̃

地位 地点	山合三 去愿奉	山合三 平元疑	山合三 上阮云	山合三 入月非	山合三 入月微	山合三 入月疑	山合三 入月云	山合四 上铣溪	山合四 去霰匣	山合四 入屑晓
	饭	原	远	发	袜	月	越	犬	县	血
阜南	xuã⁻	₋yã	ˊyã	₋xua	₋ua	₋ye	₋ye	ˊtɕyã	ɕiã⁻	₋ɕie
界首	fã⁻	₋yã	ˊyã	₋fa	₋ua	₋ye	₋ye	ˊtɕyã	ɕiã⁻	₋ɕie
涡阳	fæ̃⁻	₋yẽ	ˊyẽ	₋fa	₋va	₋yɤ	₋yɤ	ˊtɕyã	ɕiæ̃⁻	₋ɕie
利辛	fan⁻	₋yan	ˊyan	₋fa	₋ua	₋yə	₋yə	ˊtɕyan	ɕian⁻	₋ɕie
蒙城	fan⁻	₋yan	ˊyan	₋fa	₋ua	₋ye	₋ye	ˊtɕyan	ɕian⁻	₋ɕie
宿州	fan⁻	₋yan	ˊyan	₋fa	₋ua	₋ye	₋ye	ˊtɕyan	ɕian⁻	₋ɕie
颍上	xuã⁻	₋yã	ˊyã	₋xua	₋ua	₋ye	₋ye	ˊtɕyã	ɕiã⁻	₋ɕie
霍邱	xuan⁻	₋yan	ˊyan	₋xua	₋ua	₋ye	₋ye	ˊtɕyan	ɕian⁻	₋ɕye ₋ɕie
凤台	xuã⁻	₋yã	ˊyã	₋xua	₋va	₋ye	₋ye	ˊtɕyã	ɕiã⁻	₋ɕie
寿县	xuã⁻	₋yã	ˊyã	₋xua	₋ua	₋ye	₋ye	ˊtɕyã	ɕiã⁻	₋ɕie ₋ɕye
淮南	xuã⁻	₋yã	ˊyã	₋xua	₋ua	₋ye	₋ye	ˊtɕyã	ɕiã⁻	₋ɕie ₋ɕye
蚌埠	fæ̃⁻	₋yẽ	ˊyẽ	₋fa	₋va	₋yo	₋yo	ˊtɕyẽ	ɕiæ̃⁻	₋ɕie
固镇	fan⁻	₋yan	ˊyan	₋fa	₋va	₋ye	₋ye	ˊtɕyan	ɕian⁻	₋ɕie
五河	fæ̃⁻	₋yẽ	ˊyẽ	fa⁻	va⁻/₋va	ye⁻	ye⁻	ˊtɕyẽ	ɕiæ̃⁻	ɕie⁻ ɕye⁻
凤阳	fã⁻	₋yã	ˊyã	fa⁻	va⁻	ye⁻	ye⁻	ˊtɕyã	ɕiã⁻	ɕie⁻

续表

地位 地点	山合三 去愿奉	山合三 平元疑	山合三 上阮云	山合三 入月非	山合三 入月微	山合三 入月疑	山合三 入月云	山合四 上铣溪	山合四 去霰匣	山合四 入屑晓
泗县	fæ⁼	₌yɐ	⁼yɐ	₌fa	₌ua	₌yɣ	₌yɣ	⁼tɕyæ	ɕiæ⁼	₌ɕie
信阳老	fan⁼	₌yan	⁼yan	₌fa	₌ua	₌yɛ	₌yɛ	⁼tɕyan	ɕian⁼	₌ɕie
平桥	fan⁼	₌yan	⁼yan	₌fa	₌ua	₌yɛ	₌yɛ	⁼tɕyan	ɕian⁼	₌ɕie
罗山	fan⁼	₌yan	⁼yan	₌fa	₌ua	₌yɛ	₌yɛ	⁼tɕyan	ɕian⁼	₌ɕie
光山	fan⁼	₌ɥan	⁼ɥan	₌fa	₌ua	₌ɥe	₌ɥe	⁼tʂɥan	ɕian⁼	₌ɕie
新县	fan⁼	₌ɥan	⁼ɥan	₌fa	₌ua	₌ɥe	₌ɥe	⁼tʂɥan	ɕian⁼	₌ɕie
固始	fan⁼	₌yan	⁼yan	₌fa	₌ua	₌yɛ	₌yɛ	⁼tɕyan	ɕian⁼	₌ɕie
商城	fan⁼	₌yan	⁼yan	₌fa	₌ua	₌yɛ	₌yɛ	⁼tɕyan	ɕian⁼	₌ɕie
淮滨	xuan⁼	₌yan	⁼yan	₌xua	₌ua	₌yɛ	₌yɛ	⁼tɕyan	ɕian⁼	₌ɕie
濉溪	fã⁼	₌yã	⁼yã	₌fa	₌ua	ye⁼	ye⁼	⁼tɕyã	ɕiã⁼	₌ɕye
萧县	fã⁼	₌yã	⁼yã	₌fa	₌ua	yə⁼	yə⁼	⁼tɕyã	ɕiã⁼	₌ɕiə
怀远	fan⁼	₌yan	⁼yan	fəʔ⁼	vəʔ⁼	yeʔ⁼	yeʔ⁼	⁼tɕyan	ɕian⁼	ɕieʔ⁼
定远	fæ⁼	₌yĩ	⁼yĩ	fɐʔ⁼	uɐʔ⁼	yɐʔ⁼	yɐʔ⁼	⁼tɕyĩ	ɕiĩ⁼	ɕyɐʔ⁼
明光	fã⁼	₌yã	⁼yã	fa⁼	va⁼	ye⁼	ye⁼	⁼tɕyã	ɕiã⁼	ɕie⁼ ɕye⁼
全椒	fæ⁼	₌yĩ	⁼yĩ	fəʔ⁼	uəʔ⁼	yeʔ⁼	yeʔ⁼	⁼tɕyĩ	ɕiĩ⁼	ɕyeʔ⁼
长丰	fan⁼ xuan⁼	₌yan	⁼yan	fəʔ⁼	uəʔ⁼	yɐʔ⁼	yɐʔ⁼	⁼tɕyan	ɕian⁼	ɕyɐʔ⁼
肥东	fæ⁼	₌yĩ	⁼yĩ	fəʔ⁼	uəʔ⁼	yɐʔ⁼	yɐʔ⁼	⁼tɕyĩ	ɕiĩ⁼	ɕyeʔ⁼

地位 地点	臻开一 平痕透	臻开一 平痕见	臻开一 平痕影	臻开三 平真并	臻开三 平真来	臻开三 去震精	臻开三 平真心	臻开三 平真澄	臻开三 去震初	臻开三 平真章
	吞	根	恩	贫	邻	进	新	陈	衬	真
阜南	₌tʰə̃	₌kə̃	₌ɣə̃	₌pʰiĩ	₌liĩ	tɕiĩ⁼	₌ɕiĩ	₌tʂə̃	tʂʰə̃⁼	₌tʂə̃
界首	₌tʰuə̃	₌kə̃	₌ɣə̃	₌pʰiĩ	₌liĩ	tɕiĩ⁼	₌ɕiĩ	₌tʂə̃	tʂʰə̃⁼	₌tʂə̃
涡阳	₌tʰuə̃	₌kə̃	₌ɣə̃	₌pʰiĩ	₌liĩ	tɕiĩ⁼	₌ɕiĩ	₌tʂə̃	tʂʰə̃⁼	₌tʂə̃
利辛	₌tʰuen	₌ken	₌ɣen	₌pʰin	₌lin	tɕin⁼	₌ɕin	₌tʂʰen	tʂʰen⁼	₌tʂen
蒙城	₌tʰuen ₌tʰen	₌ken	₌ɣen	₌pʰin	₌lin	tɕin⁼	₌ɕin	₌tʂʰen	tʂʰen⁼	₌tʂen
宿州	₌tʰuen	₌ken	₌ɣen	₌pʰin	₌lin	tɕin⁼	₌ɕin	₌tʂʰʰen	tʂʰen⁼	₌tʂen

267

续表

地位\地点	臻开一平痕透	臻开一平痕见	臻开一平痕影	臻开三平真并	臻开三平真来	臻开三去震精	臻开三平真心	臻开三平真澄	臻开三去震初	臻开三平真章
颍上	₋tʰə̃	₋kə̃	₋ɣə̃	₋pʰiĩ	₋liĩ	tɕiĩ⁻	₋ɕiĩ	₋tsʰə̃	tsʰə̃⁻	₋tsə̃
霍邱	₋tʰən	₋kən	₋ɣen	₋pʰin	₋lin	tɕin⁻	₋ɕin	₋tsʰən	tsʰən⁻	₋tsən
凤台	₋tʰə̃ / ₋tʰuə̃	₋kə̃	₋ɣə̃	₋pʰiĩ	₋liĩ	tɕiĩ⁻	₋ɕiĩ	₋tsʰə̃	tsʰə̃⁻	₋tsə̃
寿县	₋tʰə̃	₋kə̃	₋ɣə̃	₋pʰiĩ	₋liĩ	tɕiĩ⁻	₋ɕiĩ	₋tsʰə̃	tsʰə̃⁻	₋tsə̃
淮南	₋tʰə̃	₋kə̃	₋ɣə̃	₋pʰiə̃	₋liə̃	tɕiə̃⁻	₋ɕiə̃	₋tsʰə̃	tsʰə̃⁻	₋tsə̃
蚌埠	₋tʰə̃	₋kə̃	₋ɣə̃	₋pʰiĩ	₋liĩ	tɕiĩ⁻	₋ɕiĩ	₋tsʰə̃	tsʰə̃⁻	₋tsə̃
固镇	₋tʰən	₋kən	₋ɣen	₋pʰin	₋lin	tɕin⁻	₋ɕin	₋tsʰən	tsʰən⁻	₋tsən
五河	₋tʰəŋ	₋kəŋ	₋ɣəŋ	₋pʰiŋ	₋liŋ	tɕiŋ⁻	₋ɕiŋ	₋tʂʰəŋ	tʂʰəŋ⁻	₋tʂəŋ
凤阳	₋tʰuə̃	₋kə̃	₋ɣə̃	₋pʰiĩ	₋liĩ	tɕiĩ⁻	₋ɕiĩ	₋tʂʰə̃	tʂʰə̃⁻	₋tʂə̃
泗县	₋tʰə̃	₋kə̃	₋ɣə̃	₋pʰiĩ	₋liĩ	tɕiĩ⁻	₋ɕiĩ	₋tʂʰə̃	tʂʰə̃⁻	₋tʂə̃
信阳老	₋tʰən	₋kən	₋ŋən	₋pʰin	₋lin	tɕin⁻	₋ɕin	₋tsən	tsʰən⁻	₋tsən
平桥	₋tʰuən	₋kən	₋ŋən	₋pʰin	₋lin	tɕin⁻	₋ɕin	₋tsən	tsʰən⁻	₋tsən
罗山	₋tʰən	₋kən	₋ŋən	₋pʰin	₋lin	tɕin⁻	₋ɕin	₋tsən	tsʰən⁻	₋tsən
光山	₋tʰen	₋ken	₋ŋen	₋pʰin	₋lin	tɕin⁻	₋ɕin	₋tʂen	tʂʰen⁻	₋tʂen
新县	₋tʰen	₋ken	₋ŋen	₋pʰin	₋lin	tɕin⁻	₋ɕin	₋tʂen	tʂʰen⁻	₋tʂen
固始	₋tʰən	₋kən	₋ŋən	₋pʰin	₋lin	tɕin⁻	₋ɕin	₋tsən	tsʰən⁻	₋tsən
商城	₋tʰən	₋kən	₋ŋen	₋pʰin	₋lin	tɕin⁻	₋ɕin	₋tsən	tsʰən⁻	₋tsən
淮滨	₋tʰəŋ	₋kəŋ	₋ŋəŋ	₋pʰiŋ	₋liŋ	tɕiŋ⁻	₋ɕiŋ	₋tsəŋ	tsʰəŋ⁻	₋tsəŋ
濉溪	₋tʰuẽ	₋kẽ	₋ɣẽ	₋pʰiĩ	₋liĩ	tɕiĩ⁻	₋ɕiĩ	₋tʂʰẽ	tʂʰẽ⁻	₋tʂẽ
萧县	₋tʰuə̃	₋kə̃	₋ɣə̃	₋pʰiẽ	₋lə̃	tɕiẽ⁻	₋ɕiẽ	₋tʂʰə̃	tʂʰə̃⁻	₋tʂə̃
怀远	₋tʰən	₋kən	₋ɣen	₋pʰin	₋lin	tɕin⁻	₋ɕin	₋tsʰən	tsʰən⁻	₋tsən
定远	₋tʰə̃	₋kə̃	₋ɣə̃	₋pʰiə̃	₋liə̃	tɕiə̃⁻	₋ɕiə̃	₋tʂʰə̃	tʂʰə̃⁻	₋tʂə̃
明光	₋tʰəŋ	₋kəŋ	₋ɣəŋ	₋pʰiŋ	₋liŋ	tɕiŋ⁻	₋ɕiŋ	₋tʂʰəŋ	tʂʰəŋ⁻	₋tʂəŋ
全椒	₋tʰə̃	₋kə̃	₋ə̃	₋pʰiĩ	₋liĩ	tɕiĩ⁻	₋ɕiĩ	₋tʂʰə̃	tʂʰə̃⁻	₋tʂə̃
长丰	₋tʰən	₋kən	₋ɣən	₋pʰin	₋lin	tɕin⁻	₋ɕin	₋tsʰən	tsʰən⁻	₋tsən
肥东	₋tʰən	₋kən	₋ən	₋pʰin	₋lin	tɕin⁻	₋ɕin	₋tʂʰən	tsʰən⁻	₋tʂən

地位 地点	臻开三 平真日 人	臻开三 上轸见 紧	臻开三 平真影 因	臻开三 入质帮 笔	臻开三 入质清 七	臻开三 入质书 失	臻开三 入质日 日	臻开三 入质影 一	臻开三 平殷见 斤	臻开三 上隐群 近
阜南	$_\subset$zə̃	$^\subset$tɕiĩ	$_\subset$iĩ	$_\subset$pi	$_\subset$tɕʰi	$_\subset$ʂʅ	$_\subset$zʅ	$_\subset$i	$_\subset$tɕiĩ	tɕiĩ$_\supset$
界首	$_\subset$zə̃	$^\subset$tɕiĩ	$_\subset$iĩ	$_\subset$pei	$_\subset$tɕʰi	$_\subset$ʂʅ	$_\subset$zʅ	$_\subset$i	$_\subset$tɕiĩ	tɕiĩ$_\supset$
涡阳	$_\subset$zə̃	$^\subset$tɕiĩ	$_\subset$iĩ	$_\subset$pə/$_\subset$pi	$_\subset$tɕʰi	$_\subset$ʂʅ	$_\subset$zʅ	$_\subset$i	$_\subset$tɕiĩ	tɕiĩ$_\supset$
利辛	$_\subset$zen	$^\subset$tɕin	$_\subset$in	$_\subset$pei	$_\subset$tɕʰi	$_\subset$ʂʅ	$_\subset$zʅ	$_\subset$i	$_\subset$tɕin	tɕin$_\supset$
蒙城	$_\subset$zen	$^\subset$tɕin	$_\subset$in	$_\subset$pi	$_\subset$tɕʰi	$_\subset$ʂʅ	$_\subset$zʅ	$_\subset$i	$_\subset$tɕin	tɕin$_\supset$
宿州	$_\subset$zen	$^\subset$tɕin	$_\subset$in	$_\subset$pi	$_\subset$tɕʰi	$_\subset$ʂʅ	$_\subset$zʅ	$_\subset$i	$_\subset$tɕin	tɕin$_\supset$
颍上	$_\subset$zə̃	$^\subset$tɕiĩ	$_\subset$iĩ	$_\subset$pi	$_\subset$tɕʰi	$_\subset$ʂʅ	$_\subset$zʅ	$_\subset$i	$_\subset$tɕiĩ	tɕiĩ$_\supset$
霍邱	$_\subset$zen	$^\subset$tɕin	$_\subset$in	$_\subset$pi	$_\subset$tɕʰi	$_\subset$ʂʅ	$_\subset$zʅ	$_\subset$i	$_\subset$tɕin	tɕin$_\supset$
凤台	$_\subset$zə̃	$^\subset$tɕiĩ	$_\subset$iĩ	$_\subset$pi	$_\subset$tɕʰi	$_\subset$ʂʅ	$_\subset$zʅ	$_\subset$i	$_\subset$tɕiĩ	tɕiĩ$_\supset$
寿县	$_\subset$zə̃	$^\subset$tɕiĩ	$_\subset$iĩ	$_\subset$pi	$_\subset$tɕʰi	$_\subset$ʂʅ	$_\subset$zʅ	$_\subset$i	$_\subset$tɕiĩ	tɕiĩ$_\supset$
淮南	$_\subset$zə̃	$^\subset$tɕiə̃	$_\subset$iə̃	$_\subset$pi	$_\subset$tɕʰi	$_\subset$ʂʅ	$_\subset$zʅ	$_\subset$i	$_\subset$tɕiə̃	tɕiə̃$_\supset$
蚌埠	$_\subset$zə̃	$^\subset$tɕiĩ	$_\subset$iĩ	$_\subset$pi	$_\subset$tɕʰi	$_\subset$ʂʅ	$_\subset$zʅ	$_\subset$i	$_\subset$tɕiĩ	tɕiĩ$_\supset$
固镇	$_\subset$zen	$^\subset$tɕin	$_\subset$in	$_\subset$pi	$_\subset$tɕʰi	$_\subset$ʂʅ	$_\subset$zʅ	$_\subset$i	$_\subset$tɕin	tɕin$_\supset$
五河	$_\subset$zəŋ	$^\subset$tɕiŋ	$_\subset$iŋ	pie$_\supset$	tɕʰie$_\supset$	ʂʅ$_\supset$	zʅ$_\supset$	ie$_\supset$/$_\subset$i	$_\subset$tɕiŋ	tɕiŋ$_\supset$
凤阳	$_\subset$zə̃	$^\subset$tɕiĩ	$_\subset$iĩ	pi$_\supset$	$_\subset$tɕʰi	$_\subset$ʂʅ	$_\subset$zʅ	i$_\supset$	$_\subset$tɕiĩ	tɕiĩ$_\supset$
泗县	$_\subset$zə̃	$^\subset$tɕiĩ	$_\subset$iĩ	$_\subset$pi	$_\subset$tɕʰi	$_\subset$ʂʅ	$_\subset$zʅ	$_\subset$i	$_\subset$tɕiĩ	tɕiĩ$_\supset$
信阳老	$_\subset$zen	$^\subset$tɕin	$_\subset$in	$_\subset$pei	$_\subset$tɕʰi	$_\subset$ʂʅ	$_\subset$zʅ	$_\subset$i	$_\subset$tɕin	tɕin$_\supset$
平桥	$_\subset$zen	$^\subset$tɕin	$_\subset$in	$_\subset$pi	$_\subset$tɕʰi	$_\subset$ʂʅ	$_\subset$zʅ	$_\subset$i	$_\subset$tɕin	tɕin$_\supset$
罗山	$_\subset$zen	$^\subset$tɕin	$_\subset$in	$_\subset$pei	$_\subset$tɕʰi	$_\subset$ʂʅ	$_\subset$zʅ	$_\subset$i	$_\subset$tɕin	tɕin$_\supset$
光山	$_\subset$zen	$^\subset$tɕin	$_\subset$in	$_\subset$pei	$_\subset$tɕʰi	$_\subset$ʂʅ	$_\subset$zʅ	$_\subset$i	$_\subset$tɕin	tɕin$_\supset$
新县	$_\subset$ɥen	$^\subset$tɕin	$_\subset$in	$_\subset$pei	$_\subset$tɕʰi	$_\subset$ʂʅ	$_\subset$zʅ	$_\subset$i	$_\subset$tɕin	tɕin$_\supset$
固始	$_\subset$zen	$^\subset$tɕin	$_\subset$in	$_\subset$pi	$_\subset$tɕʰi	$_\subset$ʂʅ	$_\subset$zʅ	$_\subset$i	$_\subset$tɕin	tɕin$_\supset$
商城	$_\subset$zen	$^\subset$tɕin	$_\subset$in	$_\subset$pei	$_\subset$tɕʰi	$_\subset$ʂʅ	$_\subset$zʅ	$_\subset$i	$_\subset$tɕin	tɕin$_\supset$
淮滨	$_\subset$zəŋ	$^\subset$tɕiŋ	$_\subset$iŋ	$_\subset$pi	$_\subset$tɕʰi	$_\subset$ʂʅ	$_\subset$zʅ	$_\subset$i	$_\subset$tɕiŋ	tɕiŋ$_\supset$
濉溪	$_\subset$zə̃	$^\subset$tɕiĩ	$_\subset$iĩ	$_\subset$pə	$_\subset$tɕʰi	$_\subset$ʂʅ	$_\subset$zʅ	$_\subset$i	$_\subset$tɕiĩ	tɕiĩ$_\supset$
萧县	$_\subset$zə̃	$^\subset$tɕie	$_\subset$ie	$_\subset$pə	$_\subset$tɕʰi	$_\subset$ʂʅ	$_\subset$zʅ	$_\subset$i	$_\subset$tɕie	tɕie$_\supset$
怀远	$_\subset$zen	$^\subset$tɕin	$_\subset$in	pieʔ$_\supset$	tɕʰieʔ$_\supset$	səʔ$_\supset$	zəʔ$_\supset$	ieʔ$_\supset$	$_\subset$tɕin	tɕin$_\supset$
定远	$_\subset$zə̃	$^\subset$tɕiə̃	$_\subset$iə̃	piʔ$_\supset$	tɕʰiʔ$_\supset$	ʂʅʔ$_\supset$	zʅʔ$_\supset$	iʔ$_\supset$	$_\subset$tɕiə̃	tɕiə̃$_\supset$

续表

地位 地点	臻开三平真日	臻开三上轸见	臻开三平真影	臻开三入质帮	臻开三入质清	臻开三入质书	臻开三入质日	臻开三入质影	臻开三平殷见	臻开三上隐群
明光	₌zəŋ	₌tɕiŋ	₌iŋ	₌pi	tɕʰi⁼	ʂʅ⁼	zʅ⁼	i⁼	₌tɕiŋ	tɕiŋ⁼
全椒	₌zə	₌tɕiĩ	₌iĩ	pi⁼	tɕʰi⁼ʅ	ʂə⁼ʅ	zə⁼ʅ	i⁼	₌tɕiĩ	tɕiĩ⁼
长丰	₌zən	₌tɕin	₌in	piə⁼	tɕʰiə⁼	ʂə⁼	zə⁼	iə⁼	₌tɕin	tɕin⁼
肥东	₌z̩ən	₌tɕin	₌in	piə⁼	tɕʰiə⁼	ʂə⁼	z̩ə⁼	iə⁼	₌tɕin	tɕin⁼

地位 地点	臻合一上混帮	臻合一平魂明	臻合一平魂定	臻合一去困来	臻合一平魂清	臻合一上滚见	臻合一平魂晓	臻合一入没帮	臻合一入没见	臻合一入没匣
	本	门	屯	论	村	滚	婚	不	骨	桃~核
阜南	₌pə̃	₌mə̃	₌tʰə̃	lə̃⁼	₌tsʰuə̃	₌kuə̃	₌xuə̃	₌pu	₌ku	₌xu
界首	₌pə̃	₌mə̃	₌tʰuə̃	luə̃⁼	₌tsʰuə̃ ₌tɕʰyĩ	₌kuə̃	₌xuə̃	₌pu	₌ku	₌xu
涡阳	₌pə̃	₌mə̃	₌tʰuə̃	luə̃⁼	₌tsʰuə̃	₌kuə̃	₌xuə̃	₌pu	₌ku	₌xu
利辛	₌pen	₌men	₌tʰuen	luen⁼	₌tɕʰyn	₌kuen	₌xuen	₌pu	₌ku	₌xu
蒙城	₌pen	₌men	₌tʰuen	luen⁼	₌tsʰuen	₌kuen	₌xuen	₌pu	₌ku	₌xu
宿州	₌pen	₌men	₌tʰuen	luen⁼	₌tsʰuen	₌kuen	₌xuen	₌pu	₌ku	₌xu
颍上	₌pə̃	₌mə̃	₌tʰuə̃	lə̃⁼	₌tsʰə̃	₌kuə̃	₌xuə̃	₌pu	₌ku	₌xu
霍邱	₌pən	₌mən	₌tʰən	lən⁼	₌tsʰən	₌kuən	₌xuən	₌pu	₌ku	₌xu
凤台	₌pə̃	₌mə̃	₌tʰuə̃	luə̃⁼	₌tsʰə̃	₌kuə̃	₌xuə̃	₌pu	₌ku	₌xə
寿县	₌pə̃	₌mə̃	₌tʰə̃	lə̃⁼	₌tsʰə̃	₌kuə̃	₌xuə̃	₌pu	₌ku	₌xu
淮南	₌pə̃	₌mə̃	₌tʰə̃	lə̃⁼	₌tsʰə̃	₌kuə̃	₌xuə̃	pu⁼	₌ku/₌ku	₌xu
蚌埠	₌pə̃	₌mə̃	₌tʰə̃	lə̃⁼	₌tsʰə̃	₌kuə̃	₌xuə̃	₌pu	₌ku	₌xu
固镇	₌pən	₌mən	₌tʰuən	lən⁼	₌tsʰən ₌tsʰuən	₌kuən	₌xuən	₌pu	₌ku	₌xu
五河	₌pəŋ	₌məŋ	₌tʰəŋ	ləŋ⁼	₌tsʰəŋ	₌kuŋ	₌xuŋ	₌pu	kuɤ	xuɤ⁼ xɤ⁼
凤阳	₌pə̃	₌mə̃	₌tʰuə̃	lə̃⁼	₌tsʰə̃	₌kuə̃	₌xuə̃	pu⁼	ku⁼	xu⁼
泗县	₌pə̃	₌mə̃	₌tʰə̃	lə̃⁼	₌tsʰə̃	₌kuə̃	₌xuə̃	₌pu	₌ku	₌xu
信阳	₌pən 老	₌mən	₌tʰən	lən⁼	₌tsʰən	₌kuən	₌fən	₌pu	₌ku	₌fu
平桥	₌pən	₌mən	₌tʰuən ₌tən	luən⁼ lən⁼	₌tsʰuən ₌tsʰən	₌kuən	₌fən	₌pu	₌ku	₌fu

续表

地位\地点	臻合一上混帮	臻合一平魂明	臻合一平魂定	臻合一去困来	臻合一平魂清	臻合一上滚见	臻合一平魂晓	臻合一入没帮	臻合一入没见	臻合一入没匣
罗山	ꭍpən	ꭍmən	ꭍtən	lənꜝ	ꭍtsʰən	ꭍkuən	ꭍfən	ꭍpu	ꭍku	ꭍfu
光山	ꭍpen	ꭍmen	ꭍten	lenꜝ	ꭍtsʰen	ꭍkuen	ꭍfen	ꭍpu	ꭍku	ꭍfu
新县	ꭍpen	ꭍmen	ꭍten	lenꜝ	ꭍtsʰen	ꭍkuen	ꭍfen	ꭍpu	ꭍku	ꭍfu
固始	ꭍpən	ꭍmən	ꭍtən	lənꜝ	ꭍtsʰən	ꭍkuən	ꭍxuən	ꭍpu	ꭍku	ꭍxu
商城	ꭍpən	ꭍmən	ꭍtən	lənꜝ	ꭍtsʰən	ꭍkuən	ꭍxuən	ꭍpu	ꭍku	ꭍxu
淮滨	ꭍpəŋ	ꭍməŋ	ꭍtəŋ	ləŋꜝ	ꭍtsʰəŋ	ꭍkuəŋ	ꭍxuəŋ	ꭍpu	ꭍku	ꭍxu
濉溪	ꭍpẽ	ꭍmẽ	ꭍtʰuẽ	luẽꜝ	ꭍtsʰuẽ	ꭍkuẽ	ꭍxuẽ	ꭍpu	ꭍku	ꭍxu
萧县	ꭍpə̃	ꭍmə̃	ꭍtʰuə̃	luə̃ꜝ	ꭍtsʰuə̃	ꭍkuə̃	ꭍxuə̃	ꭍpu	ꭍku	nu
怀远	ꭍpən	ꭍmən	ꭍtʰən	lənꜝ	ꭍtsʰən	ꭍkuən	ꭍxuən	puəʔꜝ	kuəʔꜝ	xuənʔꜝ
定远	ꭍpə̃	ꭍmə̃	ꭍtʰə̃	lə̃ꜝ	ꭍtsʰə̃	ꭍkuə̃	ꭍxuə̃	puꜝ	kuə̃ꜝ	ꭍauxə̃
明光	ꭍpəŋ	ꭍməŋ	ꭍtʰəŋ	ləŋꜝ	ꭍtsʰəŋ	ꭍkuŋ	ꭍxuŋ	puꜝ	kuꜝ	ꭍex
全椒	ꭍpə̃	ꭍmə̃	ꭍtʰə̃	lə̃ꜝ	ꭍtsʰə̃	ꭍkuə̃	ꭍxuə̃	pəʔꜝ	kuʔꜝ	ꭍauxə̃
长丰	ꭍpən	ꭍmən	ꭍtʰən	lənꜝ	ꭍtsʰən	ꭍkuən	ꭍxuən	pəʔꜝ	kuəʔꜝ	xuəʔꜝ
肥东	ꭍpən	ꭍmən	ꭍtʰən	lənꜝ	ꭍtsʰən	ꭍkuən	ꭍxuən	pəʔꜝ	kuəʔꜝ	xuəʔꜝ

地位\地点	臻合三去稕精	臻合三平谆邪	臻合三平谆昌	臻合三去稕船	臻合三去稕日	臻合三平谆见	臻合三平谆以	臻合三入术来	臻合三入术昌	臻合三入术见
	俊	循	春	术	闰	均	匀	律	出	橘
阜南	tɕyĩꜝ	ꭍɕyĩ	ꭍtsʰuə̃	suꜝ	yĩꜝ	ꭍtɕyĩ	ꭍyĩ	ꭍly	ꭍtʂʰu	ꭍtɕy
界首	tɕyĩꜝ	ꭍɕyĩ	ꭍtʂʰuə̃	ʂuꜝ	ʐuə̃ꜝ / yĩꜝ	ꭍtɕyĩ	ꭍyĩ	ꭍly	ꭍtʂʰu	ꭍtɕy
涡阳	tsuə̃ꜝ / tɕyĩꜝ	ꭍɕyĩ	ꭍtʂʰuə̃	ʂuꜝ	yĩꜝ	ꭍtɕyĩ	ꭍyĩ	ꭍly	ꭍtʂʰu	ꭍtɕy
利辛	tsuenꜝ / tɕynꜝ	ꭍɕyn	ꭍtʂʰuen	fuꜝ	ynꜝ	ꭍtɕyn	ꭍyn	ꭍly	ꭍtʂʰu	ꭍtɕy
蒙城	tsuenꜝ	ꭍɕyn	ꭍtʂʰuen	ʂuꜝ	ynꜝ	ꭍtɕyn	ꭍyn	ꭍly	ꭍtʂʰu	ꭍtɕy
宿州	tɕynꜝ / tsuenꜝ	ꭍɕyn	ꭍtʂʰuen	suꜝ	ynꜝ / ʐuenꜝ	ꭍtɕyn	ꭍyn	ꭍly	ꭍtʂʰu	ꭍtɕy
颍上	tɕyĩꜝ	ꭍɕyĩ	ꭍtʂʰuə̃	ꭍsu	yĩꜝ	ꭍtɕyĩ	ꭍyĩ	ꭍly/lyꜝ	ꭍtʂʰu	ꭍtɕy

续表

地位 地点	臻合三 去稕精	臻合三 平谆邪	臻合三 平谆昌	臻合三 去稕船	臻合三 去稕日	臻合三 平谆见	臻合三 平谆以	臻合三 入术来	臻合三 入术昌	臻合三 入术见
霍邱	tɕyn⁼	₋ɕyn	₋tsʰuen	su⁼	yn⁼ zen⁼	₋tɕyn	₋yn	₋lu	₋tsʰu	₋tɕy
凤台	tɕyĩ⁼	₋ɕyĩ	₋tsʰuẽ	₋su	zuẽ⁼	₋tɕyĩ	₋yĩ	₋ly	₋tsʰu	₋tɕy
寿县	tɕyĩ⁼	₋ɕyĩ	₋tsʰuẽ	₋su	zẽ⁼	₋tɕyĩ	₋yĩ	₋ly	₋tsʰu	₋tɕy
淮南	tɕyə̃⁼	₋ɕyə̃	₋tsʰuə̃	₋su	zə̃⁼	₋tɕyə̃	₋yə̃	₋ly	₋tsʰu	₋tɕy
蚌埠	tɕyĩ⁼	₋ɕyĩ	₋tsʰuẽ	₋suə̃	zə̃⁼	₋tɕyĩ	₋yĩ	₋ly	₋tsʰu	₋tɕy
固镇	tɕyn⁼	₋ɕyn	₋tsʰuen	su⁼	zuen⁼	₋tɕyn	₋yn	₋ly	₋tsʰu	₋tɕy
五河	tɕyʊ⁼	₋ɕyʊ	₋tʂʰuŋ	ʂu⁼	ʐuŋ⁼	₋tɕyʊ	₋yʊ	ly⁼	tʂʰuɤ⁼	tɕy⁼
凤阳	tɕyĩ⁼	₋ɕyĩ	₋tʂʰẽ	ʂũ⁼	ʐə̃⁼	₋tɕyĩ	₋yĩ	ly⁼	tʂʰu⁼	₋tɕy
泗县	tɕyĩ⁼	₋ɕyĩ	₋tʂʰuẽ	ʂũ⁼	ʐuẽ⁼ yĩ⁼	₋tɕyĩ	₋yĩ	₋ly	₋tʂʰu	₋tɕy
信阳 老	tɕyn⁼	₋ɕyn	₋tɕʰyn	₋ɕy	yn⁼	₋tɕyn	₋yn	₋ly	₋tsʰy	₋tɕy
平桥	tɕyn⁼	₋ɕyn	₋tsʰuen	₋su	yn⁼	₋tɕyn	₋yn	₋ly	₋tsʰy	₋tɕy
罗山	tɕyn⁼	₋ɕyn	₋tɕʰyn	₋ɕy	yn⁼	₋tɕyn	₋yn	₋ly	₋tsʰy	₋tɕy
光山	tɕin⁼	₋ɕin	₋tʂʰuen	₋ʂʅ	ʯen⁼	₋tʂuen	₋ʯen	₋li	tsʰʅ⁼	₋tʂʅ
新县	tɕin⁼	₋ɕin	₋tʂʰuen	₋ʂʅ	ʯen⁼	₋ʯuen	₋ʯen	₋li	tsʰʅ⁼	₋tʂʅ
固始	tɕyn⁼	₋ɕyn	₋tsʰuen	su⁼	yn⁼	₋tɕyn	₋yn	₋ly	₋tsʰu	₋tɕy
商城	tɕyn⁼	₋ɕyn	₋tsʰuen	₋ɕy	yn⁼	₋tɕyn	₋yn	₋ly	₋tsʰu	₋tɕy
淮滨	tɕyʊ⁼	₋ɕyʊ	₋tsʰuen	su⁼	yn⁼	₋tɕyn	₋yn	₋ly	₋tsʰu	₋tɕy
濉溪	tɕyĩ⁼ tsuẽ⁼	₋ɕyĩ	₋tʂʰuẽ	ʂũ⁼	ʐuẽ⁼ yĩ⁼	₋tɕyĩ	₋yĩ	₋ly	₋tʂʰu	₋tɕy
萧县	tɕyē⁼	₋ɕyē	₋tʂʰuẽ	ʂũ⁼	ʐə̃⁼	₋tɕyē	₋yē	₋ly	₋tʂʰu	₋tɕy
怀远	tɕyn⁼	₋ɕyn	₋tsʰuen	suen⁼	zuen⁼ zen⁼	₋tɕyn	₋yn	lyeʔ⁼	tsʰuəʔ⁼	tɕyeʔ⁼
定远	tɕyə̃⁼	₋ɕyə̃	₋tsʰuə̃	suə̃⁼	ʐuə̃⁼	₋tɕyə̃	₋yə̃	lyaʔ⁼	tsʰuaʔ⁼	tɕyaʔ⁼
明光	tɕyʊ⁼	₋ɕyʊ	₋tsʰuŋ	ʂuŋ⁼	ʐuŋ⁼	₋tɕyʊ	₋yʊ	ly⁼	tsʰu⁼	tɕy⁼
全椒	tɕyĩ⁼	₋ɕyĩ	₋tsʰuẽ	ʂũ⁼	ʐuẽ⁼	₋tɕyĩ	₋yĩ	lʯ⁼	tsʰu⁼	tɕyʔ⁼
长丰	tɕyn⁼	₋ɕyn	₋tsʰuen	suen⁼	zuen⁼	₋tɕyn	₋yn	lyaʔ⁼	tsʰuəʔ⁼	tɕyaʔ⁼
肥东	tɕyn⁼	₋ɕyn	₋tsʰuen	suen⁼	zuen⁼	₋tɕyn	₋yn	lyəʔ⁼	tsʰuəʔ⁼	tɕyəʔ⁼

地位\地点	臻合三平文非	臻合三平文奉	臻合三平文微	臻合三平文见	臻合三去问晓	臻合三去问云	宕开一平唐帮	宕开一平唐明	宕开一平唐定	宕开一去宕来
	分	坟	蚊	君	训	运	帮	忙	唐	浪
阜南	₋xuə̃	₋xuə̃	₋uə̃	₋tɕyĩ	ɕyĩ⁻	yĩ⁻	₋paŋ	₋maŋ	₋tʰaŋ	laŋ⁻
界首	₋fə̃	₋fə̃	₋uə̃	₋tɕyĩ	ɕyĩ⁻	yĩ⁻	₋paŋ	₋maŋ	₋tʰaŋ	laŋ⁻
涡阳	₋fə̃	₋fə̃	₋uə̃/₋və̃	₋tɕyĩ	ɕyĩ⁻	yĩ⁻	₋paŋ	₋maŋ	₋tʰaŋ	laŋ⁻
利辛	₋fen	₋fen	₋uen	₋tɕyn	ɕyn⁻	yn⁻	₋paŋ	₋maŋ	₋tʰaŋ	laŋ⁻
蒙城	₋fen	₋fen	₋uen	₋tɕyn	ɕyn⁻	yn⁻	₋paŋ	₋maŋ	₋tʰaŋ	laŋ⁻
宿州	₋fen	₋fen	₋uen	₋tɕyn	ɕyn⁻	yn⁻	₋paŋ	₋maŋ	₋tʰaŋ	laŋ⁻
颍上	₋xuə̃	₋xuə̃	₋uə̃	₋tɕyĩ	ɕyĩ⁻	yĩ⁻	₋paŋ	₋maŋ	₋tʰaŋ	laŋ⁻
霍邱	₋xuen	₋xuen	₋uen	₋tɕyn	ɕyn⁻	yn⁻	₋paŋ	₋maŋ	₋tʰaŋ	laŋ⁻
凤台	₋xuə̃	₋xuə̃	₋uə̃	₋tɕyĩ	ɕyĩ⁻	yĩ⁻	₋pã	₋mã	₋tʰã	lã⁻
寿县	₋xuə̃	₋xuə̃	₋uə̃	₋tɕyĩ	ɕyĩ⁻	yĩ⁻	₋pã	₋mã	₋tʰã	lã⁻
淮南	₋xuə̃	₋xuə̃	₋və̃	₋tɕyə̃	ɕyə̃⁻	yə̃⁻	₋paŋ	₋maŋ	₋tʰaŋ	laŋ⁻
蚌埠	₋fə̃	₋fə̃	₋və̃	₋tɕyĩ	ɕyĩ⁻	yĩ⁻	₋paŋ	₋maŋ	₋tʰaŋ	laŋ⁻
固镇	₋fən	₋fən	₋vən	₋tɕyn	ɕyn⁻	yn⁻	₋paŋ	₋maŋ	₋tʰaŋ	laŋ⁻
五河	₋fəŋ	₋fəŋ	₋vəŋ	₋tɕyŋ	ɕyŋ⁻	yŋ⁻	₋pã	₋mã	₋tʰã	lã⁻
凤阳	₋fə̃	₋fə̃	₋və̃	₋tɕyĩ	ɕyĩ⁻	yĩ⁻	₋pã	₋mã	₋tʰã	lã⁻
泗县	₋fə̃	₋fə̃	₋uə̃	₋tɕyĩ	ɕyĩ⁻	yĩ⁻	₋paŋ	₋maŋ	₋tʰaŋ	laŋ⁻
信阳老	₋fən	₋fən	₋uən	₋tɕyn	ɕyn⁻	yn⁻	₋paŋ	₋maŋ	₋tʰaŋ	laŋ⁻
平桥	₋fən	₋fən	₋uən	₋tɕyn	ɕyn⁻	yn⁻	₋paŋ	₋maŋ	₋tʰaŋ	laŋ⁻
罗山	₋fən	₋fən	₋uən	₋tɕyn	ɕyn⁻	yn⁻	₋paŋ	₋maŋ	₋tʰaŋ	laŋ⁻
光山	₋fen	₋fen	₋uen	₋tʂɥen	ɕyn⁻	yen⁻	₋paŋ	₋maŋ	₋tʰaŋ	laŋ⁻
新县	₋fen	₋fen	₋uen	₋tʂɥen	ɕyn⁻	yen⁻	₋paŋ	₋maŋ	₋tʰaŋ	laŋ⁻
固始	₋fən	₋fən	₋uən	₋tɕyn	ɕyn⁻	yn⁻	₋paŋ	₋maŋ	₋tʰaŋ	laŋ⁻
商城	₋fən	₋fən	₋uən	₋tɕyn	ɕyn⁻	yn⁻	₋paŋ	₋maŋ	₋tʰaŋ	laŋ⁻
淮滨	₋fəŋ	₋fəŋ	₋uəŋ	₋tɕyŋ	ɕyŋ⁻	yŋ⁻	₋paŋ	₋maŋ	₋tʰaŋ	laŋ⁻
濉溪	₋fẽ	₋fẽ	₋uẽ	₋tɕyĩ	ɕyĩ⁻	yĩ⁻	₋paŋ	₋maŋ	₋tʰaŋ	laŋ⁻
萧县	₋fə̃	₋fə̃	₋uə̃	₋tɕyẽ	ɕyẽ⁻	yẽ⁻	₋paŋ	₋maŋ	₋tʰaŋ	laŋ⁻
怀远	₋fən	₋fən	₋vən	₋tɕyn	ɕyn⁻	yn⁻	₋paŋ	₋maŋ	₋tʰaŋ	laŋ⁻
定远	₋fə̃	₋fə̃	₋uə̃	₋tɕyə̃	ɕyə̃⁻	yə̃⁻	₋pã	₋mã	₋tʰã	lã⁻

第八章 基础字音对照表

续表

地位地点	臻合三平文非	臻合三平文奉	臻合三平文微	臻合三平文见	臻合三去问晓	臻合三去问云	宕开一平唐帮	宕开一平唐明	宕开一平唐定	宕开一去宕来
明光	₌fəŋ	₌fəŋ	₌vəŋ	₌tɕyŋ	₌ɕyŋ	yŋ⁼	₌pã	₌mã	₌tʰã	lã⁼
全椒	₌fə̃	₌fə̃	₌ũə	₌tɕyĩ	₌ɕyĩ	yĩ⁼	₌pã	₌mã	₌tʰã	lã⁼
长丰	₌fən ₌xuən	₌fən	₌uən ₌vən	₌tɕyn	₌ɕyn	yn⁼	₌paŋ	₌maŋ	₌tʰaŋ	laŋ⁼
肥东	₌fən	₌fən	₌vən	₌tɕyn	₌ɕyn	yn⁼	₌pã	₌mã	₌tʰã	lã⁼

地位地点	宕开一平唐心	宕开一平唐见	宕开一平唐匣	宕开一入铎并	宕开一入铎来	宕开一入铎心	宕开一入铎见	宕开一入铎影	宕开三平阳泥	宕开三平阳来
	桑	钢	杭	薄	落	索	各	恶~人	娘	良
阜南	₌saŋ	₌kaŋ	₌xaŋ	₌puɤ	₌luɤ	₌suɤ	₌kɤ	ɤ⁼	₌niaŋ	₌liaŋ
界首	₌saŋ	₌kaŋ	₌xaŋ	₌puɤ	₌luɤ	₌suɤ	₌kɤ	ɤ⁼	₌niaŋ	₌liaŋ
涡阳	₌saŋ	₌kaŋ	₌xaŋ	₌puɤ	₌luɤ	₌suɤ	₌kɤ	₌ɤɤ	₌niaŋ	₌liaŋ
利辛	₌saŋ	₌kaŋ	₌xaŋ	₌puə	₌luə	₌ɕyə	₌kə	ɤ⁼	₌niaŋ	₌liaŋ
蒙城	₌saŋ	₌kaŋ	₌xaŋ	₌puə	₌luə	₌suə	₌kə	₌ɤɤ	₌niaŋ	₌liaŋ
宿州	₌saŋ	₌kaŋ	₌xaŋ	₌po	₌luɤ	₌suɤ	₌kɤ	₌ɤɤ	₌niaŋ	₌liaŋ
颍上	₌saŋ	₌kaŋ	₌xaŋ	₌puə	₌luə luə⁼	₌suə	₌kə	₌ɤə	₌niaŋ	₌liaŋ
霍邱	₌saŋ	₌kaŋ	₌xaŋ	₌po	₌luo	₌suo	₌kuo	uo⁼	₌niaŋ	₌liaŋ
凤台	₌sã	₌kã	₌xã	₌puə	₌luə/luə⁼	₌suə	₌kə	₌ɤə	₌niã	₌liã
寿县	₌sã	₌kã	₌xã	₌po	₌luo	₌suo	₌kuo	uo⁼	₌niã	₌liã
淮南	₌saŋ	₌kaŋ	₌xaŋ	₌po	₌luo	₌suo	₌kuo	ə⁼	₌niaŋ	₌liaŋ
蚌埠	₌saŋ	₌kaŋ	₌xaŋ	₌puo	₌luo	₌suo	₌kə	₌ɤɤ	₌niaŋ	₌liaŋ
固镇	₌saŋ	₌kaŋ	₌xaŋ	₌puɤ	₌luɤ	₌suɤ	₌kɤ	₌ɤɤ	₌niaŋ	₌liaŋ
五河	₌sã	₌kã	₌xã	₌puɤ	luɤ⁼	suɤ⁼	kuɤ⁼	uɤ⁼	₌niã	₌liã
凤阳	₌sã	₌kã	₌xã	₌po	luo⁼	suo⁼	kə⁼	ɤə⁼	₌niã	₌liã
泗县	₌saŋ	₌kaŋ	₌xaŋ	₌puɤ	₌luɤ	₌suɤ	₌kɤ	uɤ⁼	₌niaŋ	₌liaŋ
信阳老	₌saŋ	₌kaŋ	₌xaŋ	₌po	₌luo	₌suo	₌kɤ	₌ŋo	₌niaŋ	₌liaŋ
平桥	₌saŋ	₌kaŋ	₌xaŋ	₌po	₌lo	₌so	₌ko	uo⁼	₌niaŋ	₌liaŋ
罗山	₌saŋ	₌kaŋ	₌xaŋ	₌po	₌lo	₌so	₌ko	uo⁼	₌niaŋ	₌liaŋ

续表

地位 地点	宕开一 平唐心	宕开一 平唐见	宕开一 平唐匣	宕开一 入铎并	宕开一 入铎来	宕开一 入铎心	宕开一 入铎见	宕开一 入铎影	宕开三 平阳泥	宕开三 平阳来
光山	₋saŋ	₋kaŋ	₋xaŋ	₋po	₋lo	₋so	₋ko	₋ŋo	₋niaŋ	₋liaŋ
新县	₋saŋ	₋kaŋ	₋xaŋ	₋po	₋lo	₋so	₋ko	₋uo	₋niaŋ	₋liaŋ
固始	₋saŋ	₋kaŋ	₋xaŋ	₋po	₋luo	₋suo	₋kɤ	₋ɤ	₋liaŋ	₋liaŋ
商城	₋saŋ	₋kaŋ	₋xaŋ	₋po	₋luo	₋suo	₋kɤ	₋ɤ	₋liaŋ	₋liaŋ
淮滨	₋saŋ	₋kaŋ	₋xaŋ	₋po	₋luo	₋suo	₋kɤ	₋ɤ	₋liaŋ	₋liaŋ
濉溪	₋saŋ	₋kaŋ	₋xaŋ	₋puɤ	₋luɤ	₋suɤ	₋kɤ	₋ɤ	₋niaŋ	₋liaŋ
萧县	₋saŋ	₋kaŋ	₋xaŋ	₋puə	₋luə	₋suə	₋kə	₋ɤə	₋niaŋ	₋liaŋ
怀远	₋saŋ	₋kaŋ	₋xaŋ	₋puɒʔ	luɒʔ₋	suɒʔ₋	kɒʔ₋	ə ʔ₋	₋niaŋ	₋liaŋ
定远	₋sã	₋kã	₋x ã	₋luʔ	₋so	₋kɐʔ	₋ɐʔ	₋niã	₋liã	
明光	₋sã	₋kã	₋x ã	₋puo	luo °	suo °	kə °	ə °	₋niã	₋liã
全椒	₋sã	₋kã	₋x ã	pɐʔ₋	₋luʌ	₋su	kɐʔ₋	ʔa₋	₋niã	₋liã
长丰	₋saŋ	₋kaŋ	₋xaŋ	puɐʔ₋	₋luʌ	suʌs₋	kɐʔ₋	ɤɐʔ₋	₋niaŋ	₋liaŋ
肥东	₋sã	₋kã	₋x ã	pɐʔ₋	₋luaŋ	suaŋs₋	kɐʔ₋	ʔa₋	₋liã	₋liã

地位 地点	宕开三 平阳清	宕开三 上养邪	宕开三 平阳知	宕开三 上养澄	宕开三 平阳崇	宕开三 上养昌	宕开三 平阳日	宕开三 平阳群	宕开三 平阳以	宕开三 入药从
	枪	像	张	丈	床	厂	瓤	强	羊	嚼
阜南	₋tɕʰiaŋ	ɕiaŋ °	₋tsaŋ	tsaŋ °	₋tsʰuaŋ	₋tsʰaŋ	₋zaŋ	₋tɕiaŋ	₋iaŋ	₋tɕyɤ
界首	₋tɕʰiaŋ	ɕiaŋ °	₋tʂaŋ	tʂaŋ °	₋tʂʰuaŋ	₋tʂʰaŋ	₋ʐaŋ	₋tɕiaŋ	₋iaŋ	₋tɕyɤ
涡阳	₋tɕʰiaŋ	ɕiaŋ °	₋tʂaŋ	tʂaŋ °	₋tʂʰuaŋ	₋tʂʰaŋ	₋ʐaŋ	₋tɕiaŋ	₋iaŋ	₋tsuɤ ₋tɕyɤ
利辛	₋tɕʰiaŋ	ɕiaŋ °	₋tʂaŋ	tʂaŋ °	₋tʂʰuaŋ	₋tʂʰaŋ	₋ʐaŋ	₋tɕʰiaŋ	₋iaŋ	₋tɕyə ₋tsuə
蒙城	₋tɕʰiaŋ	ɕiaŋ °	₋tʂaŋ	tʂaŋ °	₋tʂʰuaŋ	₋tʂʰaŋ	₋ʐaŋ	₋tɕʰiaŋ	₋iaŋ	₋tɕye
宿州	₋tɕʰiaŋ	ɕiaŋ °	₋tʂaŋ	tʂaŋ °	₋tʂʰuaŋ	₋tʂʰaŋ	₋ʐaŋ	₋tɕʰiaŋ	₋iaŋ	₋tɕyo ₋tsuɤ
颍上	₋tɕʰiaŋ	ɕiaŋ °	₋tsaŋ	tsaŋ °	₋tsʰuaŋ	₋tsʰaŋ	₋zaŋ	₋tɕʰiaŋ	₋iaŋ	₋tɕyə
霍邱	₋tɕʰiaŋ	ɕiaŋ °	₋tsaŋ	tsaŋ °	₋tsʰuaŋ	₋tsʰaŋ	₋zaŋ	₋tɕʰiaŋ	₋iaŋ	₋tɕyo
凤台	₋tɕʰiã	ɕiã °	₋ts ã	ts ã °	₋tsʰuã	₋tsʰ ã	₋z ã	₋tɕʰiã	₋iaŋ	₋tsuo
寿县	₋tɕʰiã	ɕiã °	₋ts ã	ts ã °	₋tsʰuã	₋tsʰ ã	₋z ã	₋tɕʰiã	₋iã	₋tɕyo

续表

地位　地点	宕开三平阳清	宕开三上养邪	宕开三平阳知	宕开三上养澄	宕开三平阳崇	宕开三上养昌	宕开三平阳日	宕开三平阳群	宕开三平阳以	宕开三入药从
淮南	₋tɕʰiaŋ	ɕiaŋ⁼	₋tsaŋ	tsaŋ⁼	₋tsʰuaŋ	⁼tsʰaŋ	₋zaŋ	₋tɕʰiaŋ	₋iaŋ	₋tɕye
蚌埠	₋tɕʰiaŋ	ɕiaŋ⁼	₋tsaŋ	tsaŋ⁼	₋tsʰuaŋ	⁼tsʰaŋ	₋zaŋ	₋tɕʰiaŋ	₋iaŋ	₋tɕyo
固镇	₋tɕʰiaŋ	ɕiaŋ⁼	₋tsaŋ	tsaŋ⁼	₋tsʰuaŋ	⁼tsʰaŋ	₋zaŋ	₋tɕʰiaŋ	₋iaŋ	₋tɕye
五河	₋tɕʰiã	ɕiã⁼	₋tʂã	tʂã⁼	₋tʂʰuã	⁼tʂʰã	₋ʐã	₋tɕʰiã	₋iã	₋tɕye tɕyɤ
凤阳	₋tɕʰiã	ɕiã⁼	₋tʂã	tʂã⁼	₋tʂʰuã	⁼tʂʰã	₋ʐã	₋tɕʰiã	₋iã	tɕyo
泗县	₋tɕʰiaŋ	ɕiaŋ⁼	₋tsaŋ	tsaŋ⁼	₋tsʰuaŋ	⁼tsʰaŋ	₋z̩aŋ	₋tɕʰiaŋ	₋iaŋ	tɕyɤ
信阳老	₋tɕʰiaŋ	ɕiaŋ⁼	₋tsaŋ	tsaŋ⁼	₋tsʰaŋ	⁼tsʰaŋ	₋zaŋ	₋tɕʰiaŋ	₋iaŋ	tɕyo
平桥	₋tɕʰiaŋ	ɕiaŋ⁼	₋tsaŋ	tsaŋ⁼	₋tsʰuaŋ	⁼tsʰaŋ	₋zaŋ	₋tɕʰiaŋ	₋iaŋ	tɕyo
罗山	₋tɕʰiaŋ	ɕiaŋ⁼	₋tsaŋ	tsaŋ⁼	₋tsʰuaŋ	⁼tsʰaŋ	₋zaŋ	₋tɕʰiaŋ	₋iaŋ	tɕyo
光山	₋tɕʰiaŋ	ɕiaŋ⁼	₋tsaŋ	tsaŋ⁼	₋tsʰuaŋ	⁼tsʰaŋ	₋z̩aŋ	₋tɕʰiaŋ	₋iaŋ	tɕio
新县	₋tɕʰiaŋ	ɕiaŋ⁼	₋tsaŋ	tsaŋ⁼	₋tsʰuaŋ	⁼tsʰaŋ	₋z̩aŋ	₋tɕʰiaŋ	₋iaŋ	tɕio
固始	₋tɕʰiaŋ	ɕiaŋ⁼	₋tsaŋ	tsaŋ⁼	₋tsʰuaŋ	⁼tsʰaŋ	₋zaŋ	₋tɕʰiaŋ	₋iaŋ	tɕyo
商城	₋tɕʰiaŋ	ɕiaŋ⁼	₋tsaŋ	tsaŋ⁼	₋tsʰuaŋ	⁼tsʰaŋ	₋zaŋ	₋tɕʰiaŋ	₋iaŋ	
淮滨	₋tɕʰiaŋ	ɕiaŋ⁼	₋tsaŋ	tsaŋ⁼	₋tsʰuaŋ	⁼tsʰaŋ	₋zaŋ	₋tɕʰiaŋ	₋iaŋ	tɕyo
濉溪	₋tɕʰiaŋ	ɕiaŋ⁼	₋tʂaŋ	tʂaŋ⁼	₋tsʰuaŋ	⁼tsʰaŋ	₋z̩aŋ	₋tɕʰiaŋ	₋iaŋ	tɕyɤ
萧县	₋tɕʰiaŋ	ɕiaŋ⁼	₋tsaŋ	tsaŋ⁼	₋tsʰuaŋ	⁼tsʰaŋ	₋z̩aŋ	₋tɕʰiaŋ	₋iaŋ	tɕyə
怀远	₋tɕʰiaŋ	ɕiaŋ⁼	₋tsaŋ	tsaŋ⁼	₋tsʰuaŋ	⁼tsʰaŋ	₋zaŋ	₋tɕʰiaŋ	₋iaŋ	₋tɕyeʔ ₋tɕyeʔ
定远	₋tɕʰiã	ɕiã⁼	₋tʂã	tʂã⁼	₋tʂʰuã	⁼tʂʰã	₋ʐã	₋tɕʰiã	₋iã	tɕyeʔ
明光	₋tɕʰiã	ɕiã⁼	₋tʂã	tʂã⁼	₋tʂʰuã	⁼tʂʰã	₋ʐã	₋tɕʰiã	₋iã	tɕye
全椒	₋tɕʰiã	ɕiã⁼	₋tʂã	tʂã⁼	₋tʂʰuã	⁼tʂʰã	₋ʐã	₋tɕʰiã	₋iã	tɕyeʔ
长丰	₋tɕʰiaŋ	ɕiaŋ⁼	₋tsaŋ	tsaŋ⁼	₋tsʰuaŋ	⁼tsʰaŋ	₋zaŋ	₋tɕʰiaŋ	₋iaŋ	₋tɕio⁼ tɕyeʔ
肥东	₋tɕʰiã	ɕiã⁼	₋tʂã	tʂã⁼	₋tʂʰuã	⁼tʂʰã	₋ʐã	₋tɕʰiã	₋iã	₋tɕaʔ

地位　地点	宕开三入药澄	宕开三入药日	宕开三入药见	宕开三入药以	宕合一平唐见	宕合一平阳影	宕合一入铎见	宕合三平阳非	宕合三平阳奉	宕合三上养微
	睡不着	弱	脚	药	光	汪	郭	方	房	网
阜南	₋tsuɤ	₋zuɤ	₋tɕyɤ	₋yɤ	₋kuaŋ	₋uaŋ	₋kuɤ	₋xuaŋ	₋xuaŋ	uaŋ⁼

续表

地位 地点	宕开三 入药澄	宕开三 入药日	宕开三 入药见	宕开三 入药以	宕合一 平唐见	宕合一 平阳影	宕合一 入铎见	宕合三 平阳非	宕合三 平阳奉	宕合三 上养微
界首	꜁tʂuɤ	꜀ʐuɤ	꜀tɕyɤ	꜀yɤ	꜀kuɑŋ	꜀uɑŋ	꜀kuɤ	꜀fɑŋ	꜁fɑŋ	꜂uɑŋ
涡阳	꜁tʂuɤ	꜀ʐuɤ	꜀tɕye	꜀yɤ	꜀kuɑŋ	꜀uɑŋ	꜀kuɤ	꜀fɑŋ	꜁fɑŋ	꜂uɑŋ
利辛	꜁tsuə	꜀ʐuə	꜀tɕyə	꜀yə	꜀kuɑŋ	꜀uɑŋ	꜀kuə	꜀fɑŋ	꜁fɑŋ	꜂uɑŋ
蒙城	꜁tʂuə	꜀ʐuə	꜀tɕyə	꜀ye	꜀kuɑŋ	꜀uɑŋ	꜀kuə	꜀fɑŋ	꜁fɑŋ	꜂uɑŋ
宿州	꜁tʂuə	꜀ʐuə	꜀tɕyo	꜀yo	꜀kuɑŋ	꜀uɑŋ	꜀kuɤ	꜀fɑŋ	꜁fɑŋ	꜂uɑŋ
颍上	꜁tsuə	꜀zuə	꜀tɕyə	꜀yə	꜀kuɑŋ	꜀uɑŋ	꜀kuə	꜀xuɑŋ	꜁xuɑŋ	꜂uɑŋ
霍邱	꜁tsuo	꜀zuo	꜀tɕyo	꜀yo	꜀kuɑŋ	꜀uɑŋ	꜀kuo	꜀xuɑŋ	꜁xuɑŋ	꜂uɑŋ
凤台	꜁tsuo	꜀zuo	꜀tɕyo	꜀yo	꜀kuɑ̃	꜀uɑ̃	꜀kuo	꜀xuɑ̃	꜁xuɑ̃	꜂uɑ̃
寿县	꜁tsuo	꜀zuo	꜀tɕyo	꜀yo	꜀kuɑ̃	꜀uɑ̃	꜀kuo	꜀xuɑ̃	꜁xuɑ̃	꜂uɑ̃
淮南	꜁tsuo	꜀zuo	꜀tɕye	꜀ye	꜀kuɑŋ	꜀vɑŋ	꜀kuo	꜀xuɑŋ	꜁xuɑŋ	꜂uɑŋ
蚌埠	꜁tsuo	꜀zuo	꜀tɕyo	꜀yo	꜀kuɑŋ	꜀vɑŋ	꜀kuo	꜀fɑŋ	꜁fɑŋ	꜂vɑŋ
固镇	꜁tsuɤ	꜀zuɤ	꜀tɕye	꜀ye	꜀kuɑŋ	꜀vɑŋ	꜀kuɤ	꜀fɑŋ	꜁fɑŋ	꜂vɑŋ
五河	꜁tʂuɤ	ʐuɤ꜄	tɕye꜄	ye꜄	꜀kuɑ̃	꜀v ɑ̃	kuɤ꜄	꜀fɑ̃	꜁fɑ̃	꜂v ɑ̃
凤阳	꜁tʂuo	꜀ʐuo	tɕyo꜄	yo꜄	꜀kuɑ̃	꜀v ɑ̃	kuo꜄	꜀fɑ̃	꜁fɑ̃	꜂v ɑ̃
泗县	꜁tʂuɤ	꜀ʐuɤ	꜀tɕyɤ	꜀yɤ	꜀kuɑŋ	꜀uɑŋ	꜀kuɤ	꜀fɑŋ	꜁fɑŋ	꜂uɑŋ
信阳老	꜁tsuo	꜀zuo	꜀tɕyo	꜀yo	꜀kuɑŋ	꜀uɑŋ	꜀kuo	꜀fɑŋ	꜁fɑŋ	꜂uɑŋ
平桥	꜁tso	꜀zo	꜀tɕyo	꜀yo	꜀kuɑŋ	꜀uɑŋ	꜀ko	꜀fɑŋ	꜁fɑŋ	꜂uɑŋ
罗山	꜁tso	꜀ȵyo	꜀tɕyo	꜀yo	꜀kuɑŋ	꜀uɑŋ	꜀ko	꜀fɑŋ	꜁fɑŋ	꜂uɑŋ
光山	꜁tʂo	꜀ȵio	꜀tɕio	꜀io	꜀kuɑŋ	꜀uɑŋ	꜀kuo	꜀fɑŋ	꜁fɑŋ	꜂uɑŋ
新县	꜁tʂo	꜀ȵio	꜀tɕio	꜀io	꜀kuɑŋ	꜀uɑŋ	꜀ko	꜀fɑŋ	꜁fɑŋ	꜂uɑŋ
固始	꜁tsuo	꜁zuo	꜀tɕyo	꜀yo	꜀kuɑŋ	꜀uɑŋ	꜁kuo	꜀fɑŋ	꜁fɑŋ	꜂uɑŋ
商城	꜁tsuo	꜁zuo	꜀tɕyo	꜀yo	꜀kuɑŋ	꜀uɑŋ	꜁kɤ	꜀fɑŋ	꜁fɑŋ	꜂uɑŋ
淮滨	꜁tsuo	꜁zuo	꜀tɕyo	꜀yo	꜀kuɑŋ	꜀uɑŋ	꜁kuo	꜀xuɑŋ	꜁xuɑŋ	꜂uɑŋ
濉溪	꜁tʂuɤ	꜀ʐuɤ	꜀tɕyɤ	꜀yɤ	꜀kuɑŋ	꜀uɑŋ	꜀kuɤ	꜀fɑŋ	꜁fɑŋ	꜂uɑŋ
萧县	꜁tʂuə	꜀ʐuə	꜀tɕyə	꜀yə	꜀kuɑŋ	꜀uɑŋ	꜀kuə	꜀fɑŋ	꜁fɑŋ	꜂uɑŋ
怀远	꜁tsuə	zuəʔ꜆	tɕyəʔ꜆ tɕyeʔ꜆	yəʔ yeʔ꜆	꜀kuɑŋ	꜀uɑŋ	kuəʔ꜆	꜀fɑŋ	꜁fɑŋ	꜂vɑŋ
定远	꜁tʂo	ʐuɐʔ꜆	tɕyɐʔ꜆	yɐʔ꜆	꜀kuɑ̃	꜀uɑ̃	kuɐʔ꜆	꜀fɑ̃	꜁fɑ̃	꜂uɑ̃
明光	꜁tʂuo	ʐuo꜄	tɕye꜄	yo꜄	꜀kuɑ̃	꜀v ɑ̃	kuo꜄	꜀fɑ̃	꜁fɑ̃	꜂v ɑ̃

续表

地位＼地点	宕开三入药澄	宕开三入药日	宕开三入药见	宕开三入药以	宕合一平唐见	宕合一平阳影	宕合一入铎见	宕合三平阳非	宕合三平阳奉	宕合三上养微
全椒	tʂaŋʔ˒	zuŋʔ˒	tɕyeʔ˒	yeʔ˒	ˍkuã	ˍuã	kuaʔ˒	ˍfã	ˍfã	ˍuã
长丰	tʂuʐʔ˒	zuʐʔ˒	tɕyeʔ˒	yeʔ˒	ˍkuaŋ	ˍuaŋ	kuaʔ˒	ˍfaŋ ˍxuaŋ	ˍfaŋ ˍxuaŋ	ˍuaŋ
肥东	tʂuɐʔ˒	zuɐʔ˒	tɕyeʔ˒	yeʔ˒	ˍkuã	ˍuã	kuaʔ˒	ˍfã	ˍfã	ˍuã

地位＼地点	宕合三平阳群	宕合三平阳云	江开二平江帮	江开二去绛滂	江开二平江初	江开二平江生	江开二上讲见	江开二上讲匣	江开二入觉帮	江开二入觉知
	狂	王	邦	胖	窗	双	讲	项	剥	桌
阜南	ˍkʰuaŋ	ˍuaŋ	ˍpaŋ	pʰaŋ˃	ˍtʂʰuaŋ	ˍsuaŋ	ˍtɕiaŋ	ɕiaŋ˃	ˍpuɤ	ˍtʂuɤ
界首	ˍkʰuaŋ	ˍuaŋ	ˍpaŋ	pʰaŋ˃	ˍtʂʰuaŋ	faŋˍ suaŋ	ˍtɕiaŋ	ɕiaŋ˃	ˍpuɤ	ˍtʂuɤ
涡阳	ˍkʰuaŋ	ˍuaŋ	ˍpaŋ	pʰaŋ˃	ˍtʂʰuaŋ	ˍsuaŋ ˍfaŋ	ˍtɕiaŋ	ɕiaŋ˃	ˍpuɤ	ˍtʂuɤ
利辛	ˍkʰuaŋ	ˍuaŋ	ˍpaŋ	pʰaŋ˃	ˍtʂʰuaŋ	ˍsuaŋ	ˍtɕiaŋ	ɕiaŋ˃	ˍpuə	ˍtʂuə
蒙城	ˍkʰuaŋ	ˍuaŋ	ˍpaŋ	pʰaŋ˃	ˍtʂʰuaŋ	ˍsuaŋ	ˍtɕiaŋ	ɕiaŋ˃	ˍpuə	ˍtʂuə
宿州	ˍkʰuaŋ	ˍuaŋ	ˍpaŋ	pʰaŋ˃	ˍtʂʰuaŋ	ˍsuaŋ	ˍtɕiaŋ	ɕiaŋ˃	ˍpo	ˍtʂuɤ
颍上	ˍkʰuaŋ	ˍuaŋ	ˍpaŋ	pʰaŋ˃	ˍtsʰuaŋ	ˍsuaŋ	ˍtɕiaŋ	ɕiaŋ˃	ˍpuə	ˍtsuə
霍邱	ˍkʰuaŋ	ˍuaŋ	ˍpaŋ	pʰaŋ˃	ˍtsʰuaŋ	ˍsuaŋ	ˍtɕiaŋ	ɕiaŋ˃	ˍpo	ˍtsuo
凤台	ˍkʰuã	ˍuã	ˍpã	pʰã˃	ˍtsʰuã	ˍsuã	ˍtɕiã	ɕiã˃	ˍpuo	ˍtsuo
寿县	ˍkʰuã	ˍuã	ˍpã	pʰã˃	ˍtsʰuã	ˍsuã	ˍtɕiã	ɕiã˃	ˍpo	ˍtsuo
淮南	ˍkʰuaŋ	ˍuaŋ	ˍpaŋ	pʰaŋ˃	ˍtsʰuaŋ	ˍsuaŋ	ˍtɕiaŋ	ɕiaŋ˃	ˍpo	ˍtsuo
蚌埠	ˍkʰuaŋ	ˍvaŋ	ˍpaŋ	pʰaŋ˃	ˍtsʰuaŋ	ˍsuaŋ	ˍtɕiaŋ	ɕiaŋ˃	ˍpuo	ˍtsuo
固镇	ˍkʰuaŋ	ˍvaŋ	ˍpaŋ	pʰaŋ˃	ˍtsʰuaŋ	ˍsuaŋ	ˍtɕiaŋ	ɕiaŋ˃	ˍpuɤ	ˍtsuɤ
五河	ˍkʰuã	ˍvã	ˍpã	pʰã˃	ˍtʂʰuã	ˍʂuã	ˍtɕiã	ɕiã˃	puɤ˃	tʂuɤ˃
凤阳	ˍkʰuã	ˍvã	ˍpã	pʰã˃	ˍtsʰuã	ˍsuã	ˍtɕiã	ɕiã˃	ˍpo	ˍtsuo
泗县	ˍkʰuaŋ	ˍuaŋ	ˍpaŋ	pʰaŋ˃	ˍtsʰuaŋ	ˍsuaŋ	ˍtɕiaŋ	ɕiaŋ˃	ˍpuɤ	ˍtsuɤ
信阳老	ˍkʰuaŋ	ˍuaŋ	ˍpaŋ	pʰaŋ˃	ˍtsʰaŋ	ˍsaŋ	ˍtɕiaŋ	ɕiaŋ˃	ˍpo	ˍtsuo
平桥	ˍkʰuaŋ	ˍuaŋ	ˍpaŋ	pʰaŋ˃	ˍtsʰuaŋ	ˍsuaŋ	ˍtɕiaŋ	ɕiaŋ˃	ˍpo	ˍtsuo
罗山	ˍkʰuaŋ	ˍuaŋ	ˍpaŋ	pʰaŋ˃	ˍtsʰaŋ	ˍsaŋ	ˍtɕiaŋ	ɕiaŋ˃	ˍpo	ˍtso
光山	ˍkʰuaŋ	ˍuaŋ	ˍpaŋ	pʰaŋ˃	ˍtsʰaŋ	ˍsaŋ	ˍtɕiaŋ	ɕiaŋ˃	ˍpo	ˍtso

续表

地位\地点	宕合三平阳群	宕合三平阳云	江开二平江帮	江开二去绛滂	江开二平江初	江开二平江生	江开二上讲见	江开二上讲匣	江开二入觉帮	江开二入觉知
新县	₋kʰuaŋ	₋uaŋ	₋paŋ	pʰaŋ⁻	₋tsʰaŋ	₋saŋ	₋tɕiaŋ	ɕiaŋ⁻	₋po	₋tso
固始	₋kʰuaŋ	₋uaŋ	₋paŋ	pʰaŋ⁻	₋tsʰuaŋ	₋suaŋ	₋tɕiaŋ	ɕiaŋ⁻	₋po	₋tsuo
商城	₋kʰuaŋ	₋uaŋ	₋paŋ	pʰaŋ⁻	₋tsʰuaŋ	₋suaŋ	₋tɕiaŋ	ɕiaŋ⁻	₋po	₋tsuo
淮滨	₋kʰuaŋ	₋uaŋ	₋paŋ	pʰaŋ⁻	₋tsʰuaŋ	₋suaŋ	₋tɕiaŋ	ɕiaŋ⁻	₋po	₋tsuo
濉溪	₋kʰuaŋ	₋uaŋ	₋paŋ	pʰaŋ⁻	₋tʂʰuaŋ	₋ʂuaŋ	₋tɕiaŋ	ɕiaŋ⁻	₋puɤ	₋tsuɤ
萧县	₋kʰuaŋ	₋uaŋ	₋paŋ	pʰaŋ⁻	₋tʂʰuaŋ	₋ʂuaŋ	₋tɕiaŋ	ɕiaŋ⁻	puə⁻	₋tsuə
怀远	₋kʰuaŋ	₋vaŋ	₋paŋ	pʰaŋ⁻	₋tsʰuaŋ	₋suaŋ	₋tɕiaŋ	ɕiaŋ⁻	puə⁻	tsuəʔ⁻
定远	₋kʰuã	₋uã	₋pã	pʰã⁻	₋tʂʰuã	₋ʂuã	₋tɕiã	ɕiã⁻	₋po	tʂaʔ⁻
明光	₋kʰuã	₋vã	₋pã	pʰã⁻	₋tʂʰuã	₋ʂuã	₋tɕiã	ɕiã⁻	puo⁻	tso⁻
全椒	₋kʰuã	₋uã	₋pã	pʰã⁻	₋tʂʰuã	₋ʂuã	₋tɕiã	ɕiã⁻	₋paʔ	tʂaʔ⁻
长丰	₋kʰuaŋ	₋vaŋ	₋paŋ	pʰaŋ⁻	₋tsʰuaŋ	₋suaŋ	₋tɕiaŋ	ɕiaŋ⁻	₋paʔ	tsaʔ⁻
肥东	₋kʰuã	₋uã	₋pã	pʰã⁻	₋tʂʰuã	₋ʂuã	₋tɕiã	ɕiã⁻	₋paʔ	tʂaʔ⁻

地位\地点	讲开二入觉庄	江开二入觉溪	曾开一平登并	曾开一上等端	曾开一平登泥	曾开一平登精	曾开一上等溪	曾开一入德帮	曾开一入德端	曾开一入德从
	捉	确	朋	等	能	增	肯	北	德	贼
阜南	₋tʂuɤ	tɕʰyɤ⁻	₋pʰuŋ	₋təŋ	₋nəŋ	₋tsəŋ	₋kʰəŋ	pei⁻	tɤ⁻	₋tsuei
界首	₋tʂɤ	tɕʰye⁻	₋pʰəŋ	₋təŋ	₋nəŋ	₋tsəŋ	₋kʰə̃	pei⁻	tɤ⁻	₋tsei
涡阳	₋tʂuɤ	tɕʰyɤ⁻	₋pʰəŋ	₋təŋ	₋nəŋ	₋tsəŋ	₋kʰəŋ	pə⁻	tə⁻	₋tsə
利辛	₋tʂuə	tɕʰyə⁻	₋pʰuŋ	₋təŋ	₋nəŋ	₋tsəŋ	₋kʰen	pei⁻	tei⁻	₋tsei
蒙城	₋tʂuə	tɕʰyə⁻	₋pʰəŋ	₋təŋ	₋nəŋ	₋tsəŋ	₋kʰen	pei⁻	tei⁻	₋tsei
宿州	₋tʂuɤ	tɕʰyɤ⁻ / tɕʰyə⁻	₋pʰəŋ	₋təŋ	₋nəŋ	₋tsəŋ	₋kʰen	pei⁻	tei⁻	₋tsei
颍上	₋tsuə	tɕʰyə⁻	₋pʰəŋ	₋təŋ	₋nəŋ	₋tsəŋ	₋kʰəŋ	pə⁻	tɤ⁻	₋tsei
霍邱	₋tsu	tɕʰyo⁻	₋pʰoŋ	₋tən	₋nən	₋tsən	₋kʰən	pə⁻	tɤ⁻	₋tsə
凤台	₋tsuo	tɕʰye⁻	₋pʰə̃	₋tə̃	₋nə̃	₋tsə̃	₋kʰə̃	₋pəi / ₋iəi	tə⁻	₋tsiəi
寿县	₋tsuo	tɕʰyo⁻	₋pʰoŋ	₋tə̃	₋nə̃	₋tsə̃	₋kʰə̃	₋puo	tə⁻	₋tsɛi
淮南	₋tsuo	tɕʰye⁻	₋pʰuŋ	₋tə̃	₋nə̃	₋tsə̃	₋kʰə̃	pei⁻	₋tə / ₋tei	₋tsei

续表

地位\地点	讲开二入觉庄	江开二入觉溪	曾开一平登并	曾开一上等端	曾开一平登泥	曾开一平登精	曾开一上等溪	曾开一入德帮	曾开一入德端	曾开一入德从
蚌埠	₋tsuo	₋tɕʰyo	₋pʰə̃	₋tə̃	₋nə̃	₋tsə̃	₋kʰə̃	₋pei	tə⁻	tsei⁻
固镇	₋tsuɤ	tɕʰye⁻	₋pʰuŋ	₋təŋ	₋nəŋ	₋tsəŋ	₋kʰəŋ	₋pə	tə⁻	tsə⁻
五河	tʂuɤ⁻	tɕʰyɤ⁻	₋pʰuŋ	₋təŋ	₋nəŋ	₋tsəŋ	₋kʰəŋ	₋pei	⁻tɤ / tɤ⁻	tsei⁻
凤阳	₋tsuo	tɕʰyo⁻	₋pʰə̃	₋tə̃	₋nə̃	₋tsə̃	₋kʰə̃	pə⁻	tə⁻	tsə⁻
泗县	tsuɤ⁻	₋tɕʰyɤ	₋pʰuŋ	₋təŋ	₋nəŋ	₋tsəŋ	₋kʰə̃	₋pə	⁻tə / ⁻tɤ	tsə⁻
信阳老	₋tsuo	₋tɕʰyo	₋pʰən	₋tən	₋lən	₋tsən	₋kʰən	₋pɛ	ɜt⁻	tsei⁻
平桥	₋tsuo	tɕʰyo⁻	₋pʰən	₋tən	₋lən	₋tsən	₋kʰən	₋pei	ɜt⁻	tsei⁻
罗山	₋tso	tɕʰyo⁻	₋pʰən	₋tən	₋lən	₋tsən	₋kʰən	₋pe	₋te	tsei⁻
光山	₋tso	tɕʰio⁻	₋pʰen	₋ten	₋len	₋tsen	₋kʰen	₋pe	₋te	tsei⁻
新县	₋tso	tɕʰyo⁻	₋pʰen	₋ten	₋len	₋tsen	₋kʰen	₋pe	₋te	tsei⁻
固始	₋tsuo	tɕʰyo⁻	₋pʰən	₋tən	₋lən	₋tsən	₋kʰən	₋pai / ₋piɛ	₋tai / ₋tiɛ	tsei⁻
商城	₋tsuo	tɕʰyo⁻	₋pʰən	₋tən	₋lən	₋tsən	₋kʰən	₋piɛ	₋tiɛ	tsei⁻
淮滨	₋tsuo	tɕʰyo⁻	₋pʰəŋ	₋təŋ	₋ləŋ	₋tsəŋ	₋kʰəŋ	₋pɛ	ɜt⁻	tsei⁻
濉溪	tsuɤ⁻	tɕʰyɤ⁻	₋pʰuŋ	₋təŋ	₋nəŋ	₋tsəŋ	₋kʰə̃	₋pei	₋tei	tsei⁻
萧县	₋tsuɐ	₋tɕʰyɐ	₋pʰəŋ	₋təŋ	₋nəŋ	₋tsəŋ	₋kʰə̃	₋pə	ɜt⁻	tsə⁻
怀远	tsuɐʔ⁻	tɕʰyeʔ⁻	₋pʰuŋ	₋tən	₋nən	₋tsən	₋kʰən	pəʔ⁻	təʔ⁻	tseiʔ⁻ / tsəʔ⁻
定远	tʂuɐʔ⁻	tɕʰyeʔ⁻	₋pʰuŋ	₋tə̃	₋nə̃	₋tsə̃	₋kʰə̃	₋pɐʔ	teʔ⁻	tseʔ⁻
明光	tsuo⁻	tɕʰyo⁻	₋pʰəŋ	₋təŋ	₋nəŋ	₋tsəŋ	₋kʰəŋ	₋pə	⁻tə	tsə⁻
全椒	tsuɐʔ⁻	tɕʰyeʔ⁻	₋pʰə̃	₋tə̃	₋lə̃	₋tsə̃	₋kʰə̃	₋pɐʔ	tɐʔ⁻	tseʔ⁻
长丰	tsuɐʔ⁻	tɕʰyɐʔ⁻	₋pʰən	₋tən	₋nən	₋tsən	₋kʰən	pɐʔ⁻	tɐʔ⁻	tsei⁻
肥东	tsuɐʔ⁻	tɕʰyɐʔ⁻	₋pʰən	₋tən	₋lən	₋tsən	₋kʰən	pɐʔ⁻	tɐʔ⁻	tsəi⁻

地位\地点	曾开一入德溪	曾开一入德晓	曾开三平蒸帮	曾开三平蒸并	曾开三平蒸来	曾开三平蒸章	曾开三平蒸书	曾开三去证晓	曾开三平蒸影	曾开三入职来
	刻	黑	冰	凭	菱	蒸	升	高兴	鹰	力
阜南	₋kʰie	₋xie	₋piŋ	₋pʰiŋ	₋liŋ	₋tsəŋ	₋səŋ	ɕiŋ⁻	₋iŋ	li⁻

续表

地位 地点	曾开一 入德溪	曾开一 入德晓	曾开三 平蒸帮	曾开三 平蒸并	曾开三 平蒸来	曾开三 平蒸章	曾开三 平蒸书	曾开三 去证晓	曾开三 平蒸影	曾开三 入职来
界首	$_c k^h ɤ$	$_c xei$	$_c piŋ$	$_c p^h iŋ$	$_c liŋ$	$_c tʂəŋ$	$_c ʂəŋ$	$ɕiŋ^⊃$	$_c iŋ$	$_c li$
涡阳	$_c k^h ə$	$_c xə$	$_c piŋ$	$_c p^h iŋ$	$_c liŋ$	$_c tʂəŋ$	$_c ʂəŋ$	$ɕiŋ^⊃$	$_c iŋ$	$_c li$
利辛	$_c k^h ei$	$_c xei$	$_c piŋ$	$_c p^h iŋ$	$_c liŋ$	$_c tʂəŋ$	$_c ʂəŋ$	$ɕiŋ^⊃$	$_c iŋ$	$_c li$
蒙城	$_c k^h ei$	$_c xei$	$_c piŋ$	$_c p^h iŋ$	$_c liŋ$	$_c tʂəŋ$	$_c ʂəŋ$	$ɕiŋ^⊃$	$_c iŋ$	$_c li/li^⊃$
宿州	$_c k^h ei$ $_c k^h ɤ$	$_c xei$	$_c piŋ$	$_c p^h iŋ$	$_c liŋ$	$_c tʂəŋ$	$_c ʂəŋ$	$ɕiŋ^⊃$	$_c iŋ$	$_c li$
颍上	$_c k^h ə$	$_c xie$	$_c piŋ$	$_c p^h iŋ$	$_c liŋ$	$_c tʂəŋ$	$_c ʂəŋ$	$ɕiŋ^⊃$	$_c iŋ$	$_c lei$
霍邱	$_c k^h ə$ $_c k^h ɤ$	$_c xə$	$_c pin$	$_c p^h in$	$_c lin$	$_c tsən$	$_c sən$	$ɕin^⊃$	$_c in$	$_c li$
凤台	$_c k^h ə$	$_c xɐi$	$_c pĩ$	$_c p^h ĩ$	$_c lĩ$	$_c tʂə̃$	$_c ʂə̃$	$ɕĩ^⊃$	$_c ĩ$	$_c li$
寿县	$_c k^h ə$	$_c xə$	$_c pĩ$	$_c p^h ĩ$	$_c lĩ$	$_c tʂə̃$	$_c ʂə̃$	$ɕĩ^⊃$	$_c ĩ$	$_c li$
淮南	$_c k^h ə$	$_c xei$	$_c piə̃$	$_c ɕiə̃$	$_c liə̃$	$_c tʂə̃$	$_c ʂə̃$	$ɕiə̃^⊃$	$_c iə̃$	$_c li/li^⊃$
蚌埠	$_c k^h ə$	$_c xei$	$_c pĩ$	$_c p^h ĩ$	$_c lĩ$	$_c tʂə̃$	$_c ʂə̃$	$ɕĩ^⊃$	$_c ĩ$	$_c li$
固镇	$_c k^h ə$ $_c k^h ɤ$	$_c xə$	$_c piŋ$	$_c p^h in$	$_c liŋ$	$_c tsən$	$_c sən$	$ɕiŋ^⊃$	$_c iŋ$	$_c li$
五河	$k^h ɤ^⊃$	$xɤ^⊃$	$_c piŋ$	$_c p^h iŋ$	$_c liŋ$	$_c tʂəŋ$	$_c ʂəŋ$	$ɕiŋ^⊃$	$_c iŋ$	$lie^⊃$
凤阳	$_c k^h ə$	$xə^⊃$	$_c piĩ$	$_c p^h iĩ$	$_c liĩ$	$_c tʂə̃$	$_c ʂə̃$	$ɕiĩ^⊃$	$_c iĩ$	$li^⊃$
泗县	$_c k^h ə$ $_c k^h ɤ$	$_c xə$	$_c piĩ$	$_c p^h iŋ$	$_c liĩ$	$_c tʂəŋ$	$_c ʂəŋ$	$ɕiŋ^⊃$	$_c iŋ$	$_c li$
信阳老	$k^h ɛ^⊃$	$xɛ^⊃$	$_c pin$	$_c p^h in$	$_c lin$	$_c tsən$	$_c sən$	$ɕin^⊃$	$_c in$	$_c li$
平桥	$k^h ɛ^⊃$	$xɛ^⊃$	$_c pin$	$_c p^h in$	$_c lin$	$_c tsən$	$_c sən$	$ɕin^⊃$	$_c in$	$_c li$
罗山	$_c k^h e$	$_c xe$	$_c pin$	$_c p^h in$	$_c lin$	$_c tsən$	$_c sən$	$ɕin^⊃$	$_c in$	$_c li$
光山	$_c k^h e$	$_c xe$	$_c pin$	$_c p^h in$	$_c lin$	$_c tsen$	$_c sen$	$ɕin^⊃$	$_c in$	$_c li$
新县	$_c k^h e$	$_c xe$	$_c pin$	$_c p^h in$	$_c lin$	$_c tsen$	$_c sen$	$ɕin^⊃$	$_c in$	$_c li$
固始	$_c k^h iɛ$	$_c xiɛ$	$_c pin$	$_c p^h in$	$_c lin$	$_c tsən$	$_c sən$	$ɕin^⊃$	$_c in$	$_c li$
商城	$_c k^h iɛ$	$_c xiɛ$	$_c pin$	$_c p^h in$	$_c lin$	$_c tsən$	$_c sən$	$ɕin^⊃$	$_c in$	$_c li$
淮滨	$_c k^h ɛ$	$_c xiɛ$	$_c piŋ$	$_c p^h iŋ$	$_c liŋ$	$_c tʂəŋ$	$_c ʂəŋ$	$ɕiŋ^⊃$	$_c iŋ$	$_c li$
濉溪	$_c k^h əi$	$_c xəi$	$_c piŋ$	$_c p^h iŋ$	$_c liŋ$	$_c tʂəŋ$	$_c ʂəŋ$	$ɕiŋ^⊃$	$_c iŋ$	$_c li$
萧县	$_c k^h ə$	$_c xə$	$_c piŋ$	$_c p^h iŋ$	$_c liŋ$	$_c tʂəŋ$	$_c ʂəŋ$	$ɕiŋ^⊃$	$_c iŋ$	$li^⊃$
怀远	$k^h ʔ^⊃$	$xʔ^⊃$	$_c pin$	$_c p^h in$	$_c lin$	$_c tsən$	$_c sən$	$ɕin^⊃$	$_c in$	$lie ʔ^⊃$

续表

地位\地点	曾开一入德溪	曾开一入德晓	曾开三平蒸帮	曾开三平蒸并	曾开三平蒸来	曾开三平蒸章	曾开三平蒸书	曾开三去证晓	曾开三平蒸影	曾开三入职来
定远	kʰɤʔ˨	xɤʔ˨	piə̃˨	pʰiə̃˨	liə̃˨	tʂə̃˨	ʂə̃˨	ɕiə̃˥	iə̃˨	liʔ˨
明光	kʰɔ˨	xɔ˨	pin˨	pʰin˨	lin˨	tɕen˨	ʂen˨	ɕin˥	in˨	li˨
全椒	kʰɤʔ˨	xɤʔ˨	piĩ˨	pʰiĩ˨	liĩ˨	tʂə̃˨	ʂə̃˨	ɕiĩ˥	iĩ˨	liʔ˨
长丰	kʰɤʔ˨	xɤʔ˨	pin˨	pʰin˨	lin˨	tʂən˨	ʂən˨	ɕin˥	in˨	liəʔ˨
肥东	kʰɤʔ˨	xəʔ˨/xɤʔ˨	pin˨	pʰin˨	lin˨	tʂən˨	ʂən˨	ɕin˥	in˨	liəʔ˨

地位\地点	曾开三入职心 息	曾开三入职澄 直	曾开三入职生 色	曾开三入职章 织	曾开三入职群 极	曾开三入德见 国	曾开三入德匣 或	曾开三入职云 域	梗开二平庚并 彭	梗开二上梗明 猛
阜南	ɕi˨	tʂʅ˨	ʂɤ˥	tʂʅ˥	tɕi˥	kuɤ˥	xuɤ˥	y˥	pʰəŋ˨	məŋ˨
界首	ɕi˨	tʂʅ˨	ʂɤ˥	tʂʅ˥	tɕi˥	kuɤ˥/kuɣ˥	xuɣ˥	y˥	pʰəŋ˨	muŋ˨
涡阳	ɕi˨	tʂʅ˨	sɤ˥/sɣ˥	tʂʅ˥	tɕi˥	kuə˥/kuɣ˥	xuə˥	y˥	pʰəŋ˨	moŋ˨
利辛	ɕi˨	tʂʅ˨	sei˨	tʂʅ˥	tɕi˥	kuei˥/kuə˥	xuei˥	y˥	pʰuŋ˨	muŋ˨
蒙城	ɕi˨	tʂʅ˨	ʂei˨	tʂʅ˥	tɕi˥	kuei˥	xuei˥	y˥	pʰəŋ˨	məŋ˨
宿州	ɕi˨	tʂʅ˨	ʂei˨/ʂʅ˥	tʂʅ˥	tɕi˥	kuei˥	xuɤ˥	y˥/y˥	pʰoŋ˨	moŋ˨
颍上	ɕi˨	tʂʅ˨	ʂɤ˨/sɤ˨	tʂʅ˥	tɕi˥	kuɤ˥/kuə˥	xuə˥	y˥	pʰuŋ˨	məŋ˨
霍邱	ɕi˨	tʂʅ˨	sɤ˥	tʂʅ˥	tɕi˥	kuo˥	ouɤ˥	y˥	pʰoŋ˨	moŋ˨
凤台	ɕi˨	tʂʅ˨	sɤ˥	tʂʅ˥	tɕi˥	kuo˥	xuo˥	y˥	pʰoŋ˨	mə̃˨
寿县	ɕi˨	tʂʅ˨	sɤ˥	tʂʅ˥	tɕi˥	kuo˥	xɤ˥	y˥	pʰoŋ˨	moŋ˨
淮南	ɕi˨	tʂʅ˨	sɤ˥	tʂʅ˥	tɕi˥	kuo˥	ouɤ˥	y˥	pʰuŋ˨	muŋ˨
蚌埠	ɕi˨	tʂʅ˨	sɤ˥	tʂʅ˥	tɕi˥	kuo˥	xuo˥	y˥	pʰə̃˨	mə̃˨
固镇	ɕi˨	tʂʅ˨	sɤ˥/sɣ˥	tʂʅ˥	tɕi˥	kuɣ˥	xuɣ˥	y˥	pʰuŋ˨	muŋ˨
五河	ɕie˨	tʂɣ˨	sɣ˥	tɕie˥	tɕie˥	kuɣ˥	xuɣ˥	y˥	pʰəŋ˨	məŋ˨

续表

地位 地点	曾开三 入职心	曾开三 入职澄	曾开三 入职生	曾开三 入职章	曾开三 入职群	曾开三 入德见	曾开三 入德匣	曾开三 入职云	梗开二 平庚并	梗开二 上梗明
凤阳	ˌɕi	ˌtʂʅ	ˌsə	ˌtʂʅ	ˌtɕi	kuˀ	xuˀ	yˀ	ˌpʰə̃	ˌmẽ
泗县	ˌɕi	ˌtʂʅ	ˌsə ˌsɤ	ˌtʂʅ	ˌtɕi	ˌkuɤ	xuɤˀ	ˌy	ˌpʰuŋ	ˌmuŋ
信阳老	ˌɕi	ˌtʂʅ	ˌsɤ	ˌtʂʅ	ˌtɕi	ˌkuɤ	ɜɤ	ˌy	ˌpʰən	ˌmən
平桥	ˌɕi	ˌtʂʅ	ˌsɤ	ˌtʂʅ	ˌtɕi	ˌkuɛ	ˌfɤ	yˀ	ˌpʰən	ˌmən
罗山	ˌɕi	ˌtʂʅ	ˌse	ˌtʂʅ	ˌtɕi	ˌkue	ˌfe	ˌy	ˌpʰən	ˌmən
光山	ˌɕi	ˌtʂʅ	ˌse	ˌtʂʅ	ˌtɕi	ˌkue	feˀ	ɥ	ˌpʰen	ˌmen
新县	ˌɕi	ˌtʂʅ	ˌsɤ	ˌtʂʅ	ˌtɕi	ˌkue	xue	ɥ	ˌpʰən	ˌmen
固始	ˌɕi	ˌtʂʅ	ˌsai	ˌtʂʅ	ˌtɕi	ˌkuai	xuaiˀ	ˌy	ˌpʰən	ˌmən
商城	ˌɕi	ˌtʂʅ	ˌsə	ˌtʂʅ	ˌtɕi	ˌkuɛ	ɜuxˀ	yˀ	ˌpʰən	ˌmən
淮滨	ˌɕi	ˌtʂʅ	ˌsə	ˌtʂʅ	ˌtɕi	ˌkuɤ	xuɛ	ˌy	ˌpʰəŋ	ˌməŋ
濉溪	ˌɕi	ˌtʂʅ	ˌsei	ˌtʂʅ	ˌtɕi	ˌkuɤˀ ˌkuɛŋˀ	xuɛiˀ	ˌy	ˌpʰəŋ	ˌməŋ
萧县	ˌɕi	ˌtʂʅ	ˌsə	ˌtʂʅ	ˌtɕi	ˌkuə	əuxˀ	ˌy	ˌpʰəŋ	ˌməŋ
怀远	ɕieʔˌ	tsəʔˌ	səʔˌ	tsəʔˌ	tɕieʔˌ	kuəʔˌ	xuəʔˌ	yʔˌ	ˌpʰuŋ	ˌmuŋ
定远	ɕiʔˌ	tʂʅˌ	sɤˀ	tʂʅˌ	tɕiˀ	kuɤˀ	xuɤˀ	ˌy	ˌpʰuŋ	ˌmuŋ
明光	ɕiˀ	tʂʅˀ	sə	tʂʅˀ	tɕiˀ	kuˀ	xuˀ	yˀ	ˌpʰəŋ	ˌməŋ
全椒	ˌsʅ	tʂʅˌ	sɤˀ	tʂʅˌ	tɕiˀ	kuɤˀ	xuɤˀ	ɥˀ	ˌpʰuŋ	ˌmuŋ
长丰	ɕiəʔˌ	tsəʔˌ	səˀ	tsəʔˌ	tɕiəʔˌ	kuɤʔˌ	xuɤʔˌ	yeʔˌ	ˌpʰəŋ	ˌməŋ
肥东	ɕiəʔˌ	tʂəʔˌ	səʔˌ	tʂəʔˌ	tɕiəʔˌ	kuɤʔˌ	ɜuxʔˌ	yeʔˌ	ˌpʰəŋ	ˌməŋ

地位 地点	梗开二 上梗端	梗开二 上梗来	梗开二 平庚生	梗开二 平庚溪	梗开二 去映疑	梗开二 入陌帮	梗开二 入陌并	梗开二 入陌庄	梗开二 入陌溪	梗开二 平耕并
	打	冷	生	坑	硬	百	白	窄	客	棚
阜南	ˌta	ˌləŋ	ˌsəŋ	ˌkʰəŋ	ɣəŋˀ	ˌpə	ɜəˀ	ˌtsɤ	ˌkʰie	ˌpʰuŋ
界首	ˌta	ˌləŋ	ˌsəŋ	ˌkʰəŋ	ɣəŋˀ	ˌpɤ	ɜɤˀ	ˌtsɤ	ˌkʰɤ	ˌpʰuŋ
涡阳	ˌta	ˌləŋ	ˌsəŋ	ˌkʰəŋ	ɣəŋˀ	ˌpə	ɜpəˀ	ˌtsə	ˌkʰə	ˌpʰəŋ
利辛	ˌta	ˌləŋ	ˌsəŋ	ˌkʰəŋ	iŋˀ ɜŋˀ	ˌpei	ɜpeiˀ	ˌtsei	ˌkʰei	ˌpʰuŋ

283

续表

地位 地点	梗开二 上梗端	梗开二 上梗来	梗开二 平庚生	梗开二 平庚溪	梗开二 去映疑	梗开二 入陌帮	梗开二 入陌并	梗开二 入陌庄	梗开二 入陌溪	梗开二 平耕并
蒙城	₅ta	₅ləŋ	₅ʂəŋ	₅kʰəŋ	iŋ⁼ ɣəɣ⁼	₅pei	₅pei	₅tsei ₅tsɛ	₅kʰei	₅pʰəŋ
宿州	₅ta	₅ləŋ	₅ʂəŋ	₅kʰəŋ	iŋ⁼	₅pei	₅pei	₅tʂei	₅kʰei ₅kʰɣ	₅pʰoŋ
颍上	₅ta	₅ləŋ	₅ʂəŋ	₅kʰəŋ	ɣəɣ⁼ iŋ⁼	₅pɛ	₅pɛ	₅tsɛ	₅kʰie	₅pʰuŋ
霍邱	₅ta	₅lən	₅sən	₅kʰən	ɣəŋ⁼	₅pə	₅pə	₅tsə	₅kʰə	₅pʰoŋ
凤台	₅ta	₅lə̃	₅sə̃	₅kʰə̃	iĩ⁼	₅po	₅pɛ	₅tsə	₅kʰə	₅pʰoŋ
寿县	₅ta	₅lə̃	₅sə̃	₅kʰə̃	ɣə̃⁼	₅po	₅po	₅tsə	₅kʰə	₅pʰoŋ
淮南	₅ta	₅lə̃	₅sə̃	₅kʰə̃	iə̃⁼	₅po	₅pei ₅pɛ	₅tsə	₅kʰə	₅pʰuŋ
蚌埠	₅ta	₅lə̃	₅sə̃	₅kʰə̃	ɣə̃⁼ iĩ⁼	₅pei	₅pei	₅tsə	₅kʰə	₅pʰə̃
固镇	₅ta	₅ləŋ	₅səŋ	₅kʰəŋ	ɣəŋ⁼	₅pə	₅pə	₅sə	₅kʰə	₅pʰuŋ
五河	₅ta	₅ləŋ	₅səŋ	₅kʰəŋ	ɣəŋ⁼	pɣ⁼/pɣ⁼ ₅pɣ	₅pɣ	₅tsɣ	₅kʰɣ	₅pʰəŋ
凤阳	₅ta	₅lə̃	₅sə̃	₅kʰə̃	ɣə̃⁼	pə⁼	pə⁼	tsə⁼	kʰə⁼	₅pʰõ
泗县	₅ta	₅ləŋ	₅səŋ ₅ʂəŋ	₅kʰəŋ	ɣəŋ⁼ iŋ⁼	₅pə ₅pɛ	₅pə	₅tsə ₅tʂə	₅kʰə ₅kʰɣ	₅pʰuŋ
信阳老	₅ta	₅lən	₅sən	₅kʰən	ŋən⁼	₅pɛ	₅pɛ	₅tsɛ	₅kʰɛ	₅pʰəŋ
平桥	₅ta	₅lən	₅sən	₅kʰən	ŋən⁼	₅pɛ	₅pɛ	₅tsɛ	₅kʰɛ	₅pʰəŋ
罗山	₅ta	₅lən	₅sən	₅kʰən	ŋən⁼	₅po	₅pe	₅tse	₅kʰe	₅pʰəŋ
光山	₅ta	₅len	₅sen	₅kʰen	ŋen⁼	₅po	₅pe	₅tse	₅kʰe	₅pʰeŋ
新县	₅ta	₅len	₅sen	₅kʰen	ŋen⁼	₅po	₅pe	₅tse	₅kʰe	₅pʰeŋ
固始	₅ta	₅lən	₅sən	₅kʰən	ɣən⁼	₅pai ₅piɛ	₅pai ₅piɛ	₅tsai	₅kʰiɛ	₅pʰəŋ
商城	₅ta	₅ləŋ	₅səŋ	₅kʰəŋ	ɣəŋ⁼	₅piɛ	₅piɛ	₅tsɛ	₅kʰiɛ	₅pʰəŋ
淮滨	₅ta	₅ləŋ	₅səŋ	₅kʰəŋ	ɣəŋ⁼	₅pɛ	₅pɛ	₅tsɛ	₅kʰiɛ	₅pʰəŋ
濉溪	₅ta	₅ləŋ	₅ʂəŋ	₅kʰəŋ	iŋ⁼	₅pəi	₅pəi	₅tʂəi	₅kʰəi	₅pʰəŋ
萧县	₅ta	₅ləŋ	₅səŋ	₅kʰəŋ	iŋ⁼	₅pə	₅pə	₅tsə	₅kʰə	₅pʰəŋ
怀远	₅ta	₅lən	₅sən	₅kʰən	ɣən⁼ iŋ⁼	pə?⁼	pə?⁼	tsə?⁼	kʰə?⁼	₅pʰuŋ

续表

地位\地点	梗开二上梗端	梗开二上梗来	梗开二平庚生	梗开二平庚溪	梗开二去映疑	梗开二入陌帮	梗开二入陌并	梗开二入陌庄	梗开二入陌溪	梗开二平耕并
定远	ᶜta	ᶜlə̃	₍sə̃	₍kʰə̃	ɣə̃ᶜ	pɐʔ₎	pɐʔ₎	tsɐʔ₎	kʰɐʔ₎	₍pʰuŋ
明光	ᶜta	ᶜləŋ	₍səŋ	₍kʰəŋ	iŋᶜ ɣəŋᶜ	poᶜ	poᶜ	tsəᶜ	kʰəᶜ	₍pʰəŋ
全椒	ᶜta	ᶜlə̃	₍ʂə̃	₍kʰə̃	ə̃ᶜ	pɐʔ₎	pɐʔ₎	tʂɐʔ₎	kʰɐʔ₎	₍pʰuŋ
长丰	ᶜta	ᶜlən	₍sən	₍kʰən	zənᶜ inᶜ	pɐʔ₎	pɐʔ₎	tsɐʔ₎	kʰɐʔ₎	₍pʰəŋ
肥东	ᶜta	ᶜlən	₍sən	₍kʰən	z̩ənᶜ	pɐʔ₎	pɐʔ₎	tʂɐʔ₎	kʰɐʔ₎	₍pʰəŋ

地位\地点	梗开二平耕见	梗开二入麦明	梗开二入麦知	梗开二入麦初	梗开二入麦见	梗开三平庚帮	梗开三去映并	梗开三去映见	梗开三去映疑	梗开三入陌帮
	耕	麦	摘	策	革	兵	病	镜	迎	碧
阜南	₍kəŋ	₍mɛ	tʂɛᶜ tʂɣᶜ	₍tsʰɛ	₍kie	₍piŋ	piŋᶜ	tɕiŋᶜ	₍iŋ	piᶜ
界首	₍kəŋ	₍mɛ	tʂɛᶜ	₍tsʰɣ	₍kɣ	₍piŋ	piŋᶜ	tɕiŋᶜ	₍iŋ	piᶜ
涡阳	₍kəŋ	₍mɛ	tɕəᶜ	₍tʂʰə	kə kɣ	₍piŋ	piŋᶜ	tɕiŋᶜ	₍iŋ	piᶜ
利辛	₍kəŋ	₍mei	₍tsei	₍tʂʰei	kei kə	₍piŋ	piŋᶜ	tɕiŋᶜ	₍iŋ	piᶜ
蒙城	₍kəŋ	₍mei	₍tsei	₍tʂʰei	kei kə	₍piŋ	piŋᶜ	tɕiŋᶜ	₍iŋ	piᶜ
宿州	₍kəŋ	₍mei	₍tsei	₍tsʰɣ	kei kɣ	₍piŋ	piŋᶜ	tɕiŋᶜ	₍iŋ	piᶜ
颍上	₍kəŋ	₍mɛ	tsɛᶜ tsəᶜ	₍tsʰə	₍kə	₍piŋ	piŋᶜ	tɕiŋᶜ	₍iŋ	piᶜ
霍邱	₍kən	₍mə	₍tsə	₍tsʰə	₍kə	₍pin	pinᶜ	tɕinᶜ	₍in	piᶜ
凤台	₍kə̃	₍mei	₍tsə	₍tsʰə	₍kə	₍piĩ	piĩᶜ	tɕiĩᶜ	₍iĩ	piᶜ
寿县	₍kə̃	₍muo	₍tsə	₍tsʰə	₍kə	₍piĩ	piĩᶜ	tɕiĩᶜ	₍iĩ	piᶜ
淮南	₍kə̃	₍mɛ ₍muo	₍tsə	₍tsʰə	₍kə	₍piə̃	piə̃ᶜ	tɕiə̃ᶜ	₍iə̃	piᶜ
蚌埠	₍kə̃	₍mei ₍muo	₍tsə	₍tsʰə	₍kə	₍piĩ	piĩᶜ	tɕiĩᶜ	₍iĩ	piᶜ

第八章 基础字音对照表

285

续表

地位\地点	梗开二平耕见	梗开二入麦明	梗开二入麦知	梗开二入麦初	梗开二入麦见	梗开三平庚帮	梗开三去映并	梗开三去映见	梗开三去映疑	梗开三入陌帮
固镇	₋kən	₋mɤ	tsɤ⁼	tsʰɤ⁼	₋kɤ / ₋kʰɤ	₋piŋ	piŋ⁼	tɕiŋ⁼	₋iŋ	pi⁼
五河	₋kəŋ	mɤ⁼	tsɤ⁼	tsʰɤ⁼	kɤ⁼	₋piŋ	piŋ⁼	tɕiŋ⁼	₋iŋ	pie⁼
凤阳	₋kã	mə⁼	tsə⁼	tsʰə⁼	kə⁼	₋pĩ	pĩ⁼	tɕĩ⁼	₋ĩ	pi⁼
泗县	₋kəŋ	₋mɤ	₋tsɛ / ₋tʂɛ	₋tʂʰɛ	₋kɤ	₋piŋ	piŋ⁼	tɕiŋ⁼	₋iŋ	pi⁼
信阳老	₋kan	₋mɛ	₋tsɛ	₋tsʰɛ	₋kɛ	₋pin	pin⁼	tɕin⁼	₋in	₋pi
平桥	₋kan	₋mɛ	₋tsɛ	₋tsʰɛ	₋kɛ	₋pin	pin⁼	tɕin⁼	₋in	₋pi
罗山	₋kan	₋me	₋tse	₋tsʰe	₋ke	₋pin	pin⁼	tɕin⁼	₋in	₋pi
光山	₋ken	₋me	tsʰe⁼		₋ke	₋pin	pin⁼	tɕin⁼	₋in	₋pi
新县	₋ken	₋me	₋tse	tsʰe⁼	₋ke	₋pin	pin⁼	tɕin⁼	₋in	pi⁼
固始	₋kan	₋mai / ₋miɛ	₋tsai	₋tsʰai	kiɛ⁼	₋pin	pin⁼	tɕin⁼	₋in	pi⁼
商城	₋kan	₋miɛ	₋tsɛ	₋tsʰe	kiɛ⁼	₋pin	pin⁼	tɕin⁼	₋in	pi⁼
淮滨	₋kəŋ	₋mɛ	₋tsɛ	₋tsʰɛ	kiɛ⁼	₋piŋ	piŋ⁼	tɕiŋ⁼	₋iŋ	pi⁼
濉溪	₋kəŋ	₋məi	₋tsəi	tsʰəi⁼	₋kɤ	₋piŋ	piŋ⁼	tɕiŋ⁼	₋iŋ	pi⁼
萧县	₋kəŋ	₋mə	₋tsə	₋tsʰə	₋kə	₋piŋ	piŋ⁼	tɕiŋ⁼	₋iŋ	pi⁼
怀远	₋kən	məʔ⁼	tsəʔ⁼	tsʰəʔ⁼	kəʔ⁼	₋pin	pin⁼	tɕin⁼	₋in	pi⁼
定远	₋kã	mɐʔ⁼	tsɐʔ⁼	tsʰɐʔ⁼	kɐʔ⁼	₋piə̃	piə̃⁼	tɕiə̃⁼	₋iə̃	pi⁼
明光	₋kəŋ	mo⁼	tsə⁼	tsʰə⁼	kə⁼	₋piŋ	piŋ⁼	tɕiŋ⁼	₋iŋ	pi⁼
全椒	₋kã	mɐʔ⁼	tsɐʔ⁼	tsʰɐʔ⁼	kɐʔ⁼	₋pĩ	pĩ⁼	tɕĩ⁼	₋ĩ	pi⁼
长丰	₋kən	mɐʔ⁼	tsɐʔ⁼	tsʰəʔ⁼	kəʔ⁼	₋pin	pin⁼	tɕin⁼	₋in	piəʔ⁼
肥东	₋kən	mɐʔ⁼	tsɐʔ⁼	tsʰəʔ⁼	kəʔ⁼	₋pin	pin⁼	tɕin⁼	₋in	piəʔ⁼

地位\地点	梗开三上静帮	梗开三上静来	梗开三平清清	梗开三上静从	梗开三平清澄	梗开三平清章	梗开三平清书	梗开三平清溪	梗开四平青并	梗开四平青透
	饼	领	清	静	程	正~月	声	轻	瓶	听
阜南	⁼piŋ	⁼liŋ	₋tɕʰiŋ	tɕiŋ⁼	₋tʂəŋ	tʂəŋ⁼	₋səŋ	₋tɕʰiŋ	₋pʰiŋ	₋tʰiŋ
界首	⁼piŋ	⁼liŋ	₋tɕʰiŋ	tɕiŋ⁼	₋tʂʰəŋ	tʂəŋ⁼	₋səŋ	₋tɕʰiŋ	₋pʰiŋ	₋tʰiŋ
涡阳	⁼piŋ	₋liŋ	₋tɕʰiŋ	tɕiŋ⁼	₋tʂʰəŋ	tʂəŋ⁼	₋səŋ	₋tɕʰiŋ	₋pʰiŋ	₋tʰiŋ

续表

地位／地点	梗开三上静帮	梗开三上静来	梗开三平清清	梗开三上静从	梗开三平清澄	梗开三平清章	梗开三平清书	梗开三平清溪	梗开四平青并	梗开四平青透
利辛	₋piŋ	₋liŋ	₋tɕʰiŋ	tɕiŋ⁻	₋tʂʰəŋ	₋tʂəŋ	₋ʂəŋ	₋tɕʰiŋ	₋pʰiŋ	₋tʰiŋ
蒙城	₋piŋ	₋liŋ	₋tɕʰiŋ	tɕiŋ⁻	₋tʂʰəŋ	₋tʂəŋ	₋ʂəŋ	₋tɕʰiŋ	₋pʰiŋ	₋tʰiŋ
宿州	₋piŋ	₋liŋ	₋tɕʰiŋ	tɕiŋ⁻	₋tʂʰəŋ	₋tʂəŋ	₋ʂəŋ	₋tɕʰiŋ	₋pʰiŋ	₋tʰiŋ
颍上	₋piŋ	₋liŋ	₋tɕʰiŋ	tɕiŋ⁻	₋tʂʰəŋ	₋tʂəŋ	₋ʂəŋ	₋tɕʰiŋ	₋pʰiŋ	₋tʰiŋ
霍邱	₋pin	₋lin	₋tɕʰin	tɕin⁻	₋tʂʰən	₋tʂən	₋ʂən	₋tɕʰin	₋pʰin	₋tʰin
凤台	₋piĩ	₋liĩ	₋tɕʰiĩ	tɕiĩ⁻	₋tʂʰə̃	₋tʂə̃	₋ʂə̃	₋tɕʰiĩ	₋pʰiĩ	₋tʰiĩ
寿县	₋piĩ	₋liĩ	₋tɕʰiĩ	tɕiĩ⁻	₋tʂʰə̃	₋tʂə̃	₋ʂə̃	₋tɕʰiĩ	₋pʰiĩ	₋tʰiĩ
淮南	₋piə̃	₋liə̃	₋tɕʰiə̃	tɕiə̃⁻	₋tʂʰə̃	₋tʂə̃	₋ʂə̃	₋tɕʰiə̃	₋pʰiə̃	₋tʰiə̃
蚌埠	₋piĩ	₋liĩ	₋tɕʰiĩ	tɕiĩ⁻	₋tʂʰə̃	₋tʂə̃	₋ʂə̃	₋tɕʰiĩ	₋pʰiĩ	₋tʰiĩ
固镇	₋piŋ	₋liŋ	₋tɕʰiŋ	tɕiŋ⁻	₋tʂʰəŋ	₋tʂəŋ	₋ʂəŋ	₋tɕʰiŋ	₋pʰiŋ	₋tʰiŋ
五河	₋piŋ	₋liŋ	₋tɕʰiŋ	tɕiŋ⁻	₋tʂʰəŋ	₋tʂəŋ	₋ʂəŋ	₋tɕʰiŋ	₋pʰiŋ	₋tʰiŋ
凤阳	₋piĩ	₋liĩ	₋tɕʰiĩ	tɕiĩ⁻	₋tʂʰə̃	₋tʂə̃	₋ʂə̃	₋tɕʰiĩ	₋pʰiĩ	₋tʰiĩ
泗县	₋piŋ	₋liŋ	₋tɕʰiŋ	tɕiŋ⁻	₋tʂʰəŋ	₋tʂəŋ	₋ʂəŋ	₋tɕʰiŋ	₋pʰiŋ	₋tʰiŋ
信阳老	₋pin	₋lin	₋tɕʰin	tɕin⁻	₋tsʰən	₋tsən	₋sən	₋tɕʰin	pʰin	₋tʰin
平桥	₋pin	₋lin	₋tɕʰin	tɕin⁻	₋tsʰən	₋tsən	₋sən	₋tɕʰin	pʰin	₋tʰin
罗山	₋pin	₋lin	₋tɕʰin	tɕin⁻	₋tsʰən	₋tsən	₋sən	₋tɕʰin	pʰin	₋tʰin
光山	₋pin	₋lin	₋tɕʰin	tɕin⁻	₋tʂʰen	₋tʂen	₋ʂen	₋tɕʰin	pʰin	₋tʰin
新县	₋pin	₋lin	₋tɕʰin	tɕin⁻	₋tʂʰen	₋tʂen	₋ʂen	₋tɕʰin	pʰin	₋tʰin
固始	₋pin	₋lin	₋tɕʰin	tɕin⁻	₋tsʰən	₋tsən	₋sən	₋tɕʰin	pʰin	₋tʰin
商城	₋pin	₋lin	₋tɕʰin	tɕin⁻	₋tsʰən	₋tsən	₋sən	₋tɕʰin	pʰin	₋tʰin
淮滨	₋piŋ	₋liŋ	₋tɕʰiŋ	tɕiŋ⁻	₋tʂʰəŋ	₋tʂəŋ	₋ʂəŋ	₋tɕʰiŋ	pʰiŋ	₋tʰiŋ
濉溪	₋piŋ	₋liŋ	₋tɕʰiŋ	tɕiŋ⁻	₋tʂʰəŋ	₋tʂəŋ	₋ʂəŋ	₋tɕʰiŋ	₋pʰiŋ	₋tʰiŋ
萧县	₋piŋ	₋liŋ	₋tɕʰiŋ	tɕiŋ⁻	₋tʂʰəŋ	₋tʂəŋ	₋ʂəŋ	₋tɕʰiŋ	₋pʰiŋ	₋tʰiŋ
怀远	₋pin	₋lin	₋tɕʰin	tɕin⁻	₋tsʰən	₋tsən	₋sən	₋tɕʰin	₋pʰin	₋tʰin
定远	₋piə̃	₋liə̃	₋tɕʰiə̃	tɕiə̃⁻	₋tʂʰə̃	₋tʂə̃	₋ʂə̃	₋tɕʰiə̃	₋pʰiə̃	₋tʰiə̃
明光	₋piŋ	₋liŋ	₋tɕʰiŋ	tɕiŋ⁻	₋tʂʰəŋ	₋tʂəŋ	₋ʂəŋ	₋tɕʰiŋ	₋pʰiŋ	₋tʰiŋ
全椒	₋piĩ	₋liĩ	₋tɕʰiĩ	tɕiĩ⁻	₋tʂʰə̃	₋tʂə̃	₋ʂə̃	₋tɕʰiĩ	₋pʰiĩ	₋tʰiĩ
长丰	₋pin	₋lin	₋tɕʰin	tɕin⁻	₋tsʰən	₋tsən	₋sən	₋tɕʰin	₋pʰin	₋tʰin
肥东	₋pin	₋lin	₋tɕʰin	tɕin⁻	₋tsʰən	₋tsən	₋sən	₋tɕʰin	₋pʰin	₋tʰin

地位 地点	梗开四 平青心	梗开四 平青来	梗开四 平青见	梗开四 入锡帮	梗开四 入锡透	梗开四 入锡溪	梗合二 平庚匣	梗合二 平耕匣	梗合二 入麦匣	梗合三 平庚晓
	星	灵	经	壁	踢	吃	横~竖	宏	获	兄
阜南	₍ɕiŋ	₍liŋ	₍tɕiŋ	piˀ	₍tʰi	₍tʂʰʅ	xuŋ˰	₍xuŋ	xuɤ˰	₍ɕyŋ
界首	₍ɕiŋ	₍liŋ	₍tɕiŋ	piˀ	₍tʰi	₍tʂʰʅ	xəŋ˰	₍xuŋ	xuɤ˰	₍ɕyŋ
涡阳	₍ɕiŋ	₍liŋ	₍tɕiŋ	piˀ	₍tʰi	₍tʂʰʅ	xoŋ˰	₍xoŋ	xuɤ˰	₍ɕioŋ
利辛	₍ɕiŋ	₍liŋ	₍tɕiŋ	piˀ	₍tʰi	₍tʂʰʅ	xuŋ˰ xəŋ˰	₍xuŋ	xuɤ˰ xu˰	₍ɕyŋ
蒙城	₍ɕiŋ	₍liŋ	₍tɕiŋ	piˀ	₍tʰi	₍tʂʰʅ	xoŋ˰ xəŋ˰	₍xoŋ	xu˰	₍ɕioŋ
宿州	₍ɕiŋ	₍liŋ	₍tɕiŋ	piˀ	₍tʰi	₍tʂʰʅ	₍xəŋ	₍xoŋ	xuɤ˰	₍ɕyŋ
颖上	₍ɕiŋ	₍liŋ	₍tɕiŋ	piˀ	₍tʰi	₍tʂʰʅ	xuŋ˰	₍xuŋ	xuɛ˰	₍ɕyŋ
霍邱	₍ɕin	₍lin	₍tɕin	piˀ	₍tʰi	₍tʂʰʅ	xoŋ˰	₍xoŋ	xou˰	₍ɕioŋ
凤台	₍ɕiĩ	₍liĩ	₍tɕiĩ	piˀ	₍tʰi	₍tʂʰʅ	₍xɤ̃	₍xoŋ	xuo˰	₍ɕioŋ
寿县	₍ɕiĩ	₍liĩ	₍tɕiĩ	piˀ	₍tʰi	₍tʂʰʅ	₍xoŋ	₍xoŋ	₍xu	₍ɕioŋ
淮南	₍ɕiə̃	₍liə̃	₍tɕiə̃	piˀ	₍tʰi	₍tʂʰʅ	xuŋ˰	₍xuŋ	xuo˰	₍ɕyŋ
蚌埠	₍ɕiĩ	₍liĩ	₍tɕiĩ	piˀ	₍tʰi	₍tʂʰʅ	xoŋ˰	₍xoŋ	xuo˰	₍ɕioŋ
固镇	₍ɕiŋ	₍liŋ	₍tɕiŋ	piˀ	₍tʰi	₍tʂʰʅ	xuŋ˰	₍xuŋ	₍xuɤ	₍ɕyŋ
五河	₍ɕiŋ	₍liŋ	₍tɕiŋ	pieˀ	tʰieˀ	tsʰɤˀ	xuŋ˰	₍xuŋ	xuɤ˰	₍ɕyŋ
凤阳	₍ɕiĩ	₍liĩ	₍tɕiĩ	piˀ	tʰiˀ	tʂʰʅˀ	xuə̃˰ xõ˰	₍xõ	₍xu	₍ɕiõ
泗县	₍ɕiŋ	₍liŋ	₍tɕiĩ	piˀ	₍tʰi	tsʰʅˀ tʂʰʅˀ	xəŋ˰	₍xuŋ	xuɤ˰	₍ɕioŋ
信阳老	₍ɕin	₍lin	₍tɕin	piˀ	₍tʰi	₍tʂʰʅ	₍foŋ	₍foŋ	₍fɛ	₍ɕioŋ
平桥	₍ɕin	₍lin	₍tɕin	piˀ	₍tʰi	₍tʂʰʅ	₍fən	₍foŋ	₍fe	₍ɕyŋ
罗山	₍ɕin	₍lin	₍tɕin	₍pi	₍tʰi	₍tʂʰʅ	₍fən	₍foŋ	₍fe	₍ɕioŋ
光山	₍ɕin	₍lin	₍tɕin	piˀ	₍tʰi	₍tʂʰʅ	₍fən	₍xoŋ	feˀ	₍ɕioŋ
新县	₍ɕin	₍lin	₍tɕin	piˀ	₍tʰi	₍tʂʰʅ	xuəŋ˰	₍xoŋ	₍xuɛ	₍ɕioŋ
固始	₍ɕin	₍lin	₍tɕin	piˀ	₍tʰi	tʂʰɤˀ tʂʰʅˀ	xuŋ˰	₍xuŋ	₍xuai	₍ɕioŋ
商城	₍ɕin	₍lin	₍tɕin	piˀ	₍tʰi	₍tʂʰʅ	₍xuŋ	₍xuŋ	₍xuɛ	₍ɕioŋ
淮滨	₍ɕiŋ	₍liŋ	₍tɕiŋ	piˀ	₍tʰi	₍tʂʰʅ	xuŋ˰	₍xuŋ	xuɤ˰	₍ɕioŋ

续表

地位〈地点	梗开四平青心	梗开四平青来	梗开四平青见	梗开四入锡帮	梗开四入锡透	梗开四入锡溪	梗合二平庚匣	梗合二平耕匣	梗合二入麦匣	梗合三平庚晓
濉溪	₋ɕiŋ	₋liŋ	₋tɕiŋ	piˀ	₋tʰi	₋tʂʰʅ	xəŋˀ/xuŋˀ	₋uŋ	₋xuɤ	₋ɕyŋ
萧县	₋ɕiŋ	₋liŋ	₋tɕiŋ	piˀ	₋tʰi	₋tʂʰʅ	xoŋˀ	₋xoŋ	₋xuɤ	₋ɕioŋ
怀远	₋ɕin	₋lin	₋tɕin	piɛʔ˪	tʰiɛʔ˪	tʂʰʅʔ˪	₋xuŋ	₋uŋ	₋ɤ	₋ɕyŋ
定远	₋ɕiə̃	₋liə̃	₋tɕiə̃	piʔ/piʔ˪	tʰiʔ˪	tʂʰʅʔ˪	xuə̃ˀ	₋xuŋ	₋xo	₋ɕyə̃
明光	₋ɕiŋ	₋liŋ	₋tɕiŋ	piˀ	₋tʰi	₋tʂʰʅ	xuŋˀ	₋xuŋ	₋xu	₋ɕyŋ
全椒	₋ɕiĩ	₋liĩ	₋tɕiĩ	pɿˀ	₋tʰiʔ	₋tʂʰʅ	₋uŋ	₋uŋ	₋aux	₋ɕyŋ
长丰	₋ɕin	₋lin	₋tɕin	piəʔ˪	tʰiəʔ˪	tɕʰiəʔ˪	₋xəŋ	₋xuŋ	₋auxˀ / aɤʔ˪	₋ɕyŋ
肥东	₋ɕin	₋lin	₋tɕin	piɤʔ˪	tʰɛiʔ˪	tɕʰɛiʔ˪	₋xəŋ / xɯ̃	₋xəŋ	₋xauxˀ	₋ɕiŋ

地位〈地点	梗合三平庚云	梗合三上静溪	梗合三入昔以	通合一平东并	通合一平东透	通合一上董定	通合一平东清	通合一平东见	通合一平东匣	通合一平东影
	荣	琼	疫	篷	通	动	葱	公	红	翁
阜南	₋zuŋ	₋tɕʰyŋ	₋i	₋pʰuŋ	₋tʰuŋ	tuŋˀ	₋tsʰuŋ	₋kuŋ	₋xuŋ	₋uŋ
界首	₋ʐuŋ	₋tɕʰyŋ	iˀ	₋pʰuŋ	₋tʰuŋ	tuŋˀ	₋tsʰuŋ	₋kuŋ	₋xuŋ	₋uŋ
涡阳	₋ʐuŋ	₋tɕʰioŋ	iˀ	₋pʰəŋ	₋tʰoŋ	toŋˀ	₋tsʰoŋ	₋koŋ	₋xoŋ	₋uoŋ
利辛	₋ʐuŋ	₋tɕʰyŋ	₋i	₋pʰuŋ	₋tʰuŋ	tuŋˀ	₋tsʰʰyŋ	₋kuŋ	₋xuŋ	₋uŋ
蒙城	₋ioŋ	₋tɕʰioŋ	iˀ	₋pʰoŋ	₋tʰoŋ	toŋˀ	₋tsʰoŋ	₋koŋ	₋xoŋ	₋uoŋ
宿州	₋ʐoŋ	₋tɕʰioŋ	iˀ	₋pʰoŋ	₋tʰoŋ	toŋˀ	₋tsʰoŋ	₋koŋ	₋xoŋ	₋uoŋ
颍上	₋zuŋ	₋tɕʰyŋ	yˀ	₋pʰuŋ	₋tʰuŋ	tuŋˀ	₋tsʰuŋ	₋kuŋ	₋xuŋ	₋uŋ
霍邱	₋ioŋ	₋tɕʰioŋ	₋i	₋pʰoŋ	₋tʰoŋ	toŋˀ	₋tsʰoŋ	₋koŋ	₋xoŋ	₋uoŋ
凤台	₋zoŋ	₋tɕʰioŋ	₋i	₋pʰoŋ	₋tʰoŋ	toŋˀ	₋tsʰoŋ	₋koŋ	₋xoŋ	₋uoŋ
寿县	₋zoŋ	₋tɕʰioŋ	yˀ	₋pʰoŋ	₋tʰoŋ	toŋˀ	₋tsʰoŋ	₋koŋ	₋xoŋ	₋uoŋ
淮南	₋zuŋ	₋tɕʰyŋ	yˀ	₋pʰuŋ	₋tʰuŋ	tuŋˀ	₋tsʰuŋ	₋kuŋ	₋xuŋ	₋uŋ
蚌埠	₋zoŋ	₋tɕʰioŋ	iˀ	₋pʰoŋ	₋tʰoŋ	toŋˀ	₋tsʰoŋ	₋koŋ	₋xoŋ	₋voŋ
固镇	₋zuŋ	₋tɕʰioŋ	iˀ	₋pʰuŋ	₋tʰuŋ	tuŋˀ	₋tsʰuŋ	₋kuŋ	₋xuŋ	₋vuŋ
五河	₋ʐuŋ	₋tɕʰyŋ	iˀ	₋pʰəŋ	₋tʰəŋ	tuŋˀ	₋tsʰuŋ	₋kuŋ	₋xuŋ	₋vəŋ
凤阳	₋iõ	₋tɕʰiõ	iˀ	₋pʰõ	₋tʰõ	tõˀ	₋tsʰõ	₋kõ	₋xõ	₋vẽ

续表

地位\地点	梗合三平庚云	梗合三上静溪	梗合三入昔以	通合一平东并	通合一平东透	通合一上董定	通合一平东清	通合一平东见	通合一平东匣	通合一平东影
泗县	₋ẓuŋ	₋tɕʰyŋ	i⁵	₋pʰəŋ	₋tʰuŋ	tuŋ⁵	₋tsʰuŋ	₋kuŋ	₋xuŋ	₋uŋ
信阳老	₋zoŋ	₋tɕʰioŋ	₋i	₋pʰoŋ	₋tʰoŋ	toŋ⁵	₋tsʰoŋ	₋koŋ	₋foŋ	₋uoŋ
平桥	₋zuŋ	₋tɕʰyŋ	₋i	₋pʰəŋ	₋təŋ ₋tuŋ	təŋ⁵ tuŋ⁵	₋tsʰuŋ	₋kuŋ	₋fəŋ	₋uəŋ
罗山	₋zoŋ	₋tɕʰioŋ	₋i	₋pʰoŋ	₋tʰoŋ	toŋ⁵	₋tsʰoŋ	₋koŋ	₋foŋ	₋uoŋ
光山	₋zoŋ	₋tɕʰioŋ	₋i	₋pʰəŋ	₋tʰoŋ	ŋ⁵	₋tsʰoŋ	₋koŋ	₋xoŋ	₋ŋoŋ
新县	₋zoŋ	₋tɕʰioŋ	₋i	₋pʰoŋ	₋tʰoŋ	toŋ⁵	₋tsʰoŋ	₋koŋ	₋xoŋ	₋ŋoŋ
固始	₋zuŋ	₋tɕʰyŋ	₋i	₋pʰəŋ	₋tʰəŋ	təŋ⁵	₋tsʰuŋ	₋kuŋ	₋xuŋ	₋uəŋ
商城	₋zuŋ	₋tɕʰyŋ	₋y	₋pʰəŋ	₋tʰəŋ	təŋ⁵	₋tsʰuŋ	₋kuŋ	₋xuŋ	₋əŋ
淮滨	₋zuŋ	₋tɕʰyŋ	₋i	₋pʰəŋ	₋tʰuŋ	tuŋ⁵	₋tsʰuŋ	₋kuŋ	₋xuŋ	₋uəŋ
濉溪	₋ẓuŋ	₋tɕʰiŋ	₋i	₋pʰəŋ	₋tʰuŋ	tuŋ⁵	₋tsʰuŋ	₋kuŋ	₋xuŋ	₋uŋ
萧县	₋ẓoŋ	₋tɕʰioŋ	i⁵	₋pʰəŋ	₋tʰoŋ	toŋ⁵	₋tsʰoŋ	₋koŋ	₋xoŋ	₋uoŋ
怀远	₋yŋ ₋zuŋ	₋tɕʰin	y⁵	₋pʰuŋ	₋tʰuŋ	tuŋ⁵	₋tsʰuŋ	₋kuŋ	₋xuŋ	₋uŋ
定远	₋ẓuŋ	₋tɕʰiə̃	i⁵	₋pʰuŋ	₋tʰuŋ	tuŋ⁵	₋tsʰuŋ	₋kuŋ	₋xuŋ	₋uŋ
明光	₋ẓuŋ	₋tɕʰiŋ	i⁵	₋pʰuŋ	₋tʰuŋ	tuŋ⁵	₋tsʰuŋ	₋kuŋ	₋xuŋ	₋uŋ
全椒	₋ẓuŋ	₋tɕʰiĩ	ẓ⁵	₋pʰuŋ	₋tʰuŋ	tuŋ⁵	₋tsʰuŋ	₋kuŋ	₋xuŋ	₋uŋ
长丰	₋zuŋ	₋tɕʰin	iɛʔ⁵	₋pʰuŋ	₋tʰuŋ	tuŋ⁵	₋tsʰuŋ	₋kuŋ	₋xuŋ	₋vəŋ
肥东	₋iŋ	₋tɕʰyn	iɛʔ⁵	₋pʰəŋ	₋tʰəŋ	təŋ⁵	₋tsʰəŋ	₋kəŋ	₋xəŋ	₋əŋ

地位\地点	通合一入屋明	通合一入屋来	通合一入屋溪	通合一入屋影	通合一平冬端	通合一平冬心	通合一入沃定	通合一入沃影	通合三平东敷	通合三去送奉
	木	鹿	哭	屋	冬	松	毒	沃	丰	凤
阜南	₋mu	₋lu	₋kʰu	₋u	₋tuŋ	₋suŋ	₋tu	uɣ	₋xuŋ	xuŋ⁵
界首	₋mu	₋lu	₋kʰu	₋u	₋tuŋ	₋suŋ	₋tu	uɣ	₋fuŋ	fuŋ⁵
涡阳	₋mu	₋lu	₋kʰu	₋u	₋toŋ	₋soŋ	₋tu	₋uɣ	₋foŋ	foŋ⁵
利辛	₋mu	₋lu	₋kʰu	₋u	₋tuŋ	₋suŋ	₋tu	₋uə	₋fuŋ	fuŋ⁵
蒙城	₋mu	₋lu	₋kʰu	₋u	₋toŋ	₋soŋ	₋tu	uə	₋foŋ	foŋ⁵
宿州	₋mu	₋lu	₋kʰu	₋u	₋toŋ	₋soŋ	₋tu	uɣ	₋foŋ	foŋ⁵

续表

地点＼地位	通合一入屋明	通合一入屋来	通合一入屋溪	通合一入屋影	通合一平冬端	通合一平冬心	通合一入沃定	通合一入沃影	通合三平东敷	通合三去送奉
颍上	mu˨	lu˨	kʰu˨	u˨	tuŋ˨	suŋ˨	tu˦	uə˦	xuŋ˨	xuŋ˦
霍邱	mu˨	lu˨	kʰu˨	u˨	toŋ˨	soŋ˨	tu˦	uo˦	xoŋ˨	xoŋ˦
凤台	mu˨	lu˨	kʰu˨	u˨	toŋ˨	soŋ˨	tu˦	uo˦	xoŋ˨	xoŋ˦
寿县	mu˨	lu˨	kʰu˨	u˨	toŋ˨	soŋ˨	tu˦	uo˦	xoŋ˨	xoŋ˦
淮南	mu˨	lu˨	kʰu˨	u˨	tuŋ˨	suŋ˨	tu˦	uo˦	xuŋ˨ / fuŋ˨	xuŋ˦
蚌埠	mu˨	lu˨	kʰu˨	vu˨	toŋ˨	soŋ˨	tu˦	uo˦	fə̃˨	xə̃˦
固镇	mu˨	lu˨	kʰu˨	vu˨	tuŋ˨	suŋ˨	tu˦	uɤ˦	fuŋ˨	fuŋ˦
五河	mɤ˦	luɤ˦	kʰuɤ˦	ɤ˦	tuŋ˨	suŋ˨	tuɤ˦	ɤ˦	fəŋ˨	fəŋ˦
凤阳	mu˦	lu˦	kʰu˦	vu˦	tõ˨	sõ˨	tu˦	vo˦	fə̃˨	fə̃˦ / fõ˦
泗县	mu˨	lu˨	kʰu˨	u˨	tuŋ˨	suŋ˨	tu˦	uɤ˦	fuŋ˨	fuŋ˦
信阳老	mu˨	lou˨	kʰu˨	ɤ˨	toŋ˨	soŋ˨	tou˦	uo˦	foŋ˨	foŋ˦
平桥	mu˨	lu˨	kʰu˨	ɤ˨	təŋ˨ / tuŋ˨	suŋ˨	tu˦	uo˦	fəŋ˨	fəŋ˦
罗山	mu˨	ləu˨	kʰu˨	ɤ˨	toŋ˨	soŋ˨	təu˦	uo˦	foŋ˨	foŋ˦
光山	mu˨	ləu˨	kʰu˨	ɤ˨	toŋ˨	soŋ˨	təu˦	uo˦	foŋ˨	foŋ˦
新县	mu˨ / məu˨	ləu˨	kʰu˨	ɤ˨	toŋ˨	soŋ˨	təu˦	ɤ˦	foŋ˨	foŋ˦
固始	məu˨	lou˨	kʰu˨	ɤ˨	təŋ˨	suŋ˨	tu˦	uo˦	fəŋ˨	fəŋ˦
商城	məŋ˨	lou˨	kʰu˨	ɤ˨	təŋ˨	suŋ˨	tou˦	uo˦	fəŋ˨	fəŋ˦
淮滨	məŋ˨	lu˨	kʰu˨	ɤ˨	tuŋ˨	suŋ˨	tu˦	uo˦	fəŋ˨	fəŋ˦
濉溪	mu˨	lu˨	kʰu˨	u˨	tuŋ˨	suŋ˨	tu˦	uɤ˦	fuŋ˨	fuŋ˦
萧县	mu˨	lu˨	kʰu˨	u˨	toŋ˨	soŋ˨	tu˦	uɘ˦	fəŋ˨	xəŋ˦
怀远	muəʔ˦	luəʔ˦	kʰuəʔ˦	u˨	tuŋ˨	suŋ˨	tuəʔ˦	uəʔ˦	fuŋ˨	fuŋ˦
定远	muʔ˦	luʔ˦	kʰuʔ˦	uʔ˦	tuŋ˨	suŋ˨	tuʔ˦	o˦	fuŋ˨	fuŋ˦
明光	mu˦	lu˦	kʰu˦	u˦	tuŋ˨	suŋ˨	tu˦	uo˦	fuŋ˨	fuŋ˦
全椒	muʔ˦	luʔ˦	kʰuʔ˦	uʔ˦	tuŋ˨	suŋ˨	tuʔ˦	uʔ˦	fuŋ˨	fuŋ˦
长丰	məʔ˦	luəʔ˦	kʰuʔ˦	uəʔ˦	tuŋ˨	suŋ˨	tuəʔ˦	uəʔ˦	fuŋ˨ / xuŋ˨	fuŋ˦
肥东	məʔ˦	luəʔ˦	kʰuəʔ˦	uəʔ˦	təŋ˨	səŋ˨	tuəʔ˦	uəʔ˦	fəŋ˨	fəŋ˦

地位 地点	通合三 平东澄 虫	通合三 平东昌 充	通合三 平东日 绒	通合三 平东见 弓	通合三 平东云 雄	通合三 入屋非 福	通合三 入屋来 六	通合三 入屋知 竹	通合三 入屋禅 熟	通合三 入屋日 肉
阜南	₌tʂʰuŋ	₌tsʰuŋ	₌zuŋ	₌kuŋ	₌ɕyŋ	₌xu	liəʊ⁼	₌tʂu	₌su	zɤʊ⁼
界首	₌tʂʰuŋ	₌tsʰuŋ	₌ʐuŋ	₌kuŋ	₌ɕyŋ	₌fu	liəu⁼	₌tʂu	₌fu/₌ʂu	ʐəu⁼
涡阳	₌tʂʰəŋ	₌tsʰoŋ	₌ʐoŋ	₌koŋ	₌ɕioŋ	₌fu	liəo⁼	₌tʂu	₌ʂu	ʐəo⁼
利辛	₌tʂʰuŋ	₌tsʰuŋ	₌zuŋ	₌kuŋ	₌ɕyŋ	₌fu	₌lu	₌tʂu	₌fu	ʐəu⁼
蒙城	₌tʂʰoŋ	₌tsʰoŋ	₌ʐoŋ	₌koŋ	₌ɕioŋ	₌fu	₌liəu	₌tʂu	₌fu	ʐəu⁼
宿州	₌tʂʰoŋ	₌tsʰoŋ	₌ʐoŋ	₌koŋ	₌ɕioŋ	₌fu	₌liəu	₌tʂu	₌ʂu	ʐəu⁼
颍上	₌tʂʰuŋ	₌tsʰuŋ	₌zuŋ	₌kuŋ	₌ɕyŋ	₌xu	₌lu	₌tʂu	₌su	zəu⁼
霍邱	₌tʂʰoŋ	₌tsʰoŋ	₌zoŋ	₌koŋ	₌ɕioŋ	₌xu	₌liəu	₌tʂu	₌su	zəu⁼
凤台	₌tʂʰoŋ	₌tsʰoŋ	₌zoŋ	₌koŋ	₌ɕioŋ	₌xu	₌liəu	₌tʂu	₌su	zəu⁼
寿县	₌tʂʰoŋ	₌tsʰoŋ	₌zoŋ	₌koŋ	₌ɕioŋ	₌xu	₌lu / liəu⁼	₌tʂu	₌su	zəu⁼
淮南	₌tʂʰuŋ	₌tsʰuŋ	₌zuŋ	₌kuŋ	₌ɕyŋ	₌xu	liəu⁼	₌tʂu	₌su	zəu⁼
蚌埠	₌tʂʰoŋ	₌tsʰoŋ	₌zoŋ	₌koŋ	₌ɕioŋ	₌fu	liou⁼	₌tʂu	₌su	zou⁼
固镇	₌tʂʰuŋ	₌tsʰuŋ	₌zuŋ	₌kuŋ	₌ɕyŋ	₌fu	liəu⁼	₌tʂu	₌su	zəu⁼
五河	₌tʂʰuŋ	₌tsʰuŋ	₌ʐuŋ	₌kuŋ	₌ɕyŋ	fuɤ⁼	liəu⁼	tʂuɤ⁼	ʂuɤ⁼	ʐəu⁼
凤阳	₌tʂʰõ	₌tsʰõ	₌ʐõ	₌kõ	₌ɕiõ	fu⁼	liəo⁼	tʂu⁼	ʂu⁼/ʂu	ʐəo⁼
泗县	₌tʂʰuŋ	₌tsʰuŋ	₌ʐuŋ	₌kuŋ	₌ɕyŋ	₌fu	liyu⁼	₌tʂu	₌ʂu	ʐyu⁼
信阳老	₌tʂʰoŋ	₌tsʰoŋ	₌zoŋ	₌koŋ	₌ɕyŋ	₌fu	liou⁼	₌tsou	₌sou	zou⁼
平桥	₌tʂʰuŋ	₌tsʰuŋ	₌zuŋ	₌kuŋ	₌ɕyŋ	₌fu	liou⁼	₌tʂu	₌su	zou⁼
罗山	₌tʂʰoŋ	₌tsʰoŋ	₌zoŋ	₌koŋ	₌ɕioŋ	₌fu	₌ləu	₌tsəu	₌səu	zəu⁼
光山	₌tʂʰoŋ	₌tsʰoŋ	₌ʐoŋ	₌koŋ	₌ɕioŋ	₌fu	₌ləu	₌tʂəu	₌ʂəu	ʐəu⁼
新县	₌tʂʰoŋ	₌tsʰoŋ	₌ʐoŋ	₌koŋ	₌ɕioŋ	₌fu	₌ləu	₌tʂəu	₌ʂəu	ʐəu⁼
固始	₌tʂʰuŋ	₌tsʰuŋ	₌zuŋ	₌kuŋ	₌ɕyŋ	₌fu	₌lou / liou⁼	₌tʂu	₌su	zou⁼
商城	₌tʂʰuŋ	₌tsʰuŋ	₌zuŋ	₌kuŋ	₌ɕyŋ	₌fu	₌lou	₌tsou	₌sou	zou⁼
淮滨	₌tʂʰuŋ	₌tsʰuŋ	₌zuŋ	₌kuŋ	₌ɕyŋ	₌xu	liou⁼	₌tʂu	₌su	zou⁼
濉溪	₌tʂʰuŋ	₌tsʰuŋ	₌ʐuŋ	₌kuŋ	₌ɕyŋ	₌fu	liɤo⁼	₌tʂu	₌ʂu	ʐɤo⁼
萧县	₌tʂʰoŋ	₌tsʰoŋ	₌ʐoŋ	₌koŋ	₌ɕioŋ	₌fu	₌lu / liyu⁼	₌tʂu	₌ʂu	ʐyu⁼

续表

地位 地点	通合三 平东澄	通合三 平东昌	通合三 平东日	通合三 平东见	通合三 平东云	通合三 入屋非	通合三 入屋来	通合三 入屋知	通合三 入屋禅	通合三 入屋日
怀远	₋tsʰuŋ	₋tsʰuŋ	₋zuŋ	₋kuŋ	₋ɕyŋ	fuəʔ₋	luəʔ₋ liuəʔ₋	tsuəʔ₋	suəʔ₋	zəɯ₋
定远	₋tʂʰuŋ	₋tʂʰuŋ	₋ʐuŋ	₋kuŋ	₋ɕyə̃	fuʔ₋	luʔ₋ liuʔ₋	tʂuʔ₋	ʂuʔ₋	zɯ₋
明光	₋tʂʰuŋ	₋tʂʰuŋ	₋ʐuŋ	₋kuŋ	₋ɕyŋ	fuᵓ	liəo	tʂuᵓ	ʂuᵓ	ʐᶎəo₋
全椒	₋tʂʰuŋ	₋tʂʰuŋ	₋ʐuŋ	₋kuŋ	₋ɕyŋ	fuʔ₋	luʔ₋	tʂuʔ₋	ʂuʔ₋	ɯ₋
长丰	₋tsʰuŋ	₋tsʰuŋ	₋zuŋ	₋kuŋ	₋ɕyŋ	fəʔ₋	luəʔ₋	tsuəʔ₋	suəʔ₋	zəɯ₋
肥东	₋tʂʰəŋ	₋tʂʰəŋ	₋ɕiŋ	₋kəŋ	₋ɕiŋ	fəʔ₋	ləʔ₋	tʂuəŋ	ʂuəŋ	ʐᶎɯ₋

地位 地点	通合三 入屋见	通合三 入屋以	通合三 平锺敷	通合三 平锺泥	通合三 平锺来	通合三 平锺邪	通合三 上肿澄	通合三 平锺章	通合三 平锺见	通合三 去用群
	菊	育	蜂	浓	龙	松	重轻	钟	恭	共
阜南	₋tɕy	yᵓ ₋y	₋xuŋ	₋nuŋ	₋luŋ	₋suŋ	tsuŋᵓ	₋tsuŋ	₋kuŋ	kuŋᵓ
界首	₋tɕy	yᵓ ₋y	₋fuŋ	₋nuŋ	₋luŋ	₋suŋ	tʂuŋᵓ	₋tʂuŋ	₋kuŋ	kuŋᵓ
涡阳	₋tɕy	yᵓ	₋foŋ	₋noŋ	₋loŋ	₋soŋ	tʂoŋᵓ	₋tʂoŋ	₋koŋ	koŋᵓ
利辛	₋tɕy	yᵓ	₋fuŋ	₋nuŋ	₋luŋ	₋suŋ	tʂuŋᵓ	₋tʂuŋ	₋kuŋ	kuŋᵓ
蒙城	₋tɕy	yᵓ	₋foŋ	₋noŋ	₋loŋ	₋soŋ	tʂoŋᵓ	₋tʂoŋ	₋koŋ	koŋᵓ
宿州	₋tɕy	₋y yᵓ	₋foŋ	₋noŋ	₋loŋ	₋soŋ	tʂoŋᵓ	₋tʂoŋ	₋koŋ	koŋᵓ
颍上	₋tɕy	yᵓ	₋xuŋ	₋nuŋ	₋luŋ	₋suŋ	tsuŋᵓ	₋tsuŋ	₋kuŋ	kuŋᵓ
霍邱	₋tɕy	yᵓ	₋xoŋ	₋noŋ	₋loŋ	₋soŋ	tsoŋᵓ	₋tsoŋ	₋koŋ	koŋᵓ
凤台	₋tɕy	₋y/yᵓ	₋xoŋ	₋noŋ	₋loŋ	₋soŋ	tsoŋᵓ	₋tsoŋ	₋koŋ	koŋᵓ
寿县	₋tɕy	₋y/yᵓ	₋xoŋ	₋noŋ	₋loŋ	₋soŋ	tsoŋᵓ	₋tsoŋ	₋koŋ	koŋᵓ
淮南	₋tɕy	yᵓ	₋fuŋ	₋nuŋ	₋luŋ	₋suŋ	tsuŋᵓ	₋tsuŋ	₋kuŋ	kuŋᵓ
蚌埠	₋tɕy	yᵓ	₋fə̃	₋noŋ	₋loŋ	₋soŋ	tsoŋᵓ	₋tsoŋ	₋koŋ	koŋᵓ
固镇	₋tɕy	₋y/yᵓ	₋fuŋ	₋nuŋ	₋luŋ	₋suŋ	tsuŋᵓ	₋tsuŋ	₋kuŋ	kuŋᵓ
五河	tɕyeᵓ	yᵓ/yeᵓ	₋fuŋ	₋nuŋ	₋luŋ	₋suŋ	tsuŋᵓ	₋tsuŋ	₋kuŋ	kuŋᵓ
凤阳	tɕyᵓ	yᵓ	₋fə̃	₋nõ	₋lõ	₋sõ	tʂõᵓ	₋tʂõ	₋kõ	kõᵓ

293

续表

地位 地点	通合三 入屋见	通合三 入屋以	通合三 平锺敷	通合三 平锺泥	通合三 平锺来	通合三 平锺邪	通合三 上肿澄	通合三 平锺章	通合三 平锺见	通合三 去用群
泗县	₋tɕy	y⁻	₋fuŋ	₋nuŋ	₋luŋ	₋suŋ	tʂuŋ⁻	₋tʂuŋ	₋kuŋ	kuŋ⁻
信阳 老	₋tɕy	y⁻	₋foŋ	₋loŋ	₋loŋ	₋soŋ	tsoŋ⁻	₋tsoŋ	₋koŋ	koŋ⁻
平桥	₋tɕy	y⁻	₋fəŋ	₋ləŋ ₋luŋ	₋ləŋ ₋luŋ	₋suŋ	tsuŋ⁻	₋tsuŋ	₋kuŋ	kuŋ⁻
罗山	₋tɕy	₋y	₋foŋ	₋loŋ	₋loŋ	₋soŋ	tsoŋ⁻	₋tsoŋ	₋koŋ	koŋ⁻
光山	₋tʂɣ	₋ʮ ʮ⁻	₋foŋ	₋loŋ	₋loŋ	₋soŋ	₋tʂoŋ	₋tʂoŋ	₋koŋ	koŋ⁻
新县	₋tʂɣ	₋ʮ	₋foŋ	₋loŋ	₋loŋ	₋soŋ	₋tʂoŋ	₋tʂoŋ	₋koŋ	koŋ⁻
固始	₋tɕy	y⁻	₋fəŋ	₋nəŋ	₋ləŋ	₋suŋ	tsuŋ⁻	₋tsuŋ	₋kuŋ	kuŋ⁻
商城	₋tɕy	y⁻	₋fəŋ	₋nəŋ	₋lyŋ	₋suŋ	tsuŋ⁻	₋tsuŋ	₋kuŋ	kuŋ⁻
淮滨	₋tɕy	y⁻	₋fuŋ	₋luŋ	₋luŋ	₋suŋ	tsuŋ⁻	₋tsuŋ	₋kuŋ	kuŋ⁻
濉溪	₋tɕy	y⁻	₋fuŋ	₋nuŋ	₋luŋ	₋suŋ	tʂuŋ⁻	₋tʂuŋ	₋kuŋ	kuŋ⁻
萧县	₋tɕy	y⁻	₋fəŋ	₋noŋ	₋loŋ	₋soŋ	tʂoŋ⁻	₋tʂoŋ	₋koŋ	koŋ⁻
怀远	tɕyeʔ⁻	yeʔ⁻ y⁻	₋fuŋ	₋nuŋ	₋luŋ	₋suŋ	tsuŋ⁻	₋tsuŋ	₋kuŋ	kuŋ⁻
定远	tɕyʔ⁻	yeʔ⁻	₋fuŋ	₋nuŋ	₋luŋ	₋səŋ	tʂuŋ⁻	₋tʂuŋ	₋kuŋ	kuŋ⁻
明光	tɕy⁻	y⁻	₋fuŋ	₋nuŋ	₋luŋ	₋suŋ	tʂuŋ⁻	₋tʂuŋ	₋kuŋ	kuŋ⁻
全椒	tɕyʔ⁻	yeʔ⁻	₋fuŋ	₋luŋ	₋luŋ	₋suŋ	tʂuŋ⁻	₋tʂuŋ	₋kuŋ	kuŋ⁻
长丰	tɕyəʔ⁻	yəʔ⁻	₋fuŋ	₋luŋ	₋luŋ	₋suŋ	tsuŋ⁻	₋tsuŋ	₋kuŋ	kuŋ⁻
肥东	tɕyəʔ⁻	yəʔ⁻	₋fəŋ	₋ləŋ	₋ləŋ	₋suŋ	tʂəŋ⁻	₋tʂəŋ	₋kəŋ	kəŋ⁻

地位 地点	通合三 去用以	通合三 入烛来	通合三 入烛精	通合三 入烛邪	通合三 入烛章	通合三 入烛书	通合三 入烛日	通合三 入烛溪	通合三 入烛群	通合三 入烛以
	用	绿	足	俗	烛	束	褥	曲~折	局	浴
阜南	zuŋ⁻	₋lu	₋tɕy	₋ɕy	₋tsu	₋su	₋zu	₋tɕʰy	₋tɕy	₋y
界首	z̩uŋ⁻	₋lu	₋tsu	₋su	₋tʂu	₋su	₋z̩u	₋tɕʰy	₋tɕy	₋y y⁻
涡阳	z̩oŋ⁻	₋lu	₋tsu	₋ɕy	₋tʂu	₋su	₋z̩u	₋tɕʰy	₋tɕy	₋y
利辛	z̩uŋ⁻ uŋ⁻	₋lu	₋tɕy	₋ɕy	₋tsu	₋fu	₋z̩u	₋tɕʰy	₋tɕy	₋y
蒙城	z̩oŋ⁻ ioŋ⁻	₋lu	₋tsu	₋su	₋tʂu	ʂu⁻	₋z̩u	₋tɕʰy	₋tɕy	₋y

续表

地点＼地位	通合三去用以	通合三入烛来	通合三入烛精	通合三入烛邪	通合三入烛章	通合三入烛书	通合三入烛日	通合三入烛溪	通合三入烛群	通合三入烛以
宿州	zuŋ˧	₋lu	₋tɕy	₋ɕy	₋tsu	₋su	zu	₋tɕʰy	₋tɕy	₋y
颍上	yŋ˧	₋lu/₋ly	₋tsu	₋su	₋tsu	su˧	zu	₋tɕʰy	₋tɕy	y˧
霍邱	ioŋ˧	₋lu	₋tsu	₋su	₋tsu	₋su	₋zu	₋tɕʰy	₋tɕy	y˧
凤台	zoŋ˧	₋lu	₋tsu	₋su	₋tsu	₋su	₋zu	₋tɕʰy	₋tɕy	y˧
寿县	ioŋ˧	₋lu	₋tsu	₋su	₋tsu	₋su	₋zu	₋tɕʰy	₋tɕy	y˧
淮南	yŋ˧	₋lu	₋tsu	₋su	₋tsu	₋su	zu˧	₋tɕʰy	₋tɕy	y˧
蚌埠	ioŋ˧	₋lu	₋tsu	₋su	₋tsu	su˧	₋zu	₋tɕʰy	₋tɕy	y˧
固镇	yŋ˧	₋lu	₋tsu	₋su	₋tsu	₋su	₋zu	₋tɕʰy	₋tɕy	₋y / y˧
五河	yŋ˧	luɤ˧	tsuɤ˧	suɤ˧	₋tʂu	ʂu˧	ʐuɤ˧	tɕʰy˧	tɕy˧	y˧
凤阳	iõ˧	lu˧	tsu˧	su˧	tʂu˧	ʂu˧	ʐu˧	₋tɕʰy	₋tɕy	
泗县	yŋ˧	₋lu	₋tsu	₋su	₋tʂu	ʂu˧	ʐu˧	₋tɕʰy	₋tɕy	
信阳老	zoŋ˧	₋lou	₋tsou	₋ɕy	₋tsou	sou	zou	₋tɕʰy	₋tɕy	
平桥	zuŋ˧	₋lu	₋tɕy	₋ɕy	₋tsu	₋su	zu	₋tɕʰy	₋tɕy	
罗山	zoŋ˧	₋ləu	₋tsəu	₋ɕy	₋tsəu	₋səu	zəu˧	₋tɕʰy	₋tɕy	₋y
光山	ʐoŋ˧	₋nəu	₋nəu	₋səu	₋nəu	₋səu	ʐəu˧	₋tʂʰʅ	₋tʂʅ	₋ʅ
新县	ʐoŋ˧	₋ləu	₋səu	₋səu	₋səu	₋səu	ʐəu˧	₋tʂʰʅ	₋tʂʰʅ	ʅ˧
固始	zuŋ˧	₋lou	₋tɕy	₋ɕy	₋tsu	₋su	₋zu	₋tɕʰy	₋tɕy	₋y
商城	zuŋ˧	₋lou	₋tɕy	₋ɕy	₋tsou	sou	zou	₋tɕʰy	₋tɕy	
淮滨	zuŋ˧	₋lu	₋tɕy	₋ɕy	₋tsu	₋su	₋zu	₋tɕʰy	₋tɕy	y˧
濉溪	yŋ˧	₋lu / ₋ly	₋tsu	₋su	₋tsu	₋su	ʐu˧	₋tɕʰy	₋tɕy	
萧县	ioŋ˧	₋lu / ₋ly	₋tsu	₋ɕy	₋tsu / ₋tsu	₋su	ʐu˧	₋tɕʰy	₋tɕy	₋y
怀远	yŋ˧	luəʔ˧	tsuəʔ˧	₋suəʔ	₋tsuəʔ	₋suəʔ	zuəʔ˧ / zu˧	tɕʰyeʔ˧	₋tɕy / tɕyeʔ˧	y˧
定远	yŋ˧	luʔ˧	tsuʔ˧	su˧ / ₋su	tʂuʔ˧	ʂuʔ˧	ʐu˧	tɕʰyʔ˧	tɕyʔ˧	₋y
明光	yŋ˧	lu˧	tsu˧	su˧	₋tʂu	₋su	ʐu˧	tɕʰy˧	₋tɕy	y˧
全椒	yŋ˧	lʅʔ˧	tsʅʔ˧	sʅʔ˧	tʂʅʔ˧	ʂʅʔ˧	ʐu˧	tɕʰyʔ˧	tɕyʔ˧	zʅ˧
长丰	yŋ˧	luəʔ˧	tsuəʔ˧	₋suəʔ	₋tsuəʔ	₋ʂuəʔ	zuəʔ˧	tɕʰyəʔ˧	tɕyəʔ˧	₋yəʔ
肥东	iŋ˧	luəʔ˧	tsuəʔ˧	₋suəʔ	₋tsuəʔ	₋ʂuəʔ	ʐu˧	tɕʰyəʔ˧	tɕyəʔ˧	₋yəʔ

参考文献

一 方志类

安徽省地方志编纂委员会:《安徽省志·方言志》，方志出版社1997年版。

安徽省凤阳县地方志编委员会:《凤阳县志》，方志出版社出版1999年版。

长丰县地方志编委会:《长丰县志》，中国文史出版社1991年版。

滁州市（县级）地方志编委会:《滁州市志》，方志出版社1998年版。

肥东县地方志编委会:《肥东县志》，安徽人民出版社1990年版。

阜南县地方志编纂委员会:《阜南县志》，黄山书社1997年版。

光山县志编纂委员会:《光山县志》，中州古籍出版社1991年版。

固始县志编纂委员会:《固始县志》，中州古籍出版社1994年版。

合肥市地方志编纂委员会:《合肥市志》，安徽人民出版社1999年版。

河南省地方史志办公室:《河南省志·方言志》，河南人民出版社1995年版。

潢川县志编纂委员会:《潢川县志》，生活·读书·新知三联书店1992年版。

怀远县地方志编纂委员会:《怀远县志》，上海社会科学院出版社1990年版。

淮南市地方志编纂委员会:《淮南市志》，黄山书社1998年版。

江苏省方言志编纂委员会:《江苏省志·方言志》，南京大学出版社1998年版。

罗山县志编纂委员会:《罗山县志》，中州古籍出版社1991年版。

来安县地方志编委会:《来安县志》，中国城市经济社会出版社1990

年版。

李申:《徐州方言志》,语文出版社1985年版。

利辛县地方志编纂委员会:《利辛县志》,黄山书社1995年版。

新县县志编纂委员会:《新县县志》,河南人民出版社1990年版。

信阳地志编纂委员会:《信阳地区志》,生活·读书·新知三联书店1992年版。

商城县志编纂委员会:《商城县志》,中州古籍出版社1991年版。

寿县地方志编纂委员会:《寿县志》,黄山书社1996年版。

濉溪县地方志编纂委员会:《濉溪县志》,上海社会科学院出版社1989年版。

二 专著类

白寿彝:《中国交通史》,团结出版社2007年版。

北京大学中文系语言学教研室:《汉语方音字汇(第二版)》,语文出版社2003年版。

[美]布龙菲尔德,袁家骅等译:《语言论》,商务印书馆2008年版。

陈广忠:《淮河传》,河北大学出版社2001年版。

陈章太,李行健:《普通话基础方言基本词汇集》,语文出版社1996年版。

丁邦新:《丁邦新语言学论文集》,商务印书馆1998年版。

丁邦新:《历史层次与方言研究》,上海教育出版社2007年版。

丁声树,李荣:《汉语音韵讲义》,上海教育出版社1984年版。

葛剑雄:《中国移民史》,福建人民出版社1997年版。

耿振生:《明清等韵学通论》,语文出版社1992年版。

顾黔:《通泰方言音韵研究》,南京大学出版社2001年版。

何大安:《规律与方向——变迁中的音音韵结构》,北京大学出版社2004年版。

胡焕庸:《淮河》,中国青年出版社1951年版。

胡治农,沈卜英,孟庆惠:《安徽方言概况》,合肥师范学院方言调查工作组1962年版。

江蓝生:《著名中年语言学家自选集·江蓝生卷》,安徽教育出版社2002年版。

拉波夫：《语言变化原理·社会因素》，北京大学出版社 2007 年版。

李金陵：《合肥话音档》，上海教育出版社 1997 年版。

李新魁：《中原音韵》音系研究》，中州书画社 1983 年版。

刘丹青：《南京方言词典》，江苏教育 1995 年版。

刘丹青：《南京话音档》，上海教育出版社 1997 年版。

刘润清：《西方语言学流派（第二版）》，外语教学与研究出版社 2002 年版。

刘淑学：《中古入声字在河北方言中的读音研究》，河北大学出版社 2000 年版。

鲁国尧：《鲁国尧语言学论文集》，江苏教育出版社 2003 年版。

罗常培：《唐五代西北方音》，科学出版社 1961 年版。

孟庆惠：《安徽方音辨证》，安徽人民出版社 1960 年版。

梅耶：《历史语言学中的比较方法》，世界图书出版公司 2008 年版。

宁继福：《中原音韵表稿》，吉林文史出版社 1985 年版。

潘悟云：《著名中年语言学家自选集潘悟云卷》，安徽教育出版社 2002 年版。

平山久雄：《平山久雄语言学论文集》，商务印书馆 2005 年版。

钱增怡：《汉语方言研究的方法与实践》，商务印书馆 2002 年版。

邵荣芬：《汉语语音史讲话》，天津人民出版社 1979 年版。

史皓元，石汝杰，顾黔：《江淮官话与吴语边界的方言地理学研究》，上海教育出版社 2006 年版。

孙宜志：《安徽江淮官话语音研究》，黄山书社 2006 年版。

王福堂：《汉语方言语音的演变和层次》，语文出版社 2001 年版。

王洪君：《汉语非线性音系学——汉语的音系格局与单字音（第二版）》，北京大学出版社 2008 年版。

王力：《汉语史稿（第二版）》，中华书局 2004 年版。

王力：《中国语言学史》，山西人民出版社 1981 年版。

王临惠：《汾河流域方言的语音特点及其流变》，中国社会科学出版社 2003 年版。

王士元：《王士元语言学论文集》，商务印书馆 2002 年版。

邢公畹：《邢公畹语言学论文集》，商务印书馆 2000 年版。

邢向东：《神木方言研究》，中华书局 2002 年版。

徐通锵：《历史语言学》，商务印书馆1991年版。

徐通锵：《语言论》，东北师范大学出版社1997年版。

薛凤生：《汉语音韵史十讲》，华语教学出版社1999年版。

杨耐思：《近代汉语音论》，商务印书馆1997年版。

杨耐思：《中原音韵音系》，中国社会科学出版社1981年版。

杨亦鸣：《李氏音鉴音系研究》，陕西人民出版社1992年版。

叶宝奎：《明清官话音系》，厦门大学出版社2001年版。

游汝杰：《汉语方言学导论（修订本）》，上海教育出版社2000年版。

张鸿魁：《明清山东韵书研究》，齐鲁书社2005年版。

张启焕，陈天福，程仪：《河南方音概况》，河南师范大学1982年版。

张树铮：《清代山东方言语音研究》，山东大学出版社2005年版。

张玉来：《韵略汇通音系研究》，山东教育出版社1994年版。

张玉来：《韵略易通研究》，天津古籍出版社1999年版。

张玉来：《韵略易通研究》，天津古籍出版社1999年版。

赵文林，谢淑君：《中国人口史》，人民出版社1988年版。

赵元任：《语言学论文集》，商务印书馆2002年版。

中国社会科学院，澳大利亚人文科学院：《中国语言地图集》，朗文出版（远东）有限公司1987年版。

周振鹤：《中国历史文化区域研究》，复旦大学出版社1997年版。

竺家宁：《古今韵会举要的语音系统》，学生书局1986年版。

三　学位论文类

陈丹玲：《切音捷诀音系研究》，硕士学位论文，台湾师范大学，1997年。

崔晨曦：《砀山县城话语音研究》，硕士学位论文，上海师范大学，2013年。

董建交：《明代官话语音演变研究》，博士学位论文，复旦大学，2007年。

冯秋丽：《息县方言语音比较研究》，硕士学位论文，上海师范大学，2014年。

葛丽：《河南淮滨方言研究》，硕士学位论文，广西大学，2013年。

郭丽：《湖北西南官话音韵研究》，博士学位论文，复旦大学，

2009年。

贡贵训：《安徽怀远方音调查报告》，硕士学位论文，宁夏大学，2004年。

贡贵训：《安徽淮河流域方言语音比较研究》，博士学位论文，河北大学，2011年。

何自胜：《六安话语音研究》，硕士学位论文，福建师范大学，2005年。

吕梅：《光山方言语音研究》，硕士学位论文，山西师范大学，2014年。

李建校：《陕北晋语语音研究》，博士学位论文，北京语言大学，2006年。

刘雪霞：《河南方言语音的演变与层次》，博士学位论文，复旦大学，2006年。

吕玲娣：《宋代安徽诗人用韵研究》，硕士学位论文，华南师范大学，2005年。

钱芳：《明代江苏词人用韵研究》，硕士学位论文，安徽师范大学，2007年。

宋艾乔：《安徽定远朱湾方言语音研究》，硕士学位论文，安徽大学，2013年。

石绍浪：《江淮官话入声研究》，博士学位论文，北京语言大学，2007年。

王婷婷：《安徽太和方言专题研究》，硕士学位论文，南京大学，2014年。

王文胜：《处州方言的地理语言学研究》，博士学位论文，北京语言大学，2004年。

吴波：《江淮官话语音研究》，博士学位论文，复旦大学，2007年。

徐红梅：《皖北方言词汇研究》，博士学位论文，暨南大学，2003年。

徐森：《萧县方言语音研究》，硕士学位论文，南京师范大学，2013年。

许颖颖：《〈全清散曲〉用韵研究》，博士学位论文，福建师范大学，2008年。

叶祖贵：《信阳地区方言语音研究》，博士学位论文，陕西师范大学，

2010 年。

岳冉：《从六安望城岗方言看江淮官话的元音高化现象》，硕士学位论文，安徽大学，2015 年。

张燕来：《兰银官话语音研究》，博士学位论文，北京语言文化大学，2003 年。

邹冠丽：《安徽肥东古城方言共时音变研究》，硕士学位论文，安徽大学，2015 年。

周德春：《清代淮河流域交通路线的布局与变迁》，硕士学位论文，复旦大学，2011 年。

四　论文类

鲍明炜，颜景常：《苏北江淮话与北方话的分界》，《方言》1985 年第 2 期。

鲍明炜：《江淮方言的特点》，《南京大学学报》1993 年第 4 期。

曹志耘：《吴徽语入声演变的方式》，《中国语文》2002 年第 5 期。

陈刚：《古清入字在北京话里的演变情况》，《中国语言学报》1988 年第 5 期。

丁邦新：《汉语方言接触的几个类型》，《语言学论丛》1998 年第 20 辑。

丁邦新：《论官话方言研究中的几个问题》，"中央研究院"《历史语言研究所集刊》1987 年第 4 辑。

方环海：《古今中外音韵通例》声系的几个问题》，《语言研究》2005 年第 2 期。

方环海：《古今中外音韵通例》与十九世纪的江淮官话》，《徐州师范大学学报》1998 年第 3 期。

贡贵训：《安徽淮南方言的语音及归属》，《汉语学报》2011 年第 1 期。

龚佩琏：《新县方言的语音系统及其与普通话的对应规律》，《信阳师范学院学报》（哲学社会科学版）1982 年第 2 期。

郝红艳：《江淮官话入声韵的现状》，《殷都学刊》2003 年第 1 期。

何自胜：《六安话入声字舒化现象分析》，《皖西学院学报》2010 年第 1 期。

贺巍：《河南山东皖北苏北的官话（稿）》，《方言》1985年第3期。

贺巍：《中原官话的分区（稿）》，《方言》2005年第2期。

蒋希文：《从现代方言论中古知庄章三组声母在〈中原音韵〉里的读音》，《中国语言学报》1982年第12期。

金熏镐：《西洋传教士的汉语拼音所反映的明代官话音系》，《古汉语研究》2001年第1期。

瞿霭堂，劲松：《叠置式音变献疑》，《语言研究》2008年第2期。

瞿霭堂：《语音演变的理论和类型》，《语言研究》2004年第6期。

赖江基：《吴域所分古韵考》，《暨南学报》1986年第3期。

黎新第：《明清时期的南方系官话方言及其语音特点》，《重庆师院学报》1995年第4期。

李慧敏：《江淮官话的归属与特征研究概述》，《安徽师范大学学报》2004年第5期。

李建校：《陕北晋语知庄章组读音的演变类型和层次》，《语文研究》2007年第2期。

李荣：《官话方言的分区》，《方言》1985年第1期。

李荣：《汉语方言分区的几个问题》，《方言》1985年第2期。

李如龙：《论汉语方言语音的演变》，《语言研究》1999年第1期。

李小凡，陈宝贤：《从"港"的词义分布和地域分布看古吴语的北界》，《方言》2002年第3期。

李新魁：《论《中原音韵》的性质及它所代表的音系》，《江汉学报》1962年第8期。

李新魁：《论近代汉语共同语的标准音》，《语文研究》1980年第1期。

刘祥柏：《江淮官话的分区（稿）》，《方言》2007年第4期。

鲁国尧：《颜之推迷题及其半解（上）》，《中国语文》2002年第6期。

鲁国尧：《颜之推迷题及其半解（下）》，《中国语文》2003年第2期。

吕永卫，张鹏：《萧县方言同音字汇（上）》，《彭城职业大学学报》2003年第6期。

吕永卫，张鹏：《萧县方言同音字汇（中）》，《彭城职业大学学报》2004年第4期。

吕永卫：《萧县方言同音字汇（下）》，《徐州工程学院学报》2005年第 2 期。

罗自群：《从〈湖北方言调查报告〉看湖北方言的声调特点》，《语言研究》2002 年第 S1 期。

麦耘：《关于章组声母翘舌化的动因问题》，《古汉语研究》1994 年第 1 期。

麦耘：《汉语语音史上的 ï 韵母》，《音韵论丛》，《济南：齐鲁书社》2004 年版，第 19—47 页。

麦耘：《论近代汉语 –m 韵尾消变的时限》，《古汉语研究》1991 年第 4 期。

潘悟云：《竞争性音变与历史层次》，《东方语言学（创刊号）》，上海教育出版社 2006 年版，第 152—65 页。

平山久雄：《中古汉语的清入声在北京话里的对应规律》，《北京大学学报》1990 年第 5 期。

钱曾怡：《古知庄章声母在山东方言中的分化及其跟精见组的关系》，《中国语文》2004 年第 6 期。

钱曾怡：《汉语方言学方法论初探》，《中国语文》1987 年第 4 期。

桑宇红：《中古知庄章三组声母在现代北方方言中的读音类型》，《燕赵学术（春之卷）》2008 年版，第 21—32 页。

沈建民，杨信川：《也谈本悟〈韵略易通〉之"重×韵"》，《中国语文》1995 年第 1 期。

苏锡育：《凤台方言古入声字今读探析》，《阜阳师范学院学报》2009 年第 6 期。

苏锡育：《阜阳方言中古入声字的分派规律》，《阜阳师范学院学报》1986 年第 1 期。

孙华先：《吴烺《五声反切正韵》的韵母系统》，《淮阴师范学院学报》2000 年第 6 期。

孙宜志：《合肥话泥来母今读 [z] 声母现象的探讨》，《中国语文》2007 年第 1 期。

田恒金：《汉语方言"泥""来"二母相混类型研究》，《河北师范大学学报（哲学社会科学版）》2009 年第 1 期。

王国启：《固始话声、韵、调系统及其与普通话对应规律》，《信阳师范学院学报（哲学社会科学版）1982 年第 3 期。

王海燕：《方言分区语言外部标准应用的个案考察—以泗洪方言为例》，《常熟理工学院学报》2010 年第 9 期。

王洪君：《〈中原音韵〉知庄章声母时分合及其在山西方言中的演变》，《语文研究》2007 年第 1 期。

王琴：《安徽阜阳方言来自古照组的 f 声母》，《方言》2009 年第 4 期。

王琴：《阜阳方言二十年来语音、词汇变化透视》，《阜阳师范学院学报》2005 年第 4 期。

王群生：《湖北双方言临界带入声消逝的轨迹》，《湖北大学学报》1999 年第 4 期。

吴波：《合肥话"－i""－y"音节声韵母前化再探》，《合肥学院学报》2006 年第 4 期。

吴海涛：《简述宋元时期淮河流域商贸的变化》，《阜阳师范学院学报》2010 年第 1 期。

吴海涛：《元明清时期淮河流域人地关系的演变》，《安徽史学》2010 年第 4 期。

伍巍：《合肥话"－i"、"－y"音节声韵母前化探讨》，《语文研究》1995 年第 3 期。

熊正辉：《官话方言分 ts tṣ 的类型》，《方言》1990 年第 1 期。

星汉：《前后鼻韵母押韵平议》，《殷都学刊》1999 年第 1 期。

徐承俊：《云南云话调查报告提纲》，《方言与普通话集刊（第三本）》，文字改革出版社 1958 年版，第 101—104 页。

许仰民：《信阳方言的声韵调系统及其特点》，《信阳师范学院学报》1994 年第 4 期。

杨福绵：《罗明坚、利马窦《葡汉字典》所记录的明代官话》，《中国语言学报》1995 年第 5 期。

杨永龙：《河南商城（南司）方言音系》，《方言》2008 年第 2 期。

叶宝奎：《也谈近代官话的"标准音"》，《古汉语研究》2008 年第 4 期。

曾晓渝：《试论《西儒耳目资》的语音基础及明代官话的标准音》，《西南师范大学学报》1991 年第 1 期。

张安生，贡贵训：《安徽怀远方言的入声演变及归属》，《河北大学学报》2010 年第 4 期。

张光宇：《汉语方言的鲁奇规律：古代篇》，《中国语文》2008 年第 4 期。

张光宇：《汉语方言的鲁奇规律：现代篇》，《语言研究》2008 年第 4 期。

张树铮：《语音演变的类型及其规律》，《文史哲》2005 年第 6 期。

张世方：《中原官话知系字读唇齿音声母的形成与分布》，《语言科学》2004 年第 4 期。

张卫东：《试论近代南方官话的形成及其地位》，《深圳大学学报》1998 年第 3 期。

张玉来：《本悟本《韵略易通》与明代云南方音》，《语言研究》1997 年第 1 期。

赵宏：《浅谈汉语入声韵塞音尾消失的原因》，《贵州民族学院学报》1997 年第 2 期。

赵日新：《安徽省的汉语方言》，《方言》2008 年第 4 期。

赵学玲：《汉语方言影疑母字声母的分合类型》，《语言研究》2007 年第 4 期。

后　　记

　　这本书是国家社科基金的结题成果，部分内容曾以论文形式发表，其中所涉及的内容，有些是十多年前调查的材料。所以，这本书也可以算是十多年方言研究的一个小结。

　　研究的时间虽然不短，但是水平却不见得多高。由于调查对象是淮河流域的方言，而我工作的地点在湖南，相距遥远，调查起来不是很方便，再加上水平有限、精神懈怠，使得本书内容还存在一些问题。课题虽然结题了，但是研究的工作还没结束，现有的成果也不是那么令人满意，尤其是书中一些表述也有让人产生误解之处，比如前面说调查范围涉及47个县市，但发音人只列了39个点，第二章列举了43个代表点的音系，字音对照又只列了32点。实际上，所谓"47个县市"是指涉及的地域范围，而非调查点，因为其中部分县市我们没有调查，只是根据现有材料略微提到了；有部分县市的调查材料比较成熟，我们就没有再调查，所以发音人信息也没有列；字音对照列32点也是基于这种考虑。这些情况正文中没有交代清楚，只能留待以后再继续完善。部分论述还有不准确的地方，也希望得到业内专家的指点。

　　北来南去几时休，人在光阴似箭流。这些年来，一直被俗事不停地追赶、被滚滚红尘裹挟着向前。有时候扪心自问，除了所谓"功利"和"世俗"的追求以外，自己发自内心对学问的喜爱到底还有多少？硕士毕业工作几年之后，不甘心庸庸碌碌而去考博士，那时似乎还是有一番热情和追求的。在两次考试不利的情况下，蒙张安生老师不弃收留了我。我想，当时她对我是略有期望的。当年博士论文开题时她彻夜帮我修改开题报告的情景依然历历在目，她的栽培之恩我将永远铭刻于心！但是，我感觉距离她的期望是越来越远了，现在颇有点"不敢见来人"的感觉。

　　无论自己是如何愚钝与懒惰，能够走到今天，还是得到了很多人的关心和帮助。初到湖南工作的时候，一切都是陌生的，我与湖南既无地望关系，也无师承渊源，可谓人生地不熟。后来机缘巧合，有幸结识了湖南方言研究的大家鲍厚星教授。鲍老师不仅学养深厚，为人也非常和善，对后辈的提携更是不遗余力，他一有机会就把我介绍给他的朋友、学生，让我能顺利进入湖南省方言研究的大家庭。鲍老师经常说跟我是"一见如故"，让我受宠若惊！

到湖南科技学院工作的这些年，亲眼目睹了中国语言文学学科的发展历程。2011年汉语言文字学等三个学科被立项为校级重点（建设）学科，经过几年建设，"中国语言文学"在2018年的湖南省"双一流"学科申报中被立项为省级应用特色学科，学科发展上了一个新台阶，师资力量、工作条件都有很大的改善，研究经费也比较充足，可以说学校为学科建设提供了非常好的外部环境。但作为学科负责人，我深感责任重、压力大，深怕搞不好有负众人的期望。所以，要感谢学校领导的关心，感谢科技处杨金砖处长营造的宽松的工作环境，感谢人文学院各位同事的团结协作。

光阴似箭催人老，日月如梭趱少年。硕士毕业后由北南来，转眼十几年过去，此后南来北往奔波不断，我也从青年进入中年，对家乡的思念随着时光的流逝而愈发强烈。每次回到淮河边上那个小村庄的时候，在老家的小院里看着满天的星光，听着唧唧虫鸣，闻着泥土的芬芳，跟年迈的父母随意地闲扯家常，内心便感觉无比的安详。每次要离开的时候，妈妈眼中不舍的泪光又令我无比感伤。在我的内心深处，多么渴望能在父母跟前侍奉晨昏，多么希望他们能享受到儿孙绕膝的晚年时光。但这些年，回乡陪父母的时间少之又少，愧疚之情时常充满内心。"若为化得身千亿，散上峰头望故乡"，希望有一天，梦想照进现实，一切都可完满！

贡贵训于西山桂园
2019年秋